全国高等职业院校护理类专业第二轮教材

人体形态与结构

第2版

（供护理、助产专业用）

主　编　谭　毅　贺　旭

副主编　诸清华　郭芙莲　蒋　洁　陈　培

编　者　（以姓氏笔画为序）

申燕伟（益阳医学高等专科学校）

刘　冰（山东药品食品职业学院）

孙冬梅（长春医学高等专科学校）

陈　培（江苏护理职业学院）

陈丹丹（山东中医药高等专科学校）

张海钰（山东医学高等专科学校）

贺　旭（益阳医学高等专科学校）

秦　迎（山东医学高等专科学校）

夏　菁（重庆三峡医药高等专科学校）

郭芙莲（漯河医学高等专科学校）

诸清华（承德护理职业学院）

蒋　洁（长沙卫生职业学院）

葛淑娜（云南工商学院）

谭　毅（山东医学高等专科学校）

中国健康传媒集团

中国医药科技出版社

内容提要

本教材为"全国高等职业院校护理类专业第二轮教材"之一，系根据本套教材的编写指导思想和原则要求，结合护理专业培养目标和本课程的教学目标、内容与任务要求编写而成。本教材具有专业针对性强、紧密结合岗位知识和职业能力要求、理论与临床密切联系、对接护士执业资格考试要求、免费搭载与纸质教材配套的"医药大学堂"在线学习平台等特点；本教材分两篇，第一篇为人体解剖学，以系统解剖学为主，适当介绍某些部位的局部解剖学内容；第二篇为组织胚胎学，组织学主要介绍基本组织、主要器官的微细结构，胚胎学根据专业需要，只介绍人体胚胎发育概要。

本教材主要供全国高职高专护理、助产专业师生使用，也可作为相关专业工作者的参考用书。

图书在版编目（CIP）数据

人体形态与结构/谭毅，贺旭主编. —2 版. —北京：中国医药科技出版社，2022.12

全国高等职业院校护理类专业第二轮教材

ISBN 978 – 7 – 5214 – 3556 – 6

Ⅰ.①人… Ⅱ.①谭…②贺… Ⅲ.①人体形态学 – 高等职业教育 – 教材②人体结构 – 高等职业教育 – 教材

Ⅳ.①R32②Q983

中国版本图书馆 CIP 数据核字（2022）第 245579 号

美术编辑　陈君杞

版式设计　友全图文

出版　**中国健康传媒集团** | 中国医药科技出版社

地址　北京市海淀区文慧园北路甲 22 号

邮编　100082

电话　发行：010 – 62227427　邮购：010 – 62236938

网址　www. cmstp. com

规格　889 × 1194mm $\frac{1}{16}$

印张　21 $\frac{3}{4}$

字数　839 千字

初版　2018 年 8 月第 1 版

版次　2022 年 12 月第 2 版

印次　2022 年 12 月第 1 次印刷

印刷　三河市万龙印装有限公司

经销　全国各地新华书店

书号　ISBN 978 – 7 – 5214 – 3556 – 6

定价　**89.00 元**

获取新书信息、投稿、为图书纠错，请扫码联系我们。

为贯彻落实《国家职业教育改革实施方案》《职业教育提质培优行动计划（2020—2023年）》《关于推动现代职业教育高质量发展的意见》等有关文件精神，不断推动职业教育教学改革，对标国家健康战略、对接医药市场需求、服务健康产业转型升级，支撑高质量现代职业教育体系发展的需要，中国医药科技出版社在教育部、国家药品监督管理局的领导下，在本套教材建设指导委员会主任委员西安交通大学医学部李小妹教授，以及长春医学高等专科学校、江苏医药职业学院、江苏护理职业学院、益阳医学高等专科学校、山东医学高等专科学校、遵义医学高等专科学校、长沙卫生职业学院、重庆医药高等专科学校、重庆三峡医药高等专科学校、漯河医学高等专科学校、皖西卫生职业学院、辽宁医药职业学院、天津生物工程职业技术学院、承德护理职业学院、楚雄医药高等专科学校等副主任委员单位的指导和顶层设计下，通过走访主要院校对2018年出版的"全国高职高专院校护理类专业'十三五'规划教材"进行了广泛征求意见，有针对性地制定了第二版教材的出版方案，旨在赋予再版教材以下特点。

1. 强化课程思政，体现立德树人

坚决把立德树人贯穿、落实到教材建设全过程的各方面、各环节。教材编写应将价值塑造、知识传授和能力培养三者融为一体，在教材专业内容中渗透我国医疗卫生事业人才培养需要的有温度、有情怀的职业素养要求，着重体现加强救死扶伤的道术、心中有爱的仁术、知识扎实的学术、本领过硬的技术、方法科学的艺术的教育，为人民培养医德高尚、医术精湛的健康守护者。

2. 体现职教精神，突出必需够用

教材编写坚持现代职教改革方向，体现高职教育特点，根据《高等职业学校专业教学标准》《职业教育专业目录（2021）》要求，以人才培养目标为依据，以岗位需求为导向，进一步优化精简内容，落实必需够用原则，以培养满足岗位需求、教学需求和社会需求的高素质技能型人才准确定位教材。

3. 坚持工学结合，注重德技并修

本套教材融入行业人员参与编写，强化以岗位需求为导向的理实教学，注重理论知识与岗位需求相结合，对接职业标准和岗位要求。在教材正文适当插入临床案例，起到边读边想、边读边悟、边读边练，做到理论与临床相关岗位相结合，强化培养学生临床思维能力和操作能力。

4. 体现行业发展，更新教材内容

教材建设要根据行业发展要求调整结构、更新内容。构建教材内容应紧密结合当前临床实际要求，注重吸收临床新技术、新方法、新材料，体现教材的先进性。体现临床程序贯穿于教学的全过程，培养学生的整体临床意识；体现国家相关执业资格考试的有关新精神、新动向和新要求；满足以学生为中心而开展的各种教学方法的需要，充分发挥学生的主观能动性。

5. 建设立体教材，丰富教学资源

依托"医药大学堂"在线学习平台搭建与教材配套的数字化资源（数字教材、教学课件、图片、视频、动画及练习题等），丰富多样化、立体化教学资源，并提升教学手段，促进师生互动，满足教学管理需要，为提高教育教学水平和质量提供支撑。

本套教材凝聚了全国高等职业院校教育工作者的集体智慧，体现了凝心聚力、精益求精的工作作风，谨此向有关单位和个人致以衷心的感谢！

尽管所有参与者尽心竭力、字斟句酌，教材仍然有进一步提升的空间，敬请广大师生提出宝贵意见，以便不断修订完善！

数字化教材编委会

主　编　谭　毅　贺　旭

副主编　诸清华　郭芙莲　蒋　洁　陈　培

编　者（以姓氏笔画为序）

申燕伟（益阳医学高等专科学校）

刘　冰（山东药品食品职业学院）

孙冬梅（长春医学高等专科学校）

陈　培（江苏护理职业学院）

陈丹丹（山东中医药高等专科学校）

张海钰（山东医学高等专科学校）

贺　旭（益阳医学高等专科学校）

秦　迎（山东医学高等专科学校）

夏　菁（重庆三峡医药高等专科学校）

郭芙莲（漯河医学高等专科学校）

诸清华（承德护理职业学院）

蒋　洁（长沙卫生职业学院）

葛淑娜（云南工商学院）

谭　毅（山东医学高等专科学校）

前言 PREFACE

为了进一步适应新形势下全国高等职业教育教学改革和发展的需要，落实教育部最新《高等职业学校专业教学标准》，坚持以培养高素质技术技能人才为核心，依据全国高职高专医药院校课程改革规划教材建设及数字化课程建设总体方案的要求，对《人体形态与结构》进行了修订再版。

本版教材编写紧扣高职高专的培养目标，力求体现鲜明的高职高专特色。注意教材的思想性、科学性、启发性，突出实用性、先进性。在编写内容的选择上，基础理论贯彻"实用为主，必需、够用和管用为度"的原则，强调基本技能，体现职业岗位所需能力，并与国家护士执业资格考试有效衔接，同时紧密联系临床护理实际，适当体现临床护理的新进展。

本教材分两篇，第一篇为人体解剖学，以系统解剖学为主，适当介绍某些部位的局部解剖学内容；第二篇为组织胚胎学，组织学主要介绍基本组织、主要器官的微细结构，胚胎学根据专业需要，只介绍人体胚胎发育概要。

教材中根据需要穿插了情境导入、知识拓展、知识链接、素质提升等模块，增加了教材内容的实用性、趣味性，同时有助于提高学生运用知识分析问题、解决问题的能力和主动获取知识的能力。每章开篇展示学习目标，篇尾有本章小结、目标检测与之呼应，有助于学生对教材内容形成整体概念。同时，本教材配套有"医药大学堂"在线学习平台，包括电子教材、PPT课件、在线习题、微课、视频等，从而使教材内容立体化和生动化，易教易学。

由于现代医学的迅速发展，疾病的治疗方法和应用的治疗技术可能有所变化，因此在学习本教材时要用发展的眼光看待书中的内容，灵活运用。

本教材在编写过程中，得到了各位编者所在院校的大力支持，参考并引用了一些相关书籍和文献，在此一并表示诚挚的谢意。

我们希望提供一本适合老师教、学生学的切合教学实际的教材，但由于水平、能力和学识所限，在教材内容的取舍、编排等方面可能存在不妥和疏漏之处，恳请使用本教材的老师和同学给予批评指正。

编　者
2022 年 10 月

第一篇　人体解剖学

第二篇　组织胚胎学

第一篇　人体解剖学

人体解剖学绪论

PPT

> ◎ 学习目标
> 1. 通过本章学习，重点把握解剖姿势、方位和术语；细胞、组织、器官和系统的概念。
> 2. 学会结合标本和模型说出人体的组成和分部。

一、人体解剖学的定义和地位

人体解剖学是研究正常人体形态结构的科学，属生物科学中形态学的范畴，其基本任务是探索、阐明人体各器官的正常形态结构、位置与毗邻、生长发育规律及其基本功能，为学习其他基础医学和临床护理课程以及国家护士执业资格考试奠定坚实的基础。

"没有解剖学就没有医学"，人体解剖学是医学科学重要的基础课程，它与医学其他各科关系极为密切。因此，只有在理解和掌握人体正常形态结构的基础上，才能正确理解生理现象和病理发展过程，判断人体的正常与异常，区别生理与病理的状态，从而对疾病进行正确的诊断、预防和治疗。据统计，医学名词中有大量的术语来源于人体解剖学，人体解剖学是学习医学各学科不可动摇的基石。

二、人体解剖学的分科

广义的解剖学包括解剖学、组织学和胚胎学。解剖学可分为系统解剖学和局部解剖学两大类。系统解剖学主要按照人体各系统来叙述各器官的形态结构。在系统解剖学的基础上，按自然分区（如头、颈、胸、腹、四肢等）叙述各器官结构的层次排列、毗邻关系的科学，称局部解剖学。

随着科学技术和研究方法的进步，解剖学也和其他学科一样与时俱进、不断发展。依照不同的研究方法和目的，人体解剖学又可分为若干门类。如应用 X 线研究人体形态结构的称 X 线解剖学。配合 X 线断层成像、超声或磁共振扫描等而研究各局部或器官断面形态结构的称断层解剖学。结合临床需要，以临床各科应用的目的而研究人体有关结构的称临床解剖学。从外科手术应用的角度叙述人体结构的称外科解剖学。研究个体生长发育、年龄变化的称年龄解剖学。研究人体表面特点的称表面解剖学。结合体育运动研究人体形态结构的称运动解剖学。以研究人体外形轮廓和结构比例，为绘画、造型打基础的称艺术解剖学等。

三、人体解剖学发展简史

人体解剖学是一门历史悠久的科学，与其他科学一样是在漫长的历史实践中逐渐发展起来的。西方医学对解剖学的记载，是从古希腊的名医希波克拉底（Hippocrates，公元前460—公元前377年）正确地描述头骨开始的。古罗马的名医和解剖学家盖伦（Galen，130—200年）写了许多医学著作，其中也有解剖学资料，但他的资料多以动物解剖为基础。

现代人体解剖的创始人是文艺复兴时期比利时医生维扎里（Vesalius，1514—1564年），他亲自从事人的尸体解剖，进行详细的观察，在1543年完成和出版了他的经典著作《人体构造》这一划时代的解剖学巨著，全书共7册，较系统地记述了人体各器官的形态构造，从而奠定了现代解剖学的基础。

我国文化历史源远流长，传统医学中的解剖起源很早，远在春秋战国时代，《黄帝内经》中就已对解剖学内容作了记载。书中提到胃、心、肺、脾、肾等内脏的名称、大小、位置等，说明我们的祖先早就做过解剖学方面的研究。

王清任（1768—1831年）是中国清代的一位注重实践的医学家，亲自解剖了30具尸体，精心观察人体的构造，在此基础上绘制成图，纠正了前人的错误，写成《医林改错》。

近代第一代西医黄宽（1828—1878年），在英国留学归国后，在南华医学校承担解剖学、生理学教学期间，才第一次使用尸体进行人体解剖学教学，直至1893年，北洋医堂开设人体解剖学课程，解剖学在我国才成为一门独立的学科。

随着科学技术的进步和方法的不断创新，一些新技术在解剖学研究中被广泛采用。"数字人"是将大量真实的人体断面数据信息在计算机里整合重建成人体的三维立体结构图像，是医学与信息技术、计算机技术相结合的成果。这些新技术的应用，使解剖学这门古老的学科焕发出青春的异彩。

四、人体的器官系统和分部

构成人体最基本的结构和功能单位是细胞。许多形态和功能相近的细胞和细胞间质共同构成组织。人体的基本组织包括上皮组织、肌组织、结缔组织和神经组织。几种不同的组织有机地结合，构成具有一定形态和功能的结构称器官，如心、肝、肺等。功能相似的多个器官构成系统，如口腔、咽、食管、胃、小肠、大肠和消化腺共同构成的消化系统。人体有运动系统、消化系统、呼吸系统、泌尿系统、生殖系统、脉管系统、感觉器、内分泌系统和神经系统。各系统在神经、体液的调节下，彼此联系，互相影响，构成一个完整的有机体，完成正常的生理功能活动。

按照人体的形态和部位，可将人体分为头、颈、躯干和四肢4部分。头分为颅部和面部。颈分为颈部和项部。躯干分为背部、胸部、腹部、盆部和会阴部。四肢分为上肢和下肢，上肢包括臂、前臂和手，下肢包括大腿、小腿和足。

五、学习人体解剖学的基本观点和方法

（一）形态与功能相互制约的观点

人体的每个器官都有其特定的功能，器官的形态结构是功能的物质基础，功能的变化会影响器官的形态结构，例如，坚持锻炼，可使肌肉发达，长期卧床，则导致肌萎缩。

（二）局部与整体相统一的观点

人体是一个统一的整体，由许多器官或局部所构成。每个器官或局部都是整体不可分割的一部分，局部和整体在结构和功能上既相互联系又相互影响。因此，在观察和学习过程中，既要从局部联想到整体，也要考虑从整体的角度来理解局部和器官，从而更深刻地了解局部与整体的关系，防止认识上的片面性。

（三）进化发展的观点

人类是物种进化的产物，是在一千多万年前由灵长类的古猿进化而来的。现代人拥有劳动、语言和

思维等功能，这是人与动物最根本的区别。但作为现代人，在形态结构上还保留着与脊椎动物相类似的基本特征。说明了人体的形态经历了从低级到高级、从简单到复杂的演变过程。因此，学习人体解剖学以进化发展的观点，联系种系发生和个体发育的知识，可以更好地认识人体。

（四）理论与实践相结合的观点

人体解剖学是一门实践性很强的学科，加强实物直观学习是学好人体解剖学的关键。因此，在学习过程中应该将理论知识与尸体标本、模型、挂图、活体观察及临床应用结合起来，以帮助记忆和加深印象，只有这样才能学到比较完整的人体解剖学知识。

六、人体解剖学的常用术语

为了准确地描述人体各器官的形态结构和位置关系，必须采用公认的统一标准和描述术语，这些标准和术语是我们学习解剖学必须遵循的基本原则。

（一）标准姿势

标准姿势也称解剖学姿势，是指身体直立，两眼平视正前方，上肢自然下垂于躯干的两侧，足并拢，掌心和足尖朝前。不管被观察对象处于何种位置，或只是身体的一部分，均依此标准姿势进行描述（图绪 – 1）。

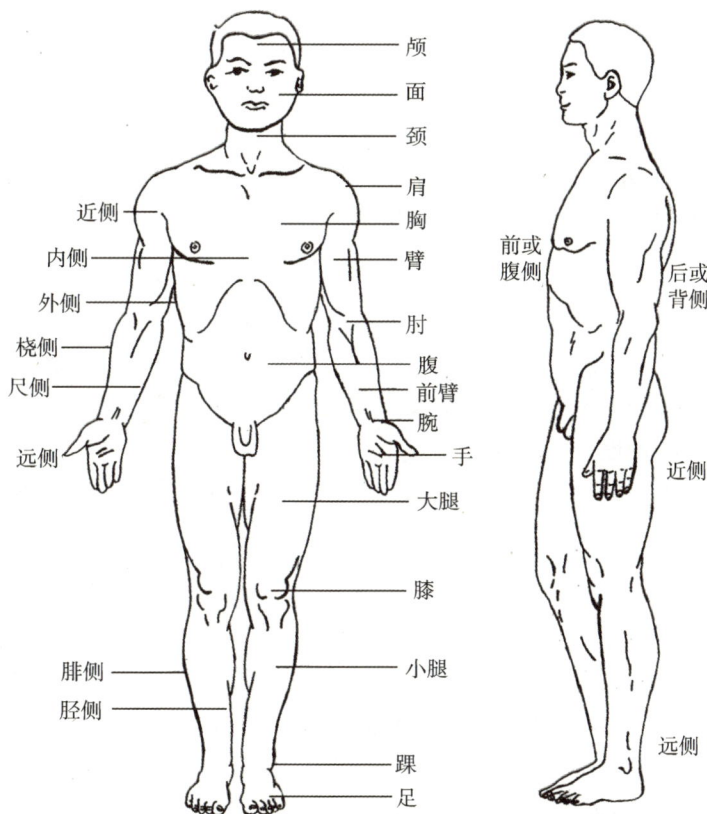

图绪 – 1　标准姿势

（二）方位术语

以标准姿势为准，使用规定的方位术语，就能够正确地描述人体各器官或结构的相互位置关系。

1. 上和下　近颅的为上，近足的为下。

2. 前和后　近腹面的为前，又称腹侧；近背面的为后，又称背侧。

3. 内侧和外侧 近正中面的为内侧，远离正中面的为外侧。

4. 内和外 用来描述空腔器官，近内腔者为内，远离内腔者为外。内、外与内侧和外侧是有显著区别的，初学者一定要注意。

5. 浅和深 近体表的为浅，远离体表的为深。

6. 近侧和远侧 在四肢，近躯干者为近侧，远离躯干者为远侧。

7. 尺侧和桡侧 即前臂的内侧和外侧。

8. 胫侧和腓侧 即小腿的内侧和外侧。

（三）轴和面

为了准确地表达和理解人体在标准姿势下关节运动及整体或局部的形态结构的位置，设定了相互垂直的 3 个轴及 3 个面（图绪 - 2）。

1. 轴

（1）垂直轴 为上下方向垂直于地平面，与人体长轴平行的轴。

（2）矢状轴 为前后方向与水平面平行，与垂直轴和冠状轴相垂直的轴。

（3）冠状轴 为左右方向与水平面平行，与上述两个轴相垂直的轴。

2. 面

（1）矢状面 是按前后方向，将人体分为左、右两部分的切面。通过人体正中的矢状面，称为正中矢状面，它将人体分为左右对称的两半。

（2）冠状面 也称额状面，是按左右方向，将人体分为前、后两部分的切面。

（3）水平面 又称横切面，是与矢状面及冠状面相垂直，将人体分为上、下两部分的切面。

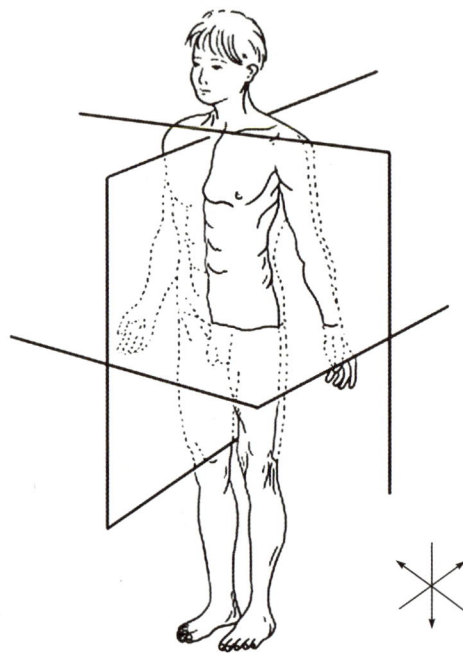

图绪 - 2 人体的轴和面

在描述器官切面时，常以器官的长轴为标准，与其长轴平行的切面称纵切面，与其长轴垂直的切面为横切面。

💡 **知识链接**

变异和畸形

人体解剖学教科书里描述器官的形态、构造、位置、大小及其血液供应和神经分布均指正常状态，在统计学上占优势。但也有些人的某些结构与正常描述有所不同，甚至偏离了统计学所描述的正常范围，如某支动脉起点不同，但差别不显著，也未影响正常的功能，这种情况称为变异。但如超出一般变异范围，统计学上出现率极低，甚至影响生理功能和外观的称为畸形，如唇裂、缺肾、缺指（趾）、内脏反位等。

目标检测

答案解析

一、选择题

1. 下列不属于躯干的是
    A. 胸部   B. 腹部   C. 盆部
    D. 会阴   E. 颈部

2. 在躯体两点中，近正中面的一点为
    A. 内侧   B. 外侧   C. 近侧
    D. 远侧   E. 内

3. 关于解剖学姿势的描述，错误的是
    A. 身体直立   B. 两眼平视正前方
    C. 上肢自然下垂于躯干的两侧   D. 掌心朝内
    E. 足尖朝前

二、思考题

1. 何谓解剖学姿势？
2. 简述人体的分部。

（谭　毅）

书网融合……

本章小结

第一章 骨 学

◎ 学习目标

1. 通过本章学习，重点掌握骨的形态、分类和构造；椎骨的一般形态、各部椎骨的特征性结构；颅的组成，各颅骨的分布与形态；颅底内面观、外面观，颅的侧面观、正面观；肩胛骨、锁骨、肱骨、尺骨、桡骨的形态与结构；手骨的组成；髋骨、股骨、胫骨、腓骨的形态与结构；足骨的组成；肋骨和胸骨的一般形态和结构；全身主要体表标志。

2. 学会结合标本和模型说出全身骨的主要形态、结构。

≫ 情境导入

情境描述 患者，女，76 岁，3 小时前不慎从楼梯上滑落，坐在地上，当时感腰部疼痛不适，活动受限，到医院就诊，行腰椎 CT 发现腰 2 椎体压缩性骨折。初步诊断：腰 2 椎体压缩性骨折。

讨论 1. 椎骨的组成、腰椎的形态结构特点是什么？

2. 根据骨的化学成分和物理特性分析，为什么年龄越大越容易发生骨折？

运动系统由骨、骨连结和骨骼肌三部分组成，约占人体重量的 60%。骨和骨连结构成人体的支架，称骨骼，骨骼肌附于骨骼之上，形成人体的基本轮廓，具有支持人体、保护内脏和运动等作用。运动是由骨骼肌收缩牵引骨骼而产生的，在运动中骨起着杠杆作用，骨连结起着运动枢纽作用，而骨骼肌则是运动的动力。

第一节 骨学总论

骨是运动系统的一部分，构成人体的支架，可以支持体重，保护内部的结构，每一块骨都是一个器官，具有一定的形态和功能，有丰富的血管、淋巴管和神经，可不断地进行新陈代谢。

骨是以骨组织为主体构成的坚硬器官。成人骨共 206 块（图 1 - 1），其重量约占人体重的 20%，分布在颅、躯干和四肢。

一、骨的分类

骨根据部位可分为颅骨、躯干骨和四肢骨，前两者称为中轴骨，四肢骨又称附肢骨。各部分骨的形态不尽相同，根据其形态可分为长骨、短骨、扁骨和不规则骨 4 种类型。

1. 长骨 呈长管状，分一体和两端，多分布于四肢。长骨中部细长部分称为体或骨干，体内的空腔称骨髓腔，腔内容纳骨髓。骨的两端膨大部分称骺，其表面有光滑的关节面。

2. 短骨 呈立方形，短小，多成群排列，分布于手腕和脚踝处。

3. 扁骨 呈板状，参与颅腔、胸腔和盆腔壁的组成，起保护作用，

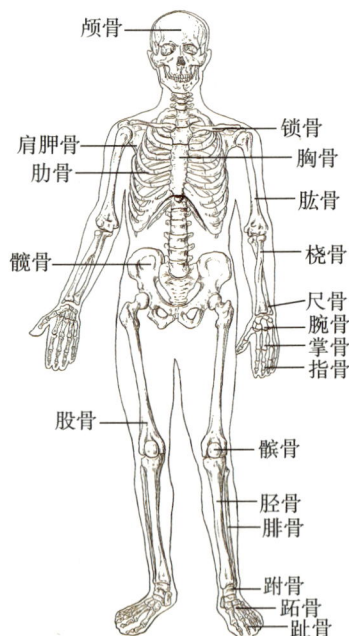

图 1 - 1 全身骨骼

颅骨

锁骨
胸骨
肋骨
肱骨
肩胛骨
桡骨
尺骨
腕骨
掌骨
指骨
髋骨
股骨
髌骨
胫骨
腓骨
跗骨
距骨
趾骨

如颅骨、胸骨等。

4. 不规则骨 形状不规则，多分布于躯干和颅底，如椎骨、蝶骨。

二、骨的构造

骨主要由骨膜、骨质和骨髓三部分构成（图1-2），并有血管和神经分布。

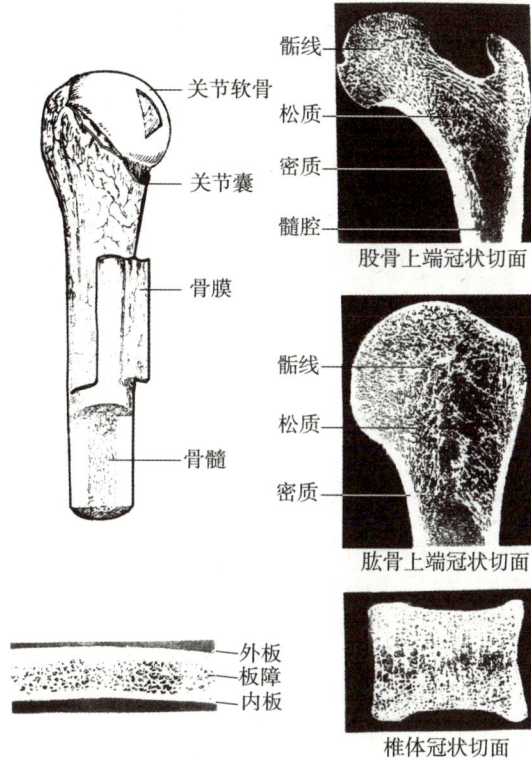

股骨上端冠状切面

关节软骨
关节囊
骨膜
骨髓

骺线
松质
密质
髓腔

肱骨上端冠状切面

骺线
松质
密质

外板
板障
内板

椎体冠状切面

图1-2 骨的构造

1. 骨膜 是一层薄而坚韧的结缔组织膜，呈淡红色，除关节面外，覆盖于骨的外表面和骨髓腔内面。骨膜中含有丰富的血管、神经、淋巴管和大量的成骨细胞，对骨有营养和保护作用，在骨生长发育和伤后修复重建过程中起重要作用。

2. 骨质 分骨密质和骨松质。骨密质致密坚硬，分布于骨的表面。骨松质呈海绵状，位于骨的内部，由骨小梁构成，结构疏松。颅骨的骨密质构成内板和外板，中间夹的骨松质称为板障。

3. 骨髓 充填于长骨的骨髓腔和骨松质的间隙内，分红骨髓和黄骨髓两种。红骨髓有造血功能，含有大量不同发育阶段的红细胞和其他幼稚型的血细胞。胎儿和幼儿的骨内都是红骨髓。黄骨髓见于5岁以后的长骨骨干中，含大量脂肪组织，失去造血功能。成人红骨髓主要分布于长骨的两端、短骨、扁骨和不规则骨的骨松质内，如肋骨、胸骨和椎骨等处，这些地方的红骨髓可终身保持。大量失血时，黄骨髓还可能转变为红骨髓继续造血。临床上常在胸骨、髂骨等处穿刺取样检查骨髓。

💡 **知识链接**

骨髓穿刺术

骨髓穿刺术是用骨髓穿刺针穿入骨松质内，抽吸红骨髓做骨髓细胞学、骨髓培养等检查，以此来了解骨髓的造血功能或获得造血干细胞，对血液病的诊断起决定性作用。临床上常在髂前上棘、髂结节或胸骨柄等处行骨髓穿刺术，抽取骨髓。

三、骨的化学成分和物理特性

骨的化学成分包括有机质和无机质。有机质由胶原纤维和黏多糖蛋白组成，约占干骨重量的35%，使骨具有韧性和弹性。无机质主要是以碱性磷酸钙为主的钙盐，约占干骨重量的65%，使骨具有硬度和脆性。骨的无机质与有机质之间的比例随年龄的增长而不断变化，年幼者有机质的比例高，韧性大，易变形；年龄愈大，其无机质的比例愈高，脆性愈大，越容易发生骨折。

💡 **知识链接**

骨质疏松症

骨质疏松症是一种以骨量降低（钙磷含量减少）和骨微结构破坏为特征，导致骨脆性增加和易发生骨折的代谢性骨病。本病为全身性疾病，以髋部、脊柱及手腕等部位的骨折最为常见。骨质疏松症多发生于女性，尤其是绝经后的女性。

四、骨的发生

骨的发生有两种方式：膜内成骨与软骨内成骨。膜内成骨是指在原始的结缔组织膜内直接成骨。见于顶骨、额骨和锁骨等。软骨内成骨是指在预先形成的软骨雏形的基础上，使软骨逐步被替换为骨，又称软骨内化骨，是最常见的一种骨发生形式，长骨、短骨和部分不规则骨均通过此种形式生成。

第二节 中轴骨

中轴骨包括躯干骨和颅骨。

一、躯干骨

成人躯干骨包括24块椎骨、1块骶骨、1块尾骨、12对肋和1块胸骨。它们分别参与构成脊柱、胸廓和骨盆。

（一）椎骨

幼年时为32～33块，即颈椎7块、胸椎12块、腰椎5块、骶椎5块和尾椎3～4块，成年后5块骶椎融合成1块骶骨，3～4块尾椎融合为1块尾骨。

1. 椎骨的一般形态 椎骨由椎体和椎弓两部分构成。前方的椎体呈圆柱状，后方的椎弓上有7个突起：向后方伸出1个棘突，左右各伸出1个横突，椎弓上下各有1对上、下关节突，相邻椎骨的上、下关节突相对，以关节面组成关节。椎弓与椎体相连的部分称椎弓根，上下各有一切迹，分别称为椎上切迹和椎下切迹，相邻两椎骨的椎上切迹和椎下切迹在椎弓根处围成的孔称椎间孔。椎弓的后部呈板状称椎弓板。椎体和椎弓共同围成椎孔，24块椎骨的椎孔连成贯穿脊柱的椎管以容纳保护脊髓（图1-3）。

2. 各部椎骨的主要特征 各部椎骨除了一般形态外，由于位置和功能不同，又各具特点。

（1）颈椎 椎体较小，横突均有横突孔，有椎动脉和椎静脉通过（图1-4），第2～6颈椎棘突末端分叉，第1颈椎无椎体和棘突，呈环形，由前弓、后弓和两个侧块构成，又称寰椎（图1-5）。第2颈椎又称为枢椎，椎体有向上突起的齿突（图1-6）。第3～7颈椎椎体上面外侧缘向上的微突，称为钩突，与上位椎体构成钩椎关节，增加颈椎之间的稳定性，但是颈椎骨质增生时往往会使椎间孔缩小，压迫脊神经，产生相应的症状。第 7 颈椎棘突较长，又称为隆椎，在体表容易摸到，临床上常作为计数椎骨的体表标志（图 1 - 7）。

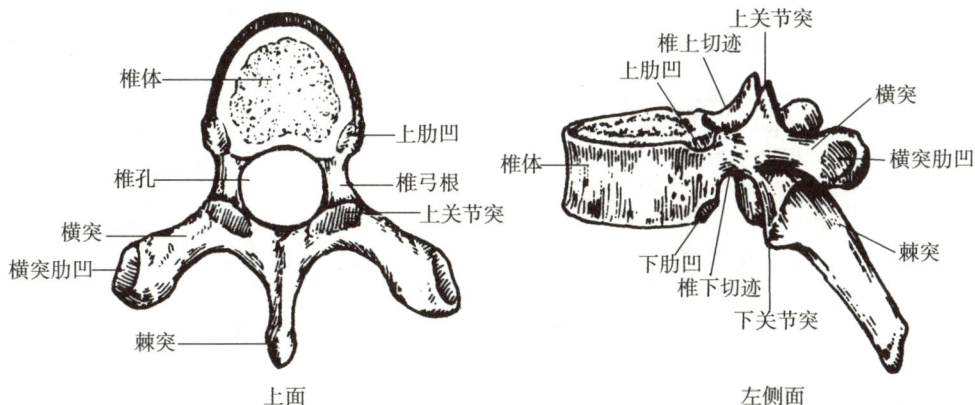

图 1 - 3　椎骨的一般形态（胸椎）

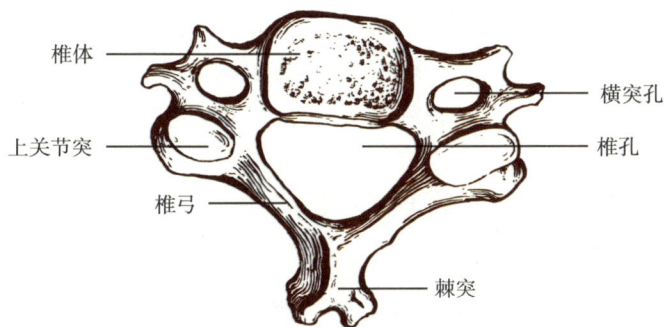

图 1 - 4　颈椎（上面观）

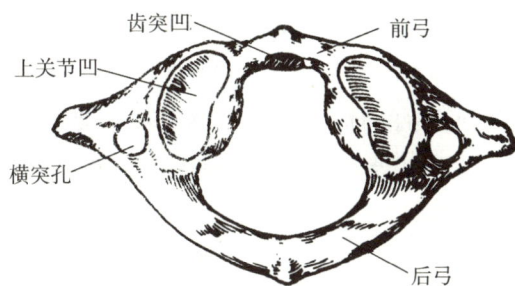

图 1 - 5　寰椎

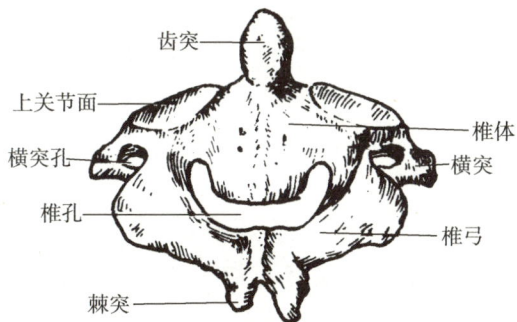

图 1 - 6　枢椎（上面观）

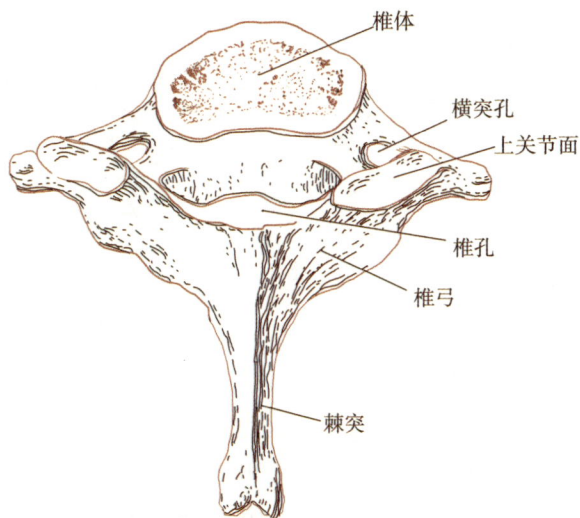

图 1 - 7　隆椎（上面观）

（2）胸椎　椎体呈三角形，从上向下逐渐增大（图 1 - 3）。椎体的后外侧上、下缘处有与肋骨头相接的半关节面叫肋凹。横突的前面有横突肋凹，与肋结节形成关节。棘突较长，呈叠瓦状排列。关节突明显，其关节面呈冠状方向。

（3）腰椎 椎体粗大，约呈蚕豆形（图1-8）。椎孔大，呈三角形。棘突宽扁为板状，位于矢状方向水平后伸，各棘突之间的间隙较宽。上、下关节突的关节面几乎呈矢状方向。

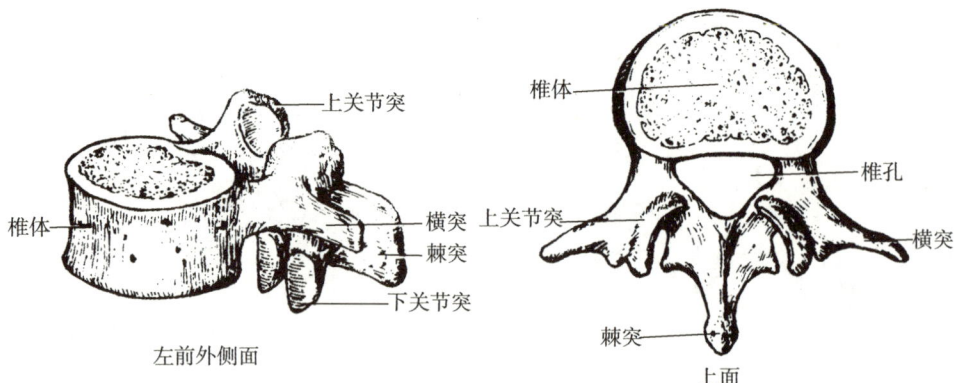

图 1-8 腰椎

（4）骶骨 由5块骶椎融合而成，呈三角形。上面为底，与第5腰椎体相连，骶骨体上前缘突出，称为岬。前面光滑微凹，有椎体融合遗留的4条横线，横线两端有4对骶前孔。后面椎板融合围成中空的骶管。骶骨背侧面粗糙凸隆，正中线上可见棘突痕迹称骶正中嵴，两侧有4对骶后孔。两侧有粗糙不平的骶骨粗隆及与髋骨连接的关节面，称为耳状面。骶管后下端敞开称骶管裂孔，其两侧有骶角。临床上做骶管麻醉时，以骶角作为确定骶管裂孔的标志（图1-9）。

（5）尾骨 由3~4块退化的尾椎融合而成，形体较小，上与骶骨尖相接，下端游离为尾骨尖（图1-9）。

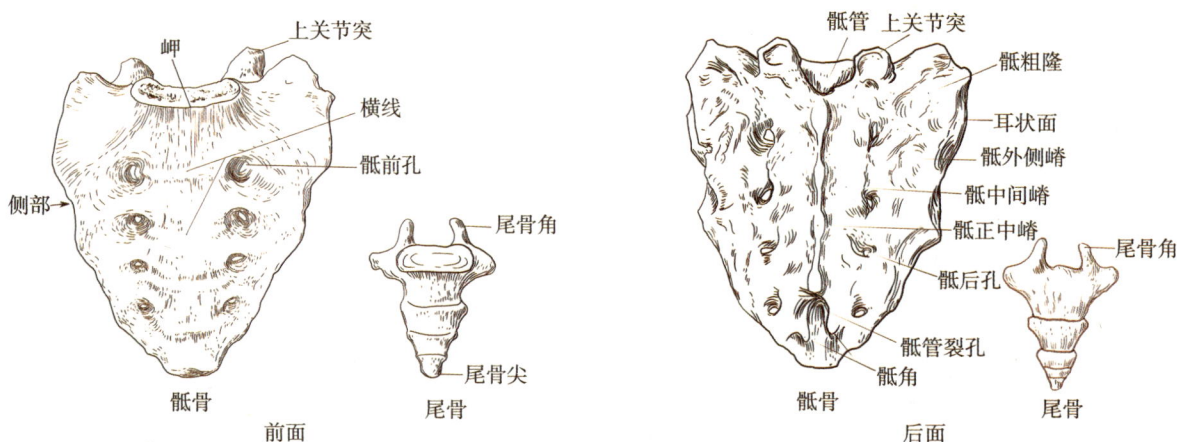

图 1-9 骶骨和尾骨

（二）肋

由肋骨和肋软骨组成，共12对，左右对称，后端与胸椎相关节，前端第1~7肋借软骨直接与胸骨相连接，称为真肋。第8~10肋借肋软骨与上一肋的软骨相连形成肋弓，称为假肋。第11、12肋前端游离，称浮肋。

1. 肋骨 呈弓形，属扁骨，后端膨大，称肋头，有关节面与胸椎体的肋凹形成关节，从肋头向后外变细，称肋颈，再向外变成肋体，颈与体结合处的后面突起称肋结节，有关节面与胸椎横突肋凹相关节。肋体向外转为向前的转弯处称肋角，肋体下缘内面有神经血管经过的肋沟（图1-10）。第1肋骨扁而宽短，近水平位。其上面中部的结节称前斜角肌结节。

2. 肋软骨 位于各肋骨的前端，由透明软骨构成，终生不骨化。

（三）胸骨

胸骨位于胸前壁正中，自上而下分为胸骨柄、胸骨体和剑突。胸骨柄上缘中部微凹，称颈静脉切迹，外侧与锁骨连结处称锁切迹，胸骨柄侧缘接第1肋软骨。胸骨体扁而长，两侧有第2~7肋软骨相连接的肋切迹。胸骨柄和胸骨体相连接处微向前凸称胸骨角，从体表可以触及。胸骨角的两侧平对第2肋，是临床计数肋的标志。剑突末端游离，形状多变，位居左右肋弓之间（图1-11）。

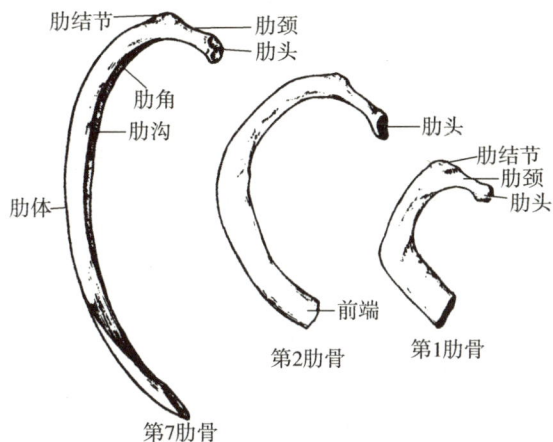

图 1 - 10 肋骨

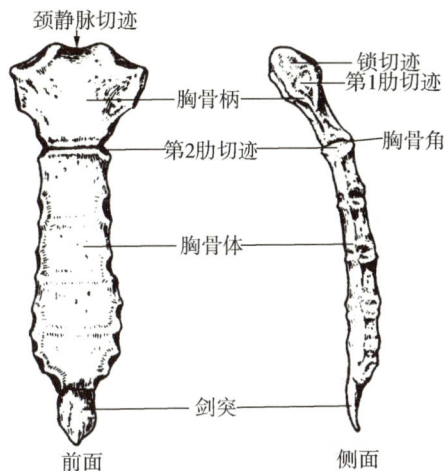

图 1 - 11 胸骨

二、颅骨

颅由23块颅骨（不含听小骨）连结而成，均属扁骨和不规则骨，除舌骨、下颌骨外，其余21块均借助缝或软骨连成一体形成腔，对头部器官起保护和支持作用。以经过眶上缘和外耳门上缘的连线为界线，将颅分为界线以上的脑颅骨和界线以下的面颅骨（图1-12）。

（一）脑颅骨

脑颅骨 共8块，位于颅的后上方，组成颅盖和颅底。包括前方的额骨，后方的枕骨，颅顶部两侧成对的顶骨，两侧成对的颞骨，颅底中部的1块蝶骨和颅底前部中央的筛骨（图1-12，图1-13）。

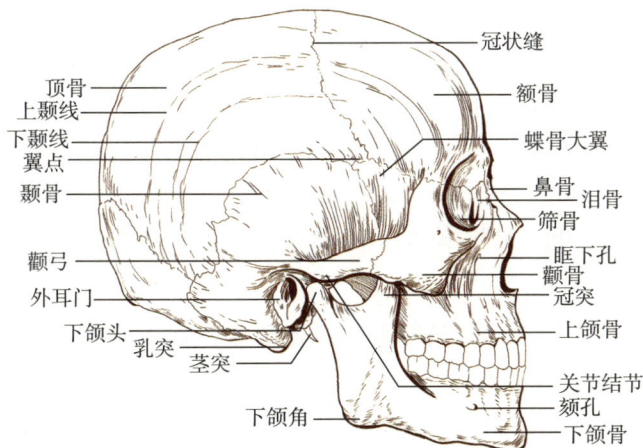

图 1 - 12 颅的侧面观

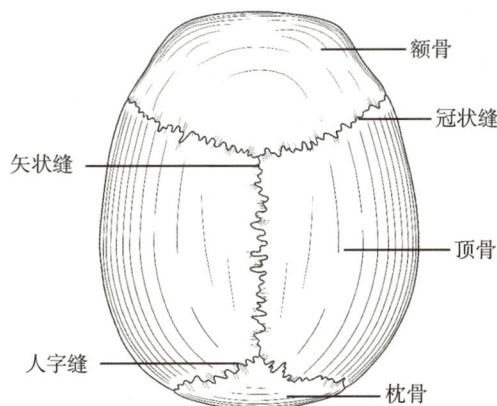

图 1 - 13 颅的顶面观

（二）面颅骨

面颅骨共 15 块，位于颅的前下方，构成面部轮廓，包括成对的上颌骨、鼻骨、泪骨、颧骨、腭骨、下鼻甲和不成对的下颌骨、犁骨、舌骨。上颌骨位于口腔上方、鼻腔两侧，在它的内上方邻接两骨，内侧是鼻骨，后方是泪骨。上颌骨外上方是颧骨，后内方接腭骨。上颌骨内侧壁参与鼻腔外侧壁的构成，其下部有下鼻甲。下鼻甲内侧有犁骨。上颌骨的下方是下颌骨，下颌骨的后下方是舌骨（图 1－14）。

下颌骨位于上颌骨下方，分一体两支。体和支相交处为下颌角，下颌体下缘称下颌底，上缘为牙槽弓，其上面称牙槽。体的前面有一对颏孔。下颌支向上有两个突起，前方称冠突，后方称髁突，髁突又分为上端膨大的下颌头及其下方缩细的下颌颈。下颌支内面中央有一个开口向后上方的下颌孔，向下经下颌管通颏孔（图 1－15）。

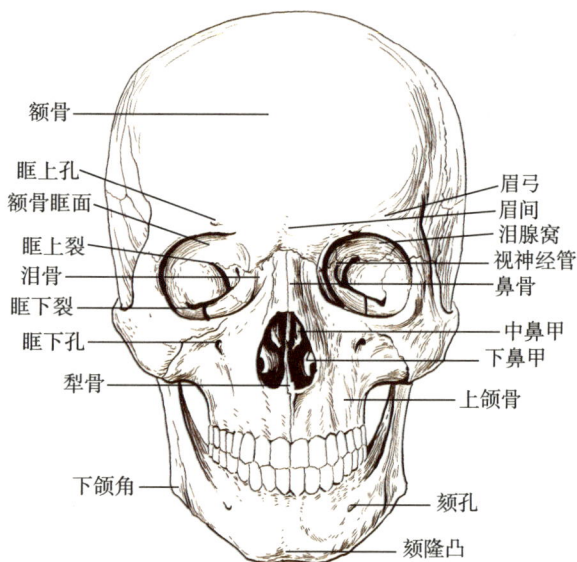

图 1－14　颅的前面观

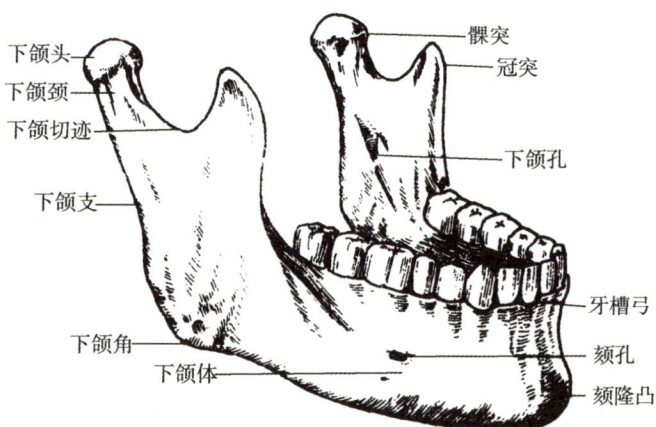

图 1－15　下颌骨

（三）颅的整体观

1. 顶面观　颅的上面称颅顶，由顶骨、额骨及部分颞骨和枕骨构成，各骨借缝互相连在一起。位于额骨与顶骨之间的称为冠状缝，位于两顶骨之间的称为矢状缝，顶骨与枕骨之间的称为人字缝（图 1－13）。

2. 侧面观　可见外耳门，由外耳门向内入外耳道。外耳门的前方连于颧弓，后下方为乳突。颧弓上方的凹陷为颞窝。颞窝前下部，在额骨、顶骨、颞骨、蝶骨会合处有一"H"形的缝，称翼点（图 1－12）。翼点的骨质比较薄弱，其内面有脑膜中动脉前支通过，此处骨折时易损伤该动脉，导致硬膜外血肿。

3. 颅底内面观　颅底内面凹凸不平，与脑下面的形态相适应，由前向后可见呈阶梯状排列的三个窝，即颅前窝、颅中窝和颅后窝（图 1－16）。

（1）颅前窝　位于前部，位置最高，窝正中的突起称鸡冠，两侧的水平板称筛板，筛板上有筛孔可通鼻腔。

（2）颅中窝　位于颅前窝的后下，中部的凸起为蝶骨体，其上面有凹陷的垂体窝，容纳垂体；垂体窝前外侧有视神经管，后方凸起称鞍背；垂体窝和鞍背合称蝶鞍。蝶鞍两侧从前向后外的弧线上排列着眶上裂、圆孔、卵圆孔和棘孔。在颞骨岩部的尖端处有三叉神经压迹。

（3）颅后窝 位置最低。中央是枕骨大孔，孔前外侧缘的上方有舌下神经管内口，孔的前方为斜坡，孔后上方的隆起称枕内隆凸，隆凸两侧的浅沟为横窦沟，向外移行为乙状窦沟，末端终于颈静脉孔。颞骨岩部后面中央有内耳门通内耳道。

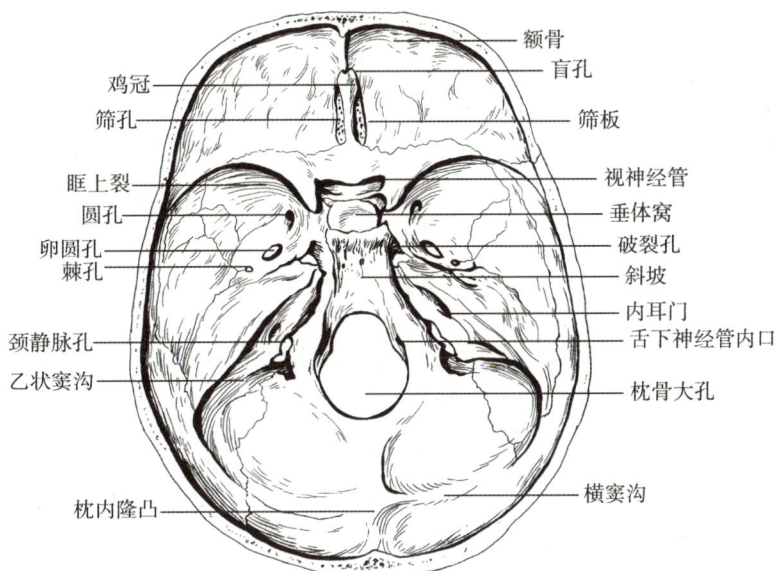

图 1-16 颅底内面观

4. 颅底外面观 前部为面颅骨所覆盖，后部与颈部相接，粗糙不平，中央可见到枕骨大孔及其两侧的枕髁，前方有舌下神经管外口。枕骨大孔前方正中有咽结节，两侧有颈静脉孔。颈静脉孔的前方有颈动脉管外口，再向内侧可见破裂孔，颈静脉孔的后外侧有茎突，其后有茎乳孔，孔的后方为乳突。外耳道在茎突前外侧，其前方有下颌窝和下颌结节，在枕骨大孔后方有枕外嵴、枕外隆凸及其两侧的上项线（图 1-17）。

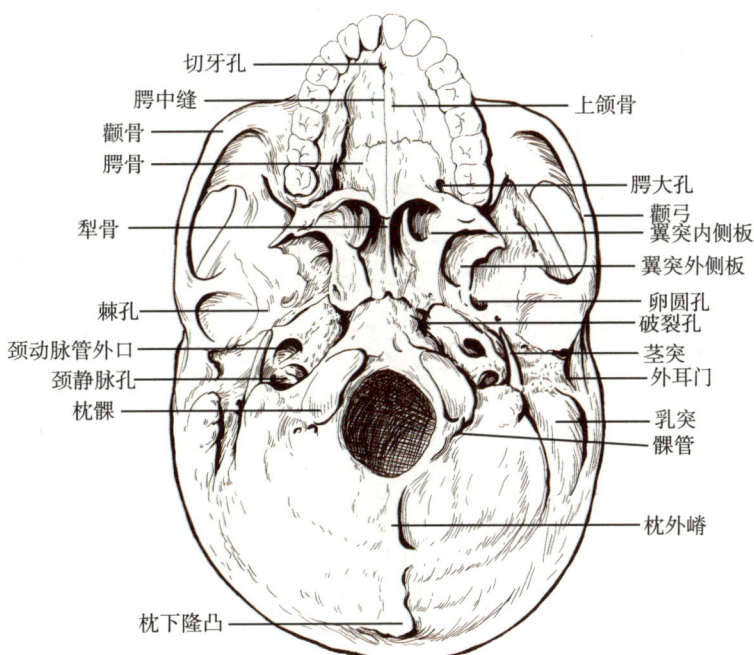

图 1-17 颅底外面观

5. 前面观 可见眶、骨性鼻腔和骨性口腔。

（1）眶 又称眼眶，容纳视器，呈四边锥体形，可分为眶尖、眶底和四壁（图1-18）。尖向后，有视神经管通颅腔。底向前，形成四边形眶缘，在眶上缘可见眶上切迹或眶上孔；眶下缘下方有眶下孔。上壁与颅前窝相邻，在上壁的前外侧部有泪腺窝。内侧壁最薄，上与筛骨迷路相邻，壁的前方有泪囊窝，向下经鼻泪管通鼻腔。下壁可见眶下沟，向后延续达眶下裂，向前经眶下管出眶下孔。外侧壁最厚，其后部和眶下壁之间有眶下裂通颞下窝和翼腭窝，与眶上壁之间有眶上裂通颅中窝。

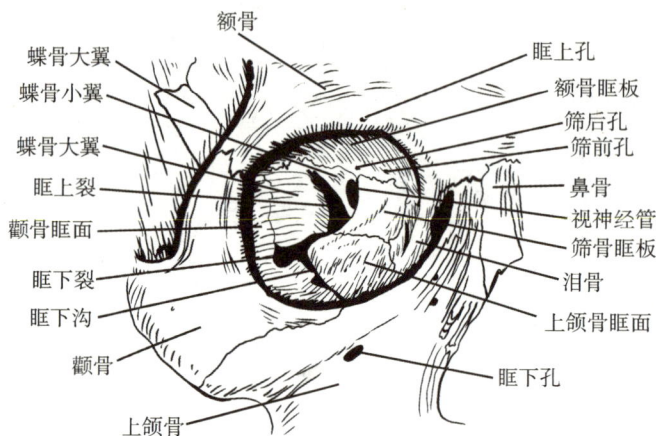

图1-18 眼眶

（2）骨性鼻腔 位于面颅中央，前方的开口称梨状孔，后方的一对开口称为鼻后孔，鼻中隔将鼻腔分成两部分。鼻腔外侧壁上有上、中、下三个鼻甲。三个鼻甲下方通道分别称上、中、下鼻道。在上鼻甲后上方有一浅窝，称蝶筛隐窝（图1-19）。

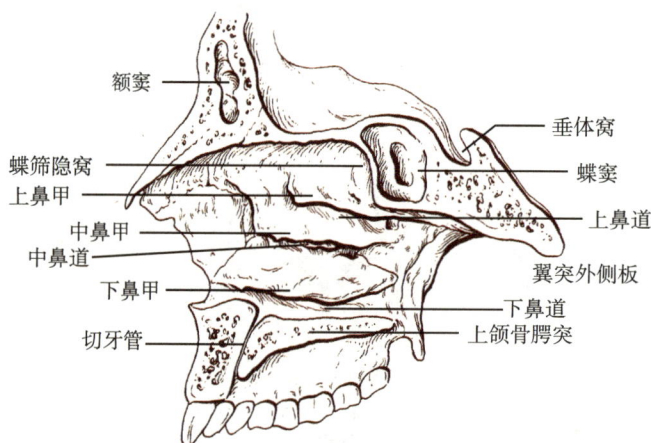

图1-19 鼻腔外侧壁

（3）鼻旁窦 是位于鼻腔周围颅骨内的含气空腔，共有四对。额窦在额骨内，开口于中鼻道。筛窦位于筛骨内，形似蜂窝状，分三群，前、中群开口于中鼻道，后群开口于上鼻道。蝶窦位于蝶骨体内，开口于蝶筛隐窝。上颌窦在上颌骨内，开口于中鼻道，其窦腔最大，窦口高于窦底部，分泌物不易流出（图1-20）。

（4）骨性口腔 由上颌骨、腭骨和下颌骨围成，口腔顶由上颌骨腭突和腭骨的水平板构成，又称骨腭。前壁与外侧壁由上、下颌骨的牙槽突及牙齿围成。口腔后通咽。底缺失，由软组织封闭。

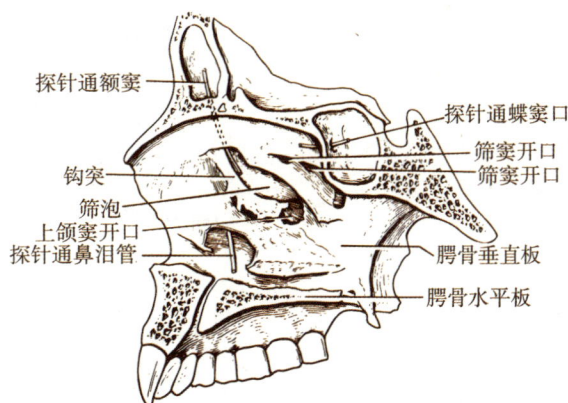

图 1 - 20 鼻旁窦开口

（四）新生儿颅的特征

新生儿脑颅较大，面颅较小，面颅仅占脑颅的 1/8，成人约为 1/4。新生儿颅骨尚未发育完全，骨与骨之间间隙很大，被结缔组织膜所封闭称囟。在矢状缝前后分别有前囟和后囟（图 1 - 21）。前囟在 1~2 岁时闭合，其余各囟在出生后不久闭合。前囟闭合的早晚可作为婴儿发育和颅内压力变化的标志。

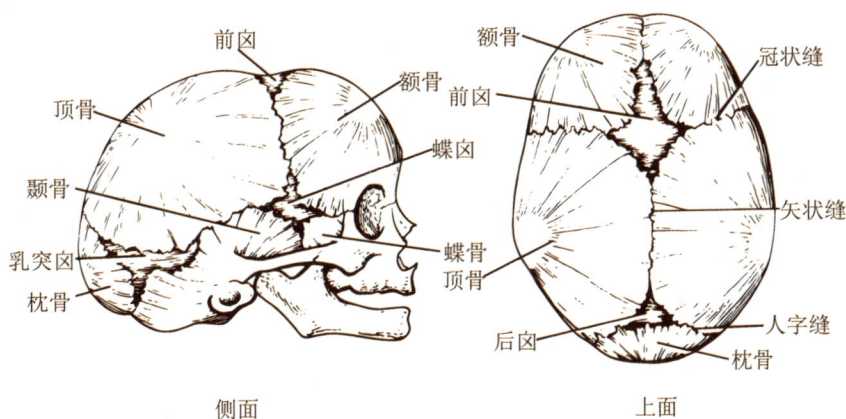

图 1 - 21 新生儿颅

第三节 附肢骨

附肢骨包括上肢骨和下肢骨。由于人体直立行走，上肢不再承重而成为劳动器官，下肢起着支持和行走的作用，故上肢骨纤细轻巧，下肢骨粗大坚固。

一、上肢骨

上肢骨包括锁骨、肩胛骨、肱骨、桡骨、尺骨和手骨，每侧 32 块，共 64 块。锁骨和肩胛骨属上肢带骨，其余属自由上肢骨。

（一）上肢带骨

1. 锁骨 位于胸廓上方前面，全长均可摸到，呈横卧的"S"形，内 2/3 凸向前，外 1/3 凸向后。

可分为内侧、外侧两端和体三部分。内侧端膨大称为胸骨端，与胸骨的锁切迹相关节，外侧端为肩峰端，略扁，与肩胛骨的肩峰相关节。锁骨体较细而弯曲，位置表浅，受暴力时易发生骨折，一般多见于锁骨中、外1/3交界处（图1-22）。

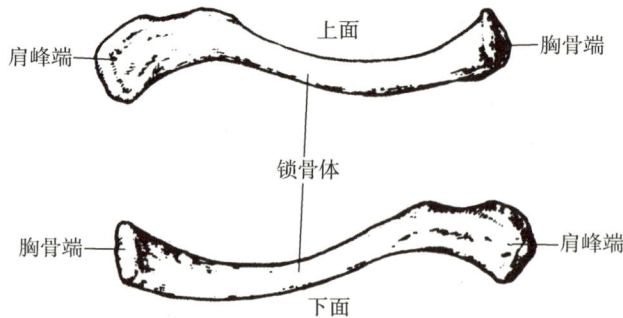

图1-22 锁骨

2. 肩胛骨　位于胸廓背面脊柱的两侧，介于第2~7肋骨之间，呈三角形。有三个角、三个缘和两个面。上角向内上方，平对第2肋，下角平对第7肋，体表易于摸到，可作为确定肋骨序数的体表标志。外上角膨大朝外上方，有一梨形光滑的关节面，称关节盂，与肱骨头构成肩关节。关节盂上下各有一隆起，称盂上结节和盂下结节。内侧缘朝向脊柱，又称脊柱缘。外侧缘肥厚，对向腋窝又称腋缘。上缘短而薄，其外侧端有一切迹，称为肩胛切迹。切迹的外侧有一伸向上前外方的骨突，称喙突。肩胛骨的前面微凹称肩胛下窝。后面有一横行的骨嵴，称肩胛冈，冈的外侧端称肩峰，为肩部最高点。冈上、下的浅窝，分别称为冈上窝和冈下窝（图1-23）。

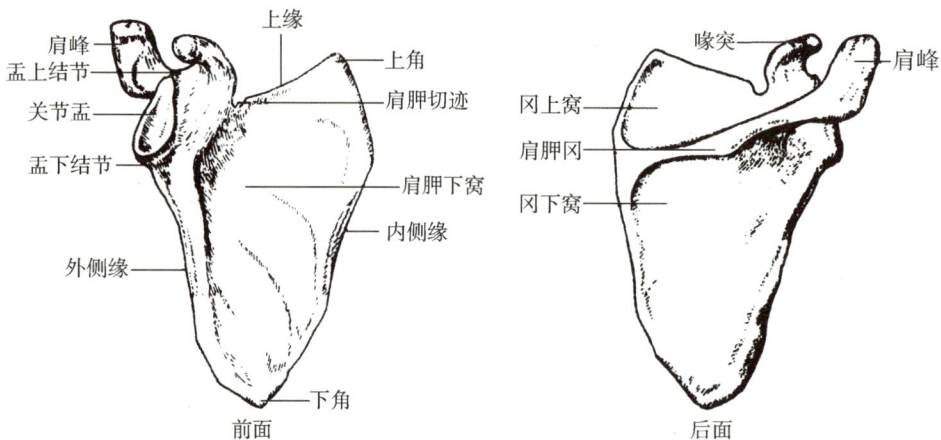

图1-23 肩胛骨

（二）自由上肢骨

1. 肱骨　位于上臂，是典型的长骨，可分为一体、两端（图1-24）。

肱骨上端膨大，有朝向内后上方的半球形关节面，称肱骨头，与肩胛骨的关节盂相关节。头的下方稍细称为解剖颈。解剖颈下方有向外侧突出的隆起，称大结节，大结节内前方的突起称小结节。两结节向下延续的骨嵴，分别称为大结节嵴与小结节嵴。大、小结节嵴之间的沟称结节间沟，内有肱二头肌长头腱通过。肱骨上端与体的移行处称外科颈，是骨折的好发部位。

肱骨体的中部外侧面有一粗糙的隆起，有三角肌附着，称三角肌粗隆，体的后面中部有一条斜向外下的浅沟，称桡神经沟，有桡神经和肱深动脉通过，肱骨中段骨折时易损伤桡神经。

肱骨下端膨大、前后略扁。外侧有较小半球形的肱骨小头，与桡骨相关节。内侧呈滑车状的关节面，称肱骨滑车，与尺骨相关节。下端前面有一冠突窝，后面有一深窝称鹰嘴窝。下端的两侧面各有一结节样隆起，分别称为内上髁和外上髁。内上髁后面有一纵行浅沟，称尺神经沟，有尺神经通过。

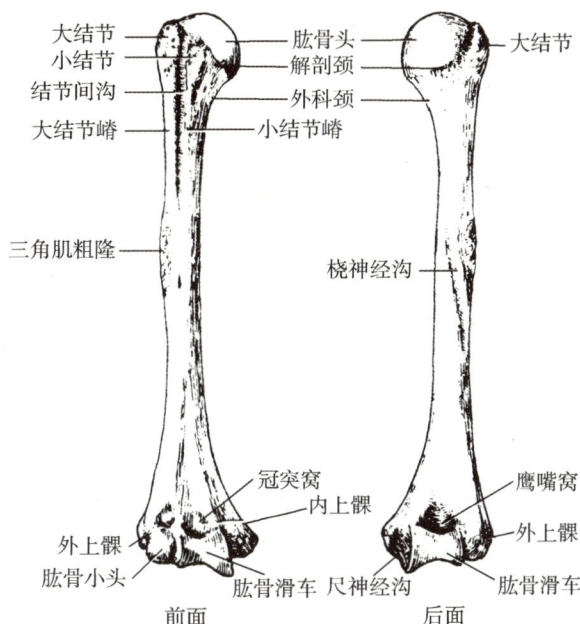

图 1 - 24　肱骨

2. 桡骨　位于前臂外侧，有一体、两端（图 1 - 25）。上端有圆柱形的桡骨头，上面有凹陷称桡骨头凹，与肱骨小头相关节。桡骨头周缘有环状关节面，与尺骨的桡切迹相关节。桡骨头下方为桡骨颈，颈的内下方有一粗糙的隆起称桡骨粗隆。桡骨体呈三棱形，其内侧缘锐利，与尺骨的骨间嵴相对。下端膨大，其内侧面有尺切迹，与尺骨头相关节；外侧面向下突出，称为茎突。

3. 尺骨　位于前臂内侧，有一体、两端（图 1 - 25）。上端粗大，前方有半月形的关节面，称为滑车切迹或半月切迹，与肱骨滑车构成关节。切迹后上方的突起称鹰嘴，前下方的突起为冠突。冠突的外侧面有一关节面，称桡切迹，与桡骨头的环状关节面相关节。体稍细长弯曲，呈三棱柱状。下端有位于外侧呈球形的尺骨头和向下伸出的茎突。

4. 手骨　由腕骨、掌骨和指骨组成（图 1 - 26）。

（1）腕骨　位于手腕部，均属短骨，共有 8 块，排成近侧、远侧两列，每列 4 块，以其形状命名。近侧列由桡侧向尺侧依次是手舟骨、月骨、三角骨和豌豆骨。远侧列为大多角骨、小多角骨、头状骨和钩骨。8 块腕骨间在掌面形成凹陷的腕骨沟。

（2）掌骨　为 5 块长骨，从桡侧向尺侧依次为第 1～5 掌骨。掌骨的近侧端为底，接腕骨。远侧端为头，接指骨。头底之间的部分为体。

（3）指骨　共 14 块，除拇指为 2 节外，其余 4 指均为 3 节。由近侧向远侧依次为近节指骨、中节指骨、远节指骨。近节和中节指骨近侧端为底，中部为体，远侧端为滑车，远节指骨的末端粗糙称远节指骨粗隆。

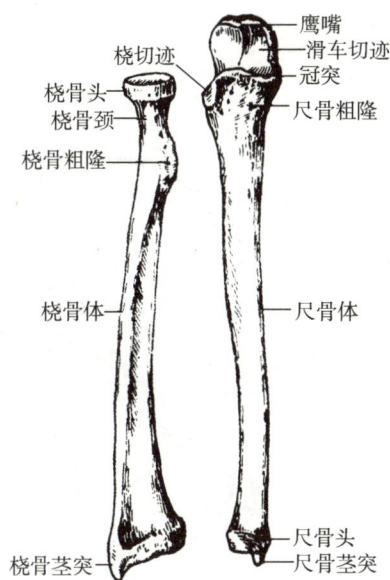

图 1 - 25　桡骨与尺骨

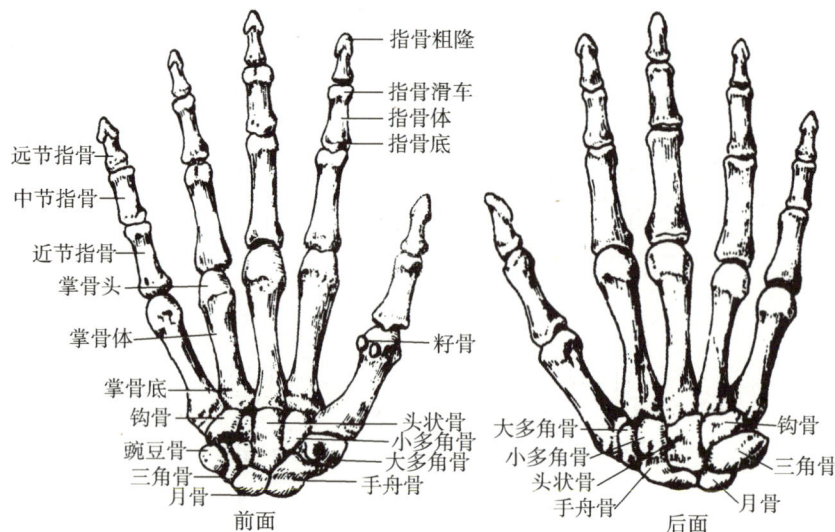

图 1-26 手骨

二、下肢骨

下肢骨包括髋骨、股骨、髌骨、胫骨、腓骨和足骨，每侧 31 块，共 62 块。髋骨属下肢带骨，其余为自由下肢骨。

（一）下肢带骨

髋骨由髂骨、耻骨和坐骨融合而成，属于不规则骨（图 1-27），幼年时 3 骨间借软骨相连，15 岁后融合为一块髋骨。

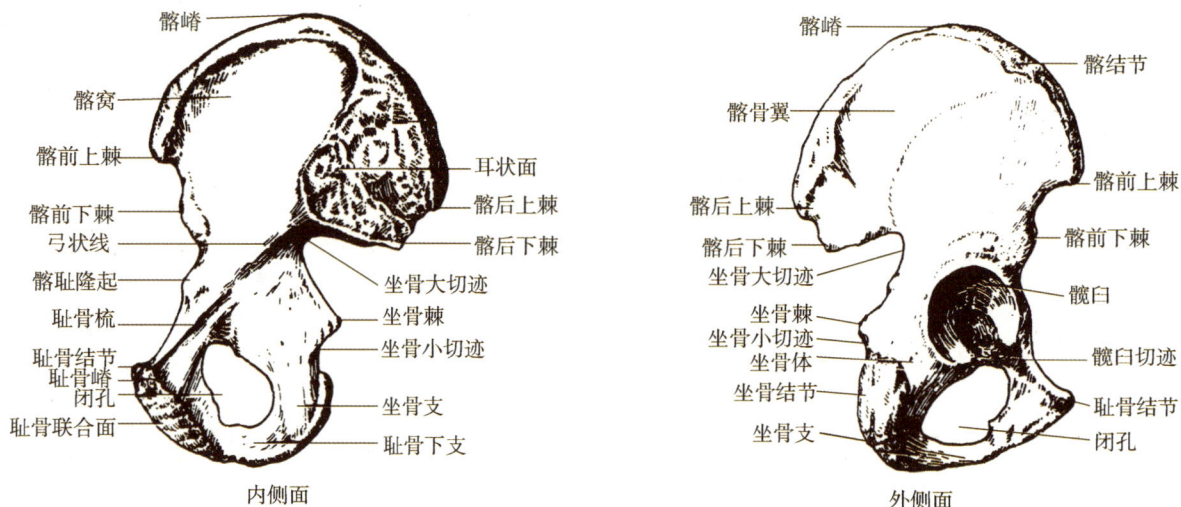

图 1-27 髋骨

1. 髂骨 构成髋骨的后上部，分为髂骨体和髂骨翼两部分。髂骨翼扁阔，上缘卷曲增厚称髂嵴，髂嵴前后端的突起分别称髂前上棘和髂后上棘，两棘下方又各有一突起分别称髂前下棘和髂后下棘。髂前上棘后外 5~7cm 处的髂嵴边缘向外侧突起称髂结节，是临床上进行骨髓穿刺重要的体表标志。两侧髂嵴最高点的连线平对第 4 腰椎的棘突，是确定椎骨序数的标志。髂骨翼内面平滑略凹称髂窝，髂窝下界为一圆钝的隆起称弓状线，其后方为耳状面。

2. 坐骨 构成髋骨的后下部，分为坐骨体和坐骨支两部分。坐骨体与坐骨支移行处的后部粗糙的隆起称坐骨结节，是坐骨的最低部，可在体表摸到。坐骨体后缘的锥状突起称坐骨棘，其上、下方的凹陷分别称坐骨大切迹和坐骨小切迹。

3. 耻骨 构成髋骨的前下部，分为耻骨体、耻骨上支和耻骨下支三部分。耻骨上支上缘锐利，称耻骨梳，耻骨梳向前终于耻骨结节，向后续于弓状线。耻骨上、下支移行处的内侧面有椭圆形粗糙面，称耻骨联合面。

3 块骨融合处的外侧面有一深窝称髋臼，髋臼下缘的缺口称髋臼切迹，髋臼前下份的孔称闭孔，由坐骨和耻骨围成。

（二）自由下肢骨

1. 股骨 位于大腿，是人体最长的长骨，约占身高的 1/4，可分为一体和两端（图 1 – 28）。上端朝向内上方的球形关节面，称股骨头，其上有一小凹，称为股骨头凹，为股骨头韧带的附着处。头的下方缩细的部分称股骨颈。颈体交界处的外侧，有一向上的粗糙隆起称大转子，其内下方较小的隆起称为小转子。大、小转子间，前有转子间线，后有转子间嵴相连。股骨体粗壮，为圆柱形。前面光滑，后面有一纵行的骨嵴，称粗线。此线向上延续为粗糙的突起称臀肌粗隆。下端为两个膨大的隆起，向后方卷曲，分别称内侧髁和外侧髁。两髁之间深凹陷，称髁间窝。内侧髁的内侧面和外侧髁的外侧面各有一粗糙隆起，分别称为内上髁和外上髁，体表可触及。

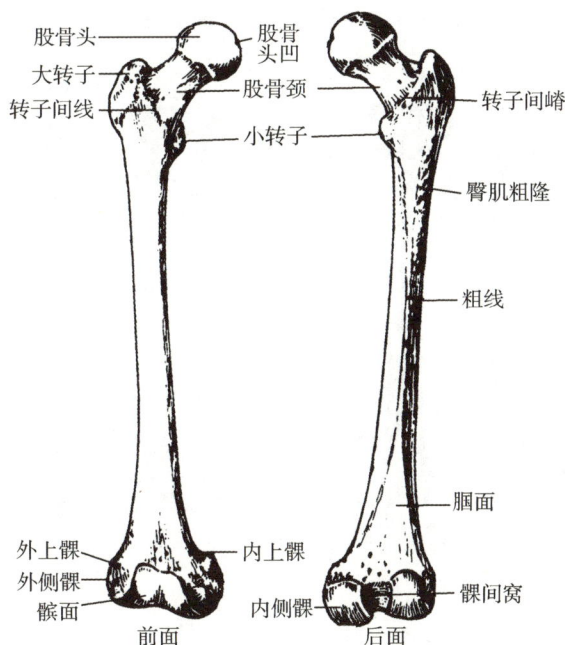

图 1 – 28 股骨

💡 **知识拓展**

颈干角

颈干角为股骨颈的长轴与股骨干纵轴之间形成的夹角，又称内倾角。正常值在 110°～140° 之间，男性平均 132°，女性平均 127°，儿童平均 151°。颈干角随年龄增大而减小，颈干角可以增加下肢的运动范围。大于正常值为髋外翻，小于正常值为髋内翻。

2. 髌骨　是人体最大的籽骨，位于膝关节前方，近似底朝上、尖朝下的三角形。髌骨前面粗糙，后面为光滑的关节面，包于股四头肌的肌腱内（图1-29）。

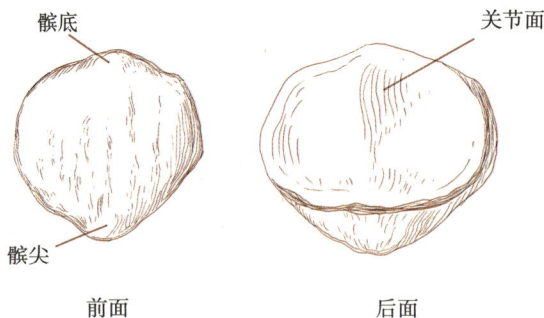

前面　　　　　　　后面

图1-29　髌骨

3. 胫骨　位于小腿的内侧部，是三棱形粗大的长骨，分为一体和两端（图1-30）。上端粗大，形成与股骨相对应的内侧髁和外侧髁，两髁之间的向上隆凸称髁间隆起。上端的前面有一粗糙的隆起，称胫骨粗隆。外侧髁的后下面有一关节面，接腓骨小头，称腓关节面。体呈三棱柱形，前缘锐利，内侧面平坦。下端膨大，内侧有伸向下的骨突称内踝。外侧有与腓骨相接的三角形凹陷称腓切迹。

4. 腓骨　细长，位于小腿部的后外侧，分为一体和两端（图1-30）。上端膨大称腓骨头，下方缩细称腓骨颈。下端膨大稍扁称外踝。临床上常截取一段带血管的腓骨，作为自身移植的供骨。

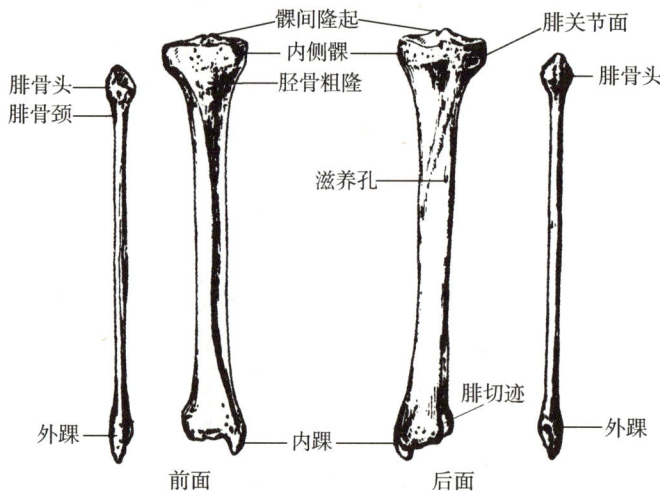

前面　　　　　　　后面

图1-30　胫骨和腓骨

5. 足骨　由跗骨、跖骨、趾骨组成（图1-31）。

（1）跗骨　属于短骨，位于足的近侧部，相当于手的腕骨，共7块。可分为近、中、远三列，即近侧列的距骨和跟骨，中间列的足舟骨，远侧列的内侧楔骨、中间楔骨、外侧楔骨和骰骨。跟骨的后下方膨大为跟骨结节。

（2）跖骨　属于长骨，其形状大致与掌骨相当，但比掌骨长而粗壮，共5块，由内侧向外侧依次称第1至第5跖骨。

（3）趾骨　属于长骨，其形状大致与指骨相当。共14块，一般踇趾为2节，其余各趾为3节。临床常截取第2趾代替手的拇指再造。各节趾骨的名称和结构名称均与手指骨相同。

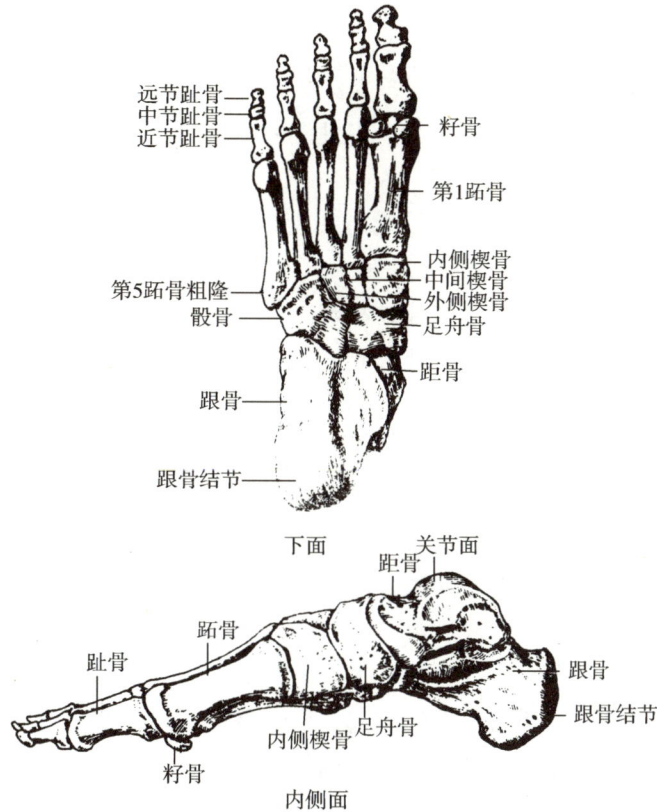

远节趾骨
中节趾骨
近节趾骨
籽骨
第1跖骨
内侧楔骨
中间楔骨
外侧楔骨
足舟骨
距骨
跟骨
跟骨结节
第5跖骨粗隆
骰骨

下面
关节面
距骨
跖骨
跟骨
跟骨结节
趾骨
内侧楔骨
足舟骨
籽骨
内侧面

图 1-31　足骨

第四节　常用骨性标志

人体的骨一部分常在体表形成较明显的隆起或凹陷，临床上常作为定位应用，称为骨性标志。体表突出的骨性标志部位长期受压时，容易发生压疮，所以熟悉人体常用的骨性标志具有重要的临床意义。临床上常利用骨性标志作为确定内脏器官的位置、判断血管和神经走向以及穿刺定位的依据。

一、躯干部

1. 颈静脉切迹　在胸骨柄的上缘，向后平对第 2 胸椎体，其上方为胸骨上窝。

2. 胸骨角　胸骨柄与胸骨体连接处向前的突起，两侧接第 2 肋软骨，是计数肋和肋间隙的重要标志。向后平对第 4 胸椎体下缘水平，也是气管杈、食管第二个狭窄和胸导管左移处的水平；胸骨角平面是上、下纵隔的分界线。

3. 肋弓　由第 8~10 肋软骨依次相连而成，是触摸肝、脾的标志。

4. 剑突　胸骨下方的突出，位于两侧肋弓之间，剑突与左侧肋弓的交点处是心包穿刺的常用部位。

5. 骶角、骶管裂孔　沿骶正中嵴向下摸到骶管裂孔，在裂孔的两侧可摸到骶角，骶角为骶管麻醉定位的标志。

6. 第 7 颈椎棘突　头前俯时在项下部正中最突出处，为确定椎骨棘突序数的标志之一。

7. 颈动脉结节　第 6 颈椎横突前结节，位于胸锁乳突肌前缘深处，正对环状软骨平面。平环状软骨，在胸锁乳突肌前缘，以拇指向后压，可将颈总动脉压向颈动脉结节，阻断血流，达到止血的目的。

二、颅部

1. **枕外隆突**　位于枕部向后最突出的隆起，其深面为窦汇。

2. **颞骨乳突**　耳廓后方，内部有乳突小房，其根部前缘的前内方有茎乳孔，面神经由此出颅。乳突深面的后半部为乙状窦沟。

3. **颧弓**　上缘后端即耳廓前方可触知颞浅动脉的搏动，中点上方约4cm处为翼点，内有脑膜中动脉通过，下方一横指处，有腮腺导管横过咬肌表面。

4. **眉弓**　眶上缘稍上方的弧形隆起，内部是额窦。

5. **下颌角**　为下颌支后缘与下颌底转折处，此处骨质较薄，容易骨折。

三、上肢骨部

1. **肩峰**　肩胛冈的外侧端，高耸于肩关节的上方，为肩部的最高点，是测量上肢长度的定点。

2. **肩胛冈**　肩胛骨的背面横行的隆起。

3. **肩胛骨下角**　平对第7肋或第7肋间隙，是从后面计数肋骨及肋间隙的重要标志。

4. 肱骨下端的内上髁、外上髁、尺骨鹰嘴　三者在伸肘时，同在一条直线上；而屈肘时，三者连线呈一等腰三角形。

5. **尺、桡骨茎突**　尺骨、桡骨下端的骨性突起，桡骨茎突比尺骨茎突低1~1.5cm。

6. **豌豆骨**　位于小鱼际的根部，腕部远侧皮纹内侧的突起，其外侧有尺神经深支到达手掌。

四、下肢骨部

1. **髂嵴**　两侧髂嵴最高点连线经过第4腰椎棘突，腰椎穿刺据此定位。

2. **髂前上棘、髂后上棘**　骨盆测量的标志。

3. **坐骨结节、大转子**　测量骨盆之用，或以两者连线中点确定坐骨神经位置。

4. **胫骨粗隆**　位于髌骨下缘约两横指处，为股四头肌腱止点。

5. **腓骨头**　小腿上端外侧的隆起，稍下方是腓总神经通过之处。

6. **内踝、外踝**　踝部两侧的明显隆起，分别是内踝和外踝，外踝低于内踝。

目标检测

答案解析

一、选择题

1. 下列骨中，属于长骨的是
   A. 肩胛骨　　　　　　　B. 肋骨　　　　　　　　C. 指骨
   D. 距骨　　　　　　　　E. 髌骨

2. 肩胛骨下角平对
   A. 第4肋　　　　　　　B. 第5肋　　　　　　　C. 第6肋
   D. 第7肋　　　　　　　E. 第8肋

3. 下列各骨中，不属躯干骨者是
   A. 胸骨　　　　　　　　B. 椎骨　　　　　　　　C. 肋骨
   D. 肩胛骨　　　　　　　E. 骶骨

4. 髋骨结构中在体表能摸到的是
    A. 弓状线   B. 髂前上棘   C. 耳状面
    D. 髋臼   E. 髂窝

5. 下列骨中成对的脑颅骨是
    A. 顶骨   B. 上颌骨   C. 颧骨
    D. 额骨   E. 蝶骨

6. 肱骨体中份骨折易损伤
    A. 尺神经   B. 小结节   C. 外科颈
    D. 三角肌   E. 桡神经

7. 关于胸骨角的描述正确的是
    A. 计数椎骨的标志   B. 平对第2肋软骨
    C. 平对第4肋软骨   D. 平对第2胸椎
    E. 位于两侧肋弓之间

8. 胸椎的特征性结构是
    A. 有肋凹   B. 棘突长   C. 椎体大
    D. 椎孔大   E. 横突有孔

二、思考题

1. 试述翼点的位置、组成和临床意义。
2. 试述胸骨角的位置及其意义。

（刘　冰）

书网融合……

本章小结　　题库

第二章 骨连接

1. 通过本章学习，重点掌握关节的基本结构及运动形式；椎骨的连结、脊柱的整体观；胸廓的组成和形态；颞下颌关节、肩关节、肘关节、髋关节、膝关节的组成、结构特点和运动；骨盆的组成，男、女性骨盆的特点。

2. 学会结合标本和模型说出骨连结的主要形态、结构。

情境导入

情境描述 患者，女，61 岁，因"车祸致左肩关节疼痛、活动受限 1 小时"入院。体格检查：神志清楚，表情痛苦，左上臂上举、屈时，呈"方肩"畸形，左肩关节弹性固定，腋窝下方可触及脱出的肱骨头，肩关节压痛（+）。X 线检查提示左侧肱骨头完全脱出于关节盂下方，肱骨头朝下。入院诊断：左肩关节脱位。

讨论 1. 肩关节的组成有哪些？

2. 为什么肩关节脱位时，肱骨头常从下方脱出？

第一节 骨连结概述

骨和骨之间的连结装置称骨连结（图 2-1）。根据骨连结方式的不同，可分为直接连结和间接连结。

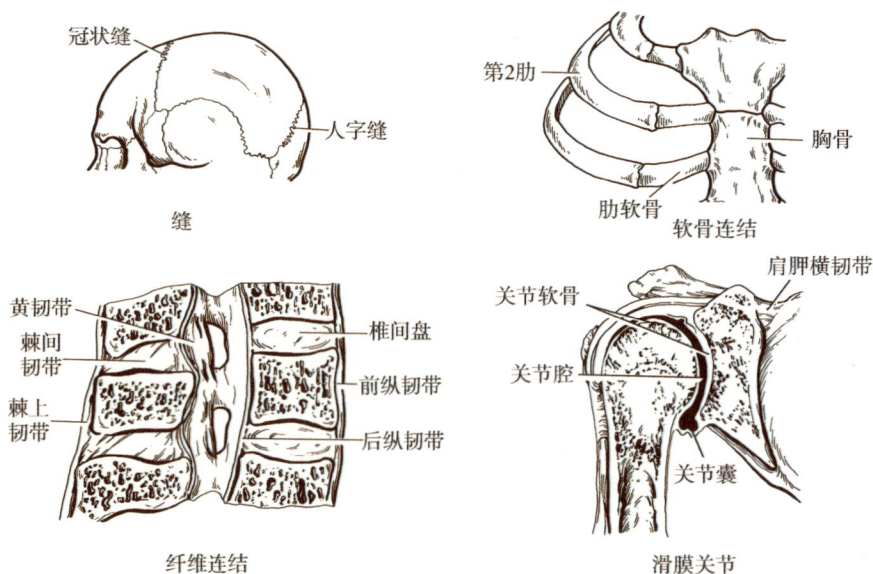

图 2-1 骨连结的类型

一、直接连结

骨与骨之间借纤维结缔组织连结，无间隙，活动范围很小或者不能活动称为直接连结，包括纤维连结、软骨连结和骨性结合。

1. 纤维连结　骨与骨之间借纤维结缔组织相连，如韧带连结和缝。

2. 软骨连结　两骨之间借软骨相连，可分为透明软骨连结和纤维软骨连结。透明软骨连结可转化成骨性结合，如骺软骨。纤维软骨连结不骨化，可轻微活动，如椎间盘、耻骨联合等。

3. 骨性结合　两骨之间借骨组织相连，如 5 块骶椎骨化为骶骨。

二、间接连结

骨和骨之间借膜性的结缔组织囊相连，在相对骨面之间有一定腔隙，这种连结称为间接连结，又称关节，一般活动性较大，是人体骨连结的主要形式。

（一）关节的基本结构

关节的基本结构包括关节面、关节囊、关节腔（图 2 - 2）。

1. 关节面　构成关节两个骨的相对面称为关节面，凸的一面称为关节头，凹的一面称为关节窝。关节面被关节软骨所被覆，表面光滑，有弹性，可减少运动时的摩擦，并有缓冲作用。

2. 关节囊　为结缔组织膜构成的囊，分内、外两层。外层为纤维膜，由致密结缔组织构成，两端厚而坚韧，附着于关节面的周缘及其附近的骨面上；内层为滑膜，薄而柔软，紧贴纤维膜内面，并附于关节软骨周缘，除关节软骨和关节盘外，滑膜被覆关节内一切结构。滑膜能分泌滑液，滑液有润滑关节作用，以减少关节运动时的摩擦。

3. 关节腔　是关节软骨与滑膜围成的密闭腔隙，内含有少量滑液，腔内为负压，有助于关节的稳定性。

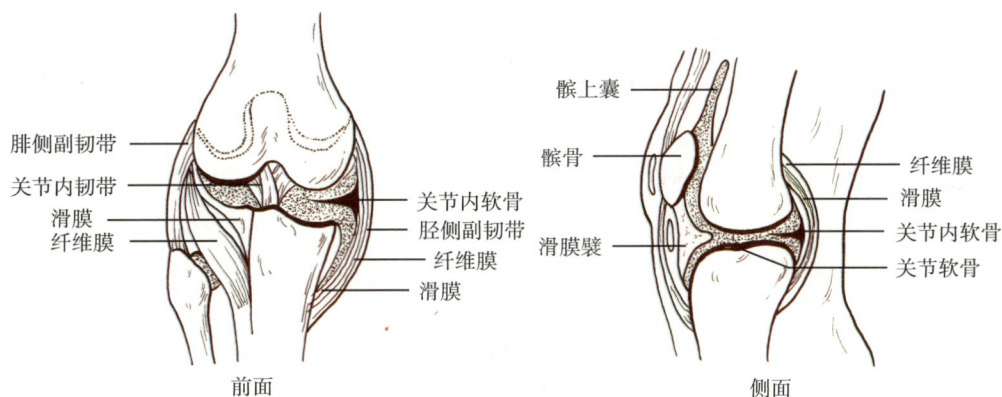

腓侧副韧带
关节内韧带
滑膜
纤维膜
关节内软骨
胫侧副韧带
纤维膜
滑膜
前面

髌上囊
髌骨
滑膜襞
纤维膜
滑膜
关节内软骨
关节软骨
侧面

图 2 - 2　关节的基本结构

（二）关节的辅助结构

关节除了基本结构之外，还有一些辅助结构，以增加关节的稳固性，如韧带、关节盘、关节唇等。

1. 韧带　连接于两骨之间，由致密结缔组织构成，分为囊内韧带、囊外韧带和囊韧带，有增加关节稳固性、限制关节过度运动等功能。

2. 关节盘　位于两关节面之间的纤维软骨板，边缘厚、中央薄，边缘连接到关节囊上，可使相对应的关节面更加适配，能增加关节的稳固性、灵活性、运动形式和范围，并可缓冲震荡。

3. 关节唇　附着于关节窝周缘的纤维软骨环，可加深关节窝、增加关节的稳固性。

（三）关节的运动方式

关节一般都是围绕一定的轴而运动。围绕某一运动轴可产生两种方向相反的运动形式。根据运动轴的不同，其运动形式可分为屈和伸、内收和外展、旋内和旋外以及环转。

1. 屈和伸　围绕冠状轴进行的关节运动，一般两骨之间夹角变小为屈，反之为伸。

2. 内收和外展　围绕矢状轴进行的关节运动，骨向正中矢状面靠拢为内收，反之为外展。

3. 旋内和旋外　围绕垂直轴进行的关节运动，骨的前面转向内侧为旋内，反之为旋外。在前臂的运动又称旋前和旋后，手背转向前方为旋前，反之为旋后。

4. 环转　指屈、展、伸、收的连续运动。运动时，骨的近端在原位转动，远端做圆周运动，运动的轨迹为一圆锥形。

第二节　中轴骨的连结

中轴骨的连结包括躯干骨的连结和颅骨的连结。

一、躯干骨的连结

躯干骨之间互相连结可构成脊柱和胸廓。脊柱由椎骨、骶骨和尾骨连结而成，上承托颅，下接下肢骨。胸廓由胸椎、胸骨和肋构成，与上肢骨相连。

（一）脊柱

1. 椎骨间的连结　各椎骨之间借韧带、软骨和关节相连，根据椎骨的结构可分为椎体间的连结和椎弓间的连结（图2-3）。

（1）椎体间的连结　①椎间盘：位于相邻两椎体之间，由髓核和纤维环两部分构成，是椎骨之间最主要的连结（图2-4）。髓核位于椎间盘中心，为柔软而富有弹性的胶状物质，周围是由多层同心圆排列的纤维软骨环称为纤维环。整个脊柱有23个椎间盘，各部椎间盘厚薄不一，腰部最厚，颈部次之，中胸部最薄，故脊柱腰部活动度最大。椎间盘有一定的弹性，可缓冲震动、允许脊柱做弯曲和旋转运动。②前纵韧带：位于椎骨前面，上连枕骨大孔前缘，下达骶骨前面，紧贴椎体和椎间盘前面，厚实而坚韧，包绕脊柱的前、外侧面，对脊柱稳定有重要作用（图2-3）。③后纵韧带：位于椎体后面，长度与前纵韧带相当，较前纵韧带细，可限制脊柱过分前屈及防止椎间盘向后脱出（图2-3）。

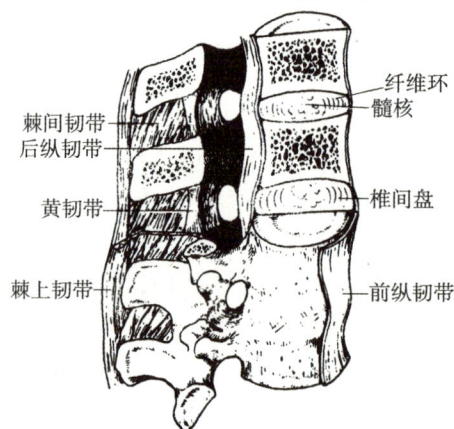

图2-3　椎骨间的连结

（2）椎弓间的连结 ①棘上韧带：在胸、腰、骶部紧贴棘突末端，至颈部则呈板片状，称项韧带（图 2 - 5）。②黄韧带：位于相邻椎弓板之间，可限制脊柱的过度前屈。③棘间韧带：位于各棘突之间，前连黄韧带，后接棘上韧带。④横突间韧带：位于横突之间，可限制脊柱过度侧屈。⑤关节：主要由相邻椎骨的上下关节突构成的关节突关节（图 2 - 4）。寰椎与枢椎构成寰枢关节，寰椎与枕骨之间构成寰枕关节。

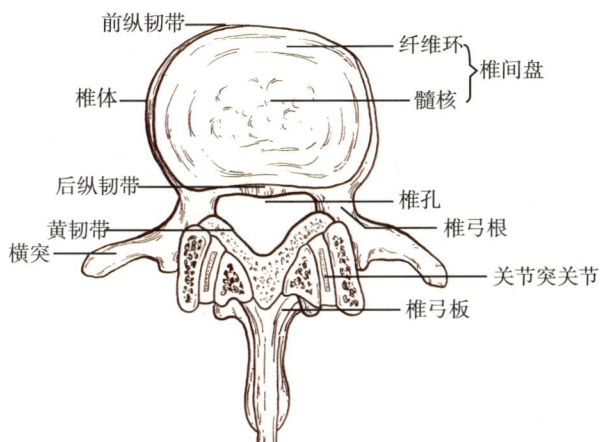

图 2 - 4 椎间盘、关节突关节

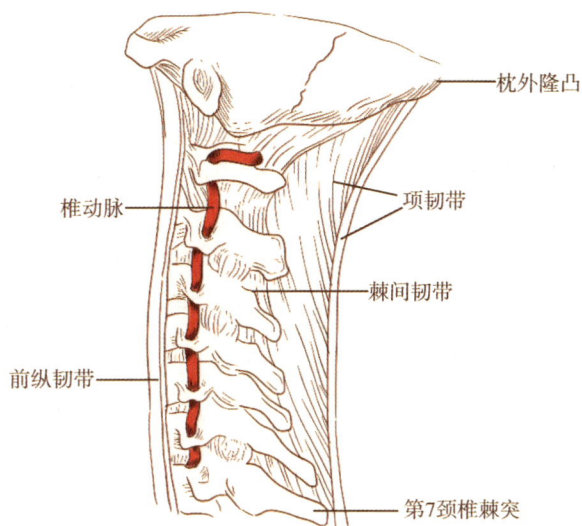

图 2 - 5 项韧带

2. 脊柱的整体观 ①前面观：椎体从上至下逐渐增大，骶骨上端最宽，以下又逐渐缩小。这与脊柱承重有关。②后面观：可见成排的棘突和横突，棘突的方向在颈、腰段较平，在胸部较斜。③侧面观：可见 4 个生理性弯曲。颈曲和腰曲凸向前，胸曲和骶曲凸向后。这些弯曲增大了脊柱的弹性，对维持人体重心的稳定和缓冲震荡有重要意义（图 2 - 6）。

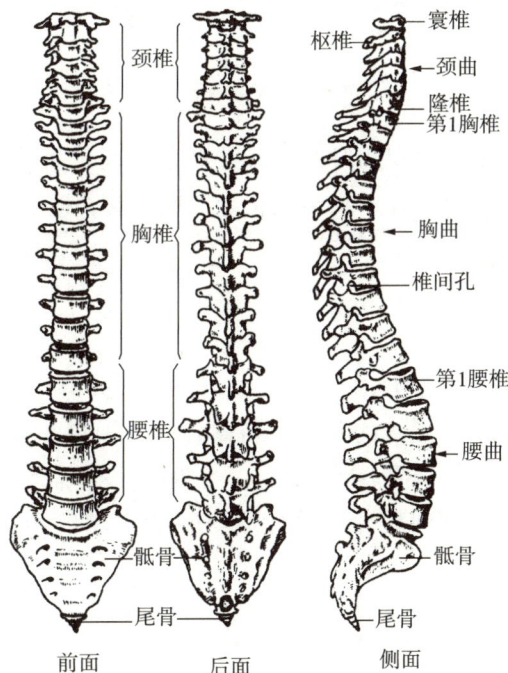

图 2 - 6 脊柱的整体观

3. 脊柱的功能和运动　脊柱除支持体重、传递重力、缓冲震动、保护脊髓和内脏等功能外，还有很大的运动性。虽然在相邻两椎骨间运动范围很小，但整个脊柱因叠加而活动范围较大，尤其是颈部和腰部运动幅度最大。其运动方式包括屈伸、侧屈、旋转和环转等。

（二）胸廓

胸廓由 12 块胸椎、12 对肋和 1 块胸骨连结而成。胸廓具有一定的弹性和活动性，主要保护心、肺等重要器官，并参与呼吸运动。

1. 胸廓的连结　主要依靠肋椎关节和肋软骨与胸骨之间的连结构成。肋椎关节为肋骨后端与胸椎之间的连结方式，有两处关节：①肋头关节，由肋头与椎体肋凹组成；②肋横突关节，由肋骨结节关节面与横突肋凹组成。

2. 胸廓的形态　成人胸廓为前后较扁，前壁短、后壁长的圆锥形（图 2 - 7）。胸廓上口较小，为后高前低的斜面，由第 1 胸椎、第 1 肋和胸骨柄上缘围成。胸廓下口宽大，前高后低，由第 12 胸椎、第 12 和 11 肋及肋弓、剑突组成。两侧肋弓的夹角称为胸骨下角，角度大小因体形而异。相邻两肋之间的间隙为肋间隙，临床上常用来定位脏器的位置。

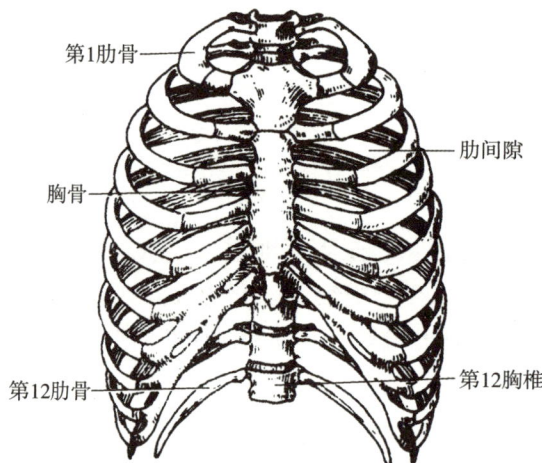

图 2 - 7　胸廓

3. 胸廓的功能　胸廓的运动主要表现为呼吸运动。肋上提时胸廓横径和前后径扩大，胸腔容积增加助吸气；肋下降时胸腔容积缩小助呼气。胸廓除了参与呼吸以外，还有保护胸腔内器官如心、肺等功能。

二、颅骨的连结

颅骨连结主要是直接连结，只有下颌骨与颞骨之间以颞下颌关节相连。

颞下颌关节又称下颌关节，由下颌骨的下颌头与颞骨的下颌窝和关节结节构成（图 2 - 8）。关节囊前部薄而松弛，囊内有关节盘，将关节腔分成上、下两部，所以下颌关节运动灵活，两侧联合运动，可使下颌骨上提、下降、向前和向后，主要为适应咀嚼运动的需要。活动幅度过大时关节容易向前脱位。

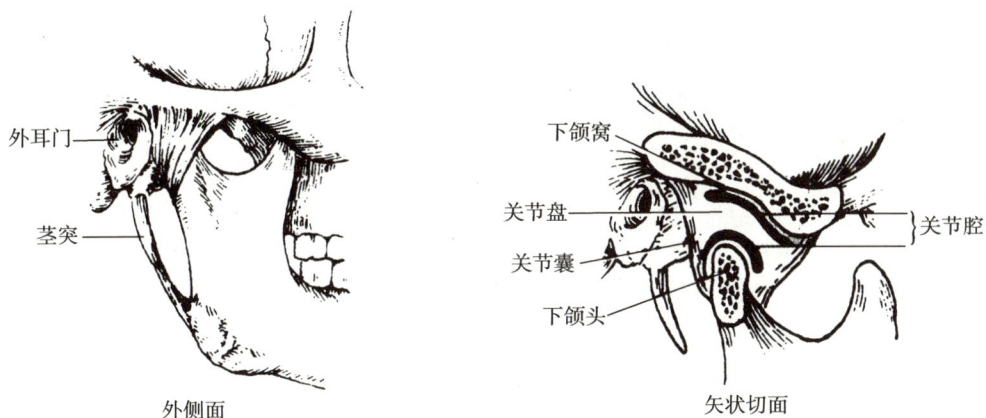

外耳门
茎突
外侧面

下颌窝
关节盘
关节囊
下颌头
关节腔
矢状切面

图2-8 颞下颌关节

💡 知识链接

下颌关节脱位

　　运动中相互碰撞，以及张口过大、韧带松弛致使下颌关节向前脱出。症状为张口不能闭合，局部疼痛和压痛，下颌小头位置有空凹。下颌关节脱位可首先尝试手法复位，嘱患者尽可能放松紧张的情绪。操作者佩戴手套后，按摩咬肌，之后通过拇指下压磨牙，同时其他四指上抬下颌骨，多数患者可以获得复位。如果患者肌肉痉挛，过于紧张的情况下，也可以在全麻下行复位术。只有极少数患者脱位时间较长无法手法复位的情况下，需行切开复位。

第三节　附肢骨的连结

附肢骨的连结包括上肢骨连结和下肢骨连结。

一、上肢骨连结

（一）上肢带骨连结

1. 胸锁关节　由锁骨的胸骨端与胸骨的锁切迹构成，是上肢骨与躯干骨之间唯一的关节。其关节囊坚韧紧张，周围有韧带加强，囊内有关节盘。该关节可使锁骨外侧端做小幅度向上、下、前、后及轻微的旋转、环转运动（图2-9）。

2. 肩锁关节　由肩峰与锁骨肩峰端构成，属微动关节。

3. 喙肩韧带　肩胛骨的喙突与肩峰之间的韧带，防止肱骨头向上脱位。

（二）自由上肢骨连结

1. 肩关节　由肩胛骨的关节盂和肱骨头构成。该关节的特点是：肱骨头大、关节盂小而浅。周缘有纤维软骨环构成的盂唇，加深了关节窝。关节囊薄而松弛，囊内有肱二头肌长头腱通过。在关节囊外有韧带，以加强关节的稳固性。囊的下壁没有肌和韧带加强，最为薄弱，故肩关节脱位时，肱骨头常从下方脱出，发生前下方脱位。肩关节是人体活动范围最大、最灵活的关节，可做屈、伸、内收、外展、旋内、旋外和环转运动（图2-10）。

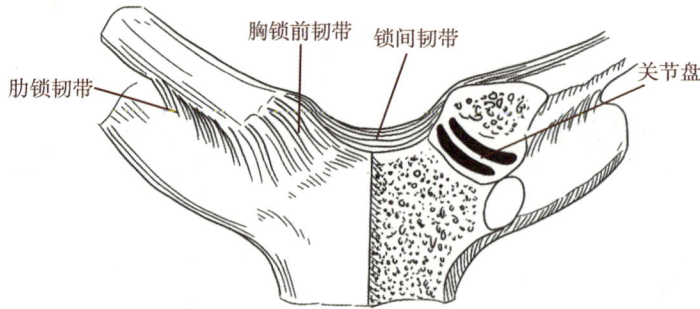

图 2 – 9 胸锁关节

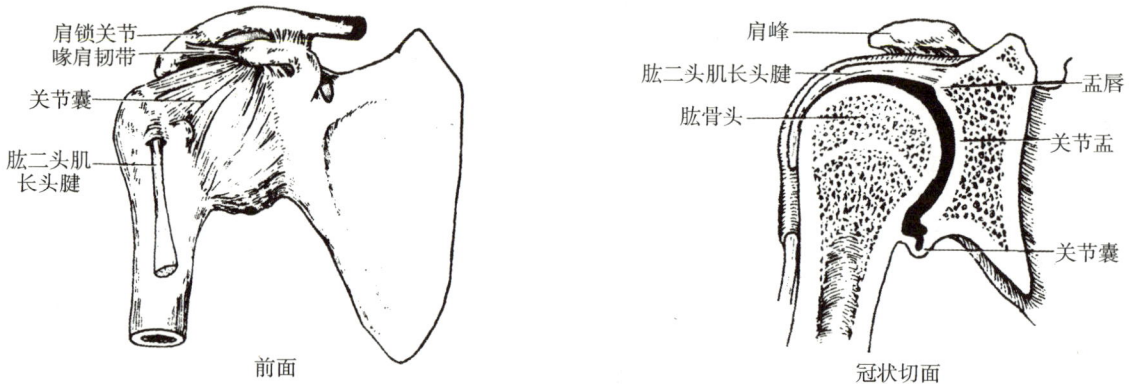

图 2 – 10 肩关节

2. 肘关节 由肱骨下端与桡、尺骨上端构成。包括肱尺关节、肱桡关节和桡尺近侧关节三个关节（图 2 – 11）。肱骨滑车与尺骨滑车切迹构成肱尺关节，是肘关节的主体部分。肱骨小头与桡骨头凹构成肱桡关节。桡骨头环状关节面与尺骨的桡切迹构成桡尺近侧关节。三个关节共同包裹在一个关节囊内。关节囊前后松弛、薄弱，两侧紧张增厚形成侧副韧带。此外，在桡骨头周围有桡骨环状韧带，可防止桡骨头脱出。幼儿桡骨头发育不全，且环状韧带较松弛，故当肘关节伸直位牵拉前臂时，易发生桡骨头半脱位。

肘关节可做屈、伸运动。当肘关节伸直时，肱骨内、外上髁与尺骨鹰嘴尖三点位于一条直线上，屈肘时则形成以鹰嘴尖为顶角的等腰三角形，临床上常以此鉴别肘关节脱位或肱骨髁上骨折。

3. 前臂骨的连结 除上端的桡尺近侧关节参与构成肘关节的一部分外，还有连于桡、尺两骨相对缘间的骨间膜以及下端的桡尺远侧关节。桡尺近侧关节和远侧关节是联合关节，可使前臂旋前和旋后（图 2 – 12）。

4. 手骨的连结 包括桡腕关节、腕骨间关节、腕掌关节、掌骨间关节、掌指关节及指骨间关节（图 2 – 13）。

桡腕关节又称腕关节，桡骨腕关节面和关节盘形成关节窝，舟、月、三角骨的近侧关节面联合组成的关节头。关节囊薄而松弛，周围有韧带加强。桡腕关节可做屈、伸、收、展以及环转运动。

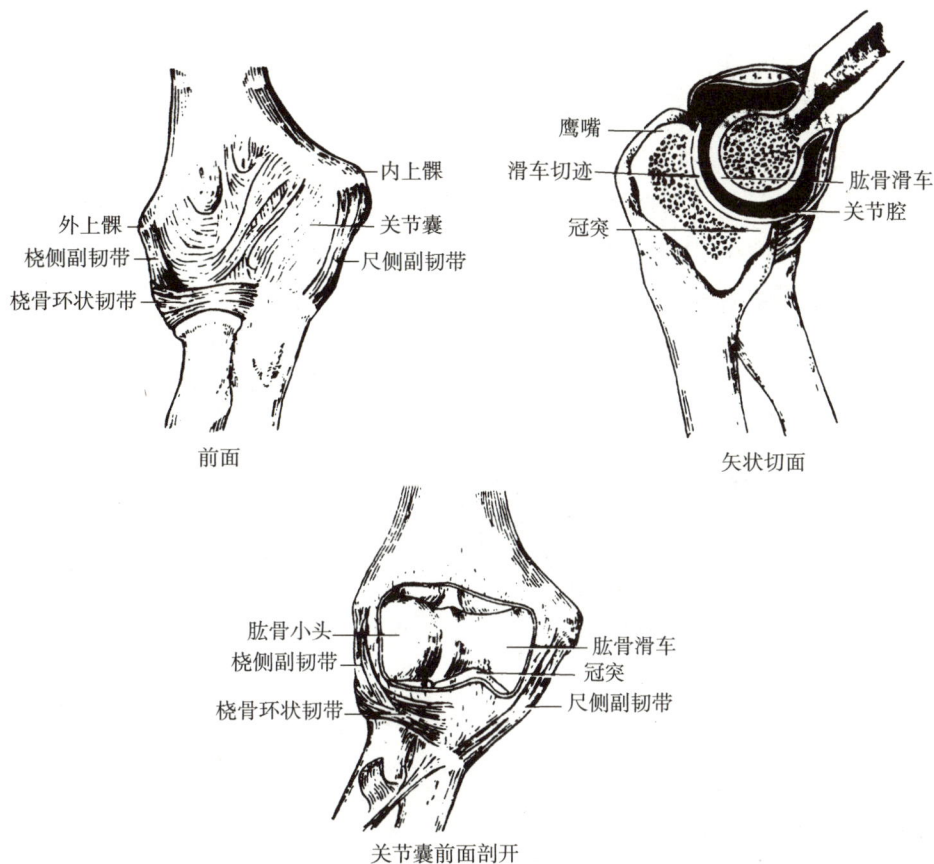

内上髁
外上髁
关节囊
桡侧副韧带
尺侧副韧带
桡骨环状韧带

前面

鹰嘴
滑车切迹
冠突
肱骨滑车
关节腔

矢状切面

肱骨小头
桡侧副韧带
桡骨环状韧带
肱骨滑车
冠突
尺侧副韧带

关节囊前面剖开

图 2－11　肘关节

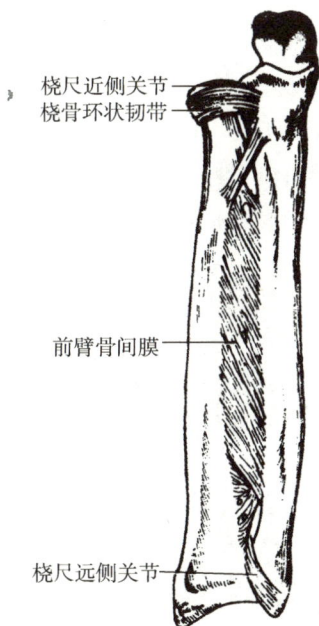

桡尺近侧关节
桡骨环状韧带

前臂骨间膜

桡尺远侧关节

图 2－12　前臂骨连结

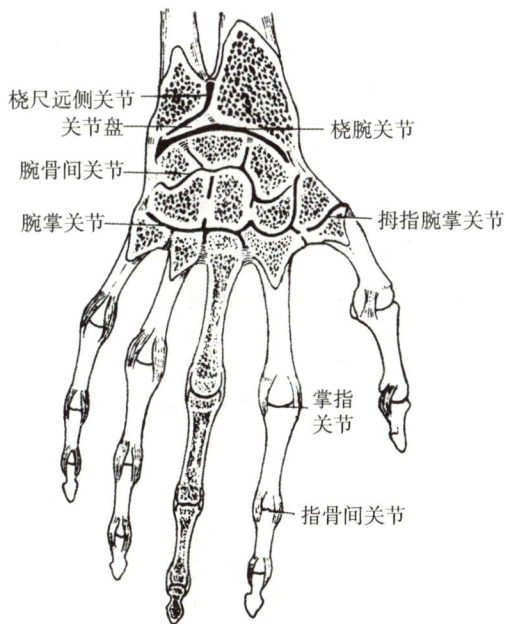

桡尺远侧关节
关节盘
腕骨间关节
腕掌关节
桡腕关节
拇指腕掌关节
掌指关节
指骨间关节

图 2－13　手关节

31

二、下肢骨连结

下肢骨连结包括下肢带骨连结和自由下肢骨连结。

（一）下肢带骨连接

左右髋骨在后方借骶髂关节及韧带与骶骨相连，前方借耻骨联合相连（图2-14）。

1. 骶髂关节 由骶、髂两骨的耳状面构成，结合非常紧密，关节囊紧张，并有韧带加强，几乎无活动性，以支持体重和传导重力为主。

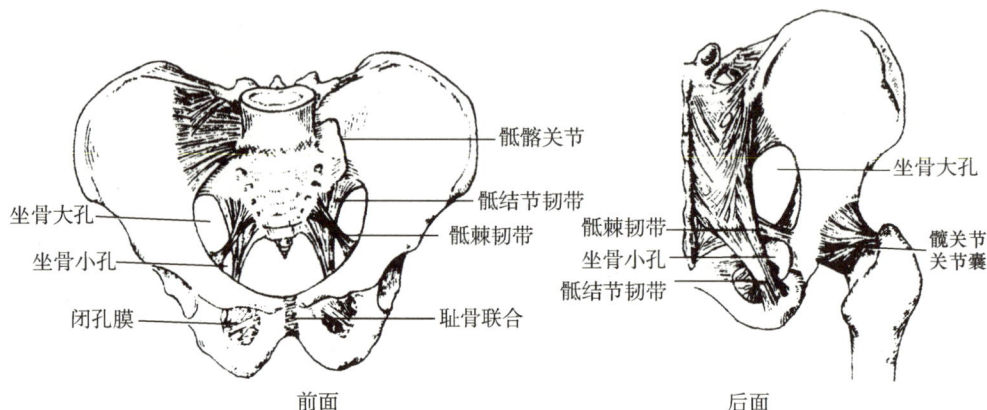

图2-14 骨盆的连接

2. 髋骨与骶骨的韧带连结 髋骨与骶骨有很多韧带相连。其中，骶骨与坐骨之间有两条：①骶结节韧带，从骶骨、尾骨侧缘连至坐骨结节内侧缘，呈扇形；②骶棘韧带，位于骶结节韧带前方，从骶骨、尾骨侧缘连至坐骨棘，呈三角形。这两条韧带与坐骨大、小切迹共同构成坐骨大孔和坐骨小孔。

3. 耻骨联合 由两侧耻骨联合面借纤维软骨连结而成，内有一条矢状位裂隙，女性分娩时稍分离有利于胎儿娩出。

4. 骨盆 由左、右髋骨和骶骨、尾骨借关节、韧带和软骨连结而成，有保护骨盆内脏器和传导身体重力的作用（图2-15）。骨盆以界线分为大骨盆和小骨盆，界线由骶骨岬、两侧的弓状线、耻骨梳、耻骨嵴和耻骨联合上缘围成。小骨盆上口即界线。下口由尾骨尖、骶结节韧带、坐骨结节、坐骨支、耻骨下支和耻骨联合下缘围成。两侧耻骨下支夹角称为耻骨下角，骨盆腔是一短面稍弯曲的骨性管道。前壁短，侧壁和后壁稍长，是胎儿娩出的通道。

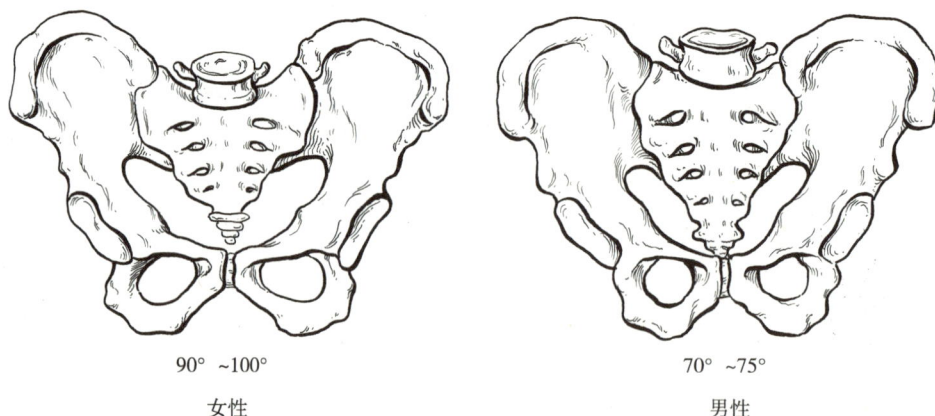

90° ~100°
女性

70° ~75°
男性

图2-15 女性和男性骨盆

骨盆由于激素的作用，从青春期开始，逐渐出现明易的性别差异。女性骨盆外形宽而短，髂骨翼外展，且较平，骨盆上口呈圆形，耻骨下角为 90°～100°，骶骨岬低平，小骨盆腔呈圆桶形，下口宽大。男性骨盆的特点是外形窄而长，上口呈心形，骶骨岬前突，耻骨下角 70°～75°，骨盆腔呈漏斗形，下口窄小。

（二）自由下肢骨连结

1. 髋关节 由髋臼与股骨头构成，髋臼深，在髋臼周缘有关节唇加深关节窝，使股骨头关节面几乎全部纳入髋臼内。关节囊紧张而坚韧，股骨颈除其后面的外侧部之外，都被包入囊内，故股骨颈骨折有囊内、囊外和混合性骨折三种。关节囊周围均有韧带加强，其中最坚韧的为位于关节囊前方的髂股韧带，该韧带可限制髋关节过伸，有利于维持人体直立姿势。关节囊后下方较薄弱，故髋关节脱位时，股骨头常从后下方脱出。囊内有股骨头韧带，内含营养股骨头的血管。髋关节可做屈、伸、收、展、旋转和环转运动，但不如肩关节灵活；然而其稳固性大，适于负重和行走（图 2-16）。

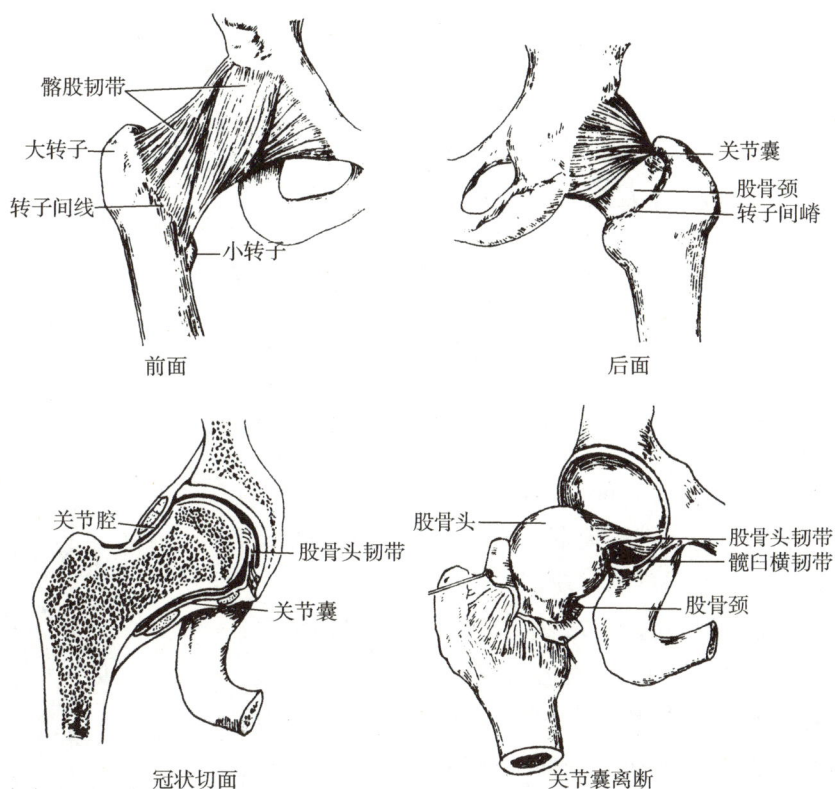

图 2-16 髋关节

2. 膝关节 是人体最大、最复杂的关节。由股骨内、外侧髁，胫骨内、外侧髁及髌骨构成。关节囊宽阔而松弛，其前壁有股四头肌腱、髌骨和髌韧带加强，内侧壁有胫侧副韧带加强，外侧壁有腓侧副韧带加强。关节囊内有前交叉韧带和后交叉韧带，可防止胫骨前、后移位。在股骨与胫骨两关节面之间，还有两个纤维软骨板，称半月板。内侧半月板较大，呈"C"形；外侧半月板较小，近似"O"形。两半月板周缘厚，内缘薄，下面较平，上面凹陷，可略加深关节窝，使两关节面相适应。半月板增加了膝关节的稳固性和运动的灵活性，并可减缓冲击。膝关节主要做屈、伸运动，在半屈膝位时，小腿还可做轻微的旋内、旋外运动（图 2-17，图 2-18）。

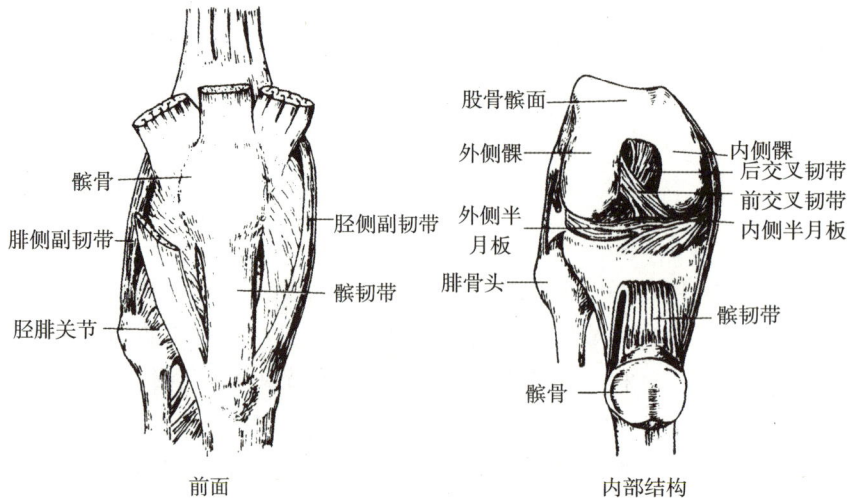

髌骨
腓侧副韧带
胫腓关节
胫侧副韧带
髌韧带

股骨髌面
外侧髁
外侧半月板
腓骨头

内侧髁
后交叉韧带
前交叉韧带
内侧半月板
髌韧带
髌骨

前面

内部结构

图 2 - 17　膝关节

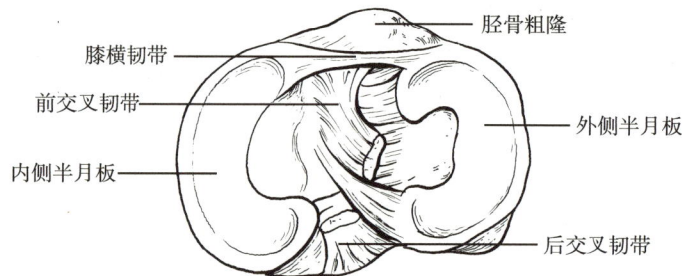

膝横韧带
前交叉韧带
内侧半月板

胫骨粗隆

外侧半月板

后交叉韧带

图 2 - 18　膝关节内部结构

3. 小腿骨间的连结　胫、腓骨间的连结包括上端由胫骨外侧髁和腓骨头构成的胫腓关节，下端的韧带连结以及两骨干间的骨间膜。小腿骨间的连结稳固，几乎不能运动。

4. 足骨的连结　包括距小腿关节、跗骨间关节、跗跖关节、跖趾关节及趾骨间关节（图 2 - 19）。距小腿关节又称踝关节，由胫、腓骨下端与距骨构成。关节囊前、后壁薄而松弛，内、外侧均有韧带加强。踝关节可做屈（跖屈）和伸（背屈）运动，当踝关节高度跖屈时，还可作轻微的侧方运动。跗骨间关节主要包括距跟关节、距跟舟关节和跟骰关节。前两关节联合运动可使足做内翻和外翻运动，后两关节常合称跗横关节，关节腔呈横位的"S"形，临床上可经此关节进行足的离断术。

5. 足弓　跗骨和跖骨借韧带牢固地连结在一起，形成向上凸的足弓（图 2 - 20）。足弓分前后方向的足纵弓和内外方向的足横弓。站立时，足以跟骨结节和第 1、第 5 跖骨头着地，使身体稳立于地面，并有利于行走和跑跳，缓冲运动时产生的震荡，也能保护足底的血管、神经免受压迫。足弓的维持除靠骨连结的韧带外，足底短肌和小腿长肌腱的牵拉也起着重要的作用。

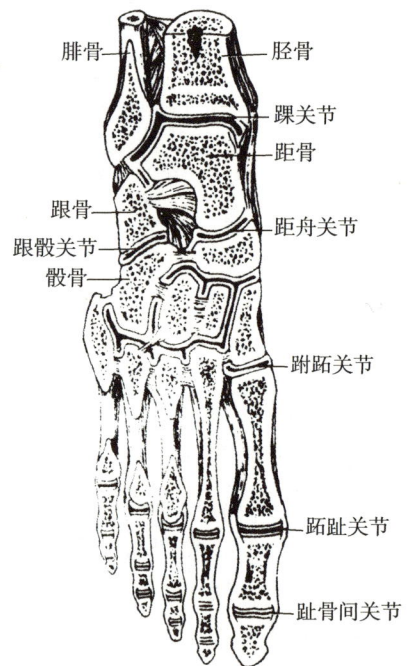

腓骨

跟骨
跟骰关节
骰骨

胫骨
踝关节
距骨

距舟关节

跗跖关节

跖趾关节

趾骨间关节

图 2 - 19　足关节

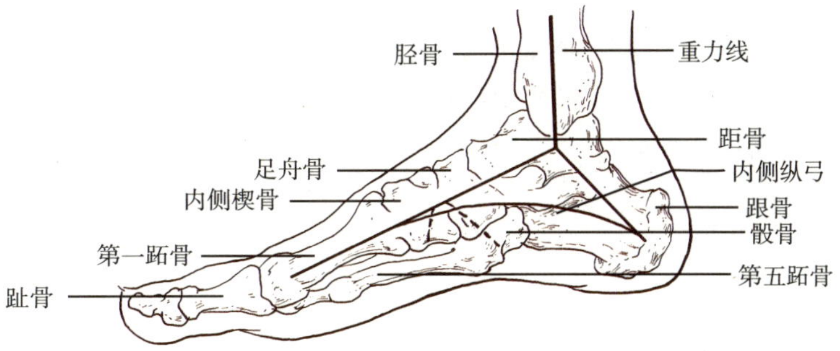
胫骨
重力线
距骨
足舟骨
内侧纵弓
内侧楔骨
跟骨
骰骨
第一跖骨
趾骨
第五跖骨

图 2-20 足弓

知识链接

扁平足

扁平足指足弓低平或消失，患足外翻，站立、行走的时候足弓塌陷，引起足部疼痛的一种畸形。大部分扁平足患者无明显症状，少部分有足踝部及小腿下部疼痛症状，常常伴有站立姿态和行走步态的改变。6～8 岁及以下的儿童，足弓尚在生长发育阶段，对于无症状的柔软性扁平足无需任何治疗。成人扁平足患者在无症状时无需特殊治疗，根据个人情况，在咨询医师后，对生活及运动方式做出适当调整。有症状时，大部分扁平足患者可通过穿戴支具矫形器缓解疼痛、改善站立及行走姿态，但对于成人来说，支具矫形器无法纠正足部骨骼畸形，小部分患者需要手术治疗。

目标检测

答案解析

一、选择题

1. 肩关节的结构特点有
   A. 关节囊厚而坚韧　　B. 在关节囊的上壁有韧带加强
   C. 囊的下方有许多肌腱附着　　D. 关节盂深
   E. 囊内有肱三头肌腱通过
2. 关节的辅助装置是
   A. 关节面　　B. 关节窝　　C. 关节唇
   D. 关节软骨　　E. 关节囊
3. 下列关节无关节盘的是
   A. 腕关节　　B. 膝关节　　C. 颞下颌关节
   D. 胸锁关节　　E. 踝关节
4. 关于髋关节，下列描述正确的有
   A. 由髋臼与股骨头构成　　B. 关节囊薄而松弛
   C. 股骨颈全在关节囊内　　D. 股骨头韧带主要起连接作用
   E. 关节囊内有关节盘

5. 下列不属于膝关节的结构是

    A. 髌韧带   B. 腓骨头   C. 膝交叉韧带

    D. 半月板   E. 胫侧副韧带

6. 关于椎间盘,下列描述错误的是

    A. 连结相邻的椎体   B. 由髓核和纤维环构成

    C. 中胸部最厚   D. 纤维环是软骨

    E. 髓核是富有弹性

7. 下列关节有囊内韧带的是

    A. 肩关节   B. 肘关节   C. 颞下颌关节

    D. 膝关节   E. 踝关节

二、思考题

1. 试述关节的基本结构和辅助结构有哪些?

2. 试述肩关节的构成、特点及肩关节可以做哪些运动?

（刘　冰）

书网融合……

本章小结   题库

第三章 肌 学

学习目标

1. 通过本章学习，重点掌握肌的分类；形态和结构；头颈部、躯干部、四肢部浅层主要肌的名称、位置和作用；膈肌的位置、形态和作用；各肌群之间的位置关系。
2. 学会结合标本和模型说出骨骼肌的主要形态、结构。

情境导入

情境描述 患者，男，60岁。慢性支气管炎15年，因左侧腹股沟区可回纳性肿块3年入院。起初在长期站立、行走或咳嗽时，肿块向外突出，以后肿块逐渐增大并延伸进入阴囊，有下坠感。查体：站立时，左侧腹股沟区及阴囊可扪及肿块，无触痛，仰卧时，用手按压肿块即可回纳，在腹股沟韧带中点上方一横指处扪压深环，并令患者站立咳嗽，肿块不再突出。临床诊断：左侧腹股沟斜疝。

讨论 1. 这个可回纳性的肿块是什么？
2. 肿块经什么途径突入阴囊内？

第一节 肌学总论

运动系统的肌均属骨骼肌，全身共有600余块，依其分布可分为躯干肌、头颈肌和四肢肌。骨骼肌约占人体重的40%。每块肌都是一个器官，都有一定的形态、构造和辅助结构，并有丰富的血管、淋巴管和神经分布，执行一定的功能。

一、肌的形态和构造

（一）肌的构造

一块典型的肌肉，可分为中间部的肌腹和两端的肌腱。肌腹是肌的主体部分，由横纹肌纤维组成的肌束聚集构成，色红，柔软有收缩能力。肌腱呈索条或扁带状，由平行的胶原纤维束构成，色白，有光泽，但无收缩能力（图3-1）。

（二）肌的形态

根据肌的外形，可分为长肌、短肌、扁（阔）肌、轮匝肌等基本类型（图3-1）。长肌多见于四肢，跨越距离较长，收缩时可产生大幅度的运动；短肌短小，多见于手、足和椎骨间；扁肌呈薄片状，多分布于胸、腹壁即躯干浅层，其肌腱呈膜状，称为腱膜；轮匝肌呈环状，分布于眼、口等孔裂的周围，收缩时可关闭孔裂。

二、肌的起止、配布和作用

（一）肌的起止

除部分止于皮肤的皮肌和止于关节囊的关节肌外，肌通常借肌腱附着于两块或两块以上的骨，中间

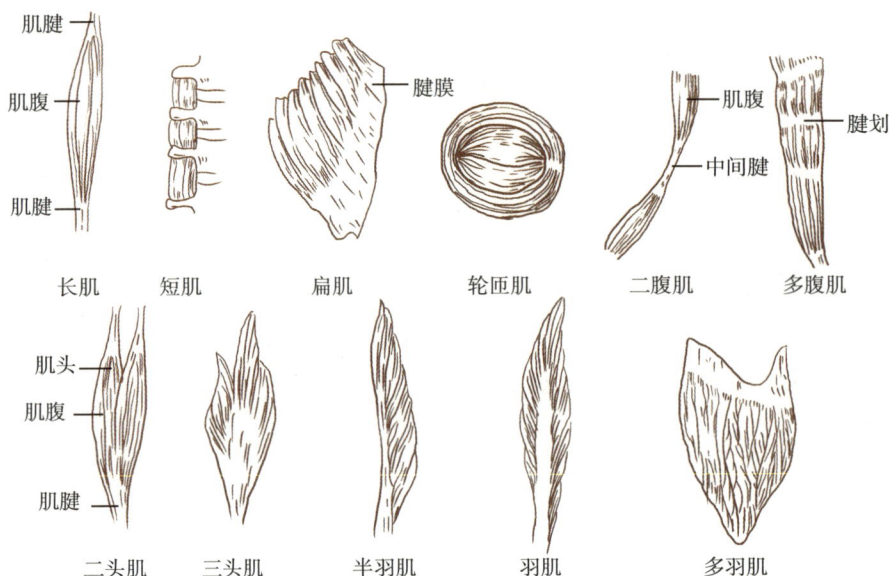

图 3 - 1　肌的构造与形态

跨过一个或多个关节。肌收缩时，使两骨彼此接近，从而使关节产生运动。一般来说，运动时两骨中总有一块骨的位置相对固定，另一块骨相对移动。肌在固定骨上的附着点称为起点，也称定点；而在移动骨上的附着点称为止点，也称动点。定点和动点可因肌作用的不同而互相转换。在一般情况下，肌收缩时止点向起点方向移动。全身肌的起止点的确定都有一定的规律：即躯干肌通常以其靠近正中矢状面的附着点为起点，远离正中矢状面的为止点；四肢肌的起点在四肢的近侧端或靠近躯干侧的部位，止点则在四肢的远侧端或远离躯干侧的部位（图 3 - 2）。

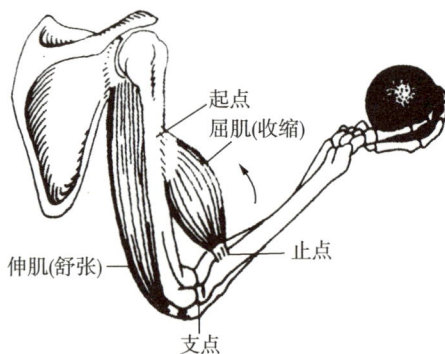

图 3 - 2　肌的起止

（二）肌的配布

肌的配布与关节的运动轴密切相关。每个运动轴的两侧至少配布有两组运动方向相反的肌，这些作用相反的肌互称拮抗肌，而在运动轴同一侧、作用相同或相近的肌则称为协同肌。

（三）肌的作用

肌有两种作用，一种是静力作用，肌具有一定的张力，称为肌张力，使身体各部分之间保持一定的姿势，取得相对平衡，如站立。另一种是动力作用，使身体完成各种动作，如伸手取物、行走和跑跳等，把肌在收缩时的力量称为肌力。

三、肌的命名原则

为了更好地学习和理解骨骼肌，将骨骼肌的命名原则总结如下：按形状命名，如斜方肌、菱形肌、三角肌、梨状肌等；按位置和大小综合命名，如胸大肌、胸小肌、臀大肌等；按位置命名，如肩胛下肌、冈上肌、冈下肌、肱肌等；按起止点命名，如胸锁乳突肌、肩胛舌骨肌等；按纤维方向和部位综合命名，如腹外斜肌、肋间外肌等；按作用命名，如旋后肌、咬肌等。

四、肌的辅助结构

肌的辅助结构包括筋膜、滑膜囊和腱鞘，他们都具有保护和辅助肌肉运动的作用。

（一）筋膜

筋膜分为浅筋膜和深筋膜两种。

1. 浅筋膜　又称皮下筋膜，分布于全身真皮下，由疏松结缔组织构成，内含脂肪、浅动脉、浅静脉、浅淋巴结和淋巴管、皮神经等。脂肪的多少因身体部位、性别和营养状况而有所不同。浅筋膜具有保护深部组织和维持体温等作用。

2. 深筋膜　又称固有筋膜，位于浅筋膜的深面，由致密结缔组织构成，遍布全身，包裹肌肉、血管神经束和内脏器官。在四肢固有筋膜特别发达，厚而坚韧，并向内伸入直抵骨膜，形成筋膜鞘，将作用不同的肌群分隔开，称肌间隔；在筋膜分层的部位，筋膜之间的间隙充以疏松结缔组织，称为筋膜间隙。正常情况下这种疏松的联系保证肌肉的运动。炎症时，筋膜间隙往往成为脓液的蓄积处，限制了炎症的扩散。

（二）滑膜囊

滑膜囊为结缔组织小囊，内含少量滑液。滑膜囊主要垫于肌腱和骨之间，可减少肌运动时的摩擦。有的滑膜囊在关节附近与关节腔相通。滑膜囊炎症，可影响肢体局部的运动功能。

（三）腱鞘

腱鞘是套在长肌腱表面的套管，存在于活动性较大的部位，如腕部、踝部、手指与足趾等处。腱鞘由两层结构组成，外层是纤维层，由深筋膜增厚而成，其两侧附着于骨上，形成骨性纤维性管，肌腱在其中通过。内层是滑膜层，内含少量滑液，包裹在肌腱的表面。滑膜层的内层紧贴腱的表面称脏层，外层紧贴纤维层的内面，并与其融合在一起称壁层。肌腱在滑膜层内可自由滑动。因此，腱鞘的作用是使肌腱固定于一定的位置，并在肌肉活动中减少肌腱与骨面之间的摩擦。

第二节　头颈肌

头颈肌包括头肌和颈肌。

一、头肌

头肌可分为面肌和咀嚼肌两部分。

（一）面肌

面肌起自颅骨，止于面部皮肤，属皮肌。面肌收缩时牵拉面部皮肤，产生各种表情，故也称表情肌（图 3-3）。面肌主要有枕额肌、口轮匝肌、眼轮匝肌、颊肌等。枕额肌有两个肌腹，分别位于额部和枕部皮下，在颅顶，两肌腹间以帽状腱膜相连，收缩时可提眉、使额部皮肤出现皱纹等。口轮匝肌和眼轮匝肌分别环绕在口裂和眼裂周围，收缩时关闭口裂和眼裂。颊肌位于颊部深面，有协助咀嚼和吸吮的作用。

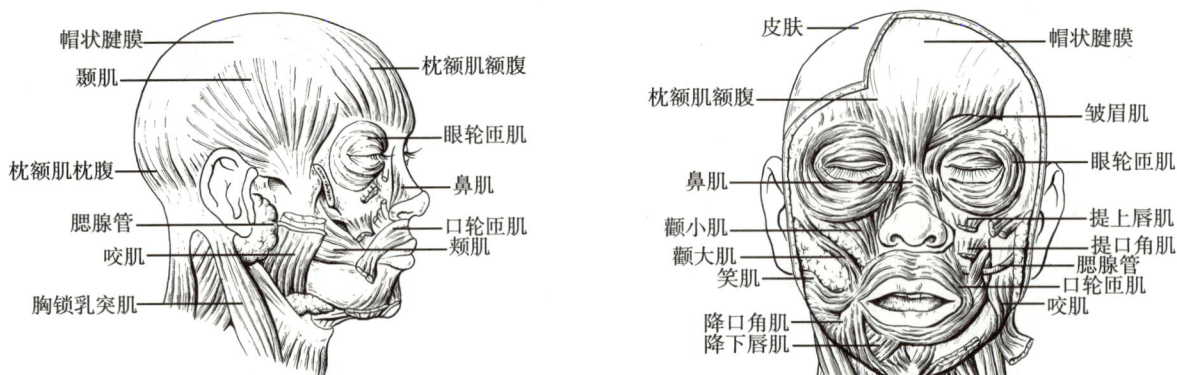

图 3-3　面肌

（二）咀嚼肌

咀嚼肌包括咬肌、颞肌、翼外肌和翼内肌，配布于颞下颌关节周围，参与咀嚼运动。咬肌呈长方形，位于下颌支外面，收缩时上提下颌骨；颞肌位于颞窝内，肌束呈扇形，收缩时上提下颌骨；翼内肌位于下颌支内面，肌束斜向后下方，收缩时上提下颌骨并使其向前运动；翼外肌在翼内肌上方，肌束向后外止于下颌颈，收缩时使下颌骨向前，协助张口（图 3-3，图 3-4）。

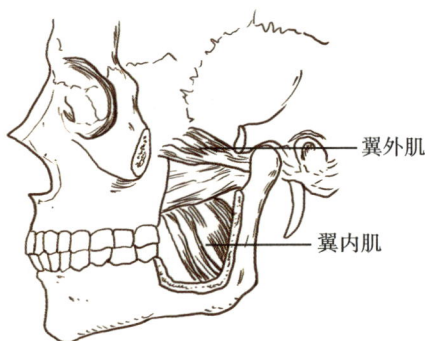

图 3-4　翼内肌和翼外肌

二、颈肌

颈肌根据位置可分为颈浅肌群，舌骨上、下肌群和颈深肌群（图 3-5，图 3-6）。

（一）颈浅肌群

1. 颈阔肌　位于颈部浅筋膜内，为扁薄的皮肌，有紧张颈部皮肤和降口角的作用。

2. 胸锁乳突肌　起于胸骨柄和锁骨的胸骨端，肌束行向后外上止于乳突。一侧收缩时头向同侧倾斜，脸转向对侧；两侧同时收缩可使头后仰。

（二）舌骨上、下肌群

1. 舌骨上肌群　在舌骨与下颌骨及颅底之间，每侧有 4 块，即二腹肌、茎突舌骨肌、下颌舌骨肌、颏舌骨肌。其主要作用是上提舌骨，协助吞咽。

2. 舌骨下肌群　在舌骨下方正中线两旁，甲状腺、喉、气管的前方。每侧由 4 块肌组成。分浅、深两层排列,浅层有胸骨舌骨肌、肩胛舌骨肌;深层有胸骨甲状肌、甲状舌骨肌。各肌的起止点与其名称相一致。其主要作用为下降舌骨和喉。

(三)颈深肌群

颈深肌群位于脊柱颈部的两侧和前方,主要有前斜角肌、中斜角肌和后斜角肌。各肌均起自颈椎横突,其中前、中斜角肌止于第1肋,后斜角肌止于第2肋。前、中斜角肌与第一肋之间围成三角形的斜角肌间隙,内有臂丛和锁骨下动脉穿过。斜角肌收缩可上提第1~2肋,助深吸气,单侧收缩可以使颈侧屈。

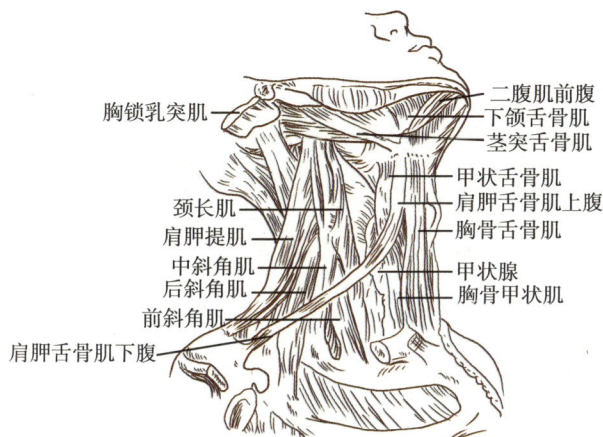

图 3-5 颈肌(侧面)

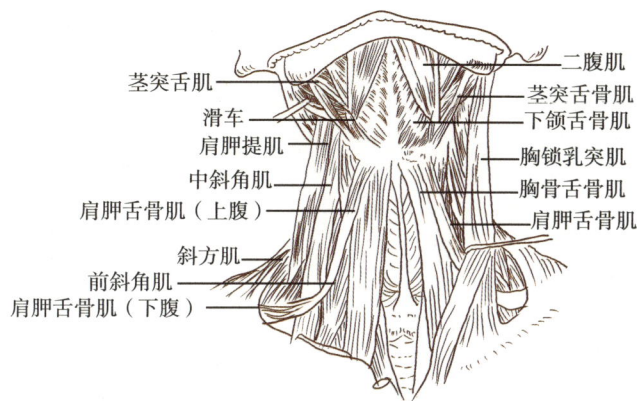

图 3-6 颈肌(前面)

第三节 躯干肌

躯干肌可分为背肌、胸肌、膈、腹肌、会阴肌。会阴肌在生殖系统中描述。

一、背肌

背肌是躯干后面的肌群,可分为浅、深两群。浅群主要有斜方肌、背阔肌、肩胛提肌和菱形肌,深群主要是竖脊肌(图3-7)。

(一)浅群

1. 斜方肌 位于项部与背部的浅层,是一对呈三角形的阔肌,左右两侧合成斜方形。此肌上端起自枕外隆凸,下端至第12胸椎棘突的正中线上,全部肌纤维向外集中,止于锁骨外侧、肩峰和肩胛冈。肌纤维收缩,可使肩胛骨向脊柱靠近,上部肌束可上提肩胛骨,下部肌束可下降肩胛骨。如肩胛骨固定,一侧肌收缩使颈向同侧屈,脸转向对侧,两侧同时收缩时可使头后仰。

2. 背阔肌 是全身最大的阔肌,位于背下部和胸外侧浅层,起自下6个胸椎及全部腰椎棘突、骶正中嵴和髂嵴后部,止于肱骨小结节嵴。背阔肌收缩可使臂内收、旋内和后伸,如背手姿势。当上肢固定时,可引体向上。

3. 肩胛提肌 位于斜方肌深面,起自上4个颈椎横突,止于肩胛骨上角。该肌收缩时可上提肩胛骨;如肩胛骨固定,可使颈向同侧屈。

4. 菱形肌 位于斜方肌深面,起自第6、7颈椎和第1、2胸椎棘突,肌纤维斜向外下方,止于肩胛骨内侧缘。该肌收缩时可牵引肩胛骨向内上并向脊柱靠拢。

（二）深群

1. 竖脊肌　也称骶棘肌，位于脊柱两侧。起自骶骨背面和髂嵴后部，向上分出很多肌束，止于椎骨和肋骨后端，中间部的肌束可达颞骨乳突。此肌使脊柱后伸和仰头，对维持人体的直立姿势有重要意义。此肌的扭伤或劳损，临床上称为腰肌劳损，是腰痛的常见原因之一。

2. 夹肌　位于斜方肌和菱形肌的深面。起自项韧带下部、第 7 颈椎棘突和上部胸椎，向上外止于颞骨乳突和第 1～3 颈椎横突。一侧收缩，使头转向同侧；两侧收缩，头后仰。

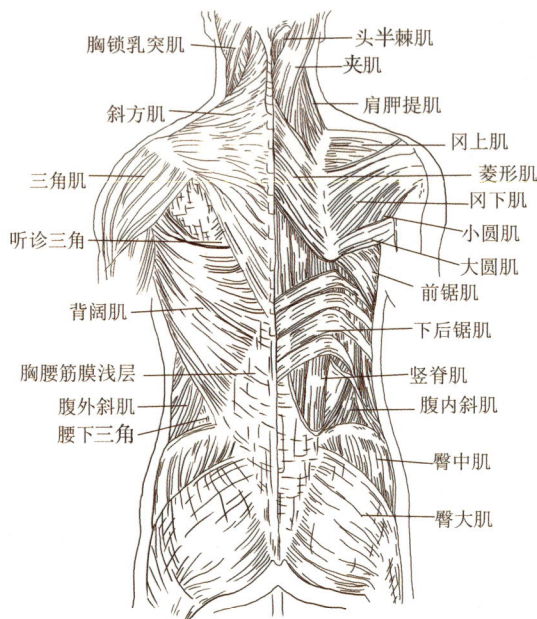

图 3 - 7　背肌

二、胸肌

胸肌可分为胸上肢肌和胸固有肌两种（图 3 - 8）。

（一）胸上肢肌

胸上肢肌主要有胸大肌、胸小肌和前锯肌，均起自胸廓外面，止于上肢带骨或肱骨。

1. 胸大肌　覆盖胸廓前壁的大部分，呈扇形。起自锁骨内侧半、胸骨和腹直肌鞘等处，肌束向外聚合成扁腱，止于肱骨大结节嵴。作用：使肱骨内收、内旋。上肢上举固定时，还可做引体向上动作，也可提肋、助吸气。

2. 胸小肌　位于胸大肌的深面，呈三角形。起自第 3～5 肋骨的前面，止于肩胛骨的喙突。作用：收缩时，拉肩胛骨向前下方。肩胛骨固定时，可提肋、助吸气。

3. 前锯肌　位于胸大肌的深面，呈三角形。于胸廓侧壁，以 8～9 个肌齿起于上 8～9 肋，肌束向后上方，止于肩胛骨内侧缘和下角。作用：拉肩胛骨向前如做推车动作；下部肌束使肩胛骨下角旋外，助臂上举。当肩胛骨固定时，可提肋、助深吸气。若前锯肌瘫痪可出现翼状肩。

（二）胸固有肌

胸固有肌参与构成胸壁，主要位于各肋间隙内。

1. 肋间外肌　位于浅层，起自上位肋骨下缘，肌纤维斜向前下，止于下位肋骨上缘。肋间隙前部无此肌。收缩时可提肋助吸气。

2. 肋间内肌　位于肋间外肌的深面，起自下位肋骨上缘，肌纤维斜向后上，肌束与肋间外肌相反，止于上位肋骨下缘。收缩时可降肋助呼气。

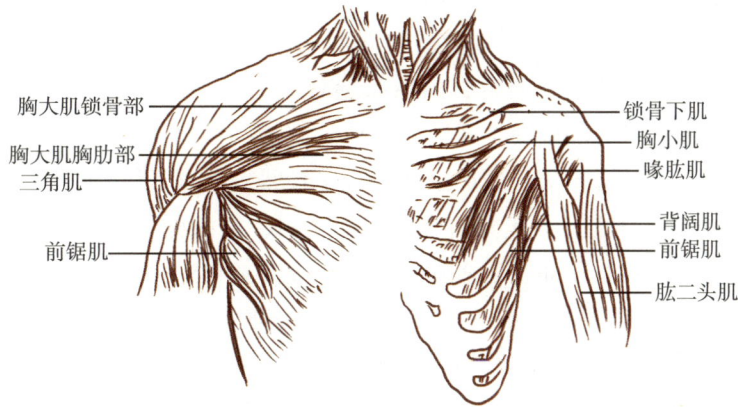

图 3 – 8　胸肌

三、腹肌

　　腹肌位于胸腔下部与骨盆之间，参与构成腹腔的前外侧壁和后壁，包括位于腹前外侧壁的腹外斜肌、腹内斜肌、腹横肌和腹直肌，以及位于腹后壁的腰方肌、腰大肌等（图 3 – 9）。

（一）前外侧壁

1. 腹外斜肌　位于腹前外侧壁的最浅层。肌束由外上斜向内下至腹直肌外侧缘逐渐移行为腱膜，称腹外斜肌腱膜，经腹直肌前方，参与形成腹直肌鞘前层。腹外斜肌腱膜下缘卷曲增厚，连于髂前上棘和耻骨结节之间，称腹股沟韧带，在耻骨结节外上方，形成一个三角形的裂隙，称腹股沟管浅环（皮下环）。

2. 腹内斜肌　在腹外斜肌深面，肌束似扇形，向前上、内侧和前下最后变成腱膜，此腱膜

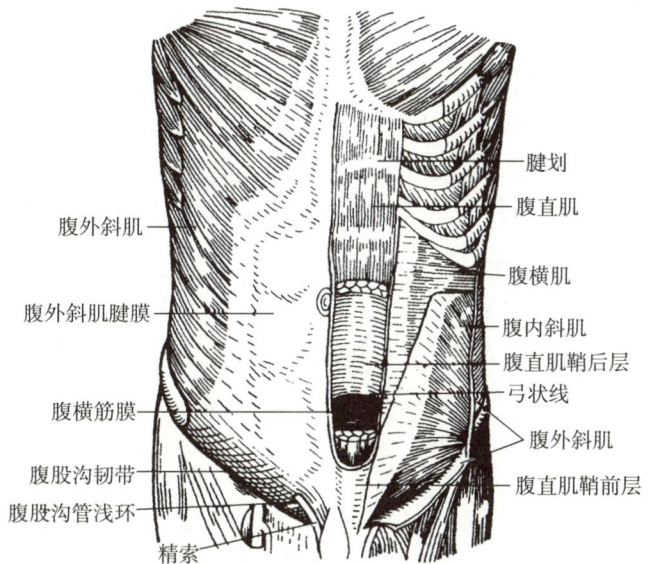

图 3 – 9　腹前外侧壁肌

也参加腹直肌鞘和白线的构成。腹内斜肌下缘有一些松散的肌束自该肌分出，包绕精索和睾丸，收缩时可上提睾丸，称为提睾肌。

3. 腹横肌　在腹内斜肌深面，肌束横行，由后向前延续为腱膜。腹横肌腱膜也参与腹直肌鞘和白线的构成。

4. 腹直肌　位于腹前壁正中线两侧，外包腹直肌鞘。肌的全长被 3～4 条横行的腱划分成多个肌腹。腱划与腹直肌鞘前层紧密结合，但与腹直肌鞘后层不愈合。

　　腹前外侧肌群具有保护腹腔脏器的作用，与膈协同收缩，可增加腹压；能降肋以助呼气；也能使脊柱前屈、侧屈和旋转。

（二）后群

　　腹肌后群有腰大肌和腰方肌。腰大肌将在下肢肌中介绍。

腰方肌位于腹后壁，在脊柱两旁，腰大肌的外侧，其后方是竖脊肌。此肌起自髂嵴后部，向上止于第12肋和第1~4腰椎棘突。作用为固定第12肋，并使脊柱侧屈（图3-10）。

（三）腹肌的肌间结构

1. 腹直肌鞘　包绕腹直肌，由腹前外侧壁三块扁肌的腱膜形成。鞘分前、后两层，前层由腹外斜肌腱膜与腹内斜肌腱膜的前层构成；后层由腹内斜肌腱膜的后层与腹横肌腱膜构成。在脐以下4~5cm处三块扁肌的腱膜全部转到腹直肌的前面构成腹直肌鞘的前层，使后层缺如，因此，腹直肌鞘的后层由于腱膜中断而形成一凸向上方的弧形边界线称弓状线或半环线，此线以下腹直肌后面与腹横筋膜相贴。

2. 白线　位于腹前壁正中线上，介于左右腹直肌鞘之间，由两侧三层腹直肌腱膜的纤维交织而成。上至剑突，下达耻骨联合。白线坚韧而缺乏血管，是临床腹部切口的常选部位。

3. 腹股沟管　位于腹股沟韧带内侧半的上方，是肌、筋膜和腱膜之间的潜在性斜行裂隙，长4~5cm，男性有精索、女性有子宫圆韧带通过。腹股沟管有内、外两口和前、后、上、下四壁。内口称为腹股沟管深（腹）环，位于腹股沟韧带中点上方约1.5cm处。外口即腹股沟管浅（皮下）环。腹股沟管的前壁为腹外斜肌腱膜和腹内斜肌，后壁为腹横筋膜和腹股沟镰，上壁为腹内斜肌和腹横肌的弓状下缘，下壁为腹股沟韧带。

四、膈

膈是向上膨隆呈穹隆形的薄阔肌，位于胸、腹腔之间，构成胸腔的底和腹腔的顶。膈的肌束起于胸廓下口的周缘和腰椎前面，可分为三个部分：胸骨部起自剑突后面；肋部起自下6对肋；腰部以左右两个脚起自上2~3个腰椎，各部肌束都止于中央的中心腱（图3-10）。

膈上有三个裂孔：①主动脉裂孔，位于第12胸椎前方，有主动脉和胸导管通过；②食管裂孔，位于主动脉裂孔的左前方，约平第10胸椎，有食管和迷走神经通过；③腔静脉孔，在食管裂孔的右前方，约平第8胸椎，有下腔静脉通过。

膈是重要的呼吸肌，收缩时膈穹隆下降，胸腔容积增大，助吸气；舒张时穹隆上升恢复原位，胸腔容积减小，助呼气。膈与腹肌同时收缩，可增加腹压，以协助排便、分娩、呕吐、喷嚏等。

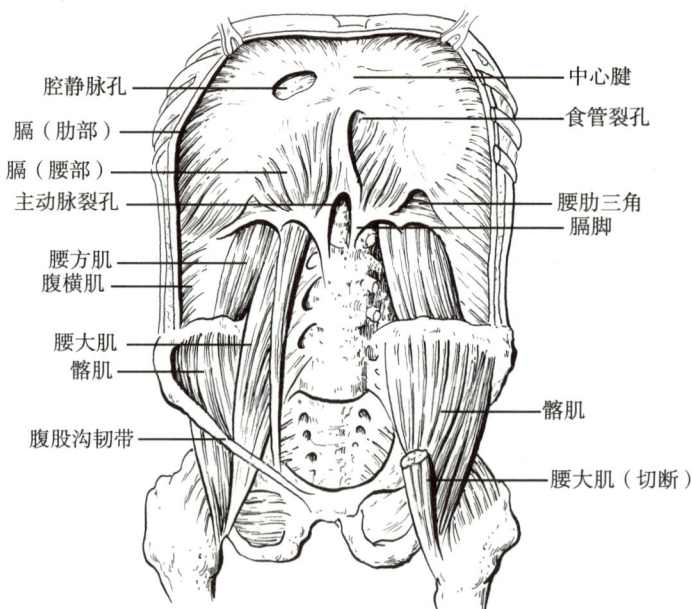

图3-10　膈肌和腹后壁肌

第四节　上肢肌

按其所在部位，上肢肌可分为肩肌、臂肌、前臂肌和手肌。

一、肩肌

肩肌又称上肢带肌，分布在肩关节周围，均起自肩胛骨和锁骨，止于肱骨。能运动肩关节，又能增强关节的稳固性。肩肌主要有三角肌、冈上肌、冈下肌、小圆肌、大圆肌和肩胛下肌（图 3 – 11）。

三角肌位于肩部，呈三角形。起自锁骨外侧 1/3、肩峰和肩胛冈，肌束向下集中，止于肱骨体外侧面的三角肌粗隆。肱骨上端由于此肌覆盖，使肩部向外隆凸成圆形。当肩关节脱位时，肩部则成"方形肩"。全部肌纤维同时收缩使臂外展。前、后部肌纤维单独收缩可使臂前屈、内旋或后伸、外旋。

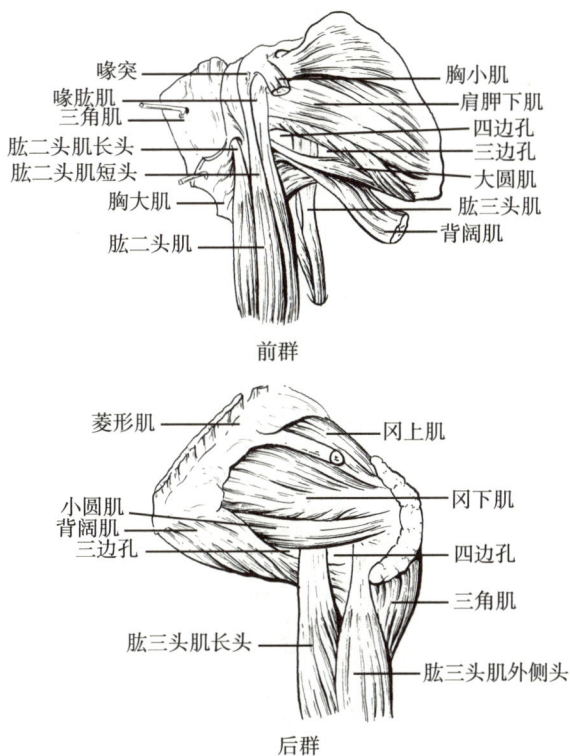

图 3 – 11　肩肌

二、臂肌

臂肌分前、后两群。前群是屈肌，后群是伸肌。

（一）前群

臂肌前群包括浅层的肱二头肌和深层的肱肌与喙肱肌（图 3 – 12）。

1. 肱二头肌　起端有长短二头。长头位于短头的外侧，起于肩胛骨的盂上结节，止于桡骨粗隆。可屈臂、屈肘并使前臂旋后。

2. 肱肌　位于肱二头肌下半的深面，起自肱骨体下半的前面，止于尺骨粗隆。可屈肘关节。

3. 喙肱肌　在肱二头肌短头的后内方，起于喙突止于肱骨中部内侧。可使臂前屈和内收。

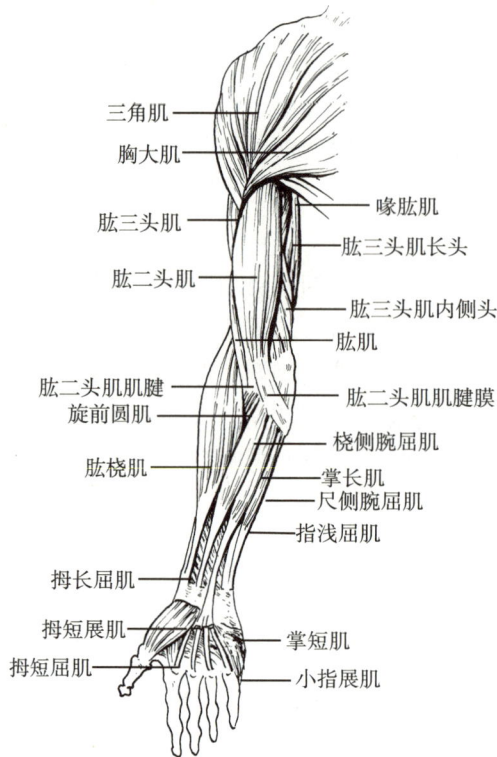

图 3 - 12 上肢前群肌

三角肌
胸大肌
肱三头肌
肱二头肌
喙肱肌
肱三头肌长头
肱三头肌内侧头
肱肌
肱二头肌肌腱
旋前圆肌
肱桡肌
肱二头肌肌腱膜
桡侧腕屈肌
掌长肌
尺侧腕屈肌
指浅屈肌
拇长屈肌
拇短展肌
掌短肌
拇短屈肌
小指展肌

（二）后群

臂肌后群只有一块肱三头肌（图 3 - 13）。

肱三头肌起端有三个头，长头以腱起自肩胛骨盂下结节，经大小圆肌之间下行；外侧头起自肱骨桡神经沟外上方的骨面；内侧头起自肱骨桡神经沟以下的骨面。此肌止于尺骨鹰嘴。可伸肘关节。

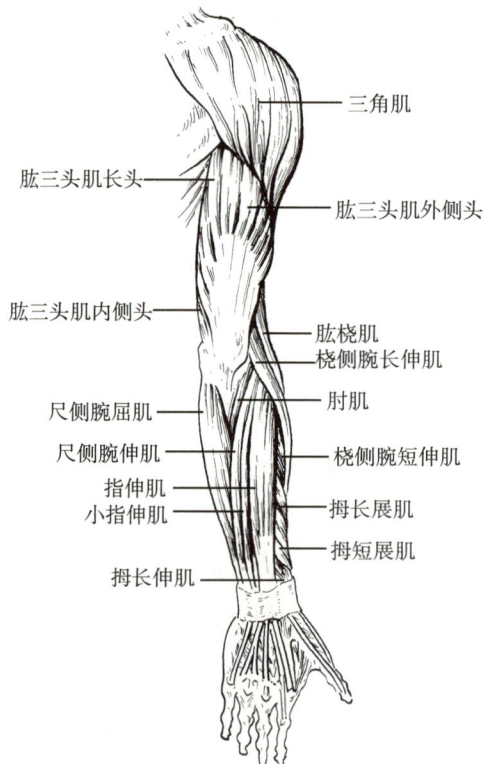

三角肌
肱三头肌长头
肱三头肌外侧头
肱三头肌内侧头
肱桡肌
桡侧腕长伸肌
尺侧腕屈肌
肘肌
尺侧腕伸肌
桡侧腕短伸肌
指伸肌
小指伸肌
拇长展肌
拇短展肌
拇长伸肌

图 3 - 13 上肢后群肌

三、前臂肌

前臂肌包绕桡骨、尺骨，分前群和后群。

（一）前群

前臂肌前群位于前臂的前面和内侧，共9块，由浅至深分4层。

1. 第1层 包括5块肌，由桡侧向尺侧依次为肱桡肌、旋前圆肌、桡侧腕屈肌、掌长肌和尺侧腕屈肌。除肱桡肌起于肱骨外上髁上方外，其余均起于肱骨内上髁，多以长腱下行，依次止于桡骨茎突、桡骨中部外侧面、掌骨、掌腱膜和腕骨。肱桡肌可屈肘；掌长肌能屈腕；另三块肌作用与名称相同（图3-12）。

2. 第2层 有1块，即指浅屈肌。起于肱骨内上髁及尺、桡骨前面，肌腹向下移行为4条肌腱，经腕管至手掌，分别止于第2~5中节指骨体的两侧。作用为屈肘、屈腕、屈第2~5指掌关节及近侧手指骨间关节（图3-14）。

3. 第3层 有2块肌，位于尺侧半的是指深屈肌，位于桡侧半的是拇长屈肌（图3-15），两肌均起于前臂骨面前和骨间膜，通过腕管，后者止于拇指远节指骨，作用为屈拇指；前者向下分为4个腱，分别止于第2~5指远节指骨，作用为屈第2~5指，并兼有屈腕和屈掌指关节的作用。

4. 第4层 有1块肌，即旋前方肌，位于尺、桡骨远段前面，起于尺骨止于桡骨，可使前臂旋前。

（二）后群

后群肌位于前臂后面及外侧，共10块肌，分浅、深两层（图3-13）。

1. 浅层 共5块肌，由桡侧向尺侧依次为桡侧腕长伸肌、桡侧腕短伸肌、指伸肌、小指伸肌和尺侧腕伸肌。共同起于肱骨外上髁，伸腕的3块肌止于掌骨，伸指肌向下移行为4条长腱，分别止于第2~5指的中节和远节指骨。各肌作用均与名称相同。

2. 深层 共5块肌，旋后肌位置较深，起于肱骨外上髁和尺骨背面，止于桡骨上段前面，作用为使臂旋后。其余4块肌均起自桡骨、尺骨后面及骨间膜，由桡侧向尺侧依次为：拇长展肌、拇短伸肌、拇长伸肌、示指伸肌。以上4肌止于拇指或示指，它们的作用与名称一致。

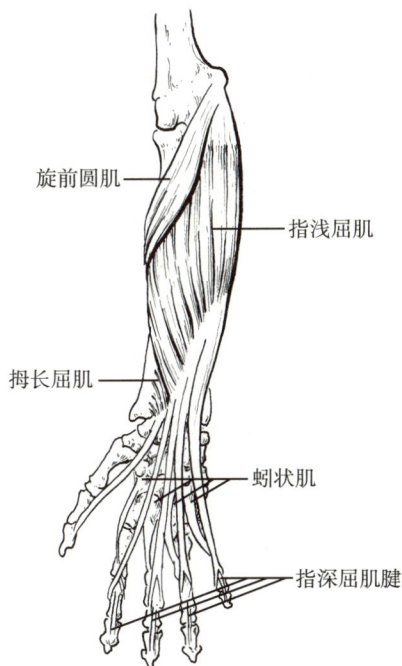

图3-14 指浅屈肌　　　　　　　　　　　图3-15 指深屈肌

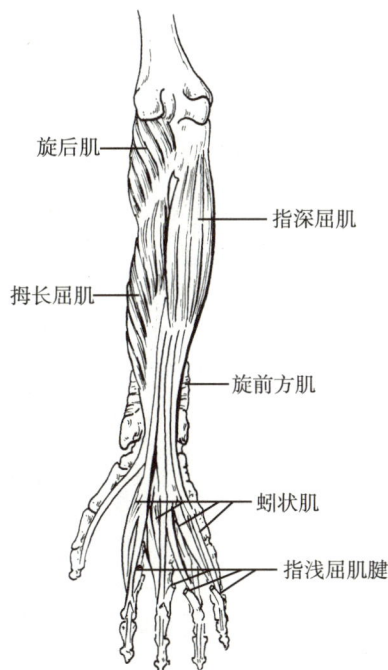

四、手肌

手肌是一些短小的肌，集中配布于手的掌面，主要运动手指，分为外侧、内侧和中间三群（图3－16）。

（一）外侧群

在拇指侧形成一个隆起，称为鱼际，共4块肌，浅层外侧为拇短展肌，内侧为拇短屈肌；深层外侧为拇对掌肌，内侧为拇收肌。作用与名称相同。

（二）内侧群

在小指侧也形成一个隆起，称为小鱼际，为3块小肌，浅层内侧为小指展肌，外侧为小指短屈肌；深层为小指对掌肌。作用与名称一致。

（三）中间群

中间肌群位于手掌中间部分，共11块小肌。蚓状肌4块，可屈第2～5掌指关节、伸指间关节；骨间掌侧肌3块，可使第2、4、5指内收；骨间背侧肌4块，可使第2、4指外展。

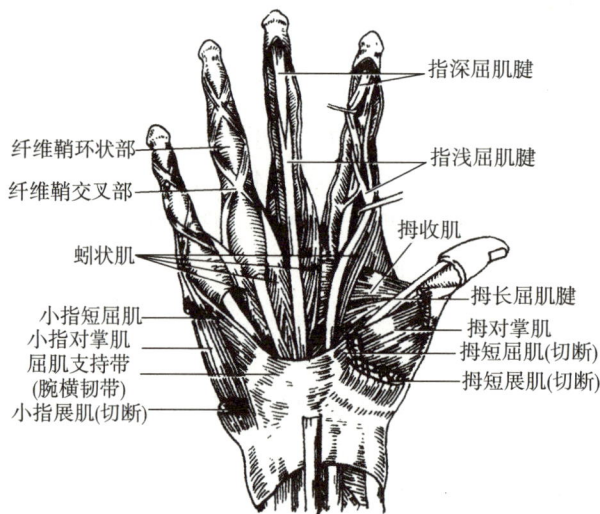

图3－16　手肌

第五节　下肢肌

下肢肌按部位可分为髋肌、大腿肌、小腿肌和足肌。

一、髋肌

髋肌又称下肢带肌，主要位于骨盆的内面和外面，并跨越髋关节，止于股骨上部。分为前、后两群。

（一）前群

髋肌前群有髂腰肌和阔筋膜张肌（图3－17）。

1. 髂腰肌　由髂肌和腰大肌组成，分别起自髂窝和腰椎，肌腹汇合后经腹股沟韧带的深面向下，止于股骨小转子。髂腰肌收缩可使髋关节前屈和旋外，下肢固定时可使躯干和骨盆前屈。

2. 阔筋膜张肌　位于大腿上部的前外侧，下端连于髂胫束。收缩时可拉紧阔筋膜并屈髋关节。

（二）后群

后肌群位于臀部，也称臀肌，包括臀大肌、臀中肌、臀小肌等（图 3 - 18）。

1. 臀大肌　位于臀部浅层，起自髂骨和骶骨的背面，止于股骨的臀肌粗隆和髂胫束，是臀部最大的肌。作用：伸髋关节，人体直立时可防止躯干前倾。临床上常选择臀大肌的外上象限进行肌内注射。

2. 臀中肌和臀小肌　臀中肌位于臀大肌的深面，臀小肌位于臀中肌的深面，二者均起于髂骨外面，呈扇形向外汇聚止于股骨大转子。作用：外展髋关节。

3. 梨状肌　位于臀中肌、臀小肌的下方，起自骶骨前面，向外出坐骨大孔，止于股骨大转子。可使髋关节旋外。

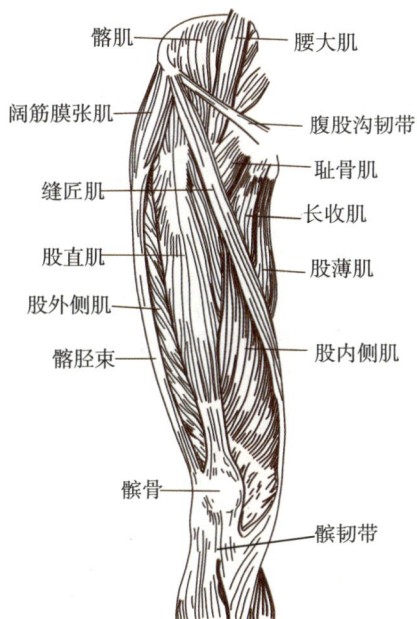

图 3 - 17　髋肌和大腿前群肌（浅层）

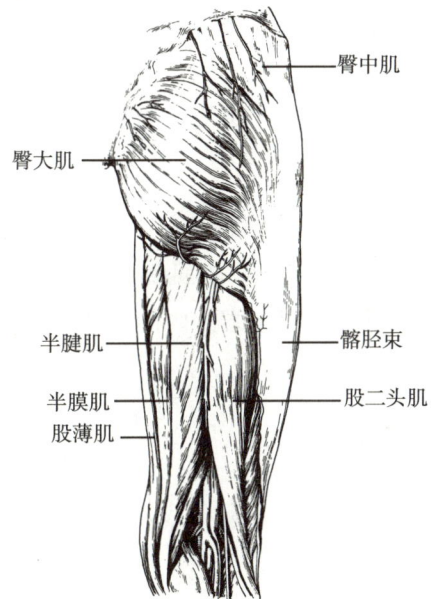

图 3 - 18　臀肌和大腿后群肌（浅层）

💡 知识链接

肌内注射

肌内注射是一种常用的药物注射治疗方法，指将药液通过注射器注入肌肉组织内，达到治病的目的。主要适用于：不宜或不能做静脉注射，要求比皮下注射更迅速发生疗效时，以及注射刺激性较强或药量较大的药物时。最常用的注射部分为臀大肌，其次为臀中肌、臀小肌、股外侧肌及三角肌。

二、大腿肌

大腿肌位于股骨周围，可分为前群、内侧群和后群。

（一）前群

1. 缝匠肌 是全身最长的肌，起于髂前上棘，经大腿前面，转向内下，止于胫骨上端的内侧面。可屈髋关节和膝关节并内旋膝关节（图 3 - 17）。

2. 股四头肌 是全身最大的肌，分股直肌、股内侧肌、股外侧肌和股中间肌 4 个头起始，除股直肌起于髂骨外，其他 3 个头均起自股骨，4 头合并向下移行为肌腱，包绕髌骨向下延续成髌韧带，止于胫骨粗隆。作用：伸膝关节、屈髋关节（图 3 - 17）。

（二）内侧群

内侧肌群位于大腿内侧，共有 5 块肌，浅层有 3 块，由外侧向内侧依次为耻骨肌、长收肌和股薄肌。中间为短收肌，在长收肌的深面。最深层是呈三角形宽而厚的大收肌，其腱止于股骨的大收肌结节，此腱与股骨之间有一个裂孔称为收肌腱裂孔，孔内有股动脉和股静脉通过。作用：可使髋关节内收（图 3 - 17，图 3 - 19）。

（三）后群

后肌群位于大腿后面，有 3 块肌，包括股二头肌、半腱肌、半膜肌（图 3 - 18）。这 3 块肌都起自坐骨结节，股二头肌止于腓骨头，半腱肌止于胫骨上端的内侧，半膜肌止于胫骨内侧髁的后面。后群肌的主要作用是屈膝关节、伸髋关节。

三、小腿肌

小腿肌比前臂肌数目少，但比较粗壮，参与维持人体的直立姿势和行走。小腿肌主要有 10 块，可分为三群，即前群、外侧群和后群。

（一）前群

在小腿骨间膜前面，有 3 块，由内侧向外侧依次为胫骨前肌、趾长伸肌、踇长伸肌（图 3 - 20）。

1. 胫骨前肌 起于胫骨外侧面，肌腱向下经踝关节前方，至足的内侧缘，止于内侧楔骨和第 1 跖骨底。

2. 趾长伸肌 起于腓骨前面，向下至足背分为 4 腱，到第 2 ~ 5 趾背移行为趾背腱膜，止于各趾中节和远节趾骨底。

3. 踇长伸肌 位于前二肌之间，起于小腿骨间膜，腱经足背止于踇趾远节趾骨底。

三肌都能伸踝关节（背屈），胫骨前肌还能使足内翻，踇长伸肌与趾长伸肌还能伸趾。

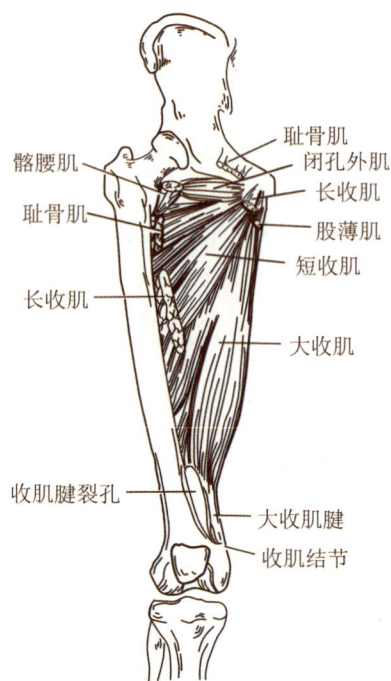
图 3 - 19 大腿内侧群肌

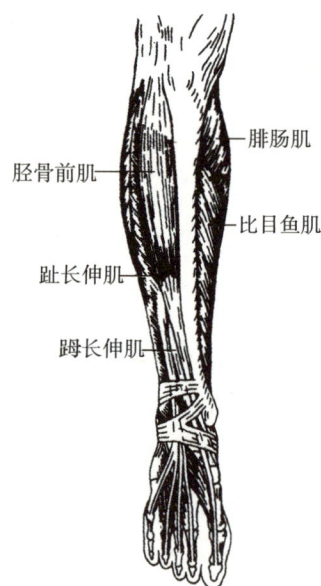
图 3 - 20 小腿肌前群

（二）外侧群

小腿肌外侧群在腓骨的外侧面，包括腓骨长肌和腓骨短肌（图 3 - 21）。长肌在浅层，短肌在深层，它们都起自腓骨外侧面，两腱经外踝后面转向前，短肌腱止于第 5 跖骨粗隆，长肌腱绕到足底，斜行向足内侧缘，止于内侧楔骨和第 1 跖骨底。作用：两肌使足外翻和跖屈。腓骨长肌腱还有维持足横弓的作用。

（三）后群

小腿肌后群主要有 5 块肌，分浅、深两层（图 3 - 22）。

1. 浅层　有强大的小腿三头肌，其中两个头位于浅层称腓肠肌，另一个头位于深面称比目鱼肌。腓肠肌的内、外侧头起于股骨内、外侧髁的后面，比目鱼肌则起于胫、腓骨后面。三头会合，在小腿上部形成膨隆的小腿肚，向下延续为跟腱，止于跟结节。作用：可使足跖屈。

2. 深层　主要有 3 块肌，自内侧向外侧依次为趾长屈肌、胫骨后肌和蹬长屈肌，均起自胫骨、腓骨后面和骨间膜，向下移行为肌腱，经内踝后方转至足底。胫骨后肌止于足舟骨，可使足跖屈并内翻。趾长屈肌腱分成 4 条，分别止于第 2～5 趾，蹬长屈肌止于蹬趾。两肌的作用是屈趾，并可使足跖屈。

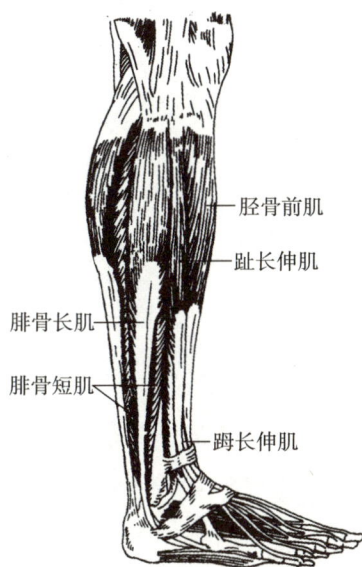

图 3 - 21　小腿肌外侧群

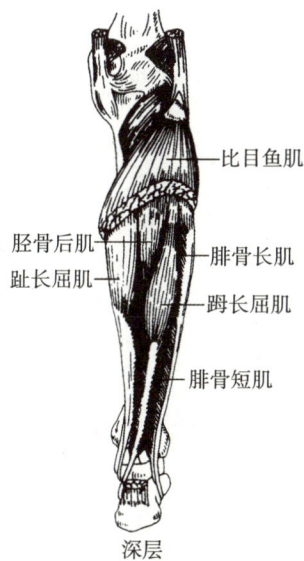

图 3 - 22　小腿肌后群

四、足肌

足肌分为足背肌和足底肌。足背肌较弱小，足底肌的配布情况和作用与手肌相似。其主要作用是运动足趾和维持足弓（图 3 - 23）。

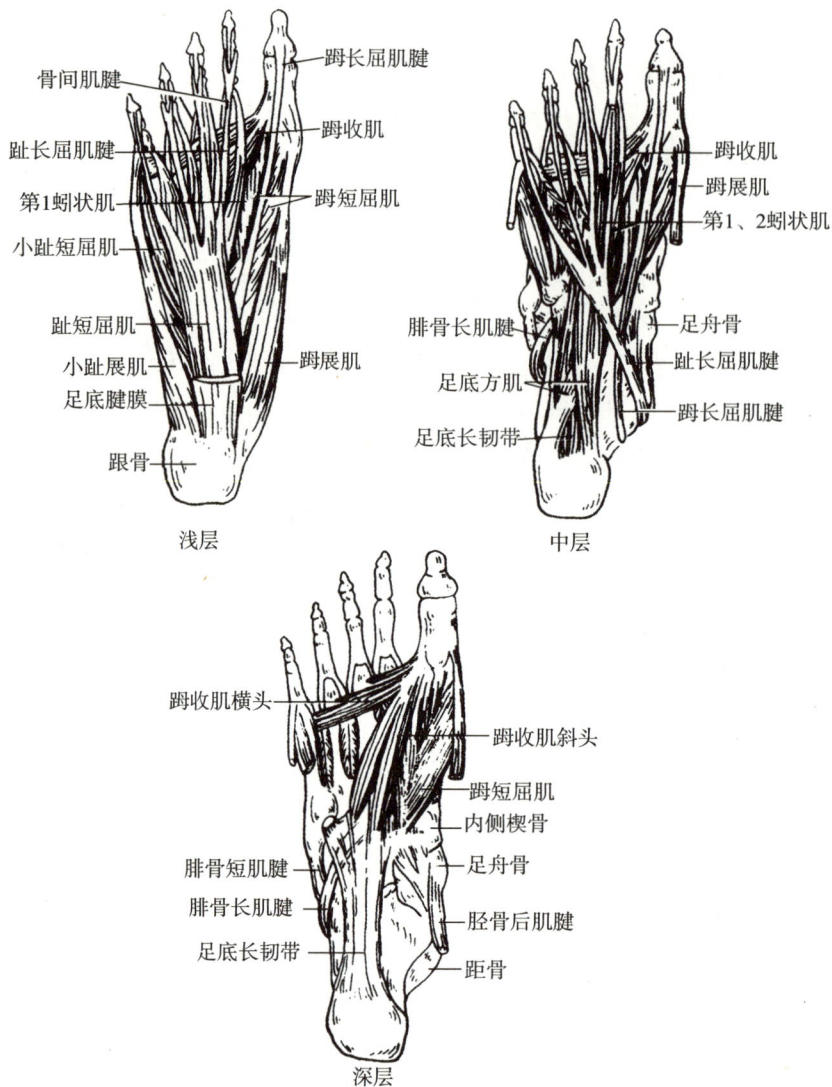

图 3-23 足肌

第六节 全身重要的肌性标志

一、头颈部

1. **咬肌** 咬牙时，在下颌角的前上方，颧弓下方可摸到坚硬的条索状隆起。
2. **胸锁乳突肌** 当面部转向外侧时，可明显看到从前下方斜向后上方呈长条状隆起。

二、躯干部

1. **斜方肌** 在项部和背上部，可见斜方肌外上缘的轮廓。
2. **背阔肌** 在背下部可见此肌的轮廓，其外下缘参与构成腋后壁。
3. **胸大肌** 胸前壁较膨隆的肌性隆起，其下缘构成腋前壁。
4. **腹直肌** 腹前正中线两侧的纵行隆起。

三、上肢部

1. 三角肌　在肩部形成圆隆的外形，其止点在上臂外侧中部呈现一小凹。

2. 肱二头肌　当屈肘握拳旋后时，在上臂前面可见到明显膨隆的肌腹。在肘窝中央可扪到此肌的肌腱。

3. 肱三头肌　在上臂的后面，三角肌后缘的下方可见到肱三头肌长头。

4. 肱桡肌　当握拳用力屈肘时，在肘部可见到肱桡肌的膨隆肌腹。

5. 掌长肌　当手用力半握拳屈腕时，在腕前面的中份、腕横纹的上方可明显见此肌的肌腱。

6. 桡侧腕屈肌　握拳时，在掌长肌腱的桡侧可见此肌的肌腱。

7. 指伸肌腱　在手背，伸直手指，可见此肌至第2~5指的肌腱。

四、下肢部

1. 股四头肌　在髋关节屈和内收时，可见股直肌在缝匠肌和阔筋膜张肌所组成的夹角内。股内侧肌和股外侧肌在大腿前面的下部，分别位于股直肌的内、外侧。

2. 臀大肌　在臀部形成圆隆外形。

3. 股二头肌　在腘窝的外上界，可扪到它的肌腱止于腓骨头。

4. 小腿三头肌　在小腿后面可见到该肌明显膨隆的肌腱及跟腱。

目标检测

答案解析

一、选择题

1. 下列不属于躯干肌的是
   A. 腹直肌　　　　　B. 胸小肌　　　　　C. 大圆肌
   D. 背阔肌　　　　　E. 肩胛提肌

2. 关于胸锁乳突肌的描述，正确的是
   A. 起于茎突　　　　　　　　　B. 肌束斜向后下
   C. 单侧收缩时面部转向同侧　　D. 单侧收缩头屈向对侧
   E. 两侧同时收缩头后仰

3. 能使肩胛骨向前并旋外的肌肉是
   A. 斜方肌　　　　　B. 背阔肌　　　　　C. 前锯肌
   D. 肩胛提肌　　　　E. 大圆肌

4. 关于肱二头肌的描述，正确的是
   A. 长头起于盂下结节　　　　B. 短头起于盂上结节
   C. 止于尺骨粗隆　　　　　　D. 可使前臂旋后
   E. 可伸前臂

5. 使肩关节外展的主要肌是
   A. 肱二头肌　　　　B. 肱三头肌　　　　C. 三角肌
   D. 胸大肌　　　　　E. 背阔肌

6. 下列属于阔肌的是
   A. 竖脊肌   B. 斜方肌   C. 口轮匝肌
   D. 肋间外肌   E. 腰方肌

7. 关于背阔肌的描述，正确的是
   A. 起自全部胸椎的棘突   B. 可使肩关节后伸、内收和旋内
   C. 止于肱骨大结节   D. 两侧收缩使肩胛骨向中线靠拢
   E. 可使肩关节旋外和后伸

8. 下列肌中，不参加吸气运动的是
   A. 肋间内肌   B. 肋间外肌   C. 胸大肌
   D. 膈   E. 胸小肌

9. 常用于肌内注射的肌是
   A. 髂腰肌   B. 臀大肌   C. 臀中肌
   D. 股四头肌   E. 腓肠肌

10. 既可屈髋又可屈膝的肌是
    A. 缝匠肌   B. 半腱肌   C. 半膜肌
    D. 股直肌   E. 股二头肌

二、思考题

1. 简述肌的形态分类。
2. 简述膈的三个裂孔。

（夏 菁）

书网融合……

本章小结   题库

第四章　消化系统

学习目标

　　1. 通过本章学习，重点把握胸部的标志线和腹部分区；消化系统的组成，上、下消化道的概念；食管的三处狭窄；胃的位置、形态和分部；小肠的位置、分部；大肠的分部；阑尾根部的体表投影；肛管的结构特点及临床意义；肝的位置、形态；胆汁产生的部位和排出途径；胰的位置。

　　2. 学会结合标本和模型说出口腔、咽、食管、胃、小肠、大肠、肝、胰的主要形态和结构，具有初步临床护理操作的解剖学理论基础。

情境导入

　　情境描述　患者，男，66 岁，误服大量安定，入院急诊已神志不清，询问病史后予以插管洗胃等抢救措施，后苏醒，神志清晰。

　　讨论　1. 插管时需经过消化管哪些器官到达胃？

　　　　　2. 插管操作需要注意保护那些结构？

　　内脏包括消化系统、呼吸系统、泌尿系统和生殖系统，其大部分器官位于胸腔、腹腔和盆腔内，并借一定的孔道与外界相通。研究内脏各器官形态、结构和位置的科学，称内脏学。

第一节　消化系统概述

一、内脏器官的一般结构

内脏各器官依其基本结构可分为中空性器官和实质性器官两大类。

（一）中空性器官

中空性器官呈管状或囊状，内部均有空腔，如消化道、呼吸道、泌尿道和生殖道。

（二）实质性器官

这类器官内部没有特定的空腔，多属腺组织，表面包以结缔组织的被膜或浆膜，如肝、胰、肾及生殖腺等。每个实质性器官的血管、神经、淋巴管及该器官的导管出入之处常有一凹陷，称为门，如肺门、肝门等。

二、胸部的标志线和腹部的分区

为便于描述胸、腹腔器官的位置及体表投影，通常在胸、腹部体表确定一些标志线和分区（图4-1）。

（一）胸部的标志线

1. 前正中线　通过人体前面正中所做的垂线。

2. 胸骨线　通过胸骨最宽处外侧缘所做的垂线。

3. 胸骨旁线　通过胸骨线与锁骨中线之间的中点所做的垂线。

4. 锁骨中线　通过锁骨中点所做的垂线。

5. 腋前线　通过腋前襞所做的垂线。

6. 腋后线　通过腋后襞所做的垂线。

7. 腋中线　通过腋前、后线之间中点所做的垂线。

8. 肩胛线　通过肩胛骨下角所做的垂线。

9. 后正中线　通过人体后面正中所做的垂线。

（二）腹部的分区

1. 九分法　在腹部前面，用两条横线和两条纵线将腹部分为九个区。上横线一般采用经过左、右肋弓最低点的连线；下横线多采用经过左、右髂结节的连线；两条纵线为经过两侧腹股沟韧带中点的垂线。以上四条线将腹部分为九个区，即左季肋区、腹上区、右季肋区；左腹外侧区、脐区、右腹外侧区；左腹股沟区（左髂区）、腹下区（耻区）、右腹股沟区（右髂区）。

2. 四分法　临床上常通过脐作一横线和垂线将腹部分为四个区：左上腹、右上腹、左下腹、右下腹。

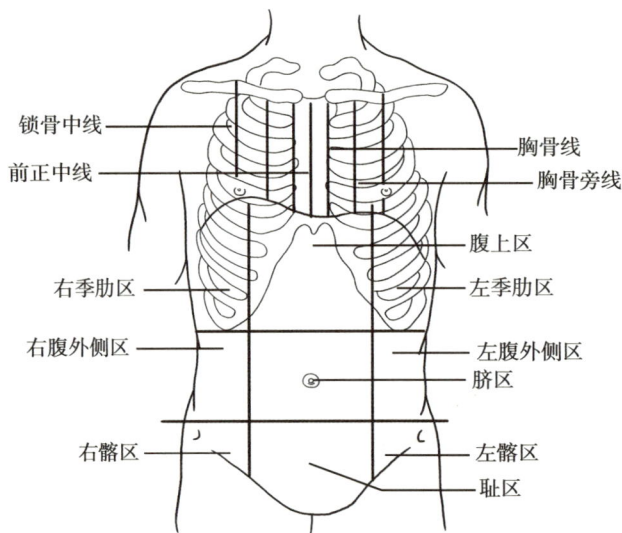

图 4-1　胸部标志线与腹部分区

三、消化系统的组成和功能

消化系统由消化管和消化腺两部分组成（图 4-2）。消化管包括口腔、咽、食管、胃、小肠（十二指肠、空肠、回肠）及大肠（盲肠、阑尾、结肠、直肠、肛管）。临床上常把十二指肠及其以上的消化管称上消化道，把空肠及其以下的消化管称下消化道。消化腺包括大消化腺和小消化腺两种。大消化腺为独立的器官，包括唾液腺、肝、胰，小消化腺位于消化管壁内，如舌腺、胃腺和肠腺等。

消化系统的功能是消化食物，吸收营养物质和排出食物残渣。

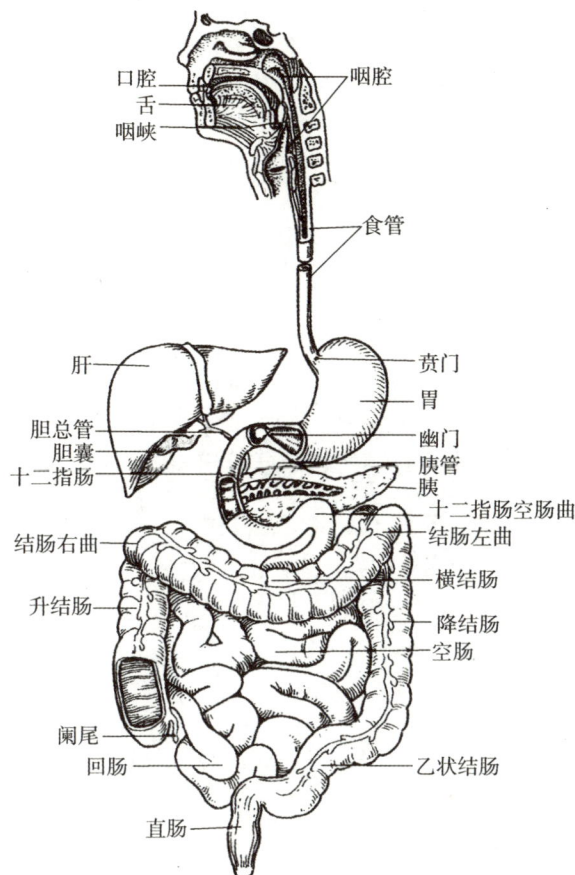

图 4 - 2 消化系统模式图

第二节 消化管

一、口腔

口腔是消化管起始部。口腔向前经口裂通向外界，向后经咽峡与咽相通。其前壁为上、下唇，侧壁为颊，上壁为腭，下壁为口腔底。

口腔借上、下牙弓（包括牙槽突和牙列）分为口腔前庭和固有口腔两部分。当上、下颌牙列咬合时，口腔前庭可经第三磨牙后方的间隙与固有口腔相通。临床上可通过此间隙对牙关紧闭的患者灌注营养物质或药物。

（一）口唇

口唇分为上、下唇，两唇之间的裂隙称口裂，两唇结合处称口角，上唇外面正中有一纵形浅沟，称人中。昏迷患者急救时，可在此进行指压或针刺。上唇两侧与颊交界处的弧形浅沟称鼻唇沟。

（二）颊

颊为口腔的侧壁，在上颌第二磨牙相对的颊黏膜上有腮腺导管的开口。

（三）腭

腭构成口腔顶，分隔口腔和鼻腔，腭的前 2/3 以骨腭为基础，外被黏膜称硬腭，后 1/3 以肌、腱为基础，外被黏膜称软腭，软腭的前份呈水平位，后份斜向后下方称腭帆，其后缘游离，中央有一向下突起称腭垂，其两侧向外下各有一对黏膜皱襞，前方续于舌根称腭舌弓，后方延至咽侧壁称腭咽弓。两弓之间的凹陷，称扁桃体窝，容纳腭扁桃体。腭垂、腭帆游离缘、左右腭舌弓及舌根共同围成咽峡，是口腔和咽的分界（图4-3）。

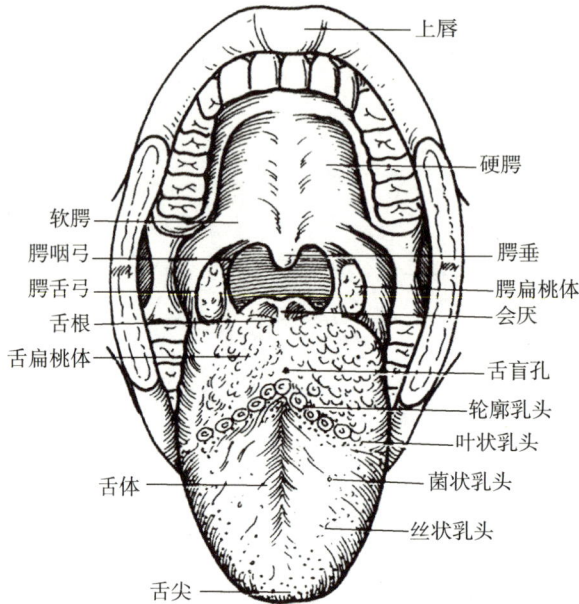

图4-3 口腔及咽峡

（四）牙

牙是人体最坚硬的器官，嵌于上、下颌骨的牙槽内，具有咀嚼食物、辅助发音等功能。

1. 牙的种类和排列 人的一生中先后有两组牙萌出。第一组牙称乳牙，于出生后6个月开始萌出，到3岁左右出齐，共20颗，分别为乳切牙、乳尖牙和乳磨牙（图4-4）。第二组牙称恒牙，6岁起乳牙开始脱落，恒牙相继萌出，共32颗，分别为切牙、尖牙、前磨牙和磨牙（图4-5），14岁左右恒牙基本出齐。第一磨牙首先长出，第3磨牙萌出最晚，一般在成年后才长出或终身不出。临床上为了记录方便，常以患者的方位为准，用"十"记号将上、下颌牙弓划成四个区，表示左、右侧及上、下颌的牙位，并以罗马数字Ⅰ~Ⅴ表示乳牙，以阿拉伯数字1~8表示恒牙。

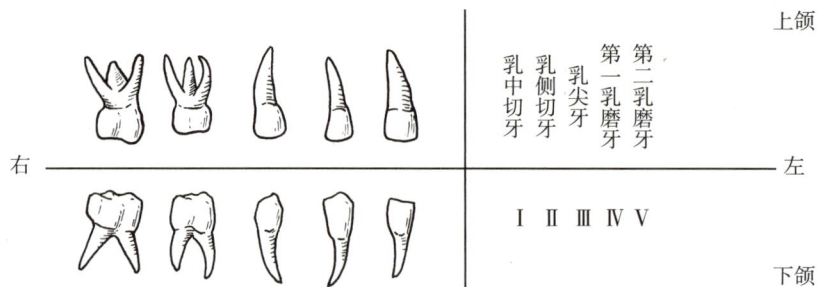

图4-4 乳牙的名称及符号

2. 牙的形态 每个牙在外形上可分为牙冠、牙颈和牙根3部分。暴露于口腔的称牙冠，嵌入牙槽内的称牙根，牙冠和牙根交界部分称牙颈，被牙龈所包绕。牙根管与牙冠内较大的牙冠腔相通。牙根管与牙冠腔合称为牙腔或牙髓腔，其内容纳牙髓。

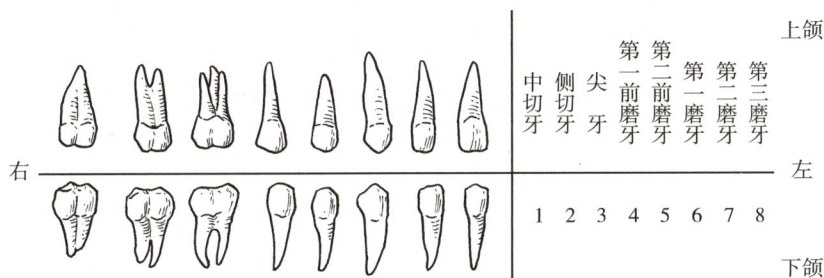

图 4-5 恒牙的名称及符号

3. 牙组织 牙由牙质、釉质、牙骨质和牙髓构成。牙质构成牙的主体；牙冠部的牙质表面覆盖有坚硬洁白的釉质，是牙最坚硬的部分；牙颈和牙根部的牙质外包有牙骨质；牙腔内有牙髓，由神经、血管和结缔组织构成。

4. 牙周组织 牙周组织包括牙槽骨、牙周膜和牙龈3部分，对牙起到保护、固定和支持的作用。牙周膜是连于牙根和牙槽骨间的致密结缔组织，有固定牙根的作用。牙龈是口腔黏膜的一部分，血管丰富，坚韧富有弹性，包被牙颈，与牙槽骨骨膜紧密相连。

（五）舌

舌位于口腔底，以骨骼肌为基础，表面覆以黏膜，具有感受味觉、搅拌食物、协助咀嚼和辅助发音等功能。

1. 舌的形态 舌有上、下两面。舌的上面称舌背，其后部有"∧"形的界沟，将舌分为后1/3的舌根和前2/3的舌体。舌体的前端称舌尖。

2. 舌黏膜 舌体背面黏膜呈淡红色，表面有许多小突起，称舌乳头。舌乳头分为丝状乳头、菌状乳头、轮廓乳头、叶状乳头4种。丝状乳头数量最多，呈丝绒状，具有一般感觉功能；菌状乳头形体较大，呈鲜红色；轮廓乳头体积最大，排列在界沟前方，有7~11个；叶状乳头位于舌侧面的后部，人类已经退化。除丝状乳头外，其他舌乳头均含有味蕾，能感受酸、甜、苦、咸等刺激。

舌下面的黏膜，在舌正中线处有一舌系带，向下连于口腔底前部。舌系带根部两侧的黏膜隆起称舌下阜，是下颌下腺导管和舌下腺大管的共同开口处。由舌下阜向外侧延续形成的黏膜皱襞称舌下襞（图4-6）。

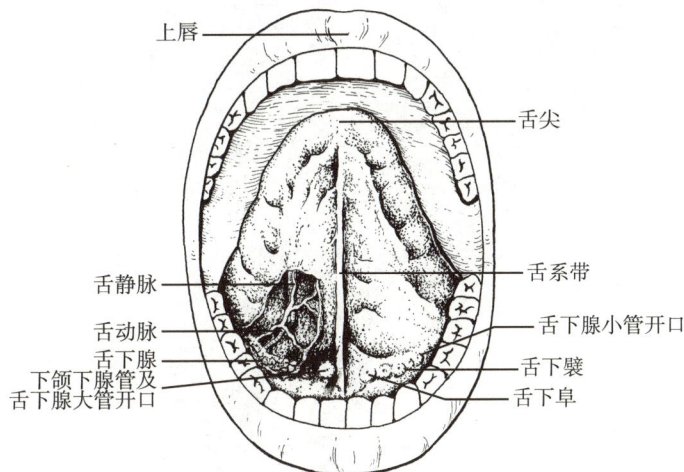

图 4-6 舌下面

3. 舌肌 舌肌分舌内肌和舌外肌，均为骨骼肌。舌内肌构成舌的主体，起止点均在舌内，收缩时可改变舌的形态。舌外肌起自舌周围各骨，止于舌内，收缩时可改变舌的位置。舌外肌中以颏舌肌在临床上较为重要，该肌左右各一，起自下颌骨体后面，肌纤维呈扇形向后上方分散，止于舌正中线两侧。两侧颏舌肌同时收缩，拉舌向前下方，即伸舌；单侧收缩可使舌尖伸向对侧。

二、咽

咽是呼吸道和消化道的共同通道，是一个上宽下窄、前后略扁的漏斗形肌性管道，位于第 1~6 颈椎的前方，上附于颅底，下至第 6 颈椎下缘水平移行为食管。咽的后壁与侧壁完整，前壁不完整，分别与鼻腔、口腔、喉腔相通（图 4-7）。

咽以软腭、会厌上缘平面为界，分为鼻咽、口咽和喉咽。

（一）鼻咽

鼻咽位于鼻腔的后方，颅底和软腭后缘之间，向前借鼻后孔与鼻腔相通。后壁上部黏膜下有丰富的淋巴组织称咽扁桃体。外侧壁有咽鼓管咽口，借咽鼓管与中耳鼓室相通。咽鼓管咽口上的弧形隆起称咽鼓管圆枕，是寻找咽鼓管咽口的标志。咽鼓管圆枕后上方有一纵行凹陷称咽隐窝，是鼻咽癌的好发部位。

（二）口咽

口咽位于口腔的后方，介于软腭后缘和会厌上缘之间，向上通鼻咽，向下通喉咽，向前经咽峡通口腔。在其外侧壁上，腭舌弓与腭咽弓之间有一凹陷称扁桃体窝，容纳腭扁桃体。腭扁桃体与咽扁桃体、舌扁桃体共同形成咽淋巴环，是消化道和呼吸道上端的重要防御结构。

（三）喉咽

喉咽位于喉的后方，是咽腔中最狭窄的部分，介于会厌上缘至环状软骨下缘平面之间，向下与食管相续，向前经喉口与喉腔相通。在喉口的两侧各有一深窝称梨状隐窝，是异物易嵌顿滞留的部位。

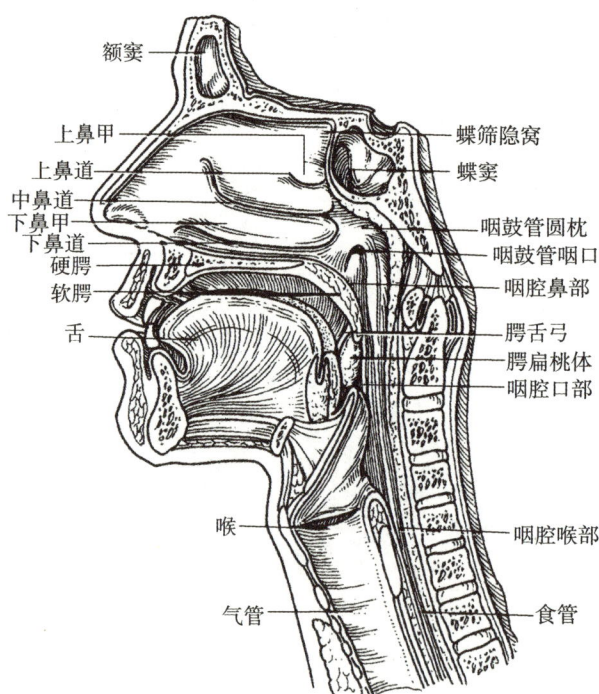

图 4-7 头颈部正中矢状面

三、食管

(一) 食管的位置和分部

食管为前后略扁的肌性管道，上端在 6 颈椎体下缘平面续咽，下行穿过膈的食管裂孔至腹腔，与胃的贲门相接，全长约 25cm（图 4 - 8）。按其行程可分为颈部、胸部和腹部。颈部较短，长约 5cm，为起始端至胸骨颈静脉切迹平面；胸部较长，长 18 ~ 20cm，自颈静脉切迹平面至食管裂孔；腹部最短，长 1 ~ 2cm，自膈的食管裂孔至胃的贲门。

(二) 食管的狭窄

食管全长有三处生理性狭窄：第一处狭窄为食管的起始部，距中切牙约 15cm；第二处狭窄为食管与左主支气管交叉处，距中切牙约 25cm；第三处狭窄为食管通过膈的食管裂孔处，距中切牙约 40cm。上述食管狭窄部是异物容易滞留和食管癌的好发部位（图 4 - 8）。

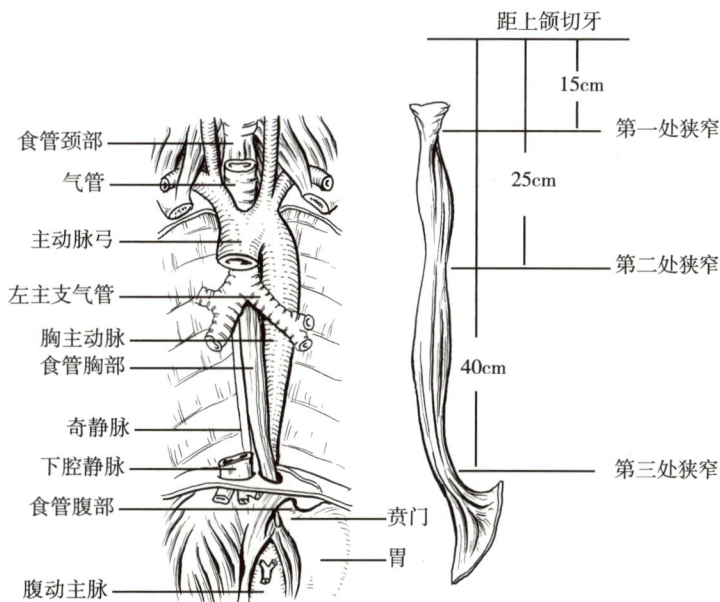

图 4 - 8 食管的位置狭窄

💡 **知识链接**

插胃管术

插胃管术是一项护理常用的操作技术，用于洗胃、鼻饲、抽取胃液等。其插入途径是：胃管由口腔或鼻腔插入，经咽、食管进入胃内。经鼻腔插胃管时，应该注意鼻中隔前下部是易出血区，胃管插入 14 ~ 16cm（咽喉部）时，嘱患者做吞咽动作，以使胃管易进入并通过食管；成人插管的长度为 45 ~ 55cm，即由前额发际到胸骨剑突处，或由耳垂经鼻尖到胸骨剑突处的距离。

四、胃

胃是消化管中最膨大的部分，上连食管，下续小肠。成人胃的容量约为 1500ml。胃有容纳食物、分泌胃液和初步消化食物的功能。

（一）胃的形态和分部

胃分前、后两壁，大、小两弯及出、入两口。胃的入口称贲门，接食管；出口称幽门，与十二指肠相续。上缘凹而短，朝向右上，称胃小弯，其最低处称角切迹，它是胃体与幽门部在胃小弯的分界；下缘凸而长，朝向左下，称胃大弯（图4-9）。

胃可分为4部。①贲门部：是位于贲门附近的部分；②胃底：是位于贲门平面向左上方凸出的部分；③胃体：为胃底与角切迹之间的大部分；④幽门部：为角切迹与幽门之间的部分，临床上常称胃窦。幽门部又分为两部：幽门管在右侧呈管状，幽门窦为左侧较为扩大的部分。胃溃疡和胃癌多发生于胃的幽门窦近胃小弯处（图4-9）。

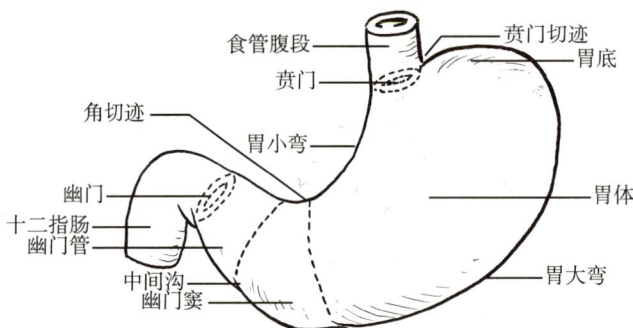

图4-9 胃的形态分部

（二）胃的位置和毗邻

胃的位置常受体位、体型和充盈程度的影响而有较大变化。一般胃在中等充盈时，大部分位于左季肋区，小部分位于腹上区。胃前壁在右侧与肝左叶相邻，在左侧与膈相邻，被左肋弓覆盖。胃前壁的中间部分在剑突的下方直接与腹前壁相贴，该处是胃的触诊部位。胃后壁与胰腺、横结肠、左肾、左肾上腺、膈和脾脏相邻。

五、小肠

小肠是消化管中最长的一段，是食物进行消化、吸收的主要部位。小肠上接幽门，下续盲肠，成人全长5~7m，分为十二指肠、空肠和回肠。

（一）十二指肠

十二指肠位是小肠起始段，长约25cm，贴于腹后壁，呈"C"形包绕胰头，可分上部、降部、水平部和升部（图4-10）。

1. 上部 起于幽门，斜向右上方，至肝门下方、胆囊颈后下方，急转向下移行为降部。上部起始处肠壁较薄，管径大，黏膜光滑无皱襞，称十二指肠球，是十二指肠溃疡的好发部位。

2. 降部 续于上部，沿第1~3腰椎右侧下行，至第3腰椎的下缘又急转向左移行于水平部，转折处称十二指肠下曲。在降部，肠腔黏膜环状襞发达，在其后内侧襞上有一纵行皱襞，称十二指肠纵襞，十二指肠纵襞下端有一隆起称为十二指肠大乳头，是胆总管和胰管的共同开口，胆汁和胰液由此流入十二指肠内。在十二指肠大乳头稍上方，有时可见有十二指肠小乳头，是副胰管的开口之处。

3. 水平部 横行向左至第3腰椎体左前方移行为升部。

4. 升部 自第3腰椎左侧斜向左上方，至第2腰椎左侧急转向前下方，续接空肠。转折处的弯曲称十二指肠空肠曲，此曲被十二指肠悬肌固定于腹后壁，十二指肠悬肌及其表面的腹膜皱襞共同构成十二指肠悬韧带，又称 Treitz 韧带，是手术中确认空肠起始的标志。

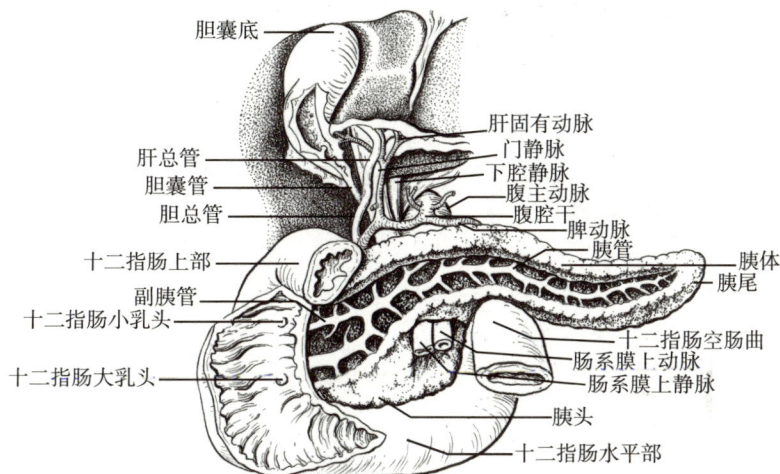

图 4 - 10　十二指肠和胰

（二）空肠与回肠

空肠和回肠迂回盘曲，相互延续形成肠袢，两者之间无明显界线。空肠始于十二指肠空肠曲，占全长近侧的 2/5，位于腹腔的左上部；回肠占全长远侧 3/5，位于腹腔右下部。回肠在右髂窝与盲肠相续。空、回肠均由肠系膜连于腹后壁，有较大的活动度（图 4 - 13）。

六、大肠

大肠全长约 1.5m，属消化管的下段，分为盲肠、阑尾、结肠、直肠和肛管 5 部分。

盲肠和结肠表面具有结肠带、结肠袋和肠脂垂 3 种特征性结构（图 4 - 11），这 3 种结构是手术中区别大肠和小肠的标志。结肠带有 3 条，由肠壁的纵行平滑肌增厚而成，沿结肠的纵轴排列，汇集于阑尾根部；结肠袋是肠壁向外膨出形成的囊状突起；肠脂垂为沿结肠带两侧分布的大小不等的脂肪突起。

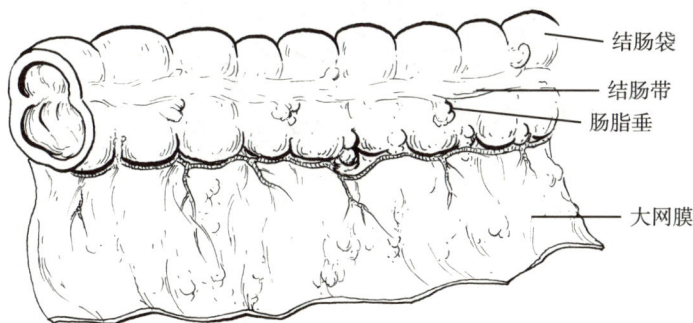

图 4 - 11　结肠的特征性结构

（一）盲肠

盲肠位于右髂窝内，是大肠的起始部，长 6 ~ 8cm，下端为盲端，左接回肠，上续升结肠。回肠末端开口于盲肠。开口处有上、下两片唇状黏膜皱襞，称回盲瓣，可控制小肠内容物进入盲肠的速度，又可防止大肠内容物逆流到回肠。在回盲瓣下方约 2cm 处，有阑尾的开口（图 4 - 12）。

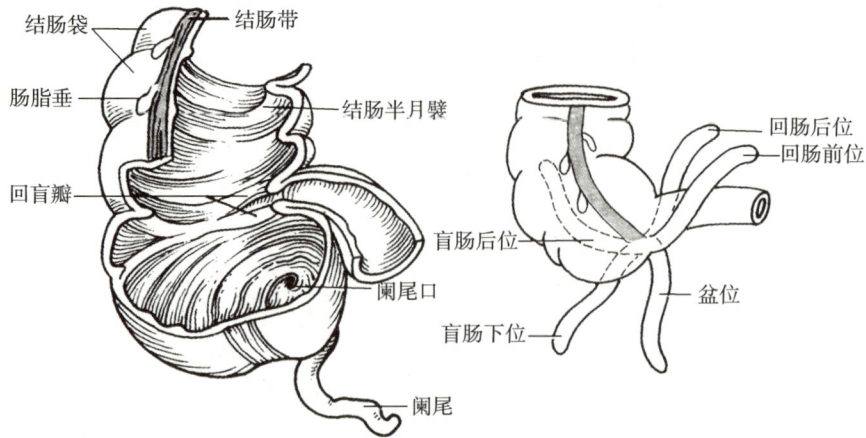

图 4 - 12 盲肠和阑尾

(二) 阑尾

阑尾为一蚓状盲管，平均长度 6～8cm，阑尾的外径为 0.5～1.0cm，管腔狭小，经阑尾孔开口于盲肠后内侧壁。

阑尾末端的位置变化很大，手术中有时寻找困难，由于 3 条结肠带均在阑尾根部集中，故沿结肠带向下追踪，是寻找阑尾的可靠方法。阑尾根部体表投影通常在脐与右髂前上棘连线的中、外 1/3 交点处，称麦氏点（McBurney 点）。急性阑尾炎时，此点有明显压痛，具有一定的诊断价值。

(三) 结肠

结肠围绕在小肠的周围，始于盲肠，终于直肠，可分为升结肠、横结肠、降结肠和乙状结肠 4 部分（图 4 - 13）。

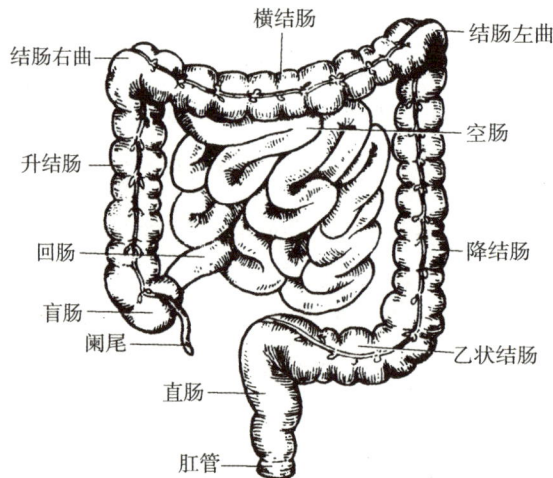

图 4 - 13 小肠和大肠

1. 升结肠 升结肠长约 15cm，在右髂窝处起自盲肠，贴附于右肾和腰大肌前面上升至肝右叶下方，转向左形成结肠右曲（或称肝曲），移行为横结肠。升结肠无系膜，活动性小。

2. 横结肠 横结肠长约 50cm，起自结肠右曲，向左横行至脾下方，转折向下形成结肠左曲（或称脾曲），移行为降结肠。横结肠借横结肠系膜连于腹后壁，活动性较大。

3. 降结肠 降结肠长约 25cm，起自结肠左曲，沿左侧腹后壁下行，至左髂嵴处移行为乙状结肠。

4. 乙状结肠 乙状结肠长约40cm，呈"乙"字形弯曲，在左髂嵴处起自降结肠，沿左髂窝进入盆腔，至第3骶椎平面，移行为直肠。乙状结肠借乙状结肠系膜连于盆腔侧壁，活动性较大，因其系膜过长，可发生肠扭转。

（四）直肠

直肠长10~14cm，在第3骶椎前方起自乙状结肠，沿骶、尾骨前面下行，穿过盆膈移行于肛管。直肠并非直行的肠管，在矢状面上有两个弯曲：骶曲位于骶骨前方凸向后，会阴曲位于尾骨尖前方转向后下凸向前（图4-14）。直肠下段肠腔膨大，称直肠壶腹。直肠内面有2~3个半月形皱襞，称直肠横襞，由环行肌与黏膜共同构成，其中最大而且位置最恒定的位于直肠右前壁，距肛门约7cm。临床进行直肠镜、乙状结肠镜检查时，应注意直肠的横襞和弯曲，随时调整器械的推进方向，避免损伤肠管。

（五）肛管

肛管位于盆膈以下，长约4cm，上接直肠，下端终于肛门（图4-15）。其内面有6~10条纵行黏膜皱襞，称肛柱。

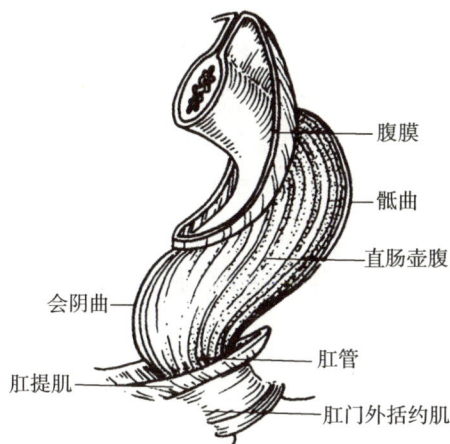

图4-14 直肠和肛管

相邻肛柱下端之间的半月形黏膜皱襞，称肛瓣。肛瓣与相邻肛柱下端围成的小窝，称肛窦，粪屑常存积此处，易发生感染。肛瓣与肛柱下端围成锯齿状线，称齿状线。齿状线以上为黏膜，以下为皮肤。在肛管黏膜下和皮下有丰富的静脉丛，病理状态下可形成静脉曲张，称痔。发生在齿状线以上的称内痔，齿状线以下的称外痔，跨越齿状线上、下的称混合痔。肛管部的环行平滑肌增厚，形成肛门内括约肌，有协助排便的作用；在肛门内括约肌的周围和下方，由骨骼肌构成肛门外括约肌，具有括约肛门和控制排便的作用。手术中应注意保护肛门外括约肌，以免损伤出现大便失禁。

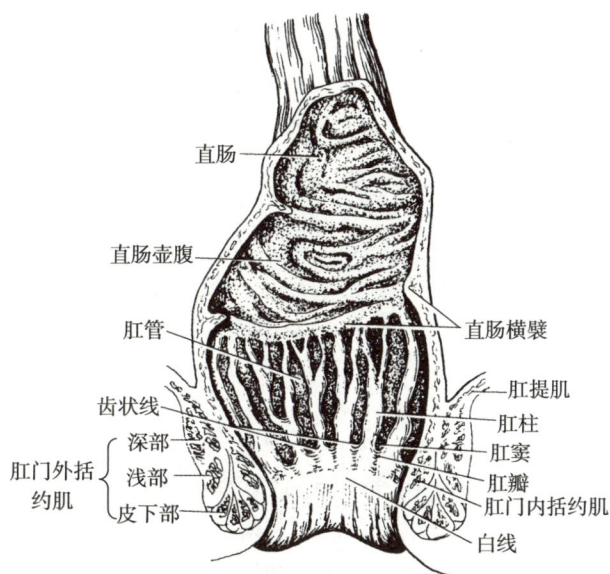

图4-15 直肠和肛管内面

第三节　消化腺

一、唾液腺

唾液腺位于口腔周围，分泌唾液，分大、小两类，小唾液腺位于口腔各部的黏膜内，如唇腺、舌腺、腭腺等。大唾液腺有3对，包括腮腺、下颌下腺和舌下腺（图4-16）。

1. 腮腺　是最大的唾液腺，呈不规则的三角形，位于耳的前下方，上达颧弓，下至下颌角附近，其导管从腮腺前缘穿出，经过咬肌前面，穿颊肌，开口于平对上颌第2磨牙处的颊黏膜上。

2. 下颌下腺　位于下颌体深面，导管开口于舌下阜。

3. 舌下腺　位于舌下襞的深面，分大、小两种导管，大导管有1条，开口于舌下阜；小导管约10条，开口于舌下襞。

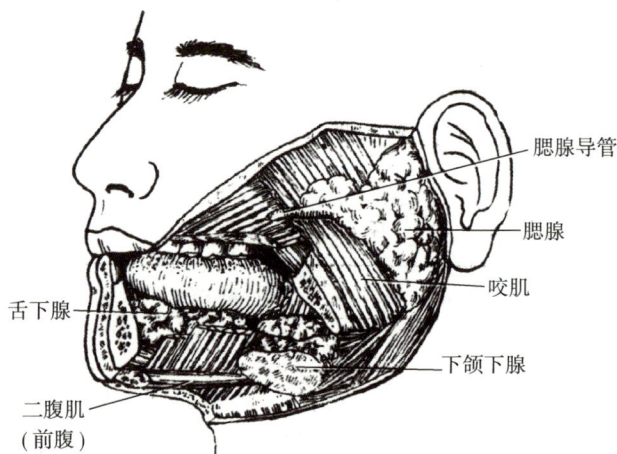

图4-16　大唾液腺

二、肝

肝是人体最大的腺体。呈棕红色，质软而脆，受暴力打击时易破裂出血。肝接受双重的血液供应，即除接受肝动脉外，还接受肝门静脉的注入。肝的功能及其重要和复杂，是机体新陈代谢最活跃的器官，不仅能分泌胆汁参与食物的消化，还具有物质代谢、解毒和防御等功能，胚胎时期还有造血功能。

（一）肝的形态

肝似不规则的楔形，分上、下两面，前、后两缘。肝的上面隆凸，与膈相贴，称膈面（图4-17），被镰状韧带分为左、右两叶，肝右叶大而厚，肝左叶小而薄。膈面后部没有腹膜被覆的部分称裸区。肝的下面与脏器相邻，凹凸不平，称脏面（图4-18）。脏面有两条纵沟和一条横沟，呈"H"形排列。横沟称肝门，是肝管、肝固有动脉、肝门静脉、神经和淋巴管出入肝的部位。左纵沟：前部容纳肝圆韧带，它是胎儿时期脐静脉闭锁后的遗迹；后部容纳静脉韧带，它是胎儿时期静脉导管闭锁后的遗迹。右纵沟：前部凹陷，称胆囊窝，容纳胆囊；后部称腔静脉窝，容纳下腔静脉。肝的脏面被上述3条沟分为4叶，左纵沟左侧为左叶，右纵沟右侧为右叶，左右纵沟之间，横沟前方为方叶，横沟后方为尾状叶。肝的前缘是膈面与脏面之间的交界线，薄而锐利。前缘右部有胆囊切迹，胆囊底常在此处突出肝前缘；肝的后缘钝圆，朝向脊柱。

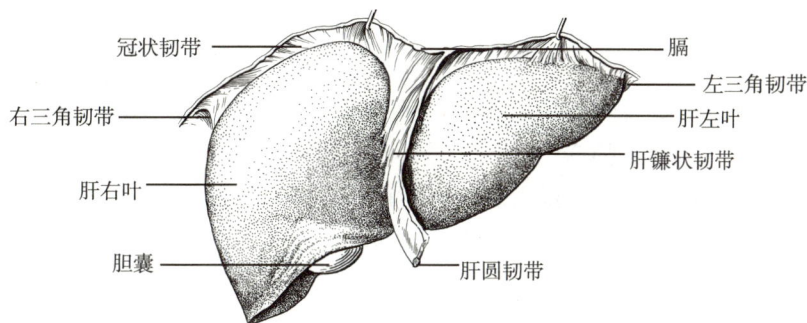

图 4 - 17　肝的膈面

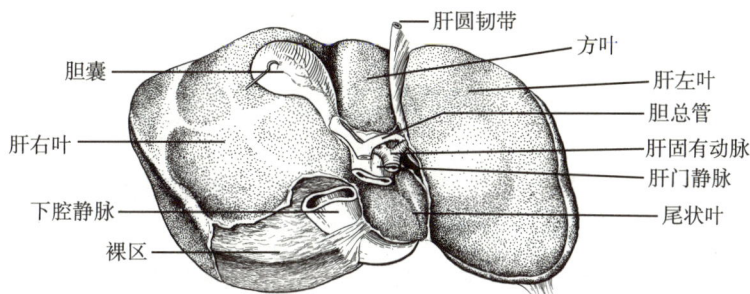

图 4 - 18　肝的脏面

（二）肝的位置和毗邻

肝大部分位于右季肋区和腹上区，小部分位于左季肋区。肝的前面大部分被肋遮盖，仅在腹上区左、右肋弓间与腹前壁相接触。肝上方与膈穹隆一致。肝右叶分别与结肠右曲、十二指肠上曲、右肾上腺和右肾相邻。肝左叶下面与胃前壁相邻。

肝的上界，在右锁骨中线平第 5 肋，左锁骨中线平第 5 肋间隙；肝的下界，在右侧与肋弓一致，在腹上区可达剑突下 3～5cm。7 岁以下儿童，肝的下界可超过肋弓下缘 2cm。7 岁以后，接近成人。肝的位置随膈的运动而上下移动，在平静呼吸时，肝可上、下移动 2～3cm。

三、肝外胆道系统

肝外胆道系统是指肝门以外的胆道系统，包括胆囊和输胆管道（肝左管、肝右管、肝总管和胆总管）（图 4 - 19）。这些管道将肝分泌的胆汁输送到十二指肠腔。

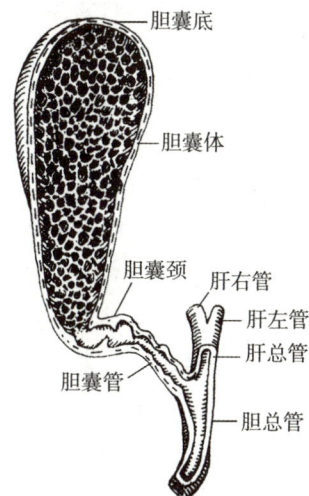

图 4 - 19　输胆管道

（一）胆囊

胆囊位于肝下面的胆囊窝内，有贮存和浓缩胆汁的功能。胆囊呈梨形，可分为胆囊底、胆囊体、胆囊颈和胆囊管 4 部分。胆囊底是胆囊突向前下方的盲端，其体表投影在右锁骨中线与右肋弓交点的稍下方，又称墨菲氏点，胆囊炎时，此处常有明显的压痛；中间部分为胆囊体；后端变细的部分为胆囊颈；胆囊颈弯曲向左下的部分为胆囊管。胆囊管、肝总管和肝的脏面围成的三角形区域称胆囊三角（Calot 三角），三角内常有胆囊动脉通过，胆囊手术时，常在此寻找胆囊动脉。

(二）输胆管道

包括肝左管、肝右管、肝总管和胆总管。肝内胆道逐渐汇合成肝左管和肝右管，肝左管和肝右管出肝门后汇合成肝总管。肝总管下行与胆囊管汇合成胆总管。胆总管长 4~8cm，在肝十二指肠韧带内下降，经十二指肠上部的后方，降至胰头的后方，最后斜穿十二指肠降部后内侧壁，在此处与胰管汇合，形成略膨大的肝胰壶腹，开口于十二指肠大乳头。在肝胰壶腹周围有环行平滑肌增厚形成的肝胰壶腹括约肌（Oddi 括约肌）。

(三）胆汁排出途径

空腹时，肝胰壶腹括约肌保持收缩状态，而胆囊舒张；肝细胞分泌的胆汁经肝左管、肝右管、肝总管、胆囊管进入胆囊储存和浓缩。进食后，尤其进高脂肪食物，由于食物和消化液的刺激，反射性引起胆囊收缩，肝胰壶腹括约肌舒张，使胆汁从胆囊经胆囊管、胆总管而排入十二指肠，对脂类食物进行消化。

四、胰

胰是人体第二大消化腺，由外分泌部和内分泌部组成。内分泌部即胰岛，主要分泌胰岛素，参与调节糖代谢；外分泌部分泌胰液，在消化过程中起重要作用。

胰呈长条形，质地柔软，呈灰红色，位于胃的后方，平第 1~2 腰椎体，横贴于腹后壁，位置比较深。分头、体、尾 3 部分（图 4-10）。其右端膨大，被十二指肠包绕，称胰头。中间大部呈棱柱状，为胰体。末端较细，伸向脾门，为胰尾。

胰管位于胰实质内，为一纵贯全长的输出管。它沿途收集各级小管，输送胰液，与胆总管汇合后，开口于十二指肠大乳头。

目标检测

答案解析

一、选择题

1. 上消化道是
   - A. 从口腔到食管
   - B. 从口腔到胃
   - C. 从口腔到十二指肠
   - D. 从口腔到空肠
   - E. 从咽峡到十二指肠

2. 下列结构围成咽峡的是
   - A. 两侧腭咽弓、腭帆后缘和舌根
   - B. 腭垂、腭舌弓和腭咽弓
   - C. 腭帆和舌根
   - D. 腭垂、腭咽弓、舌根
   - E. 腭垂、腭帆游离缘、两侧腭舌弓和舌根

3. 腮腺管开口于
   - A. 舌下阜
   - B. 舌下襞
   - C. 平对上颌第 2 磨牙的颊黏膜处
   - D. 平对下颌第 3 磨牙的颊黏膜处
   - E. 舌系带根部

4. 咽鼓管咽口位于
   - A. 鼻咽部侧壁上
   - B. 口咽部侧壁上

  C. 咽峡两侧   D. 鼻咽部后壁上

  E. 喉口两侧

5. 胃在中等充盈时，其位置为

  A. 大部在腹上区、小部在左季肋区   B. 大部在左季肋区，小部在腹上区

  C. 贲门平对第 10 胸椎高度   D. 幽门平对第 12 胸椎高度

  E. 前壁全被肝掩盖

6. 十二指肠大乳头位于

  A. 十二指肠上部   B. 十二指肠降部

  C. 十二指肠水平部   D. 十二指肠升部

  E. 十二指肠球部

7. 识别空肠起始的标志是

  A. 十二指肠大乳头   B. 十二指肠空肠曲

  C. 十二指肠小乳头   D. 十二指肠水平部

  E. 十二指肠悬韧带

8. 大肠不包括

  A. 回肠   B. 盲肠   C. 阑尾

  D. 直肠   E. 结肠

9. 结肠带、结肠袋、肠脂垂存在于

  A. 肛管   B. 直肠   C. 阑尾

  D. 盲肠   E. 回肠

10. 阑尾根部的体表投影位于

  A. 右髂前上棘与脐连线的中、外 1/3 交点处

  B. 左髂前上棘与脐连线的中、外 1/3 交点处

  C. 右髂前上棘与脐连线的中、内 1/3 点处

  D. 左髂前上棘与脐连线的中、内 1/3 点处

  E. 脐与耻骨联合中、下 1/3 点处

11. 手术时寻找阑尾的可靠方法是

  A. 阑尾较细   B. 肠脂垂   C. 结肠袋

  D. 3 条结肠带汇集处   E. 回肠末端

12. 人体最大的消化腺是

  A. 肝   B. 胆囊   C. 胰

  D. 腮腺   E. 脾

13. 下列结构不经过肝门的是

  A. 肝固有动脉   B. 肝静脉   C. 肝门静脉

  D. 肝左、右管   E. 肝的神经、淋巴管

14. 胆囊底的体表投影在

  A. 右锁骨中线与第 7 肋交界处   B. 右侧肋弓中点

  C. 右锁骨中线与右肋弓交界处   D. 肝的胆囊窝处

  E. 肝前缘胆囊切迹处

15. 肝外胆道不包括
    A. 肝左管   B. 肝右管   C. 肝总管
    D. 胰管   E. 胆囊

16. 肝门位于
    A. 肝脏面横沟内   B. 肝脏面左侧纵沟前部
    C. 肝脏面左侧纵沟后部   D. 肝脏面右侧纵沟前部
    E. 肝脏面右侧纵沟后部

二、思考题

1. 试述食管的狭窄及临床意义。
2. 试述胆汁的产生与排放途径。
3. 试述直肠的弯曲及临床意义。

（诸清华）

书网融合……

本章小结

题库

第五章　呼吸系统

◎ 学习目标

1. 通过本章学习，重点把握呼吸系统的组成；上、下呼吸道的概念；鼻腔的分部及各部的形态结构；鼻旁窦的名称和位置；喉的位置，喉软骨的组成，喉腔的形态结构；气管的位置；左、右主支气管的形态特点；肺的形态和分叶；胸膜和胸膜腔的概念；肺及胸膜下界的体表投影；肋膈隐窝的位置及意义；纵隔的概念、分区。

2. 学会结合标本和模型说出鼻、喉、气管和肺的主要结构。

》 情境导入

情境描述　患儿，男，5岁，因"犬吠样咳嗽10余小时伴声音嘶哑"来院。体温38.5℃，咽喉红肿，鼻翼扇动，呼吸困难。诊断为急性喉炎，Ⅱ度喉阻塞。经保守治疗后无改善，喉阻塞进一步加重，转为Ⅳ度喉阻塞。紧急行气管切开术，症状缓解。

讨论　1. 喉腔的分部及容易发生水肿的部位有哪些？

2. 气管切开常选哪些部位？

呼吸系统由呼吸道和肺组成（图5-1）。呼吸道是传送气体的管道，包括鼻、咽、喉、气管、主支气管及其分支。临床上将鼻、咽、喉称上呼吸道；气管、主支气管及其分支称下呼吸道。肺是气体交换的器官，由肺实质（肺内各级支气管及肺泡）和肺间质（结缔组织、血管、神经和淋巴）组成。呼吸系统的主要功能是进行机体与外界环境之间的气体交换，吸入氧，排出二氧化碳，确保新陈代谢正常进行；此外还有嗅觉、发音等功能。

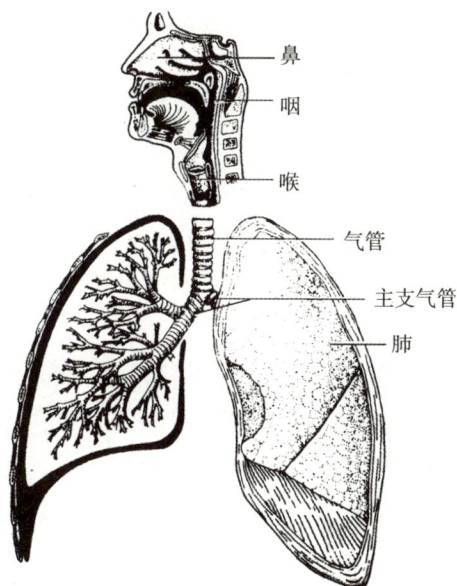

图5-1　呼吸系统概观

第一节　呼吸道

一、鼻

鼻是呼吸道的起始部，也是嗅觉器官，并辅助发音。鼻包括外鼻、鼻腔和鼻旁窦三部分。

（一）外鼻

外鼻位于面部中央，以骨和软骨作支架，表面被覆皮肤和少量皮下组织。外鼻的上端位于两眼间的部分为鼻根，下延为鼻背，其下端的隆起部位为鼻尖。鼻尖两侧膨出部分为鼻翼。呼吸困难时可出现鼻翼扇动，小儿更为明显。鼻翼和鼻尖处的皮肤富含汗腺和皮脂腺，是痤疮、酒糟鼻和疖肿的好发部位。鼻翼向外下方到口角的浅沟称鼻唇沟，正常人两侧鼻唇沟的深度对称，面神经瘫痪时，瘫痪侧的鼻唇沟变浅或消失。

（二）鼻腔

鼻腔被鼻中隔分为左、右两腔，前经鼻孔与外界相通，后经鼻后孔通鼻咽。鼻中隔多不居中，常偏向一侧，以筛骨垂直板、犁骨和鼻中隔软骨为支架，外覆黏膜。每侧鼻腔以鼻阈为界可分为鼻前庭和固有鼻腔两部分（图5-2）。

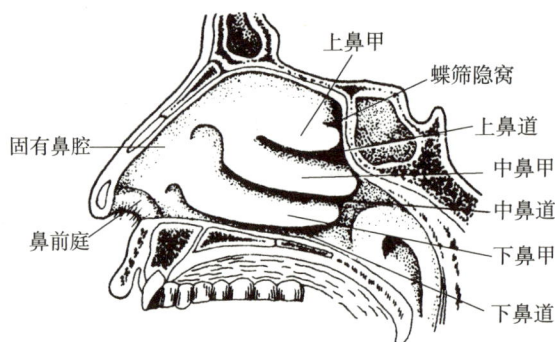

图5-2　鼻腔外侧壁

1. 鼻前庭　由鼻翼围成，内衬皮肤，生有鼻毛，能过滤、净化吸入的空气。该部缺乏皮下组织，富含神经末梢，发生疖肿时疼痛较明显。

2. 固有鼻腔　为鼻腔的主要部分，位于鼻腔后上部，由骨性鼻腔内衬黏膜构成。固有鼻腔的顶壁为颅前窝，当外伤导致颅前窝骨折时，脑脊液或血液可经鼻腔流出。固有鼻腔外侧壁自上而下有上鼻甲、中鼻甲和下鼻甲，各鼻甲的下方分别有上鼻道、中鼻道和下鼻道。上鼻甲的后上方与鼻腔顶之间的陷凹为蝶筛隐窝。下鼻道的前端有鼻泪管的开口。

固有鼻腔的黏膜按其结构和功能不同，分为嗅区和呼吸区两部分。嗅区指上鼻甲内侧面及其相对的鼻中隔的黏膜，活体时呈淡黄色，内有嗅细胞，能感受气味的刺激；呼吸区是嗅区以外的鼻黏膜，活体时呈淡红色，内有丰富的毛细血管和鼻腺，可对吸入空气起到加温、加湿的作用。鼻中隔前下部的黏膜血管丰富且位置表浅，外伤或干燥刺激易破裂出血，是鼻腔出血的好发部位，称易出血区，90%左右的鼻出血发生在此处。

（三）鼻旁窦

鼻旁窦是鼻腔周围的颅骨内一些与鼻腔相通的含气空腔，内衬黏膜。鼻旁窦黏膜与鼻黏膜相延续，故鼻腔的炎症可蔓延至鼻旁窦，引起鼻窦炎。鼻旁窦有上颌窦、额窦、筛窦和蝶窦4对（图5-3），均开口于鼻腔：额窦开口于中鼻道；蝶窦开口于蝶筛隐窝；筛窦可分为前、中、后3群，前群和中群开口于中鼻道，后群开口于上鼻道；上颌窦是4对鼻旁窦中最大的一个，开口于中鼻道。由于上颌窦窦口位置高于窦底，炎症时，脓液不易流出，易转为慢性，故上颌窦的慢性炎症较常见。鼻旁窦可调节吸入空气的温度和湿度，并对发音起共鸣作用。

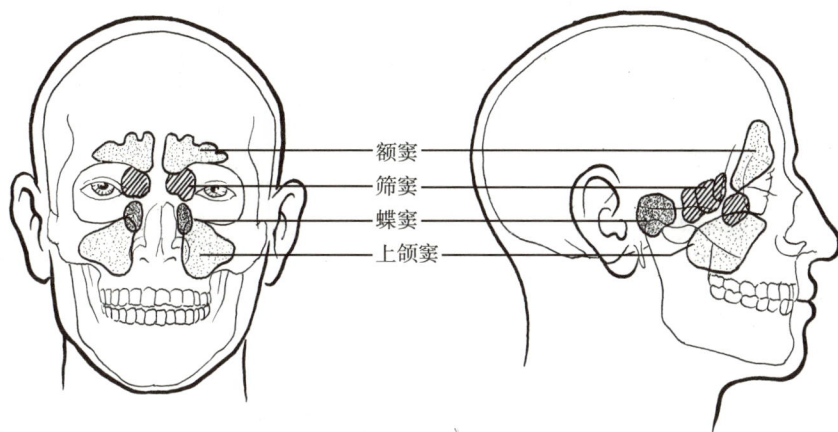

图5-3 鼻旁窦的体表投影

💡 **知识拓展**

经鼻呼吸的重要性

鼻对吸入的空气能起到过滤、加温和湿化的作用，若因各种原因长期经口呼吸，就失去了鼻对吸入空气的这一系列作用，未经过滤、加温和湿化的空气很容易刺激呼吸道，进而诱发咽炎、咽喉炎、急性支气管炎等疾病。

经鼻或口插入气管导管至气道中时，由于鼻对空气的调节功能丧失，干冷的空气直接进入下呼吸道，下呼吸道黏膜无法加温和湿化吸入的气体，从而导致气体干燥，使分泌物变得黏稠且不易咳出。因此必须对进入气管导管的气体进行人工加温和湿化。

二、喉

喉既是呼吸道，又是发音器官。

（一）喉的位置

喉位于颈前正中。前方被覆皮肤、筋膜和舌骨下肌群，后方邻喉咽，两侧有颈部大血管、神经和甲状腺侧叶。成人喉平第3~6颈椎高度。喉的活动性较大，可随吞咽或发音而上下移动。

（二）喉的结构

喉是中空性器官，由喉软骨、软骨间的连结、喉肌和黏膜构成。

1. 喉软骨 喉软骨构成喉的支架，包括不成对的甲状软骨、会厌软骨、环状软骨和成对的杓状软骨（图5-4）。

（1）甲状软骨 是喉软骨中最大的一块，由左右两块近似方形的软骨板在前方连结而成，结合处称前角，前角的上端向前突出，称喉结，成年男子尤为明显。两板后缘游离，向上、下各伸出一对突

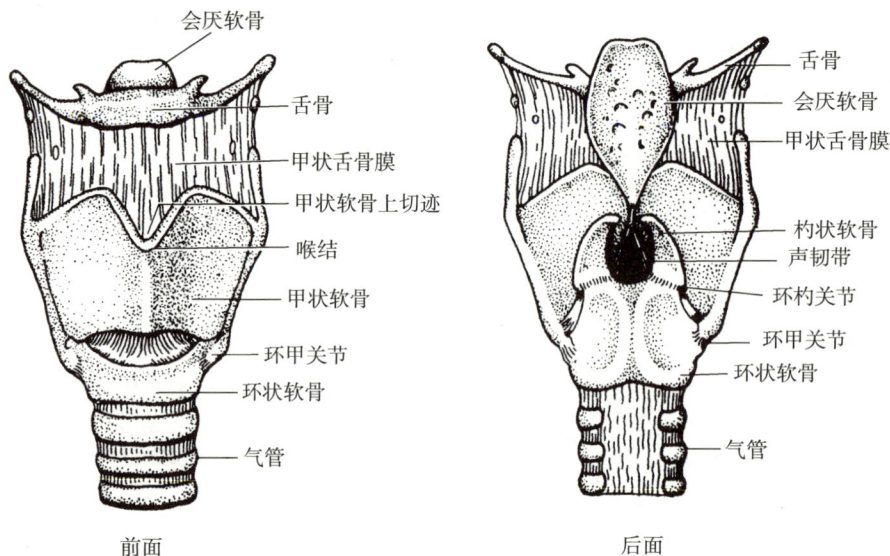

图 5-4　喉软骨及连结

起，上方一对较长的称上角，借韧带连于舌骨；下方一对较短的称下角，与环状软骨构成环甲关节。

（2）环状软骨　位于甲状软骨的下方，形似指环，前部低窄称环状软骨弓，后部高宽称环状软骨板。环状软骨弓平对第 6 颈椎高度，是颈部的重要标志之一。环状软骨是喉软骨中唯一完整的软骨环，对维持呼吸道的通畅有重要作用。

（3）会厌软骨　位于甲状软骨后上方，形如树叶，上宽下窄，下端借甲状会厌韧带附于甲状软骨前角内面。会厌软骨连同其表面的黏膜构成会厌。吞咽时，喉上提，会厌遮盖喉口，可防止食物误入喉腔。

（4）杓状软骨　左右各一，位于环状软骨板上方，近似三棱锥形，尖朝上，底向下。底有 2 个突起，向前的突起称声带突，有声韧带附着；向外侧的突起称肌突，有喉肌附着。

2. 喉的连结　喉的连结包括关节和膜性连结两种。关节有环甲关节和环杓关节，膜性连结有方形膜和弹性圆锥。

（1）环甲关节　由甲状软骨的下角和环状软骨侧方的关节面组成。在环甲肌的作用下，甲状软骨可在冠状轴上做前倾和复位运动，从而使声带紧张或松弛。

（2）环杓关节　由杓状软骨底与环状软骨板上缘的关节面构成。杓状软骨可在垂直轴做旋转运动，使两侧声带突接近或分开，从而缩小或开大声门。

（3）方形膜　由会厌软骨的两侧缘和甲状软骨前角的后面向后附着于杓状软骨的前内侧缘，左右各一，方形膜的下缘游离，称前庭韧带，参与构成前庭襞。

（4）弹性圆锥　是由弹力纤维构成的圆锥形弹性纤维膜。起自甲状软骨前角后面，呈扇形向下、向后分别止于环状软骨上缘和杓状软骨声带突。其上缘游离增厚，紧张于甲状软骨至声带突之间，称声韧带，是发音的主要结构。在甲状软骨下缘与环状软骨弓之间，弹性圆锥中部纤维增厚称环甲正中韧带。当急性喉阻塞但没有条件立即行气管切开时，可在此处穿刺，建立暂时的通气道，以挽救患者的生命。

3. 喉肌　为数块细小的骨骼肌，附着于喉软骨表面，按功能分为两群。一群作用于环甲关节，使声带紧张或松弛；另一群作用于环杓关节，使声门裂开大或缩小。喉肌运动可以调节声音的强弱和音调的高低。

4. 喉腔　喉腔即喉的内腔，是由喉软骨为支架围成的腔隙，腔壁覆以黏膜，并与咽和气管的黏膜相连续。喉腔侧壁有上、下两对黏膜皱襞（图 5-5）。上方的一对称前庭襞，其间的裂隙称前庭裂；下方的一对称声襞，与声韧带、声带肌共同构成声带。两侧声襞之间的裂隙称声门裂，是喉腔最狭窄的部位，当气流通过时，振动声带而发出声音。

喉腔借前庭裂和声门裂分为上、中、下三部分。前庭裂平面以上的部分称喉前庭；前庭裂平面与声门裂平面之间的部分称喉中间腔，其向两侧突出的隐窝称喉室；声门裂平面以下的部分称声门下腔。声门下腔的黏膜下组织较疏松，炎症时容易发生水肿。婴幼儿的喉腔相对狭小，喉水肿时容易引起喉阻塞，造成呼吸困难。

三、气管与主支气管

（一）气管

气管位于食管前方，由 14~16 个"C"形的软骨环以及连结于各环之间的结缔组织、平滑肌构成；缺口朝后，由平滑肌和结缔组织封闭，称为膜壁。气管上端于第 6 颈椎下缘处接环状软骨，经颈部正中下行，至胸骨角平面分为左、右主支气管，其分叉处称气管杈（图 5-6）。在气管杈内面有一向上凸的半月状嵴，称气管隆嵴，常略偏向左侧，是支气管镜检查的定位标志。

气管以胸廓上口为界，分为颈部和胸部。颈部短而表浅，在颈静脉切迹处可触及，临床上常在第 3~5 气管软骨环处施行气管切开术。

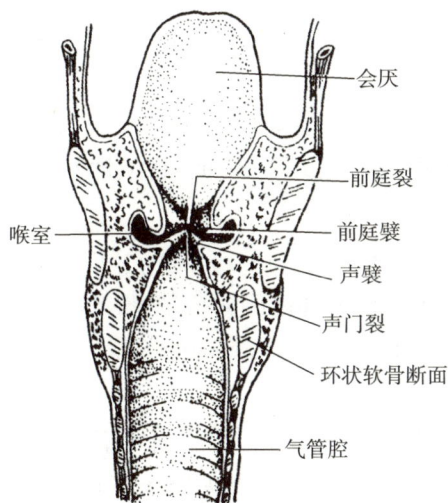

图 5-5　喉腔

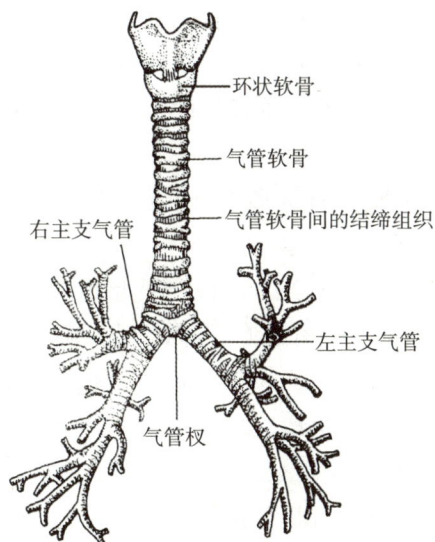

图 5-6　气管与主支气管

💡 知识拓展

气管切开术与气管插管术

气管切开术是切开气管颈部的前壁，插入一种特制的套管，从而解除窒息、保持呼吸道通畅的一种急救措施。一般情况下，在颈前部沿气管正中线纵行切开第 3~4 或第 4~5 气管软骨环，撑开气管切口，吸出气管内分泌物，插入合适的套管并固定。

气管插管术是指将一特制的气管内导管经口腔或鼻腔置入气管的技术，这一技术能为保持气道通畅、通气供氧、呼吸道吸引和防止误吸等提供最佳条件。

气管切开与术气管插管术已成为心肺复苏及伴有呼吸功能障碍的急危重症患者抢救过程中的重要措施，是医务人员必须熟练掌握的基本技能，对抢救患者生命、降低病死率起到至关重要的作用。

（二）主支气管

左、右主支气管由气管在胸骨角平面分出后，行向下外，经左、右肺门入肺。左主支气管细长，走向较水平；右主支气管粗短，走向较陡直，因此，临床上落入气管的异物多坠入右主支气管（图5-6）。

第二节 肺

一、肺的位置与形态

（一）肺的位置

肺位于胸腔内，纵隔的两侧，膈的上方，左右各一。由于膈的右侧下方因肝的影响而位置较高，故右肺宽短，左肺因心脏位置偏左，故左肺窄长。

（二）肺的形态

肺质软而轻，呈海绵状，富有弹性。幼儿的肺呈淡红色，随着年龄的增长，空气中的颗粒不断吸入肺内，肺的色泽逐步变为暗红或深灰色。肺内含有空气，故入水不沉，而未曾呼吸过的肺，入水则下沉。法医借此鉴别生前死亡或生后死亡的胎儿。

肺呈圆锥形，有一尖、一底、两面和三缘（图5-7）。

1. 肺尖 呈钝圆形，经胸廓上口突至颈根部，高出锁骨内侧1/3上方2~3cm。在锁骨上方穿刺时，要避免刺破肺尖引起气胸。

2. 肺底 又称膈面，位于膈上面，向上凹。

3. 两面 为肋面和纵隔面。肋面圆凸，邻近肋和肋间隙；纵隔面又称内侧面（图5-8），与纵隔相邻，其中央凹陷，称肺门，是主支气管、肺动脉、肺静脉、神经和淋巴管等出入肺的部位。进入肺门的结构被结缔组织包绕，构成肺根。

4. 三缘 为前缘、后缘和下缘。肺的前缘薄而锐利，右肺前缘近于垂直，左肺前缘下部有心切迹，在心切迹下方的舌状突起，称左肺小舌；肺的后缘圆钝；肺的下缘较薄，并随呼吸而上下移动。

（三）肺的分叶

左肺借斜裂分为上叶和下叶两叶；右肺略宽短，被斜裂和水平裂分为上叶、中叶和下叶三叶（图5-7）。

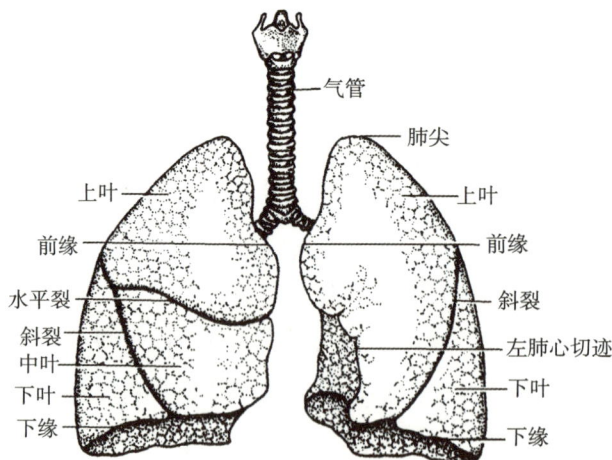

图5-7 肺的形态

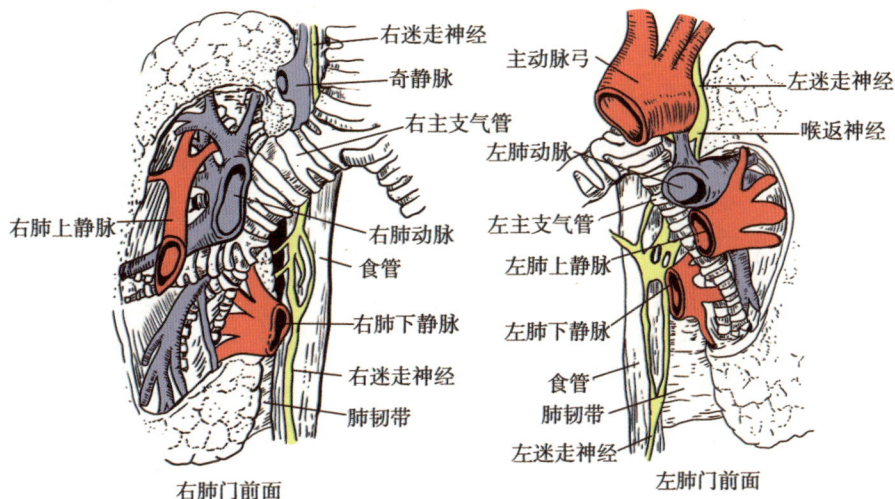

图 5-8 肺的纵隔面

二、肺内支气管和支气管肺段

（一）肺内支气管

左、右主支气管在肺门处分出肺叶支气管，肺叶支气管进入肺叶后，再分出肺段支气管，每个肺段支气管又反复分支，越分越细。各级支气管在肺叶内如此反复分支，呈树枝状，故称为支气管树。

（二）支气管肺段

每一肺段支气管及其分支分布区的全部肺组织共同构成一个支气管肺段，简称肺段。通常左、右肺各有 10 个肺段，相邻的肺段之间以肺静脉属支及少许疏松结缔组织相分隔。各肺段略呈圆锥形，尖端朝向肺门，底部在肺表面，在结构和功能上有相对独立性，临床上常以肺段为单位进行手术切除，如确定病变仅局限在某肺段之内，就可仅进行该肺段的切除，使手术局限化。

第三节　胸膜和纵隔

一、胸膜与胸膜腔的概念

胸膜是一层半透明浆膜，分为互相移行的脏胸膜和壁胸膜两部分。壁胸膜衬贴在胸壁内面、膈的上面和纵隔两侧表面，脏胸膜被覆于肺的表面。胸膜具有分泌和吸收浆液的功能。

胸膜腔是由脏胸膜与壁胸膜在肺根处相互移行形成的潜在性密闭腔隙，左右各一，互不相通。腔内呈负压，仅内含少量的浆液，可减少呼吸时两层胸膜间的摩擦。

💡 **知识拓展**

气胸与穿刺排气

胸膜腔密闭，其内为负压，对肺泡扩张有决定性作用。若胸膜损伤，胸膜破裂，空气进入胸膜腔，胸膜腔负压立即消失，肺就会塌陷，造成气胸，严重时导致纵隔摆动，甚至危及生命。通常在锁骨中线第 2 肋间隙或腋前线第 4~5 肋间隙穿刺进针排气。

二、胸膜的分部

（一）脏胸膜

脏胸膜是贴附于肺表面，并伸入叶间裂内的一层浆膜。因其与肺实质连接紧密，故又称肺胸膜。

（二）壁胸膜

壁胸膜衬贴在胸壁内面、膈的上面和纵隔两侧表面，依其衬覆部位不同分为以下四部分。

1. **肋胸膜**　覆盖于肋与肋间肌内面的部分，易剥离。
2. **膈胸膜**　覆盖于膈的胸腔面部分，与膈紧密相连，不易剥离。
3. **纵隔胸膜**　呈矢状位覆盖于纵隔两侧的部分，其中部包绕肺根移行于脏胸膜。
4. **胸膜顶**　是肋胸膜与纵隔胸膜向上延续覆盖肺尖上方的部分。突出胸廓上口达颈根部，高出锁骨内侧 1/3 上方 2～3cm。

三、胸膜隐窝

胸膜腔的某些部位，即使在深吸气时，肺的边缘也不能伸入其间，这些部位称胸膜隐窝。其中最大最重要的胸膜隐窝位于肋胸膜与膈胸膜返折处，称肋膈隐窝。肋膈隐窝是胸膜腔最低的部位，胸膜腔积液首先积存于此，故临床上常在此处进行胸膜腔穿刺，抽出积液。

四、胸膜与肺的体表投影

（一）胸膜的体表投影

1. **胸膜前界的体表投影**　两侧均起自锁骨内侧 1/3 上方 2～3cm 处的胸膜顶，经胸锁关节后方至胸骨柄后面，约在第 2 胸肋关节水面，左右靠拢，在中线附近垂直下行；右侧在第 6 胸肋关节处移行于下界；左侧在第 4 胸肋关节处，转行向外下，至第 6 肋软骨后方，移行于下界（图 5-9）。

两侧胸膜前界在第 2～4 肋软骨平面相互靠拢，但在此上、下方则相互离开，形成了无胸膜覆盖区域，此区心包前方无胸膜遮盖，因此，左剑肋角处是临床进行心包穿刺术的安全区（图 5-9）。

2. **胸膜下界的体表投影**　右侧起自第 6 胸肋关节后方，左侧起自第 6 肋软骨后方，两侧均行向外下方，在锁骨中线处与第 8 肋相交，腋中线处与第 10 肋相交，肩胛线处与第 11 肋相交，在脊柱外侧终于第 12 胸椎棘突高度（图 5-9，表 5-1）。

（二）肺的体表投影

肺尖和肺前界的体表投影与胸膜顶和胸膜前界的返折线基本相同。肺下界较胸膜下界高出约 2 个肋骨，在锁骨中线、腋中线、肩胛线分别与第 6、8、10 肋相交，最后在脊柱旁终于第 10 胸椎棘突平面（图 5-9，表 5-1）。

表 5-1　肺下界与胸膜下界的体表投影

	锁骨中线	腋中线	肩胛线	后正中线
肺下界	第 6 肋	第 8 肋	第 10 肋	第 10 胸椎棘突
胸膜下界	第 8 肋	第 10 肋	第 11 肋	第 12 胸椎棘突

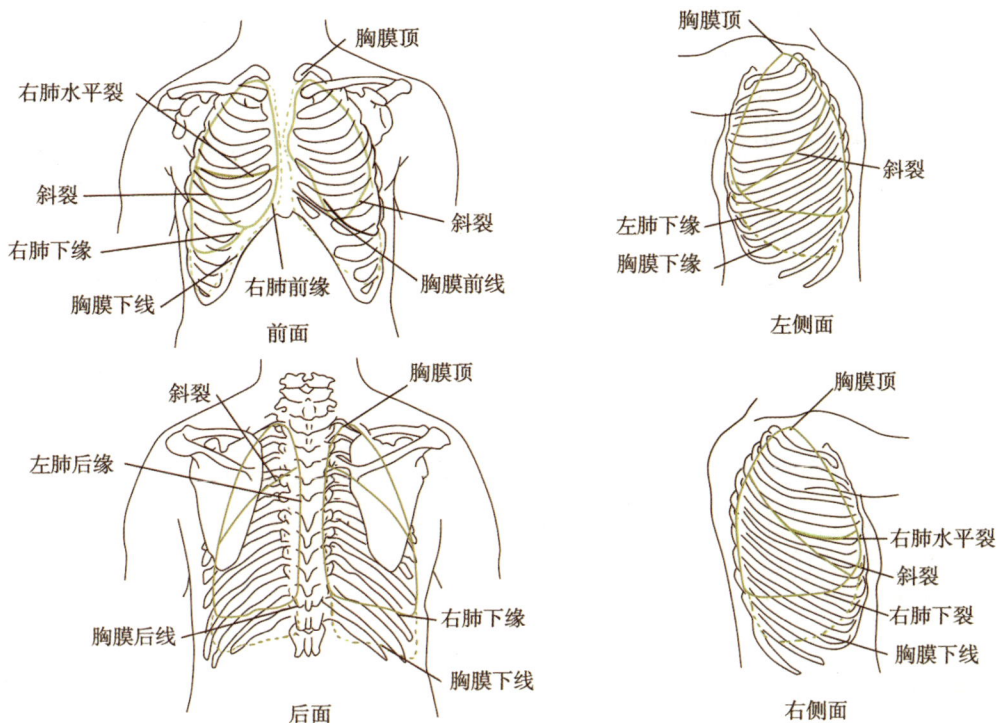

图 5 – 9　胸膜和肺的体表投影

五、纵隔

纵隔是两侧纵隔胸膜之间全部器官和组织的总称。其前界为胸骨，后界为脊柱胸段，两侧界为纵隔胸膜，上界是胸廓上口，下界是膈。通常以胸骨角平面为界，将纵隔分为上纵隔和下纵隔。下纵隔又以心包为界分为前纵隔、中纵隔和后纵隔（图 5 – 10）。

（一）上纵隔

上纵隔上界是胸廓上口，下界为胸骨角至第 4 胸椎体下缘的平面，前方为胸骨柄，后方为第 1~4 胸椎体。其内主要结构有胸腺、头臂静脉、上腔静脉、膈神经、迷走神经、主动脉弓及其分支、食管、气管、胸导管及淋巴结等。

（二）下纵隔

下纵隔上界为上纵隔的下界，下界是膈，两侧为纵隔胸膜，分为以下 3 部分。

1. 前纵隔　位于胸骨与心包之间，内有纵隔前淋巴结及疏松结缔组织等。

2. 中纵隔　位于前、后纵隔之间，内含心包、心、出入心的大血管、主支气管起始处、膈神经及淋巴结等。

3. 后纵隔　位于心包与脊柱之间，内含主支气管、食管、胸主动脉、胸导管、奇静脉、半奇静脉、迷走神经、胸交感干和淋巴结等。

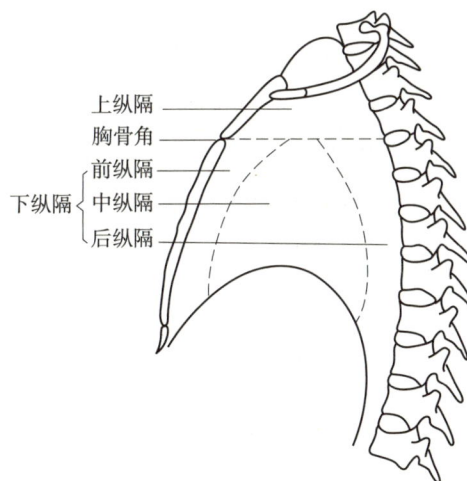

图 5 – 10　纵隔的分区

知识拓展

吸烟与肿瘤

　　吸烟与呼吸系统肿瘤的发生有着密切的关系。长期吸烟使气管和支气管反复受有害气体的刺激，导致黏膜发生慢性炎症病变，如纤毛运动减弱，杯状细胞增多，腺体增生，分泌旺盛，成分也发生变化。以致呼吸道净化空气的功能减弱，免疫性防御功能受损，严重者可发生呼吸系统肿瘤。吸烟者的肺癌发病率是非吸烟者的 25 倍。此外，吸烟后，致癌物质可经肺吸收，可促进口腔癌、食管癌、胰腺癌、膀胱癌等的发生。

目标检测

答案解析

一、选择题

1. 鼻黏膜的易出血区是
    A. 上鼻甲　　　　　　B. 中鼻甲　　　　　　C. 下鼻甲
    D. 鼻中隔前下份　　　E. 嗅区

2. 站立时窦腔内分泌物最不易流出的鼻旁窦是
    A. 额窦　　　　　　　B. 筛窦中群　　　　　C. 蝶窦
    D. 上颌窦　　　　　　E. 筛窦后群

3. 上呼吸道包括
    A. 口腔、咽、喉　　　　　　　　　　B. 鼻、咽、喉
    C. 鼻、咽、喉、气管　　　　　　　　D. 口腔、鼻、喉、咽、气管
    E. 鼻、咽、喉、支气管

4. 喉腔最狭窄的部位在
    A. 喉口　　　　　　　B. 喉中间腔　　　　　C. 声门裂
    D. 声门下腔　　　　　E. 前庭裂

5. 成对的喉软骨是
    A. 甲状软骨　　　　　B. 环状软骨　　　　　C. 杓状软骨
    D. 会厌软骨　　　　　E. 以上均不是

6. 气管切开术的常选部位在
    A. 第 1～3 气管软骨环处　　　　　　B. 第 2～4 气管软骨环处
    C. 第 3～5 气管软骨环处　　　　　　D. 第 4～6 气管软骨环处
    E. 第 5～7 气管软骨环处

7. 肺尖的位置是
    A. 高出锁骨内侧 1cm　　　　　　　　B. 高出锁骨内侧 1～2cm
    C. 高出锁骨内侧 2cm　　　　　　　　D. 高出锁骨内侧 2～3cm
    E. 高出锁骨外侧 2～3cm

8. 喉炎时易引起水肿的部位在
    A. 喉前庭   B. 喉室   C. 喉中间腔
    D. 声门下腔   E. 前庭裂

9. 支气管镜检查的重要标志是
    A. 气管杈   B. 气管隆嵴   C. 嵴下角
    D. 气管膜壁   E. 气管环

10. 关于左肺，下列说法正确的是
    A. 前缘有心切迹   B. 有斜裂和水平裂
    C. 可分为三叶   D. 较右肺粗短
    E. 位于胸腔的纵隔内

11. 肺下界的体表投影在锁骨中线处与
    A. 第 6 肋相交   B. 第 7 肋相交   C. 第 8 肋相交
    D. 第 10 肋相交   E. 第 11 肋相交

12. 在人直立或坐位时，胸膜腔的最低处是
    A. 肺下界   B. 膈穹隆   C. 肋纵隔隐窝
    D. 肋膈隐窝   E. 膈纵隔隐窝

13. 关于纵隔，下列说法正确的是
    A. 通常以胸骨角平面分为上、下两部   B. 下纵隔又分为前、后两部
    C. 下纵隔的前部有心脏   D. 下纵隔后部有气管
    E. 上纵隔内有胸主动脉

14. 喉软骨中对维持呼吸道的通畅有重要作用的是
    A. 甲状软骨   B. 环状软骨   C. 会厌软骨
    D. 杓状软骨   E. 以上都不对

二、思考题

1. 气管内的异物易坠入哪侧主支气管？为什么？
2. 简述肺的位置和形态。

（陈　培）

书网融合……

本章小结   题库

第六章 泌尿系统

1. 通过本章学习，重点把握肾的位置、形态和结构；输尿管的走行及三处狭窄；膀胱三角的位置；女性尿道的结构特点；膀胱的位置和形态；肾的被膜；肾段的概念。

2. 学会运用所学知识，在标本、模型中辨认泌尿系统各器官的形态结构，具有利用解剖知识初步分析临床问题的能力。

情境导入

情境描述 患者，男，45岁，10年来多次出现晨起眼睑水肿，未予重视，近3年来发现夜尿增多，血压升高、头晕、恶心、呕吐1周入院。体查：血压160/110mmHg，心率90次/分，贫血貌，双下肢凹陷性水肿。实验室检查：血常规和肾功能检查示血红蛋白60g/L，血清肌酐488.1μmol/L，尿素氮19.8mmol/L；尿检示蛋白（＋＋＋），蜡样管型1个/HP，尿红细胞3个/HP；超声检查示双肾对称性缩小。临床诊断：慢性肾衰竭。

讨论 1. 泌尿系统由哪些器官组成？
2. 用所学知识解释肾的功能，简述尿的产生及排出途径。

泌尿系统由肾、输尿管、膀胱和尿道组成（图6-1）。它的主要功能是形成和排出尿液，保持内环境平衡和稳定。肾产生的尿液，由输尿管输送至膀胱内储存，最终经尿道排出体外。此外，肾还具有内分泌功能，能分泌促红细胞生成素、前列腺素和肾素等物质。

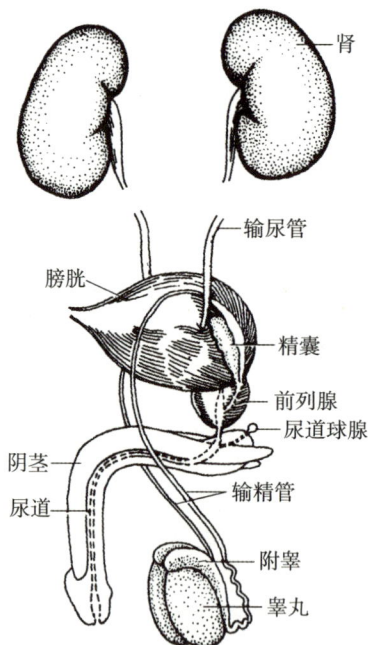

图6-1 泌尿生殖系统概观（男性）

<h1 style="text-align:center">第一节　肾</h1>

一、肾的形态

肾是成对的实质性器官，形似蚕豆，左、右各一。新鲜肾呈红褐色，质地柔软，表面光滑，平均重量为 134~148g，一般女性的肾略小于男性。肾可分为前、后两面，上、下两端和内、外侧两缘。前面较凸，后面较平。上端宽而薄，下端厚而窄。外侧缘隆凸，内侧缘中部凹陷，是肾的血管、神经、淋巴管和肾盂出入的部位，称肾门。出入肾门的结构被结缔组织包裹，称肾蒂，因下腔静脉位于中线右侧，故右侧肾蒂较左侧肾蒂略短，在肾手术时可造成一定的困难。肾门向肾内延伸为一个较大的空腔，称肾窦，由周围的肾实质包围，内含肾小盏、肾大盏、肾盂、肾动脉、肾静脉的主要分支和属支以及脂肪组织等。

二、肾的位置和毗邻

（一）肾的位置

正常成人的肾位于腹膜后隙内，脊柱的两侧，贴靠腹后壁的上部，属腹膜外位器官（图6-2）。肾的长轴向外下倾斜，两肾上端相距较近。左肾上端平第11胸椎体下缘，下端平第2~3腰椎椎间盘；右肾上端平第12胸椎体上缘，下端平第3腰椎体上缘。第12肋分别斜过左肾后面的中部和右肾后面的上部。肾门约平第1腰椎平面，距正中线约5cm。肾在腰背部的体表投影位于竖脊肌外侧缘与第12肋之间的夹角处，称肾区，肾脏疾患时，此区可有叩击痛（肾区叩痛）（图6-3）。

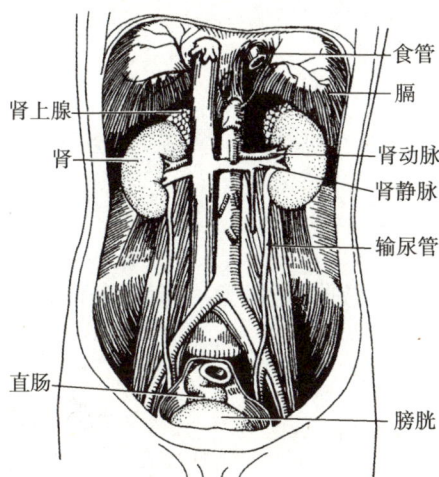

图6-2　肾及输尿管的位置

（二）肾的毗邻

两肾的上内方均有肾上腺覆盖。左肾前上部与胃后壁和脾相邻，下部邻空肠袢和结肠脾曲，中间有胰尾横过肾门。右肾前上部邻肝右叶，前下部与结肠肝曲相邻，内侧近肾门处与十二指肠降部紧贴，而无腹膜相隔（图6-3）。肾后面与膈、腰方肌及腰大肌外侧缘相邻（图6-4）。

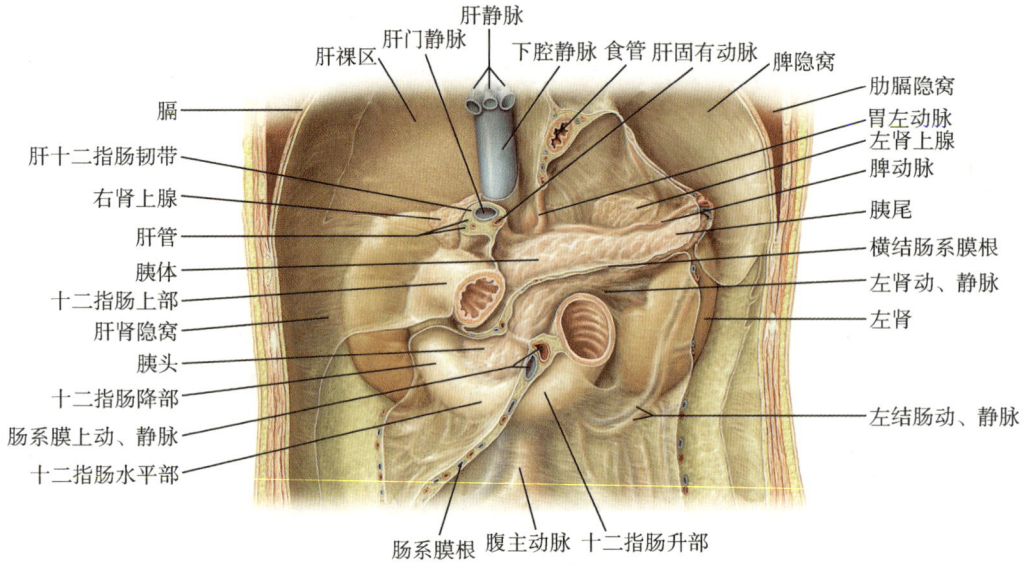

图 6-3 肾的位置和毗邻（前面）

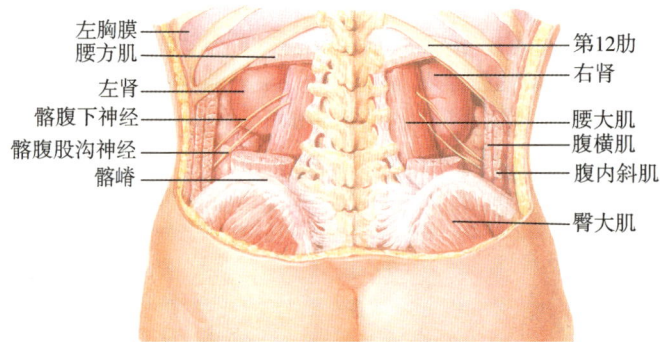

图 6-4 肾的位置和毗邻（后面）

三、肾的被膜

肾表面由内向外覆盖有 3 层被膜，分别为纤维囊、脂肪囊和肾筋膜（图 6-5）。

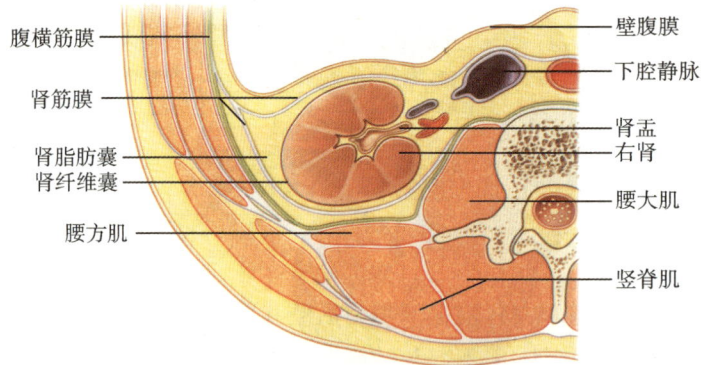

图 6-5 肾的被膜（横切面）

（一）纤维囊

纤维囊为贴附于肾实质表面的致密、坚韧的薄层结缔组织膜，内含少量弹性纤维。正常情况下，纤维囊与肾连接疏松，易于剥离；病理情况下，则与肾实质发生粘连，不易剥离。肾手术时需缝合此膜。

（二）脂肪囊

脂肪囊为纤维囊外周的脂肪组织，在肾的边缘处脂肪较多，并经肾门与肾窦内的脂肪组织相连续。脂肪囊对肾起弹性垫的保护作用。临床上做肾囊封闭，就是将药物经腹后壁注入肾脂肪囊内。

（三）肾筋膜

肾筋膜位于脂肪囊外面，包绕在肾上腺和肾的周围，由它发出的一些结缔组织小梁穿脂肪囊与纤维囊相连，是固定肾脏的主要结构。肾筋膜分为前、后两层，在肾的上方和外侧，两层互相融合，在肾的下方两层分离，其间有输尿管通过。在肾的内侧，前层延续至腹主动脉与下腔静脉的前方，与对侧肾筋膜前层相连续，后层经肾血管和输尿管后方，与腰大肌筋膜相融合。

四、肾的结构

在肾的冠状切面上，可见肾实质分为浅层的肾皮质和深层的肾髓质。肾皮质富含血管，新鲜标本为红褐色。肾髓质色淡红，约占肾实质厚度的 2/3，可见 15~20 个呈圆锥形的肾锥体；伸入相邻肾锥体之间的肾皮质，称肾柱；肾锥体尖突入肾窦内形成肾乳头，顶端有孔，称乳头孔，尿液经乳头孔排入肾小盏。在肾窦内，肾小盏呈漏斗状包绕肾乳头，共有 7~8 个，承接排出的尿液。相邻 2~3 个肾小盏合成 1 个肾大盏，2~3 个肾大盏汇合成肾盂。肾盂在肾门处逐渐变细移行为输尿管（图 6-6）。

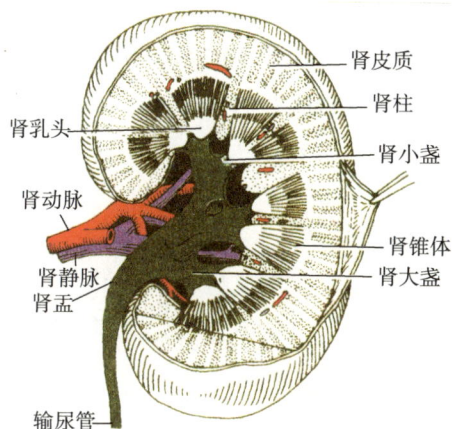

图 6-6 肾的剖面结构

五、肾段

肾动脉在肾门处分为前支和后支。前支较粗，再分出 4 支分支和后支一起进入肾实质内称肾段动脉。每一支肾段动脉分布到一定区域的肾实质，称为肾段。根据肾段动脉的分布将肾分五个肾段，即上段、上前段、下前段、下段和后段。各肾段间有少量组织分隔，各肾段动脉之间缺乏吻合支，因此，当某一肾段动脉阻塞时可导致相应肾段组织坏死。但肾内静脉分布与肾内动脉不同，静脉之间有丰富的吻合支，没有节段性。

第二节 输尿管

一、输尿管的行程与分段

输尿管位于腹膜后方，为一对富有弹性的肌性管道，上起肾盂末端，长 20~30cm，末端终于膀胱。全长按位置分为腹部、盆部和壁内部（图 6-7）。

输尿管腹部起自肾盂下端，经腰大肌前面下行至小骨盆上口处。在此处，左右输尿管跨过髂血管的部位各有差异，左输尿管越过左髂总动脉末端前方，右输尿管越过右髂外动脉起始部前方。

输尿管盆部自小骨盆上口处，经盆腔侧壁下行至坐骨棘水平。男性输尿管走向前内下，在到达膀胱

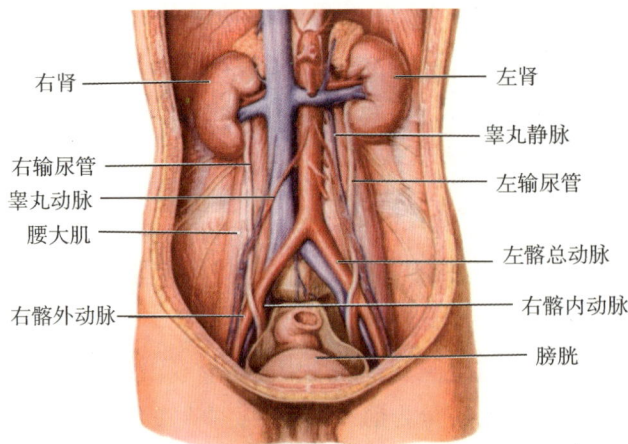

图 6-7　输尿管的行程与毗邻

底外上角之前，其前上方有输精管由外侧向内侧跨过，然后经输精管腹壶与精囊之间进入膀胱底。女性输尿管经子宫颈外侧约 2.0cm 处，从子宫动脉后下方绕过，行向内下至膀胱底斜穿膀胱壁。

输尿管膀胱壁内部为输尿管在膀胱底外上角向内下斜穿膀胱壁的部分，长约 1.5cm，当膀胱充盈时，膀胱内压力升高，压迫输尿管壁内部，输尿管管腔闭合，可阻止尿液由膀胱逆流入输尿管。

二、输尿管的狭窄

输尿管全长有 3 处狭窄：①上狭窄，位于肾盂与输尿管移行处；②中狭窄，位于骨盆上口，输尿管跨过髂血管处；③下狭窄，输尿管壁内部，位于斜穿膀胱壁处，为输尿管的最狭窄处。

💡 知识拓展

尿路结石

尿路结石是泌尿系统各部位（肾、输尿管、膀胱、尿道）结石病的总称，是最常见的泌尿外科疾病之一。当尿路结石下降时，常停留或嵌顿于输尿管及男性尿道的狭窄处。尿路结石的危害主要是造成尿路阻塞、诱发尿路感染和损伤肾盂、输尿管的黏膜等。尿路结石男性多于女性。

第三节　膀　胱

膀胱是储存尿液的囊状肌性器官，其大小、形状、位置和壁的厚度均随尿液充盈程度、年龄、性别不同而异。正常成人的膀胱容量为 350~500ml，最大容量为 800ml；新生儿膀胱容量约为成人的 1/10；老年人因膀胱肌张力降低而容量增大；女性膀胱容量小于男性。

一、膀胱的形态

膀胱充盈时呈卵圆形，空虚时呈三棱锥体形，分膀胱尖、膀胱体、膀胱底和膀胱颈。膀胱尖朝向前上方；膀胱底朝向后下方，略呈三角形；膀胱尖与膀胱底之间的部分为膀胱体；膀胱的最下部称膀胱颈（图 6-8）。

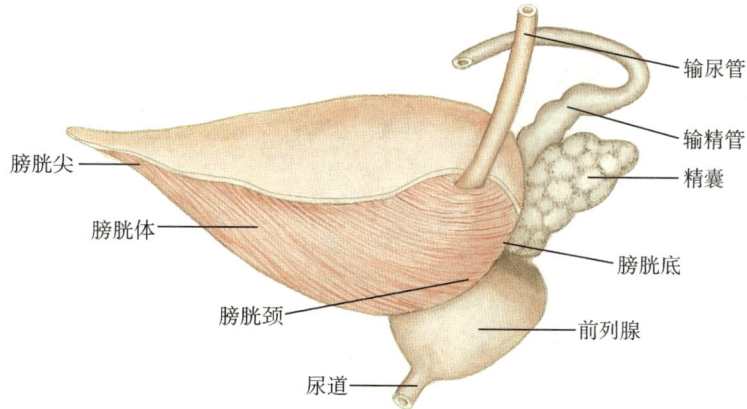

图 6 - 8　膀胱的形态

二、膀胱的内面结构

膀胱内面被覆黏膜，空虚时黏膜形成皱襞，这些皱襞随膀胱的充盈而消失。在膀胱底内面可见两输尿管口和尿道内口之间形成的一尖朝下的三角区，由于缺少黏膜下层，黏膜与肌层紧密相连，无论在膀胱充盈或空虚状态下都保持平滑状态，此区称膀胱三角，是肿瘤、结核和炎症的好发部位。两输尿管口之间的横行皱襞称输尿管间襞。膀胱镜检时，可见这一皱襞呈苍白色，是寻找输尿管口的标志（图6 - 9）。

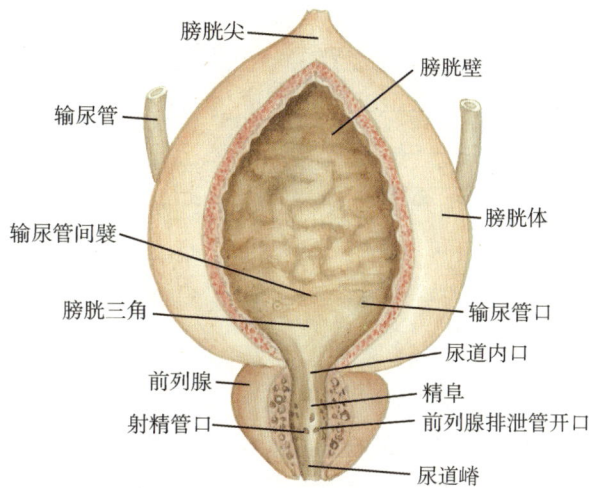

图 6 - 9　膀胱壁的结构

三、膀胱的位置与毗邻

膀胱空虚时位于耻骨联合的后方，膀胱尖一般不超过耻骨联合上缘。充盈时膀胱向上隆凸，腹前壁折向膀胱的腹膜返折线可移至耻骨联合上方，此时可在耻骨联合上方行膀胱穿刺术，不会损伤腹膜（图6 - 10）。新生儿的膀胱位置比成年人高，大部分位于腹腔内，随着年龄的增长，膀胱逐渐下降至盆腔内。老年人因盆底肌松弛，位置更低。在男性，膀胱后面与精囊、输精管壶腹和直肠相邻，下面与前列腺底相接；在女性，膀胱后面邻子宫和阴道，下面邻接尿生殖膈。

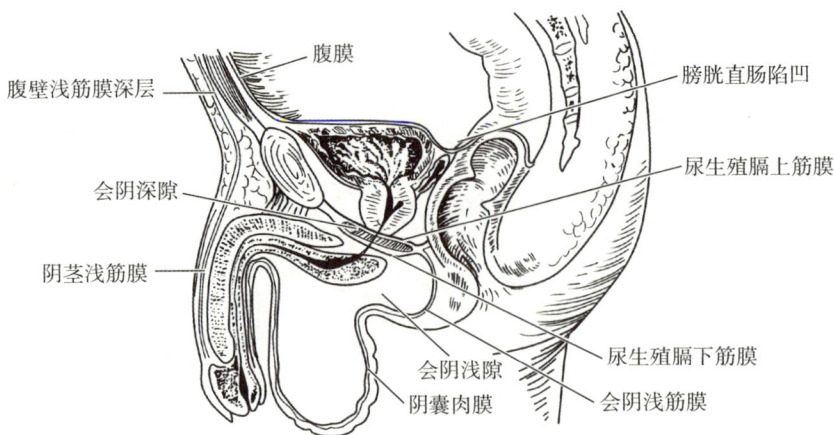

图 6-10 膀胱的位置

第四节 尿 道

男性尿道兼具排尿和排精功能，见男性生殖系统。

女性尿道仅有排尿功能，长 3~5cm，直径约 0.6cm，起始于膀胱的尿道内口，向前下穿尿生殖膈，终于阴道前庭的尿道外口。女性尿道较男性宽、短而直，且易于扩张，后方毗邻阴道口和肛门，故易引起逆行性尿路感染（图 6-11）。

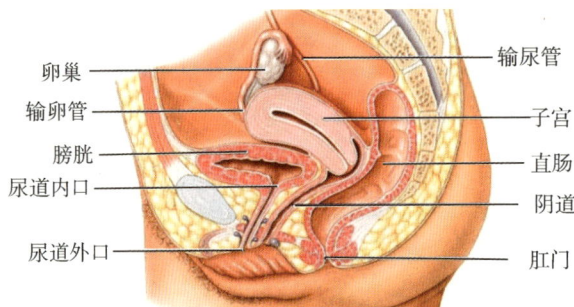

图 6-11 女性盆腔（正中矢状切）

目标检测

答案解析

一、选择题

1. 成人肾门平对

    A. 第 11 胸椎   B. 第 12 胸椎   C. 第 1 腰椎

    D. 第 2 腰椎   E. 第 3 腰椎

2. 肾的被膜由内向外依次是

    A. 纤维囊、脂肪囊、肾筋膜   B. 脂肪囊、纤维囊、肾筋膜

    C. 脂肪囊、肾筋膜、纤维囊   D. 肾筋膜、脂肪囊、纤维囊

    E. 纤维囊、肾筋膜、脂肪囊

3. 女性输尿管进入膀胱前，从其前上方跨过的结构是
   A. 髂内血管　　　　　B. 卵巢血管　　　　　C. 子宫动脉
   D. 闭孔神经　　　　　E. 闭孔血管

4. 膀胱三角位于
   A. 膀胱尖　　　　　　B. 膀胱底　　　　　　C. 膀胱体的上部
   D. 膀胱颈　　　　　　E. 膀胱体的下部

5. 关于女性尿道，下列描述错误的是
   A. 较男性宽、短、直　　　　　　　　B. 穿过尿生殖膈
   C. 尿道外口开口于阴道前庭　　　　　D. 尿道外口环绕括约肌
   E. 女性尿路感染不易发生

6. 肾区位于
   A. 竖脊肌外侧缘与第 12 肋的夹角　　　　B. 竖脊肌内侧缘与第 12 肋的夹角
   C. 竖脊肌外侧缘与第 11 肋的夹角　　　　D. 竖脊肌内侧缘与第 11 肋的夹角
   E. 腰大肌外侧缘与第 12 肋的夹角

7. 膀胱肿瘤的好发部位是
   A. 尿道内口　　　　　B. 膀胱三角　　　　　C. 输尿管间襞
   D. 输尿管口　　　　　E. 以上均不是

8. 某男性患者，被确诊为肾结石。突发腹部绞痛，结石可能嵌顿的位置为
   A. 肾盂与输尿管移行处　　　　　　　B. 输尿管跨髂血管处
   C. 输尿管穿膀胱壁处　　　　　　　　D. 尿道内口
   E. 以上均有可能

9. 膀胱穿刺术穿刺进针的部位通常选择在
   A. 耻骨联合下缘处　　　B. 脐区　　　　　　C. 耻骨联合两侧
   D. 耻骨联合上缘处　　　E. 膀胱颈

10. 从解剖学角度分析女性容易发生逆行性尿路感染的原因是
    A. 前上方与阴蒂相邻　　　　　　　　B. 膀胱容积大
    C. 尿道宽、短而直，与阴道相邻　　　D. 尿道开口于阴道前庭
    E. 女性抵抗力差

二、思考题

1. 简述肾的位置、形态及剖面结构。
2. 简述输尿管的三个狭窄。

（蒋　洁）

书网融合……

本章小结

题库

第七章　生殖系统

◎ 学习目标

1. 通过本章学习，重点把握男、女性生殖系统的组成及功能；睾丸的位置、形态及功能；前列腺的位置和形态；附睾、输精管和射精管的位置；精囊腺、尿道球腺的位置；男性尿道的分部、狭窄和弯曲；卵巢位置、形态及功能；输卵管的形态、分部及意义；子宫的形态、分部、位置及固定装置；阴道口与尿道外口的关系；阴道穹；乳房的形态、位置和结构；会阴的概念与分部。

2. 学会结合标本和模型说出生殖系统各结构，具备将所学知识应用于临床的能力。

≫ 情境导入

情境描述　王某，女，32 岁，停经两个半月，突感下腹剧烈疼痛 1 小时，伴休克急诊入院。查体：腹肌紧张，全腹有压痛，以左侧为重，阴道有少量出血，阴道后穹饱满，做阴道后穹穿刺，抽出暗红色不凝固血液 15ml。初步诊断为宫外孕（左侧输卵管妊娠）。

讨论　1. 孕育胎儿的器官是什么？什么叫宫外孕？宫外孕最常见的发病部位是哪里？
　　　　2. 阴道后穹在哪？有何临床意义？

生殖系统包括男性生殖系统和女性生殖系统。男、女性生殖系统都可分为内生殖器和外生殖器两部分。内生殖器多位于盆腔内，包括生殖腺、生殖管道和附属腺；外生殖器则显露于体表，主要为两性交接器官。生殖系统的主要功能是产生生殖细胞，繁殖后代；分泌性激素，促进和维持生殖器官的发育，形成并保持第二性征。

第一节　男性生殖系统

男性内生殖器包括：①生殖腺：睾丸，可产生精子和分泌男性激素；②生殖管道：附睾、输精管、射精管、尿道；③附属腺：精囊腺、前列腺、尿道球腺（图 7-1）。男性外生殖器包括阴囊和阴茎。睾丸产生的精子，先储存在附睾内，当射精时经输精管、射精管和尿道排出体外。附属腺的分泌物参与精液的构成，并供给精子营养和有利于精子的活动。

一、内生殖器

（一）睾丸

睾丸位于阴囊内，左、右各一，是产生精子和分泌雄激素的器官。睾丸呈扁椭圆形，表面光滑，分上、下两端，前、后两缘，内侧、外侧两面。睾丸的前缘游离，上端和后缘有附睾和输精管起始段附着，血管、神经和淋巴管经后缘进出睾丸（图 7-2）。

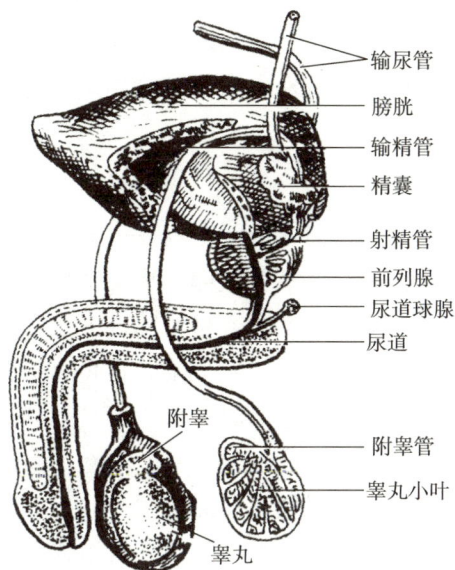

图 7-1　男性生殖系统概观

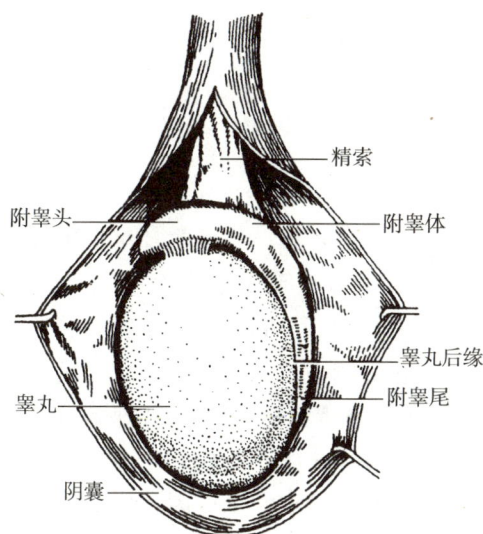

图 7-2　睾丸和附睾

💡 知识拓展

睾丸下降与隐睾症

　　胚胎初期睾丸连同附睾位于腹后壁，肾的内侧。以后逐渐下降，直到出生前不久才经腹股沟管降入阴囊内。出生后，睾丸如仍未降至阴囊，而停留于腹腔、腹股沟管等处，称为隐睾症。由于腹部温度高于阴囊，不宜于精子发育，易造成男性不育。

（二）附睾

　　附睾呈新月形，由睾丸输出小管和迂曲的附睾管组成，紧贴于睾丸的上端和后缘（图 7-2）。附睾可分为三部分：上端膨大为附睾头，中部为附睾体，下端变细为附睾尾。附睾尾向后上弯曲移行为输精管。

　　附睾可暂时储存精子，其分泌物还能营养精子，并促进精子进一步成熟。

（三）输精管和射精管

　　1. 输精管　是附睾管的直接延续，长约50cm，管壁厚，活体触摸呈硬圆索状。输精管可分为四部分。①睾丸部：自附睾尾沿睾丸后缘上行至睾丸上端；②精索部：走行于睾丸上端至腹股沟管浅环之间的精索内，此段位置表浅，是临床实施输精管结扎术常选用的部位；③腹股沟管部：走行于经腹股沟管的精索内；④盆部：走行在盆腔内，自腹股沟管深环至膀胱底，在膀胱底两侧输精管膨大形成输精管壶腹，末端与精囊的排泄管汇合成射精管（图 7-3）。

　　2. 射精管　由输精管末端和精囊腺的排泄管汇合而

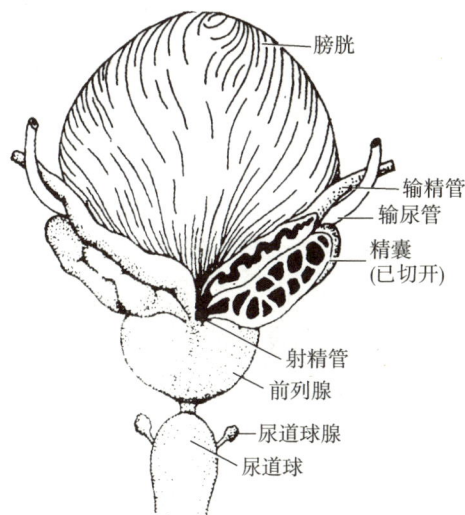

图 7-3　精囊腺、前列腺和尿道球腺（后面观）

成，长约2cm，向前下穿过前列腺实质，开口于男性尿道的前列腺部。

3. 精索　为一对柔软的圆索状结构，自睾丸上端延伸至腹股沟管腹环。精索内主要有输精管、睾丸动脉、蔓状静脉丛、神经和淋巴管等结构，精索外面包有3层被膜，从外向内依次为精索外筋膜、提睾肌和精索内筋膜。

（四）附属腺

1. 精囊腺　又称精囊，位于膀胱底的后方、输精管壶腹的外侧（图7-3）。它是一对长椭圆形的囊状器官，表面凹凸不平，其排泄管与输精管末端汇合成射精管，其分泌淡黄色液体，参与精液的组成。

2. 前列腺　为不成对的实质性器官，位于膀胱与尿生殖膈之间，包绕尿道起始部，大小、形态如栗子（图7-3，图7-4）。上端宽大，称前列腺底，下端尖细，称前列腺尖，尖与底之间的部分称前列腺体。体的后面较平坦，正中有一纵行浅沟，称前列腺沟。临床进行直肠指诊时，可隔着直肠前壁触及前列腺后面和前列腺沟。当前列腺肥大时，前列腺沟可变浅或消失。

前列腺可分为5叶，即前叶、中叶、后叶和两个侧叶。前叶和中叶之间有尿道穿过。当前列腺增生肥大时，可压迫尿道引起排尿困难甚至尿潴留。前列腺分泌乳白色的液体，是精液的主要组成部分。

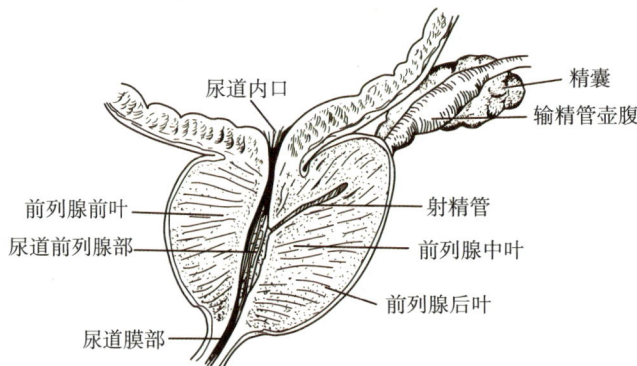

图7-4　前列腺的结构

3. 尿道球腺　是位于尿生殖膈内的一对豌豆大小的腺体，其排泄管开口于尿道球部（图7-3）。尿道球腺的分泌物也参与精液的组成。

精液由睾丸产生的精子和各附属腺以及生殖管道分泌的液体混合而成。精液呈乳白色，弱碱性，适于精子的生存和活动。正常成年男性一次射精可排出精液约2～5ml，含3亿～5亿个精子。输精管结扎后，阻断了精子的排出途径，但生殖管道和附属腺分泌物的排出不受影响，因此，射精时仍有精液排出，但其内无精子。

二、男性外生殖器

（一）阴囊

阴囊为一皮肤囊袋，位于阴茎根的后下方（图7-5）。阴囊壁由皮肤和肉膜组成。阴囊皮肤薄而柔软，颜色深暗，富有伸展性，生有少量阴毛。肉膜位于皮肤深面，是阴囊的浅筋膜，内含平滑肌，平滑肌可随外界温度的变化反射性地收缩与舒张，以调节阴囊内的温度，有利于精子的生存和发育。肉膜在正中线向深部发出阴囊中隔将阴囊分为左、右两腔，分别容纳两侧的睾丸、附睾及输精管起始段。

睾丸除后缘外都有鞘膜被覆，鞘膜分脏、壁两层。脏层紧贴睾丸表面，壁层贴于阴囊壁内面，两层之间在睾丸后缘互相移行，围成的密闭腔隙，称鞘膜腔（图7-5）。鞘膜腔内含少量液体，起润滑作用。在病理状态下鞘膜腔的液体增多可形成鞘膜积液。

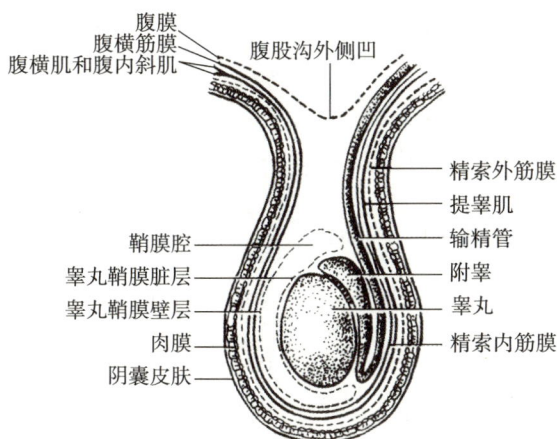

图 7-5 阴囊结构

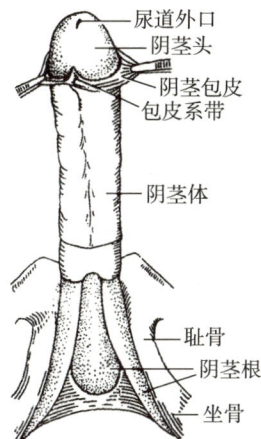

图 7-6 阴茎的外形

（二）阴茎

阴茎悬垂于耻骨联合的前下方，呈圆柱状，可分为阴茎头、阴茎体、阴茎根三部分（图 7-6）。阴茎后端为阴茎根，固定于耻骨下支和坐骨支；中部为阴茎体；前端膨大为阴茎头，其尖端有尿道外口。

阴茎主要由两条阴茎海绵体和一条尿道海绵体构成，外面包有筋膜和皮肤（图 7-7）。两个阴茎海绵体并列于阴茎的背侧；尿道海绵体位于阴茎海绵体的腹侧，内有尿道贯穿其全长，其前、后两端均膨大，前端膨大为阴茎头，后端膨大为尿道球。海绵体为勃起组织，由许多小梁和腔隙组成，这些腔隙直接沟通血管，当腔隙充血时，阴茎则变硬勃起。阴茎的皮肤薄而柔软，富有伸展性。阴茎的皮肤在阴茎体的前端，向前形成双层游离的环形皱襞，包绕阴茎头，称阴茎包皮。阴茎包皮与阴茎头的腹侧中线处连有一皮肤皱襞，称包皮系带。幼儿的包皮较长，包裹整个阴茎头。随着年龄的增长，包皮逐渐向后退缩，若成年后阴茎头仍被包皮包覆，称包皮过长；如包皮口过小，包皮完全包着阴茎头且不能上翻露出阴茎头，称包茎。包茎易致包皮腔内积存包皮垢，可引起阴茎头包皮炎，长期刺激易患阴茎癌，故包茎患者应进行包皮环切术。

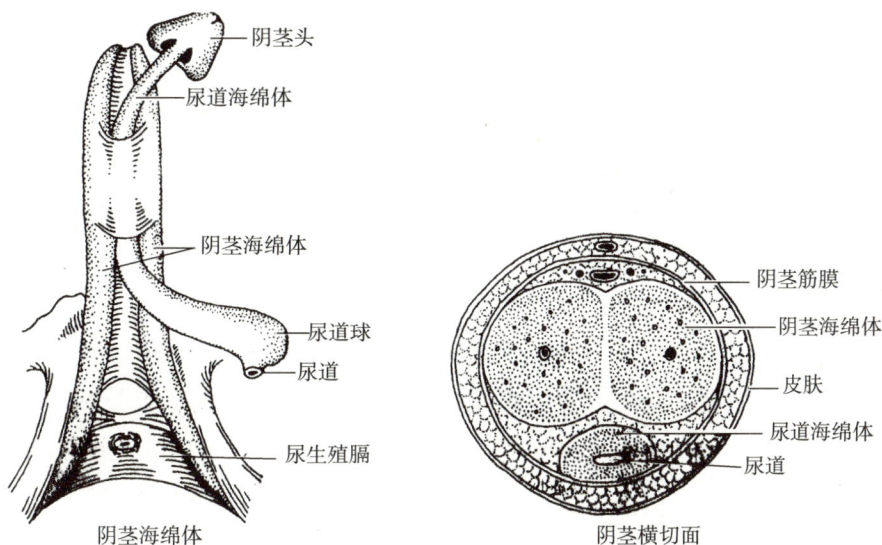

图 7-7 阴茎的构造

三、男性尿道

男性尿道兼有排尿和排精的功能，起于膀胱的尿道内口，终于阴茎头的尿道外口，成年男性尿道长 16～22cm（图7-8）。

（一）男性尿道的分部

男性尿道根据行程可分为前列腺部、膜部和海绵体部三部分（图7-9）。临床上将前列腺部和膜部合称为后尿道，海绵体部称为前尿道。

1. 前列腺部 为尿道通过前列腺的部分，长约3cm，其后壁有射精管和前列腺排泄管的开口。

2. 膜部 为尿道穿过尿生殖膈的部分，长约1.5cm，其周围有尿道括约肌环绕，可随意控制排尿。

3. 海绵体部 为尿道贯穿尿道海绵体的部分，长约15cm。尿道球内的尿道最宽，称尿道球部，有尿道球腺的开口。阴茎头内尿道扩大的部分称尿道舟状窝。

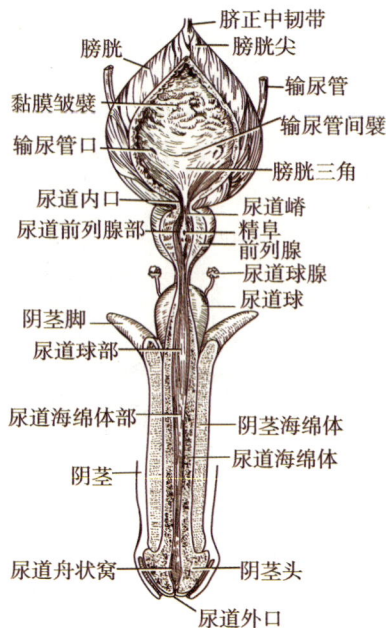

图7-8 男性尿道

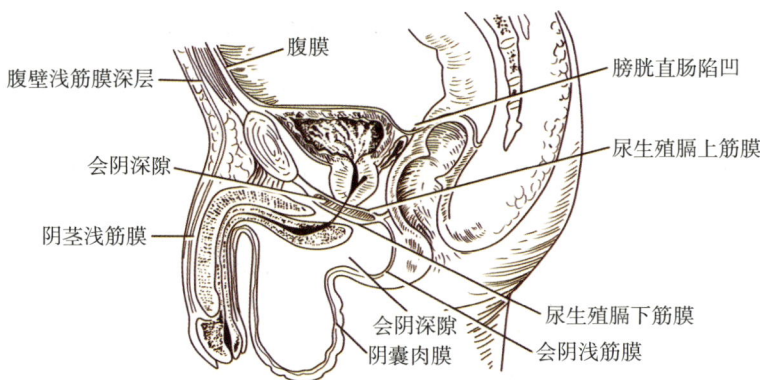

图7-9 男性盆腔正中矢状切面

（二）男性尿道的解剖特点

男性尿道全长有三个狭窄、三个扩大和两个弯曲。

1. 三个狭窄 分别位于尿道内口、尿道膜部和尿道外口，其中以尿道外口最狭窄。这三处狭窄是结石易滞留的部位。

2. 三个扩大 分别在尿道前列腺部、尿道球部和尿道舟状窝。

3. 两个弯曲 当阴茎自然悬垂时，男性尿道呈现出两个弯曲：耻骨下弯位于耻骨联合的下方，凹向前上，此弯恒定不变；耻骨前弯位于耻骨联合的前下方，凹向后下，若将阴茎提向腹前壁，此弯曲可消失。

临床上在使用尿道器械或插入导尿管时，应注意尿道的这些解剖特点，以免损伤尿道壁。

男性导尿术

　　导尿术是临床护理常用的操作技术，用于为尿潴留患者引出尿液、盆腔器官术前准备、留尿做细菌培养、准确记录尿量、膀胱冲洗和注入造影剂等。行男性导尿术应结合男性尿道的解剖学特点，将阴茎向上提起，与腹壁成60°角，使耻骨前弯消失。将导尿管自尿道外口缓慢插入，动作宜轻柔，若插入时有阻挡感，提示到达尿道的耻骨下弯，此时不可用力，可轻轻转动导尿管使其顺利通过。当导尿管通过尿道膜部和尿道内口时，因刺激而使括约肌痉挛，导致插管困难，此时不可强行进入，可稍等片刻，让患者做深呼吸，使腹部和会阴部放松，再缓慢插入。自尿道外口插入16～20cm，见有尿液流出，再继续插入2cm，切勿插入过深和反复抽动导尿管。老年患者因前列腺增生可使尿道前列腺部狭窄，造成插管困难，应予注意。

第二节　女性生殖系统

　　女性内生殖器包括：①生殖腺：卵巢；②生殖管道：输卵管、子宫和阴道；③附属腺：前庭大腺。女性外生殖器即女阴。卵巢是产生卵子和分泌女性激素的器官。卵巢排出的卵子，进入输卵管，在输卵管等待受精，受精后再移至子宫发育成胎儿，分娩时，胎儿出子宫口经阴道娩出（图7-10）。

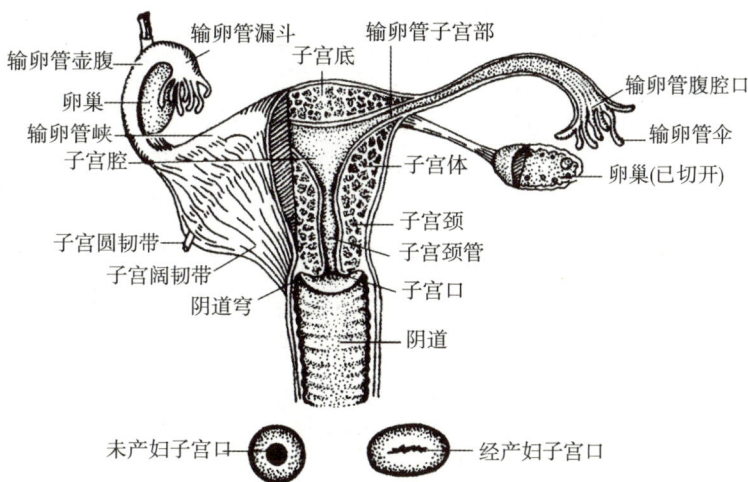

图7-10　女性内生殖器

一、内生殖器

（一）卵巢

　　卵巢为女性生殖腺，其功能是产生卵子和分泌女性激素。

　　卵巢位于子宫两侧，盆腔侧壁髂总血管分叉处的卵巢窝内，左右各一（图7-10，图7-11）。卵巢呈扁卵圆形，分上、下两端，前、后两缘和内、外侧两面。上端借卵巢悬韧带连于盆壁，下端借卵巢固有韧带连于子宫底的两侧。卵巢前缘借卵巢系膜连于子宫阔韧带，其中部有血管、神经等出入，称卵巢门。

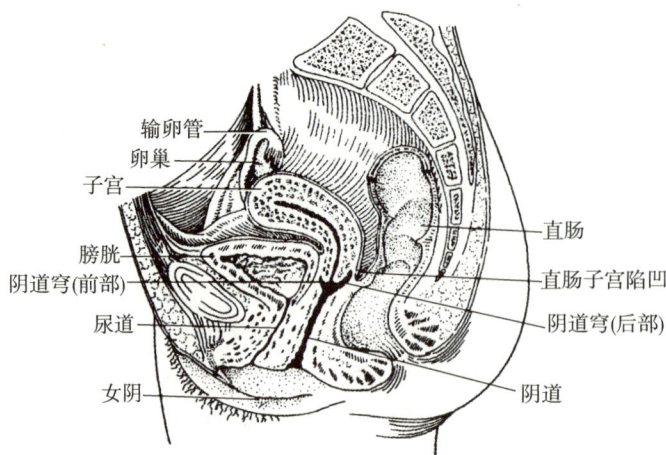

图 7 - 11　女性盆腔正中矢状切面

卵巢的大小和形态随年龄增长而变化。在幼女期卵巢较小，表面光滑；性成熟期体积最大，由于多次排卵，其表面出现瘢痕，变得凹凸不平；35~40 岁卵巢开始缩小，50 岁左右随着月经停止卵巢逐渐萎缩。

（二）输卵管

输卵管是一对输送卵子的肌性管道，长 10~14cm。

1. 输卵管的位置　输卵管连于子宫底的两侧，包裹在子宫阔韧带的上缘内。其外侧端游离，以输卵管腹腔口开口于腹膜腔；内侧端连于子宫，以输卵管子宫口开口于子宫腔。故女性的腹膜腔可经输卵管、子宫、阴道与外界相通。

2. 输卵管的分部　输卵管由内侧向外侧分为四部（图 7 - 10）。

（1）输卵管子宫部　为贯穿子宫壁的部分，以输卵管子宫口开口于子宫腔。

（2）输卵管峡　短而狭细，壁较厚，是临床输卵管结扎术（女性绝育术）的常选部位。

（3）输卵管壶腹　约占输卵管全长的 2/3，是输卵管中最长的一段，管径较粗，行程弯曲，卵子通常在此受精。卵子受精后经输卵管子宫口入子宫，植入子宫内膜中发育成胎儿。若受精卵未能移入子宫，而在输卵管或腹膜腔内发育，即称为宫外孕。

（4）输卵管漏斗　是输卵管外侧端的膨大部分，呈漏斗状。漏斗末端的中央有输卵管腹腔口开口于腹膜腔，卵巢排出的卵子由此进入输卵管。漏斗末端的边缘形成许多细长的指状突起称输卵管伞，是手术时识别输卵管的标志。

临床上将卵巢和输卵管合称为子宫附件。

（三）子宫

子宫为一壁厚腔小的肌性器官，是孕育胎儿和产生月经的场所。

1. 子宫的形态　成人未孕子宫呈前后稍扁倒置的梨形，长 7~9cm，最宽径约 4cm，厚 2~3cm。子宫可分为子宫底、子宫体和子宫颈三部分。子宫底为两侧输卵管子宫口以上的钝圆部分。子宫颈是子宫下部缩细呈圆柱状的部分，长 2.5~3cm，其下 1/3 伸入阴道内称子宫颈阴道部，是宫颈癌的好发部位，其上 2/3 位于阴道以上称子宫颈阴道上部。子宫体是指子宫底与子宫颈之间的部分。子宫颈与子宫体相接处较狭细称子宫峡，长约 1cm。在妊娠期，子宫峡逐渐伸展变长，妊娠末期可长达 7~11cm，峡壁逐渐变薄，产科常在此处进行剖宫术。

子宫的内腔较狭窄，可分为上、下两部。上部由子宫底和子宫体围成，称子宫腔，呈前后略扁的倒三角形，下部位于子宫颈内，称子宫颈管，呈梭形，其上口通子宫腔，下口通阴道，称子宫口。未产妇的子宫口为圆形，边缘光滑整齐；经产妇的子宫口呈横裂状（图7-10）。

2. 子宫的位置 子宫位于盆腔中央，膀胱与直肠之间，下接阴道，两侧连有输卵管和子宫阔韧带。成年女性子宫呈前倾前屈位（图7-12）。前倾指整个子宫向前倾斜，子宫长轴与阴道长轴之间形成一个向前开放的钝角，略大于90°；前屈指子宫体与子宫颈不在一条直线上，二者间形成一个向前开放的钝角，约170°。子宫位置异常（如后倾后屈位）可导致女性不孕。由于子宫后方紧邻直肠，临床上可经直肠检查子宫的位置和大小。

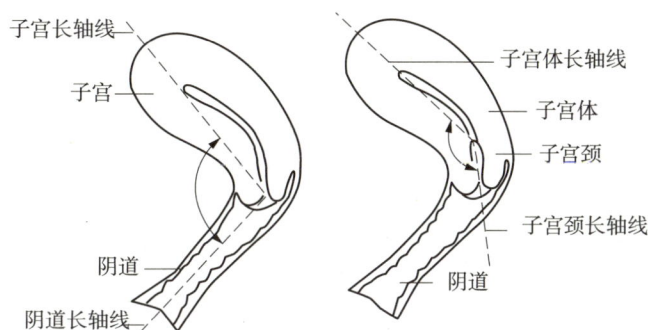

图7-12 子宫前倾、前屈位示意图

3. 子宫的固定装置 子宫的正常位置依赖于盆底肌的承托及周围韧带的牵拉和固定。固定子宫的韧带有子宫阔韧带、子宫圆韧带、子宫主韧带和子宫骶韧带（图7-10，图7-13）。如果这些固定装置薄弱或损伤，可导致子宫位置异常，如子宫脱垂等。

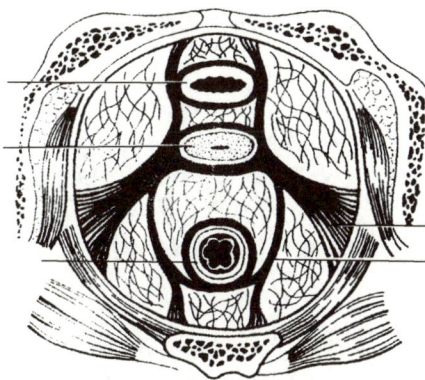

图7-13 女性盆底的韧带模式图

（1）子宫阔韧带 位于子宫两侧，略呈冠状位，是双层腹膜皱襞，由子宫前、后面的腹膜自子宫侧缘向两侧延伸至骨盆侧壁而成，其上缘游离，包裹输卵管。子宫阔韧带可限制子宫向两侧移动。

（2）子宫圆韧带 由结缔组织和平滑肌构成的圆索状结构，起于子宫与输卵管连接处下方的前面，在子宫阔韧带前层被覆下，行向前外侧，穿经腹股沟管，止于大阴唇皮下。子宫圆韧带主要功能是维持子宫前倾。

（3）子宫主韧带 由结缔组织和平滑肌构成，自子宫颈两侧连至骨盆侧壁，较强韧。子宫主韧带是维持子宫颈正常位置，防止子宫下垂的重要结构。

（4）子宫骶韧带 由平滑肌和结缔组织构成，起自子宫颈后面，向后绕过直肠，止于骶骨前面。子宫骶韧带主要功能是维持子宫前屈。

（四）阴道

阴道是连接子宫和外生殖器的肌性管道，富有伸展性，是女性的交接器官，也是排出月经和娩出胎儿的通道。

1. 阴道的位置　阴道位于盆腔的中央，前壁邻膀胱和尿道，后壁邻直肠（图7-11）。如邻接部位损伤，可发生尿道阴道瘘或直肠阴道瘘，致使尿液或粪便进入阴道。

2. 阴道的形态　阴道有前、后壁和左右两个侧壁，前、后壁经常处于相贴状态。阴道上端较为宽阔，呈穹隆状包绕子宫颈阴道部，两者之间形成的环状间隙称阴道穹。阴道穹分前穹、后穹及两侧的侧穹，其中以阴道后穹最深，与直肠子宫陷凹紧邻，两者之间仅隔以阴道后壁及腹膜（图7-11）。当直肠子宫陷凹内有积液或积血时，可经阴道后穹穿刺引流，以帮助诊断和治疗。阴道下部较窄，以阴道口开口于阴道前庭。未婚女子阴道口的周围有处女膜，处女膜破裂后，阴道口周围留有处女膜痕。

💡 **知识拓展**

阴道自净作用

成年女性阴道上皮在卵巢分泌的雌激素影响下增生变厚，富含糖原。上皮细胞脱落后，在阴道内乳酸杆菌作用下糖原分解为乳酸，使阴道处于酸性环境（pH为3.8~4.4），使适应于弱碱性环境中繁殖的病原菌受到抑制，这是女性的一种自然防御功能。幼年女性、老年女性由于雌激素水平低，阴道自净作用较弱，故容易罹患阴道炎。

（五）前庭大腺

前庭大腺是女性附属腺，位于阴道口两侧的深面，形如豌豆，导管开口于阴道前庭，分泌物有润滑阴道的作用（图7-15）。

二、女性外生殖器

女性外生殖器即女阴，包括阴阜、大阴唇、小阴唇、阴道前庭、阴蒂和前庭球等（图7-14）。

1. 阴阜　为位于耻骨联合前面的皮肤隆起，深面有较多的脂肪组织，性成熟后此区长有阴毛。

2. 大阴唇　为一对纵行隆起的皮肤皱襞，富有色素，长有阴毛。大阴唇的前端和后端左右互相连合，分别称为唇前连合和唇后连合。

3. 小阴唇　位于大阴唇的内侧，为一对较薄的皮肤皱襞，表面光滑无毛。

4. 阴道前庭　为两侧小阴唇之间的裂隙。前部有尿道外口，后部有阴道口，阴道口两侧还各有一个前庭大腺管的开口。

5. 阴蒂　位于尿道外口的前方，由两个阴蒂海绵体组成，相当于男性的阴茎海绵体。分头、体和脚三部分，其中露于体表的为阴蒂头，富有感觉神经末梢，感觉灵敏。

6. 前庭球　相当于男性的尿道海绵体，呈蹄铁形，位于阴蒂体与尿道外口之间的皮下和大阴唇的深面（图7-15）。

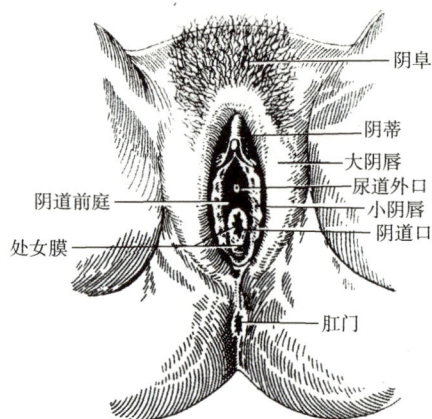

图7-14　女性外生殖器

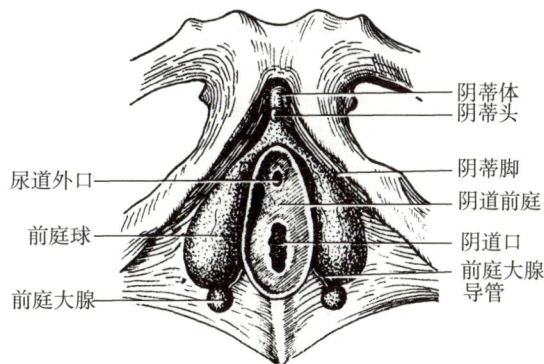

图 7 - 15　前庭球和前庭大腺

三、会阴

会阴有广义和狭义之分。广义的会阴指封闭小骨盆下口的所有软组织，呈菱形，其前方为耻骨联合下缘，后方为尾骨尖，两侧为耻骨下支、坐骨支、坐骨结节和骶结节韧带（图 7 - 16）。以两侧坐骨结节之间的连线为界，可将会阴分成前、后两个三角形的区域：前部为尿生殖三角，又称尿生殖区，男性有尿道通过，女性有尿道和阴道通过；后部为肛门三角，又称肛区，有直肠通过。狭义会阴即产科会阴，是指肛门与外生殖器之间狭小区域的软组织，由于分娩时此区承受的压力较大，易发生撕裂，在分娩时应注意加以保护。

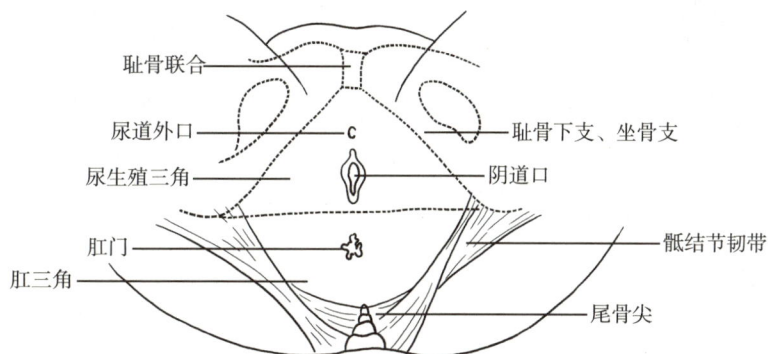

图 7 - 16　会阴的分区

【附】乳房

乳房为人类和哺乳动物特有的结构，男性乳房不发达，女性乳房于青春期后开始发育生长，妊娠和哺乳期有分泌活动。

（一）乳房的位置

乳房位于胸前部、胸大肌和胸肌筋膜的表面，上起第 2～3 肋，下至第 6～7 肋，内侧至胸骨旁线，外侧可达腋中线。

（二）乳房的形态

成年未哺乳女子的乳房呈半球形，紧张而富有弹性（图 7 - 17）。乳房中央有乳头，其位置通常位于第 4 肋间隙或第 5 肋与锁骨中线相交处。乳头表面有输乳管的开口，称输乳孔。乳头周围色素较深的皮肤环形区，称乳晕。乳晕表面有许多小圆形突起，其深面有乳晕腺，可分泌脂状物润滑乳头。乳头和乳晕的皮肤较薄，易受损伤而感染。妊娠期和哺乳期，乳腺增生，乳房增大；停止哺乳后，乳腺萎缩，乳房变小；老年女性，乳房萎缩而下垂。

（三）乳房的结构

乳房主要由皮肤、致密结缔组织、脂肪组织和乳腺构成（图 7 – 18）。乳腺被脂肪组织和致密结缔组织分隔成 15～20 个乳腺叶，每叶又分为若干小叶。乳腺叶以乳头为中心呈放射状排列。每个乳腺叶有一条排泄管，称输乳管，开口于乳头。由于乳腺叶和输乳管以乳头为中心呈放射状排列，乳房手术时，应尽量采取放射状切口，以减少对乳腺叶和输乳管的损伤。乳房表面的皮肤、胸肌筋膜和乳腺之间连有许多纤维结缔组织小束，称乳房悬韧带或 Cooper 韧带，对乳房起支持和固定作用。当乳腺癌侵及乳房悬韧带时，韧带缩短，牵拉皮肤内陷，使皮肤出现不同程度的凹陷区，称"酒窝征"，是乳腺癌的早期表现之一。当乳腺癌继续发展，表面皮肤因皮内和皮下淋巴管被癌细胞堵塞而引起局部淋巴水肿，而毛囊和皮脂腺处的皮肤与皮下组织连结紧密，水肿不明显，因而局部皮肤出现点状凹陷，呈现"橘皮样改变"，是乳腺癌晚期体征之一。

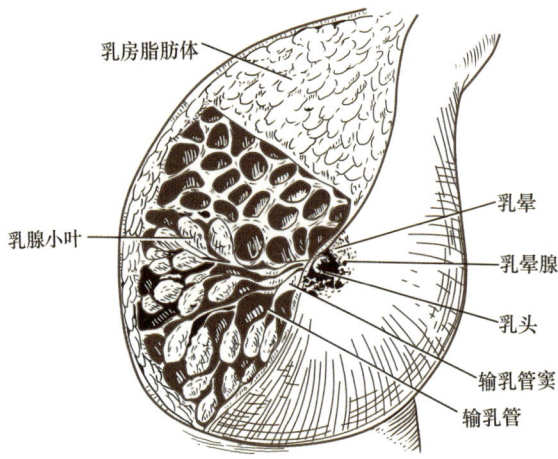

图 7 – 17　女性乳房

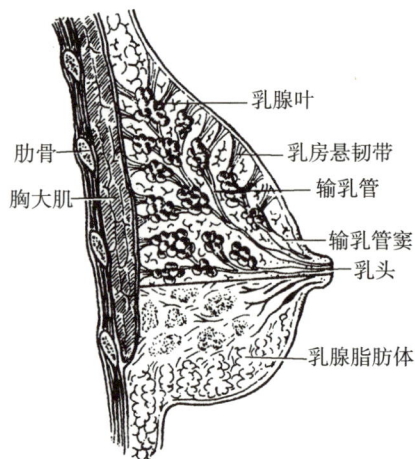

图 7 – 18　女性乳房的结构（模式图）

目标检测

答案解析

一、选择题

1. 男性的生殖腺是

    A. 阴茎
    B. 睾丸
    C. 精囊腺
    D. 射精管
    E. 前列腺

2. 临床进行男性绝育术通常是通过结扎下列哪一结构来实现的

    A. 射精管
    B. 尿道
    C. 前列腺
    D. 睾丸
    E. 输精管

3. 内有尿道通过的结构是

    A. 射精管
    B. 精囊腺
    C. 前列腺

D. 睾丸　　　　　　　　　　E. 输精管

4. 后尿道是指

   A. 前列腺部和海绵体部

   B. 膜部、前列腺部和海绵体部

   C. 海绵体部

   D. 膜部和前列腺部

   E. 膜部和海绵体部

5. 男性尿道最狭窄的部位是

   A. 尿道内口　　　　　　　B. 尿道外口　　　　　　　C. 尿道球部

   D. 尿道膜部　　　　　　　E. 尿道海绵体部

6. 男性输精管结扎常选的部位是

   A. 睾丸部　　　　　　　　B. 精索部　　　　　　　　C. 腹股沟部

   D. 盆部　　　　　　　　　E. 壶腹部

7. 女性输卵管结扎术常选的部位是

   A. 输卵管子宫部　　　　　B. 输卵管峡　　　　　　　C. 输卵管壶腹

   D. 输卵管漏斗　　　　　　E. 输卵管伞

8. 限制子宫向两侧移动的韧带是

   A. 子宫阔韧带　　　　　　B. 子宫圆韧带　　　　　　C. 子宫主韧带

   D. 子宫骶韧带　　　　　　E. 骶结节韧带

9. 射精管开口于

   A. 尿道球部　　　　　　　B. 尿道海绵体部　　　　　C. 尿道膜部

   D. 尿道前列腺部　　　　　E. 尿道内口

10. 临床上说的子宫附件是指

   A. 卵巢　　　　　　　　　B. 卵巢和阴道　　　　　　C. 输卵管和阴道

   D. 卵巢和输卵管　　　　　E. 阴道

11. 关于子宫，下列说法错误的是

   A. 成人子宫为前后稍扁，呈倒置的梨形

   B. 可分为底、体、颈三部

   C. 子宫颈下端伸入阴道内

   D. 子宫腔底的两端通输卵管，尖向下通阴道

   E. 未产妇的子宫口为圆形

12. 广义会阴是指

   A. 封闭小骨盆下口的所有的软组织

   B. 盆膈及其以下的所有软组织

   C. 盆膈以下的所有软组织

   D. 尿生殖膈及其以下的所有软组织

   E. 尿生殖膈以下的所有软组织

13. 给男性患者导尿时，将阴茎提起可使

   A. 耻骨前弯扩大　　　　　B. 耻骨前弯消失　　　　　C. 尿道外口扩张

   D. 耻骨下弯扩大　　　　　E. 耻骨下弯消失

二、思考题

1. 给男性患者进行导尿时应注意什么？
2. 简述子宫的形态、分部及位置。

（陈　培）

书网融合……

本章小结 　　　　　题库

第八章 腹 膜

◎ 学习目标

1. 通过本章学习，重点掌握腹膜与腹膜腔的概念；腹膜陷凹的临床意义；熟悉腹膜与脏器的位置关系。

2. 学会结合标本和模型辨别腹膜陷凹，具有根据病情帮助患者选择正确体位的能力。

》情境导入

情境描述 患者，女，29 岁。突感全腹剧痛并伴恶心、呕吐来医院就诊。查体：体温 39.2 ℃，脉搏 102 次/分，腹胀明显，全腹压痛和反跳痛，叩诊有移动性浊音，经 X 线及 B 超检查确诊为急性腹膜炎。

讨论 1. 什么是腹膜？腹膜与被覆脏器关系有哪几种？

2. 为什么急性腹膜炎患者宜取半卧位？

一、腹膜与腹膜腔的概念

腹膜是覆盖于腹腔及盆腔壁内和脏器表面的一层薄而光滑的半透明的浆膜。其中衬于腹、盆壁内面的称壁腹膜，被覆于腹、盆腔脏器表面的称脏腹膜。壁腹膜与脏腹膜相互移行围成的不规则的腔隙称腹膜腔。男性的腹膜腔是密闭的；女性则借生殖管道与外界相通（图 8-1），所以女性生殖道感染可扩散至腹膜腔，发生盆腔炎和腹膜炎。

腹膜具有分泌、吸收、保护、支持、修复等功能。腹膜可分泌浆液，起到润滑作用，减少脏器间的摩擦。腹膜有很强的吸收能力，一般认为，上腹部特别是膈下区的腹膜吸收能力最强，故腹膜炎和腹部手术后的患者多采用半卧位，以减少对有害物质的吸收。腹膜所形成的结构对器官起到支持和固定的作用。

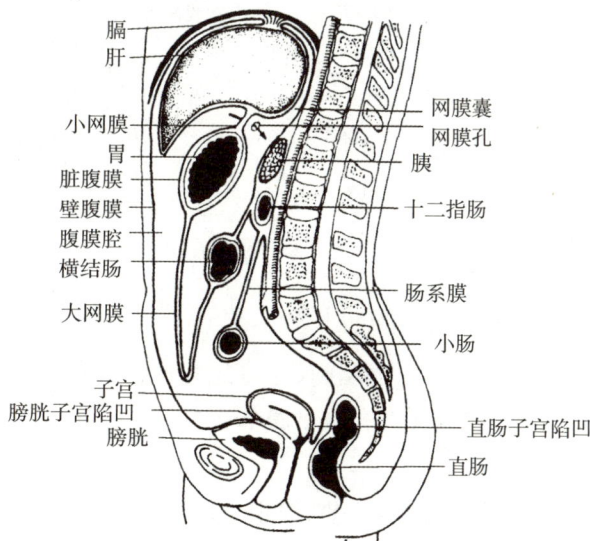

图 8-1 腹膜腔正中矢状面切面模式图

二、腹膜与腹、盆腔脏器的关系

根据脏器被腹膜覆盖的范围不同，可将腹、盆腔脏器分为腹膜内位、间位和外位器官（图8-1）。

（一）腹膜内位器官

脏器表面几乎都被腹膜覆盖的器官称腹膜内位器官，如胃、空肠、回肠、盲肠、阑尾、横结肠、乙状结肠、脾、卵巢和输卵管等。这类器官活动性大。

（二）腹膜间位器官

脏器表面大部分被腹膜覆盖的器官称腹膜间位器官，如升结肠、降结肠、肝、胆囊、膀胱、子宫和直肠上段等。

（三）腹膜外位器官

脏器仅有一面被腹膜覆盖的器官称腹膜外位器官，如十二指肠降部和水平部、胰、肾、肾上腺、输尿管等。这类器官活动性小。

三、腹膜形成的结构

腹膜在脏器之间以及脏器与腹、盆壁之间相互移行，形成网膜、系膜、韧带、陷凹等结构，这些结构对器官有连接和固定的作用。

（一）网膜

网膜是与胃小弯和胃大弯相连的双层腹膜，两层之间有血管、神经和淋巴管等结构走行，包括小网膜和大网膜（图8-2）。

1. 小网膜　连于肝门至胃和十二指肠上部之间的双层腹膜结构。其左侧从肝门到胃小弯部分称肝胃韧带；右侧从肝门到十二指肠上部的部分称肝十二指肠韧带，内含出入肝的重要管道，即肝门静脉、肝固有动脉和胆总管。

2. 大网膜　连于胃大弯和横结肠之间的腹膜结构，呈围裙状，悬垂于空肠、回肠、横结肠的前面。大网膜由4层腹膜构成。前两层是胃的前、后壁脏腹膜自胃大弯和十二指肠上部向下延续而成，约达脐平面以下，返折向上，形成大网膜后两层，上行至横结肠移行为横结肠的脏腹膜和横结肠系膜。在成人大网膜的4层多已愈合在一起。自胃大弯至横结肠之间的大网膜前两层称为胃结肠韧带。大网膜成网状，富含血管、脂肪

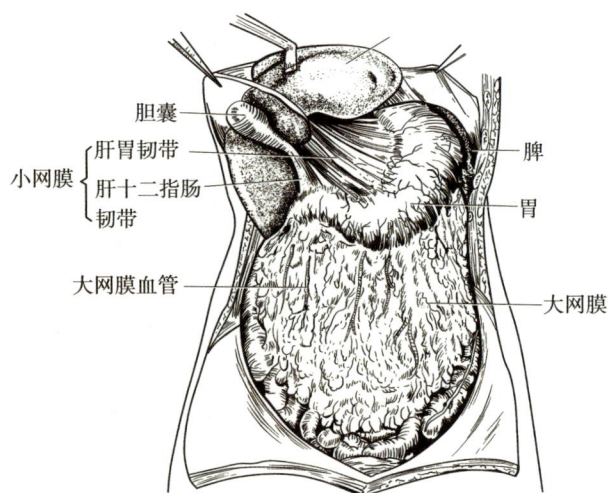

图8-2　网膜

及大量的吞噬细胞，具有防御功能。成人大网膜较长，可包裹腹膜腔内所有炎症病灶，使炎症局限。小儿大网膜较短，一般在脐平面以上，当阑尾穿孔或下腹部有炎症时，病变不易被大网膜包裹，甚至可引起弥漫性腹膜炎。

3. 网膜囊　网膜囊是小网膜和胃后壁与腹后壁之间的一个前后扁窄的腹膜间隙（图8-3），为腹膜腔的一部分，又称小腹膜腔。网膜囊的前壁是小网膜、胃后壁的腹膜和大网膜前两层；后壁是大网膜后两层、横结肠、横结肠系膜和覆盖在胰、左肾、左肾上腺表面的腹膜；上壁是肝尾状叶和膈下方的腹膜；下

壁是大网膜前、后两层的愈合处。左壁是胃脾韧带、脾和脾肾韧带；右壁借网膜孔与腹膜腔相通。

4. 网膜孔　位于肝十二指肠韧带后方，孔径可容纳 1～2 指，网膜孔上界为肝尾状叶，下界为十二指肠上部，前界为肝十二指肠韧带，后界为覆盖在下腔静脉表面的腹膜。

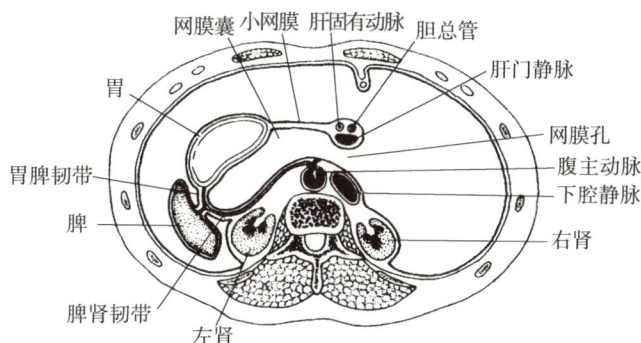

图 8 – 3　网膜孔

（二）系膜

系膜是连于肠管与腹后壁之间的双层腹膜结构，两层之间有出入该器官的血管、神经、淋巴管、淋巴结和脂肪。凡活动度大的肠管都有系膜（图 8 – 4），有系膜的器官都属于腹膜内位器官。主要的系膜包括肠系膜、阑尾系膜、横结肠系膜和乙状结肠系膜等。

1. 肠系膜　将空、回肠连于腹后壁的双层腹膜结构，附着于腹后壁称肠系膜根，自第 2 腰椎左侧斜向右下方，止于右骶髂关节前方。肠系膜长而宽，空、回肠活动性大，但易发生系膜扭转，引起肠梗阻。

2. 阑尾系膜　连于阑尾与回肠末端之间的双层腹膜结构，其系膜的游离缘内有阑尾血管、神经和淋巴管通过。在行阑尾切除术时，应从系膜游离缘进行血管结扎。

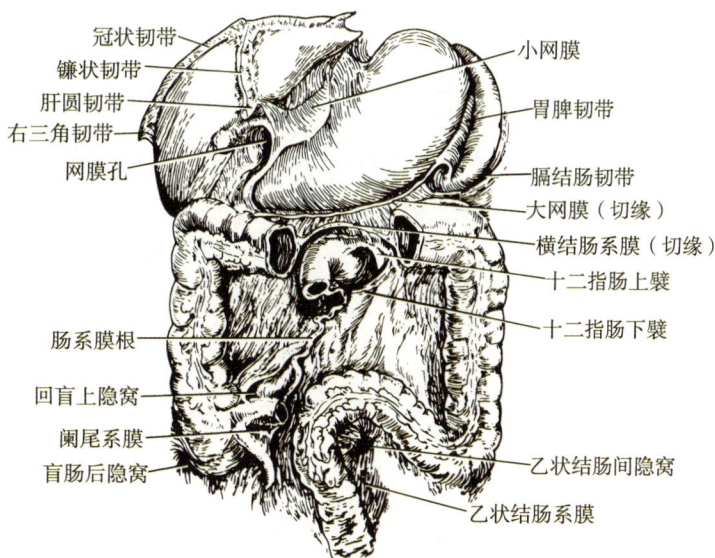

图 8 – 4　腹膜形成的结构

3. 横结肠系膜　连于横结肠与腹后壁之间的双层腹膜结构，其根部起于结肠右曲，止于结肠左曲。横结肠系膜内有中结肠血管、神经、淋巴管和淋巴结等。

4. 乙状结肠系膜　连于乙状结肠与腹后壁之间的双层腹膜结构，其根部附着于左髂窝和骨盆左侧壁。系膜内含有乙状结肠动、静脉等。该系膜较长，使乙状结肠的活动度大，易发生系膜扭转导致肠梗阻。

（三）韧带

韧带是连于腹、盆壁与器官或连接相邻器官间的腹膜结构，对器官起到固定的作用（图 8 – 2 至图 8 – 4）。

1. 肝的韧带　包括肝胃韧带、肝十二指肠韧带、镰状韧带、冠状韧带和左、右三角韧带等。镰状韧带是连于腹前壁和膈下方与肝上面之间的双层腹膜结构，内含有肝圆韧带。冠状韧带是连于膈下与肝上面的腹膜结构，呈冠状位，分前、后两层。两层在肝的膈面分开，形成肝裸区。

2. 脾的韧带　主要有胃脾韧带和脾肾韧带。胃脾韧带是连于胃底与脾门之间的双层腹膜结构。脾肾韧带是连于脾门与左肾前面之间的双层腹膜结构。

3. 胃的韧带　包括肝胃韧带、胃脾韧带、胃结肠韧带和胃膈韧带。胃膈韧带是将胃贲门左侧和食管腹段连于膈下面的腹膜结构。

（四）皱襞、隐窝和陷凹

腹膜皱襞是由腹、盆壁与脏器之间或脏器之间腹膜形成的隆起，其深面常有血管走行。在皱襞之间或皱襞与腹、盆壁之间形成的腹膜凹陷称隐窝，较大的隐窝称陷凹。

腹膜陷凹主要位于盆腔内，是盆腔器官表面的腹膜相互移行返折而形成的结构。男性在膀胱和直肠之间有膀胱直肠陷凹。女性在膀胱和子宫之间有膀胱子宫陷凹；子宫和直肠之间有直肠子宫陷凹，又称 Douglas 腔，位置较深，其底部的腹膜覆盖在阴道穹后部上面（图 8 – 1）。在坐位、站位或半卧时，男性的直肠膀胱陷凹和女性的直肠子宫陷凹是腹膜腔最低点。腹膜腔内的积液常积聚于此，临床上可经直肠前壁或阴道穹后部进行穿刺或切开引流。

🔧 知识拓展

胃后壁穿孔

　　胃后壁穿孔是胃溃疡的常见并发症，穿孔后胃内容物常积聚于网膜囊内，继而经网膜孔 – 肝肾隐窝 – 右结肠旁沟 – 右髂窝 – 盆腔到达直肠膀胱陷凹或直肠子宫陷凹。胃后壁穿孔可以波及与胃后壁相邻的胰、横结肠、左肾上腺和左肾等。手术切开腹壁后进入腹膜腔，可经胃结肠韧带或横结肠系膜进入网膜囊内手术处理穿孔部位，切开胃结肠韧带时应注意胃网膜左、右动脉，切开横结肠系膜时应注意中结肠动脉。

目标检测

答案解析

一、选择题

1. 有关腹膜，下列描述正确的是
   - A. 只衬于腹、盆腔脏器的表面
   - B. 分为前、后两层
   - C. 前层又分为脏层和壁层
   - D. 为浆膜
   - E. 没有分泌和吸收功能

2. 有关腹膜腔，下列描述错误的是
   - A. 由腹膜的脏层和壁层围成
   - B. 与胸膜腔一样，男、女腹膜腔均为密闭、负压

C. 为一潜在性腔   D. 属腹膜内的浆膜腔

E. 内有少量浆液

3. 下列属腹膜内位器官的是

A. 肝   B. 空肠   C. 子宫

D. 胰   E. 升结肠

4. 下列属腹膜间位器官的是

A. 子宫   B. 横结肠   C. 回肠

D. 肾   E. 胰

5. 下列属腹膜外位器官的是

A. 横结肠   B. 胰   C. 子宫

D. 空肠   E. 乙状结肠

6. 下列不属于腹膜形成的韧带的是

A. 镰状韧带   B. 冠状韧带   C. 肝圆韧带

D. 胃脾韧带   E. 脾肾韧带

7. 下列与腹膜腔相通的管道是

A. 输尿管   B. 输精管   C. 输卵管

D. 食管   E. 气管

8. 站立位时，男性腹膜腔的最低部位是

A. 十二指肠下隐窝   B. 乙状结肠间隐窝

C. 肝肾隐窝   D. 直肠膀胱陷凹

E. 盲肠后隐窝

9. 站立位时，女性腹膜腔的最低部位是

A. 髂窝   B. 膀胱子宫陷凹

C. 坐骨肛门窝   D. 直肠子宫陷凹

E. 直肠膀胱陷凹

10. 固定空、回肠的是

A. 横结肠系膜   B. 肠系膜   C. 阑尾系膜

D. 乙状结肠系膜   E. 子宫系膜

二、思考题

1. 腹腔与腹膜腔的区别。

2. 腹膜在男、女性盆腔内形成哪些陷凹？有何临床意义？

（诸清华）

书网融合……

本章小结   题库

第九章　心血管系统

◎ 学习目标

1. 通过本章学习，重点把握心血管系统的组成；体循环和肺循环的途径；心的位置形态、四个心腔结构、心的传导系统；心的血液供应、心包体表投影；头颈部、上肢、胸部、腹部、盆部和下肢的动脉主干及其主要分支；动脉的压迫止血点；面静脉的结构特点及其交通途径；上肢、下肢浅静脉的起止及临床意义；肝门静脉的组成、属支及其与上下腔静脉之间的吻合。

2. 学会在标本和模型上辨认心、血管的主要结构。

≫ 情境导入

情境描述　患者，女，66 岁。间断性头痛、头晕 10 余年，加重 2 个月来院就诊。查体：身高 158cm，体重 76kg，血压 190/140mmHg。心脏超声检查：左心室肥大。临床诊断为原发性高血压，左心室肥厚。

讨论　1. 心位于何处？

　　　　2. 左心室内有哪些结构？

脉管系统是一系列连续而封闭的管道系统，由心血管系统和淋巴系统组成，分布于人体各部。心血管系统包括心、动脉、毛细血管和静脉，血液在其内循环流动；淋巴系统包括淋巴管道、淋巴组织和淋巴器官，淋巴管道内有向心流动的淋巴液，最后汇入静脉，因此淋巴管道可视为静脉的辅助管道。两套管道在结构、功能上都有一定的不同，但却相互连通。

脉管系统主要的功能是物质运输，一方面把消化系统吸收的营养物质和呼吸系统吸收的氧气运送到全身器官的组织和细胞，同时将组织和细胞代谢过程中产生的代谢产物和二氧化碳运送至肾、肺和皮肤排出体外，从而保证机体新陈代谢持续不断地进行。内分泌细胞所分泌的激素以及生物活性物质也通过脉管系统输送，作用于相应的靶器官，实现体液调节。脉管系统还有内分泌功能，心肌细胞可分泌心钠素等多种活性物质，参与机体的功能调节。本章重点介绍心血管系统。

第一节　心血管系统概述

一、心血管系统的组成

心血管系统由心和血管组成。血管包括动脉、静脉和毛细血管。

（一）心

心是连接动脉、静脉的枢纽，是心血管系统的动力装置，为一中空的肌性器官，具有内分泌功能。心内部被房间隔和室间隔分为互不相通的左半心和右半心，每半心又各分为心房、心室。故而心脏有 4 个腔室：右心房、右心室、左心房和左心室。每一侧的心房和心室借助于房室口相通。左半心流动着动脉血，右半心流动着静脉血。心房接收静脉，心室发出动脉。在两房室口和两动脉口均有瓣膜，似阀门，可以顺血流而开启，逆血流而关闭，保证血液在心内的定向流动。心有节律地搏动，推动血液循环，是血液循环的动力器官。

（二）动脉

动脉为导血离心的血管。由心室发出，在行程中不断分支，分为大动脉、中动脉、小动脉和微动脉，最后移行为毛细血管。大动脉壁含有大量的弹性纤维，弹性大。当心室收缩将血液射入大动脉时，大动脉管壁被动扩张；心室舒张时，管壁弹性回缩，推动血液继续向前流动。中小动脉管壁以平滑肌为主，在神经体液调节下收缩或舒张，以改变管腔大小，从而调节血压及局部血流量。

（三）毛细血管

毛细血管是连于微动脉和微静脉之间呈网状的微细血管。毛细血管分布广，数量多，除了软骨、角膜、晶状体、玻璃体、毛发、牙釉质、指甲和被覆上皮外，遍布全身各部。毛细血管管壁薄，通透性大，血流慢，是物质交换的场所。

（四）静脉

静脉是导血回心的血管。起始于毛细血管的静脉端，在回心的过程中不断接受属支，依次形成微静脉、小静脉、中静脉和大静脉，最后注入心房。与伴行动脉相比，静脉管壁薄，管腔大，弹性小，压力低，容血量较大，血流缓慢。

二、血液循环的途径

在神经体液的调节下，血液自心室射出，流经动脉、毛细血管和静脉，再返回心房，这种周而复始、循环往复的流动称血液循环，根据途径和功能的不同，血液循环可分为体循环和肺循环（图9-1）。两个循环同时进行，彼此相通。

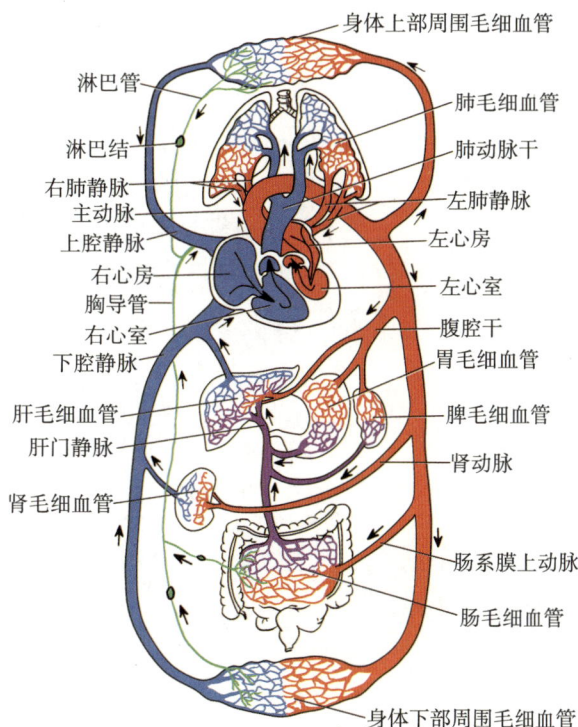

图 9-1　血液循环示意图

（一）体循环

左心室收缩时，携带氧和营养物质的血液射入主动脉，再经主动脉及其各级分支流向全身各处毛细血管，在此与周围的组织、细胞进行物质交换，氧和营养物质透过毛细血管壁进入组织间隙，供组织和细胞所利用，同时组织和细胞代谢产生的代谢产物和二氧化碳进入血液，再通过各级静脉，最后由上、下腔静脉和心冠状窦回到右心房。体循环的特点是：途径长、流经范围广、压力高，完成了物质交换。

（二）肺循环

自体循环回流的静脉血，从右心房通过右房室口进入右心室，右心室收缩将其射入肺动脉，经肺动脉干及其各级分支至肺泡周围的毛细血管，在此进行气体交换，排出二氧化碳，获得氧气。此后，血液沿着各级静脉，最后经左、右肺静脉注入左心房。肺循环的特点是：途径短，只经过肺，压力相对较低，完成了气体交换，使静脉血转化为氧饱和的动脉血。

三、血管吻合及意义

血管之间有非常丰富的吻合。人体内的血管除经动脉－毛细血管－静脉相连通外，在动脉和动脉之间，静脉和静脉之间，甚至动脉和静脉也可借吻合支或交通支彼此接通，形成广泛的血管吻合。

1. 动脉间吻合　人体内许多部位或器官存在着2条动脉干之间借交通支相连，如脑底动脉环。在时常改变形态的器官，两动脉末端或其分支可直接吻合，形成动脉弓，如胃、空肠和回肠的动脉弓、掌浅弓、掌深弓等。在经常运动或较易受压的部位，附近的多条动脉分支相互吻合成动脉网，如肘、膝关节动脉网。这些吻合的意义在于缩短血液循环时间和调节血液流量。

2. 静脉间吻合　静脉间吻合远比动脉间吻合丰富。除具有和动脉相似的吻合形式外，在皮下浅静脉之间常吻合成静脉网或静脉弓，如手背静脉网和足背静脉弓。在脏器的周围和脏器壁内深静脉之间常吻合成静脉丛，如膀胱静脉丛、直肠静脉丛、子宫静脉丛等，以保证在脏器扩大或腔壁受压时静脉回流畅通。

3. 动静脉吻合　在体内许多部位，如指尖、趾端、鼻、唇、耳廓和生殖器勃起组织等处，小动脉和小静脉可借动静脉吻合直接相连，动静脉吻合的意义在于缩短循环路径，调节局部血流量和体温。

4. 侧支吻合　有的血管主干在行程中发出与其平行的侧副支，发自主干不同平面的侧副支彼此吻合称侧支吻合。正常状态下，侧副支较细，血流量小，当主干阻塞时，侧副支逐渐增粗，血流量加大，血流可经扩大的侧支吻合到达阻塞远端的血管主干，使血管受阻区的血液循环得到不同程度的代偿恢复（图9-2）。这种通过侧支吻合而建立的血液循环称侧支循环。侧支循环的建立显示了血管的适应能力和可塑性，对保证器官在病理状态下的血液供应有重要意义。

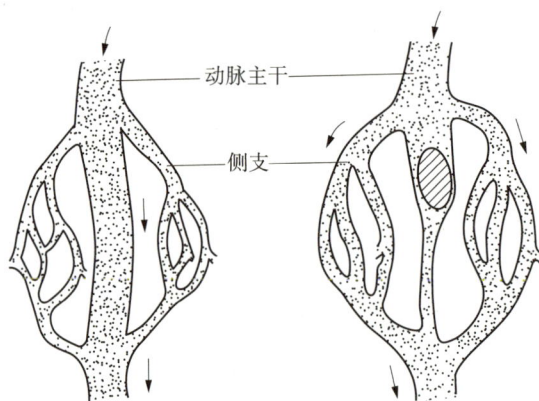

图9-2　侧支循环模式图

第二节 心

一、心的位置和毗邻

心位于胸腔前下部的中纵隔内，约 2/3 位于身体正中线的左侧，1/3 位于正中线的右侧。心的前面大部分被肺和胸膜所遮盖，只有前下方一小部分与胸骨体和左侧 4~6 肋软骨直接相邻，因此在临床上为不伤及肺和胸膜，常在左侧第 4 肋间隙靠胸骨左缘处进行心内注射，将药物直接注入右心室内。心的后方平对第 5~8 胸椎体，与食管和胸主动脉相邻。心两侧借纵隔胸膜与肺相邻，上方与出入心的大血管相连，心下方与膈相贴。心的长轴从右肩斜向左肋下区，与身体正中线构成约 45°角。心的位置可随生理功能、年龄、体型和体位等状况不同而有所改变（图 9-3）。

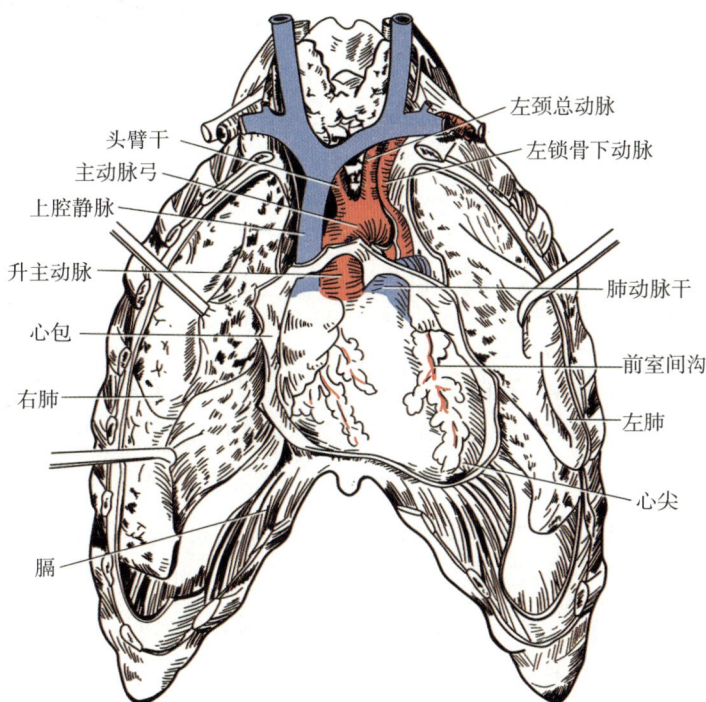

图 9-3　心的位置

二、心的外形

心似前后略扁的倒置圆锥体，周围裹以心包，大小似本人的拳头。国人成年男性正常心重（284±50）g，女性（258±49）g。心可分为一尖、一底、两面、三缘和四条沟（图 9-4，图 9-5）。

（一）心尖

心尖圆钝、游离，朝向左前下方，由左心室构成，与左胸前壁接近，其体表投影在左侧第 5 肋间隙锁骨中线内侧 1~2cm 处，或左侧第 5 肋间隙距前正中线 7~9cm 处，此处可以触及心尖搏动。

（二）心底

心底朝向右后上方，与出入心的大血管相连，主要由左心房和小部分右心房构成。上、下腔静脉分别从上、下注入右心房；左、右肺静脉分别从两侧注入左心房。心底后面隔心包后壁与食管、迷走神经和胸主动脉等相邻。

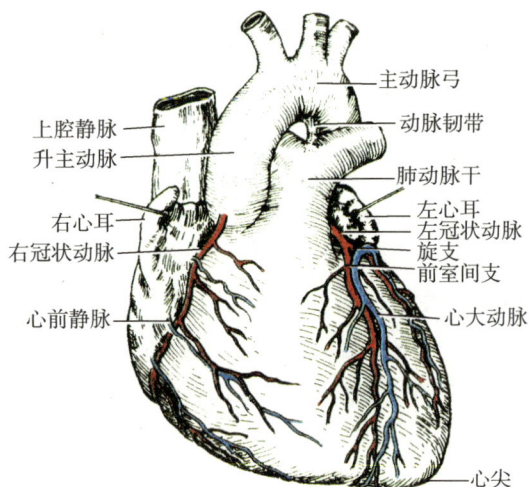

图 9 - 4　心的外形与血管（前面观）

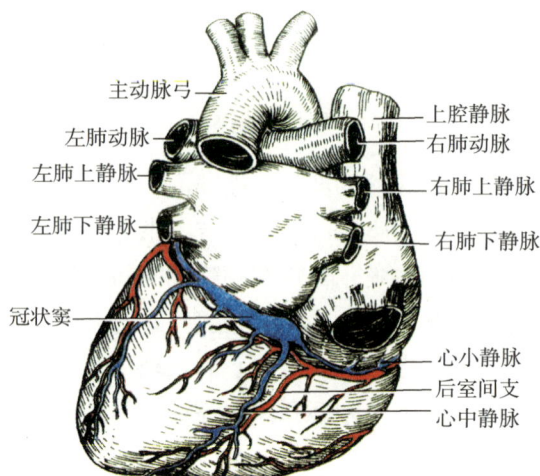

图 9 - 5　心的外形与血管（前面观）

（三）两面

心的前面稍隆凸，朝向前上方，与胸骨体和肋软骨相邻，又称胸肋面，大部分由右心房和右心室构成，一小部分由左心室和左心耳构成。心的下面近似呈水平位，朝向下后方，大部分由左心室（占2/3），小部分由右心室（占1/3）构成，隔心包与膈相对，又称膈面。

（四）三缘

心下缘较锐利，介于膈面和胸肋面之间，近似呈水平位，主要由右心室和心尖构成。心右缘垂直圆钝，主要由右心房构成。心左缘圆钝，斜向左下方，大部分由左心室构成，仅上方的小部分由左心耳构成。

（五）四沟

心表面有4条沟，可作为4个心腔在心表面的分界。在近心底处有一条不完整的环形沟称冠状沟，几乎呈冠状位，前方被肺动脉干所中断，是右上方的心房和左下方的心室在心表面的分界标志，又称房室沟。在胸肋面自冠状沟至心尖稍右侧的一条纵沟称前室间沟，在膈面自冠状沟至心尖稍右侧的一条纵行的沟称后室间沟，前、后室间沟是左、右心室在心表面的分界标志，两沟在心尖右侧汇合略凹陷，称为心尖切迹。在心底，右心房与右侧上、下肺静脉交界处的浅沟称后房间沟，是左、右心房在心表面的分界标志。后室间沟、后房间沟和冠状沟的交汇区称房室交点，也是心表面的一个重要标志。冠状沟和前、后室间沟内被冠状血管和脂肪组织等填充，在心表面其轮廓不清。

💡 知识拓展

右位心

右位心是指心脏的位置移至胸腔右侧的总称。

1. 真正右位心　心的位置偏于中线右侧，心尖朝向右下方，其心房、心室与大血管的位置就如正常心的镜中影像，故又称为镜像右位心。同时常常伴有腹腔内的脏器反位，也可不伴有内脏的反位。

2. 右旋心　心脏位于右侧胸腔，心尖指向右侧，但各心房心室间的关系未形成镜像的反位，主要是由于心脏移位同时旋转而导致，故称假性右位心。

3. 心脏右移　心脏位于胸腔的右侧，是由于肺、胸膜和膈的病变而引起。

三、心腔

心被心间隔分为左、右心房和左、右心室4个腔，同侧心房和心室借助于房室口相连通。心在发育过程中出现了轻度沿心纵轴的左旋转，故而左侧半心位于右半心的左后方。

（一）右心房

右心房位于心的右上部，以表面的界沟和内面的界嵴分为前方的固有心房和后方的腔静脉窦（图9-6）。

1. 固有心房　构成右心房的前部，其向前上方突出的部分为右心耳。固有心房内面有许多大致平行排列的肌束，称为梳状肌。右心耳内面梳状肌发达，当心功能障碍，血流缓慢时，在此处易淤积形成血栓。固有心房左前下方有右房室口，为右心房的出口，通向右心室。

2. 腔静脉窦　位于右心房的后部，上、下方分别有上腔静脉口和下腔静脉口，下腔静脉口的前方有冠状窦口，均为右心房的入口。房间隔右侧面中下部有一卵圆形凹陷，称为卵圆窝，是胚胎时期卵圆孔闭合后的遗迹，此处薄弱，是房间隔缺损的好发部位。

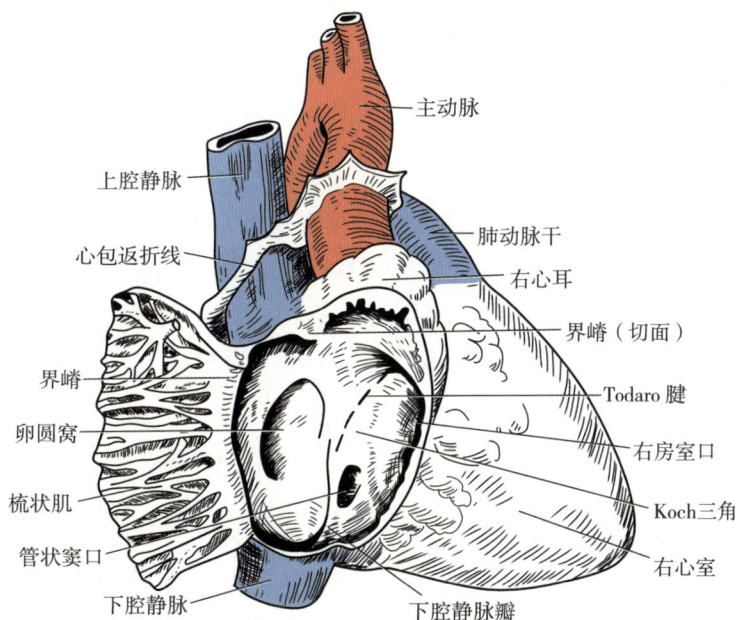

图9-6　右心房内面观

（二）右心室

右心室位于右心房的左前下方，构成心胸肋面的大部分，是心最靠前的腔。室腔呈尖端向前下的锥体形，其底部有两口，即位于后上方的右房室口和位于左上方的肺动脉口，两口之间的弓状肌性隆起称室上嵴。右心室以室上嵴为界分为后下方的流入道（窦部）和前上方的流出道（漏斗部）。右心室前壁较薄，约为左心室厚度的1/3，供应血管相对较少，是右心室手术的切口部位（图9-7）。

1. 流入道　又称为固有心腔，是右心室的主要部分，自右房室口延伸至心尖，入口即右房室口，呈卵圆形，口周缘有由致密结缔组织形成的纤维环，纤维环上附有3片近似三角形的瓣膜称三尖瓣（9-8），瓣膜垂入右心室流入道，其游离缘借腱索与乳头肌相连。乳头肌是从室壁突入室腔的锥体形的肌隆起。从室间隔右侧至前乳头肌根部的圆形肌隆起称隔缘肉柱（节制索），内有心传导系统的右束支通过。在右心室手术时，要防止损伤隔缘肉柱，以免发生右束支传导阻滞。隔缘肉柱构成右心室流入道

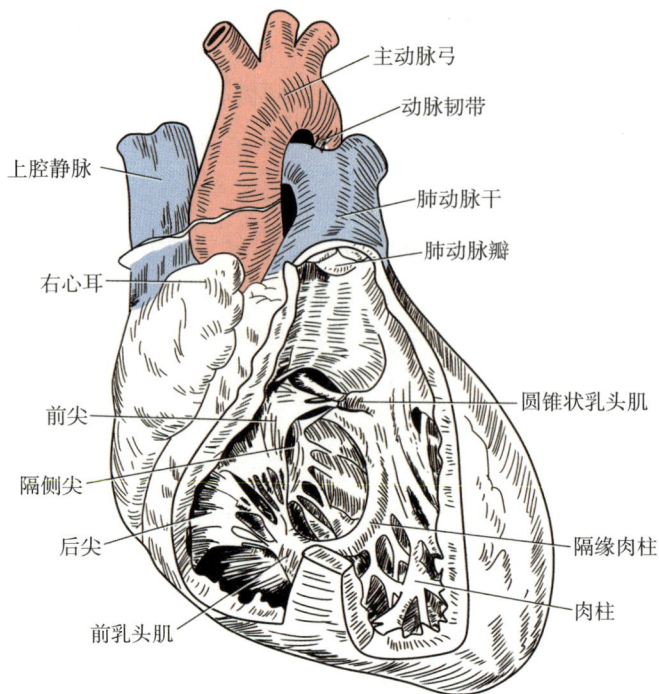

图 9 - 7　右心室

的下界，可防止心室过度扩张。乳头肌的尖端发出腱索与瓣膜游离缘相连。在功能上三尖瓣环、三尖瓣、腱索和乳头肌是一个整体，称三尖瓣复合体。当右心室舒张时三尖瓣开放，右心房的血液经房室口流入右心室，当右心室收缩时，三尖瓣关闭，可防止血液反流回右心房，由于有乳头肌收缩牵拉腱索，使瓣膜恰好关闭，不至于翻向心房，保证了血液在心内的单向流动。

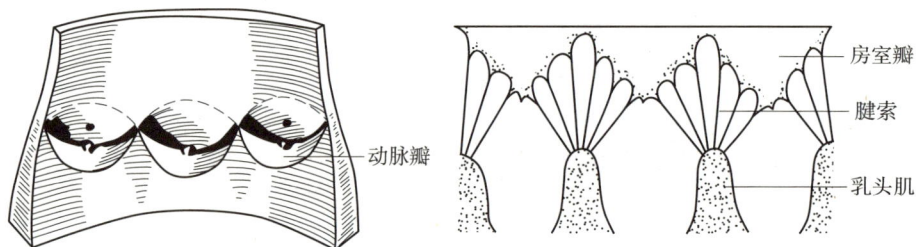

图 9 - 8　心瓣膜模式图

2. 流出道　是右心室腔向左上方的延伸部分，向上逐渐变窄，形似圆锥状，室壁光滑无肉柱称动脉圆锥，其上端借肺动脉口通向肺动脉干，肺动脉口周缘的纤维环上附有 3 个彼此相连的半月形袋状瓣膜，称肺动脉瓣，瓣膜游离缘朝向肺动脉干方向。肺动脉瓣与肺动脉壁之间的袋状腔隙，称为肺动脉窦。当右心室收缩时肺动脉瓣开放，血液由右心室射出，冲开肺动脉瓣，进入肺动脉干，当右心室舒张时，肺动脉窦被倒流的血液充盈，使 3 个肺动脉瓣膜相互靠拢，关闭肺动脉口，防止血流反流回右心室。

（三）左心房

左心房位于右心房的左后方，构成心底的大部分，是 4 个心腔中最后方的心腔（图 9 - 9）。左心耳是左心房向右前方的突出部分，较右心耳狭长、壁厚，内面有梳状肌，结构与右心耳类似，但没有右心耳内梳状肌发达。左心房窦位于后部，又称固有心房。腔面光滑，其后壁的两侧各有两个肺静脉口，即左心房的 4 个入口，开口处无静脉瓣。左心房窦的前下部借助左房室口通向左心室。

（四）左心室

左心室位于右心室的左后方，呈圆锥形，是心最靠左侧的心腔，构成心尖及心的左缘。腔室底被左房室口和主动脉口所占据。左心室壁厚约是右心室壁厚的 3 倍，达 9~12mm（图 9-9）。

1. 流入道 又称为左心室窦部，位于二尖瓣前尖的左后方。为左心室的主要部分，其入口即为左房室口。口周缘有致密结缔组织构成的纤维环二尖瓣环，纤维环上附有两片三角形的瓣膜，称二尖瓣（左房室瓣），基底附于二尖瓣环，游离缘垂入室腔。瓣膜的游离缘也借腱索和乳头肌相连。左心室的乳头肌较右心室的粗大，分为前、后两组。乳头肌均发出腱索连于二尖瓣。纤维环、二尖瓣、腱索和乳头肌在功能上与三尖瓣复合体相同，称二尖瓣复合体。当左心室收缩时，乳头肌对腱索产生垂直的牵拉力，使二尖瓣有效地靠拢和闭合，同时又限制了二尖瓣翻转向左心房。

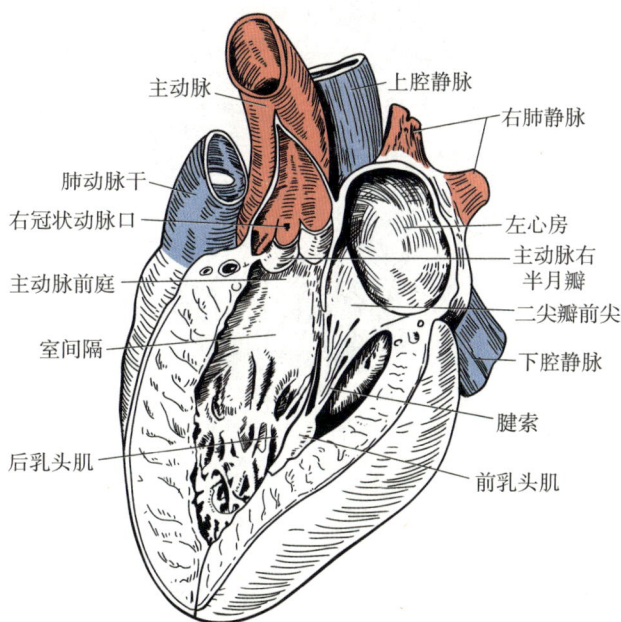

图 9-9 左心房与左心室

2. 流出道 为左心室腔的前内侧部分，室壁光滑无肉柱，又称主动脉前庭。流出道向右上方经主动脉口通主动脉。主动脉口周缘的纤维环上附有 3 片半月形的袋状瓣膜，称主动脉瓣，每片瓣膜相对的主动脉壁向外膨出，之间的袋状腔隙称主动脉窦。

心脏像一个"动力血泵"，瓣膜就是泵的开关闸门，保证了心脏内部血液的定向流动。两侧的心室和心房的收缩与舒张是同步的，心室舒张时，二尖瓣和三尖瓣开放，主动脉瓣和肺动脉瓣关闭，血液由心房进入心室；心室收缩时，二尖瓣和三尖瓣关闭，主动脉瓣和肺动脉瓣开放，血液进入动脉。

四、心的构造

心壁从内向外依次由心内膜、心肌层、心外膜构成，分别与出入心的大血管壁的 3 层膜相对应。心肌层是构成心壁的主要部分。

（一）心内膜

心内膜是衬覆于心腔内表面的一层光滑的薄膜，由内皮和内皮下层构成；与出入心的大血管的内膜相延续。心脏的各个瓣膜就是由心内膜向心腔折叠形成，并夹一层致密结缔组织而构成。

（二）心肌层

心肌层是构成心壁的主体，由心肌纤维和结缔组织构成（图 9 - 10）。心肌纤维构成心房肌和心室肌，均附着于心纤维支架，并被其分开不相延续，故心房和心室的收缩不同步进行。心房肌较薄，心室肌肥厚，左心室肌最厚。心房肌束呈网格状，由浅、深两层组成。心室肌一般包括浅层斜行，中层环行，深层纵行的三层。浅层肌在心尖处形成心涡，进入深部移行为深层的乳头肌和肉柱。特化的心肌纤维构成心的传导系统。

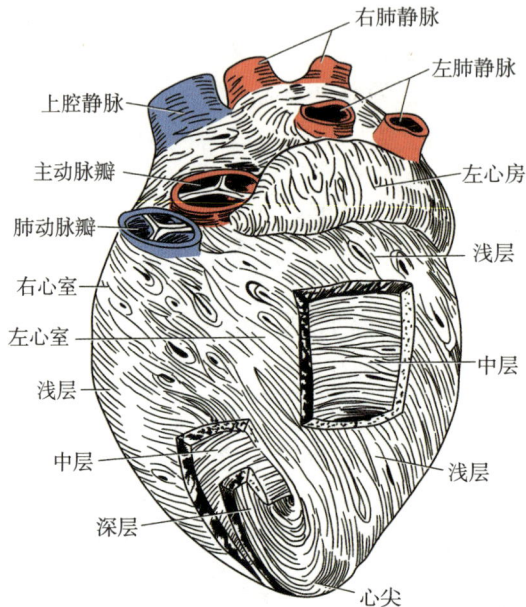

图 9 - 10　心肌层

（三）心外膜

心外膜为浆膜性心包的脏层，包裹在心肌层的表面。心外膜与大血管根部的外膜相续。

（四）房间隔和室间隔

1. 房间隔　位于左、右心房之间，向左前方倾斜。由两层心内膜夹少量心房肌和结缔组织构成。房间隔右侧面中下部有卵圆窝，是房间隔最薄弱处，易发生房间隔缺损（图 9 - 11）。

2. 室间隔　位于左、右心室之间，呈 45° 角倾斜，分为肌部和膜部（图 9 - 11）。

（1）肌部　较厚，有 1 ~ 2cm，位于室间隔前下大部分，由两层心内膜夹心室肌构成，其两侧心内膜深面分别有左、右束支通过。

（2）膜部　较薄，缺乏心肌层，位于室间隔后上部，右侧面有三尖瓣隔侧尖附着，所以将膜部分为后上部和前下部。室间隔缺损多发于此部位。

3. 房室隔　为房间隔和室间隔之间的过渡、重叠区域。

（五）心纤维性支架

致密结缔组织在左、右房室口、肺动脉口和主

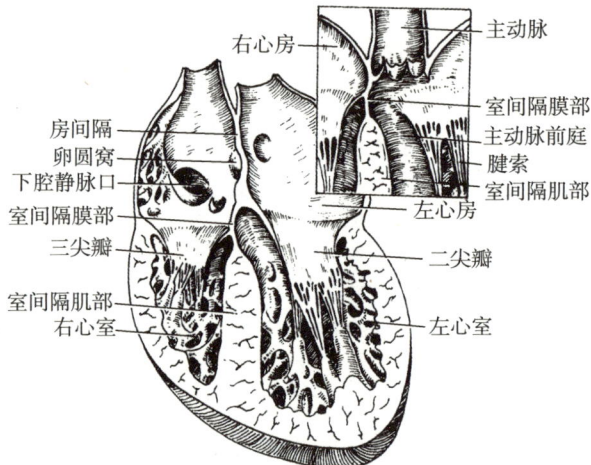

图 9 - 11　房间隔与室间隔

动脉口周缘分别形成 4 个纤维环，质地坚韧而富有弹性，是心肌和心瓣膜的附着处，在心肌活动中起到支持和稳固的作用。在纤维环之间形成左、右纤维三角，它们共同组成心纤维骨骼（图 9 - 12）。

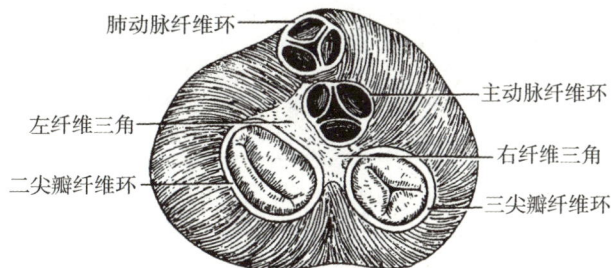

图 9 - 12 心的纤维环

五、心的传导系统

心的传导系统由特殊分化的心肌细胞构成，包括窦房结、房室结、房室束、左右束支及浦肯野纤维网，具有自律性和传导性，其主要功能是产生兴奋并传导冲动，维持心的正常节律性搏动（图 9 - 13）。

（一）窦房结

窦房结呈长梭形（或半月形），位于上腔静脉与右心房交界处的界沟上 1/3 的心外膜深面，窦房结其长轴与界沟基本平行。能有节律地产生兴奋，自律性最高，是心的正常起搏点。

（二）房室结

房室结呈矢状位扁椭圆形结构，位于房间隔下部右侧，冠状窦口前上方的心内膜深面。其主要功能是将来自窦房结的冲动传向心室，但传导速度较慢，形成房室延搁，使心房肌和心室肌依次先后顺序分开收缩，是冲动从心房传向心室的必由之路。正常情况下，房室结也可产生节律性兴奋，但自律性较窦房结低，当窦房结的冲动产生或传导有障碍时，房室结亦可维持心的搏动。

（三）房室束及左、右束支

房室束又称 His 束，起自房室结前端，向下行经室间隔膜部，至室间隔肌部上方分为左、右束支。左束支沿室间隔肌部左侧心内膜深面下行至乳头肌根部分为 3 组分支，右束支从室间隔膜部下缘的中部向前下方走行，向下方进入隔缘肉柱，到达右心室前乳头肌根部分支，分布于右心室壁。左、右束支的分支在心内膜下交织形成 Purkinje 纤维网，主要分布于室间隔中下部的心尖、乳头肌的下部和游离心室壁的下部。

窦房结发出的冲动，先传导到心房肌，引起心房肌兴奋和收缩，同时经房室结、房室束、左右束支、浦肯野纤维传到心室肌纤维，从而引起心室肌兴奋和收缩。

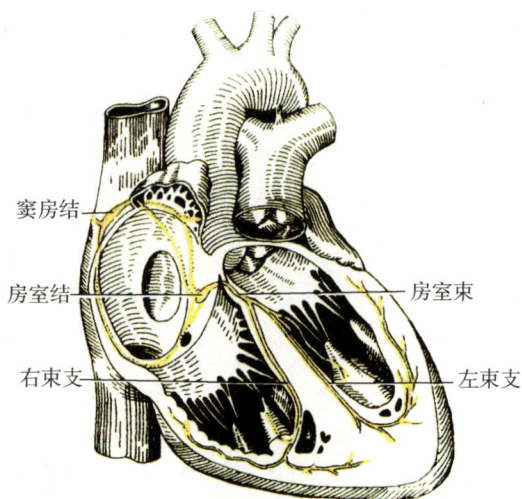

图 9 - 13 心的传导系统

六、心的血管

心的血液供应来自左、右冠状动脉，回流的静脉血，大部分经冠状窦注入右心房，小部分直接注入右心房。

（一）心的动脉

营养心的动脉有左冠状动脉和右冠状动脉（图9-4，图9-5）。

1. 左冠状动脉 起自主动脉左窦，主干很短，在左心耳与肺动脉之间进入冠状沟，立即分为旋支和前室间支。旋支沿左侧冠状沟绕心左缘入心膈面，沿途主要分支有左缘支、左心室后支、心房支、窦房结支和左房旋支。旋支及其分支分布于左心房、左心室左侧面和膈面、窦房结。前室间支沿前室间沟下行，其末梢绕心尖切迹至后室间沟上行与后室间支吻合。沿途的主要分支有左心室前支、右心室前支和室间隔前支。前室间支及其分支分布于左心室前壁、右心室前壁一小部分和室间隔前上2/3部。

2. 右冠状动脉 起自主动脉右窦，在右心耳和肺动脉干之间进入冠状沟，沿冠状沟绕心右缘至心膈面，在房室交点附近常分为后室间支和右旋支。后室间支沿后室间沟下行，多数止于后室间沟下1/3，达心尖切迹处与前室间支的末梢吻合。右冠状动脉沿途的主要分支有窦房结支、右缘支、后室间支、右旋支、右房支和房室结支。右冠状动脉分布于窦房结、房室结、右心房、右心室、室间隔后下1/3和左心室后壁一部分。右冠状动脉发生阻塞时，多引起房室传导阻滞和后壁心肌梗死。

（二）心的静脉

心的静脉可分为浅静脉和深静脉。浅静脉在心外膜下汇合，大部分汇入冠状窦，最后注入右心房。冠状窦位于心膈面，左心房与左心室之间的冠状沟内，从左房斜静脉与心大静脉汇合处作为起点，最终注入右心房的冠状窦口，主要属支有心大、中、小静脉。深静脉直接注入心各腔，以回流到右心房居多。

七、心包

心包是包裹在心和出入心的大血管根部的纤维浆膜囊状结构，分为内、外两层，外层为纤维心包，内层是浆膜心包。

纤维心包为纤维性结缔组织囊，上方与出入心的大血管外膜相延续，下方与膈的中心腱相愈着。纤维心包厚而坚韧，能防止心过度扩大，以保持循环血量的相对稳定。

浆膜心包薄而光滑，分为壁层、脏层，壁层衬贴于纤维心包内面，脏层包裹于心肌层表面，形成心外膜。脏、壁两层在出入心的大血管根部互相移行，两层之间的潜在性腔隙称心包腔。心包腔内含有少量浆液，起润滑作用，可减少心脏搏动时的摩擦（图9-14）。

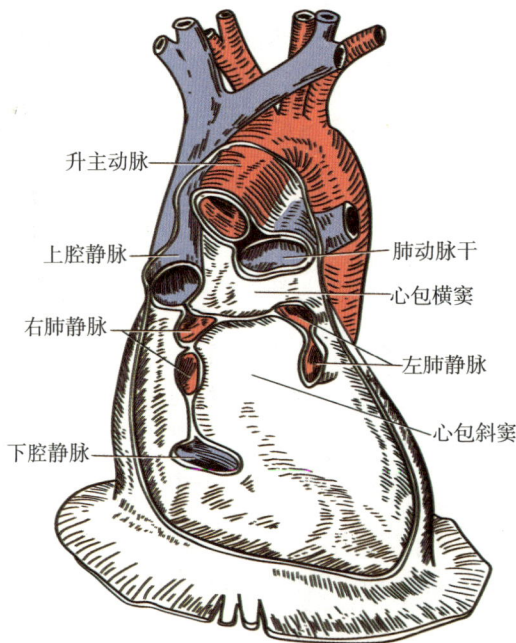

图9-14　心包

八、心的体表投影

心的体表投影可分为心外形的体表投影和瓣膜位置的体表投影（图9-15）。

（一）心外形在胸前壁的体表投影

心外形在胸前壁的体表投影可因体位而有变化。通常可用以下四点及其向外略凸的弧形连线来表示。

1. 左上点于左侧第2肋软骨下缘，距胸骨左缘1.2cm处。

2. 右上点于右侧第3肋软骨上缘，距胸骨右缘1cm处。

3. 左下点于左侧第5肋间隙，距前正中线7~9cm处。

4. 右下点于右侧第7胸肋关节处。

左、右上点连线为心上界，左上、下点间凸向左侧的弧线为心的左界，左、右下点连线为心下界，右上、下点间凸向右侧的弧线为心的右界。

（二）心各瓣膜的体表投影

1. 二尖瓣在左侧第4胸肋关节处及胸骨左半的后方。

2. 三尖瓣在胸骨正中线的后方平对第4肋间隙。

3. 主动脉瓣在胸骨左缘第3肋间隙。

4. 肺动脉瓣在左侧第3胸肋关节稍上方。

了解心外形和瓣膜的体表投影，对诊断心脏疾病有重要的临床意义。

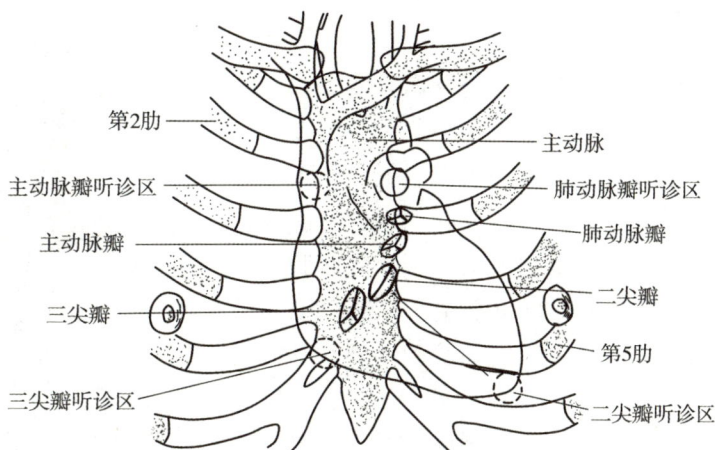

图9-15　心的体表投影

第三节　动　脉

动脉是导血离心的血管。由左心室发出的主动脉及其各级分支运送动脉血，而自右心室发出的肺动脉干及其分支则输送静脉血。动脉离开主干进入器官前的一段，称为器官外动脉；进入器官后，称器官内动脉。

器官外动脉分布的基本规律：①动脉的配布和人体的结构相适应，呈左、右对称性分布。②人体每一个大局部（头颈部、胸部、腹部、上肢、下肢）都有1~2条动脉干。③躯干部的动脉分为脏支和壁支，壁支呈节段性和对称性分布。④动脉常常与静脉、神经相伴行，形成血管神经束。⑤动脉多居身体的屈侧、深部或安全隐蔽处，不易受到损伤。⑥动脉往往以最短的距离到达所营养的器官。⑦动脉分布的形式与器官的形态有关。容积经常变化的器官，其动脉多先在器官外形成动脉弓，再分支进入器官；经常活动、容易受压的部位，其动脉相互吻合成网、弓；一些位置较固定的实质性器官，动脉从其凹侧进入，这些部位称为"门"。⑧动脉的管径不仅仅取决于其供应器官的大小，而且与器官的功能有关。

器官内动脉的分布形式与器官的构造有关，结构相似的器官其动脉配布形式也大致相同。实质性器官内的动脉呈放射状、纵行和集中分布。分叶状结构的器官内的动脉自"门"进入器官，分支呈放射状分布。中空性或管状器官内的动脉呈纵行、横行或放射状分布。

一、肺循环的动脉

肺动脉干位于心包内，起自右心室，在主动脉的前方向左后上方斜行，至主动脉弓的下方，分为左、右肺动脉（图9-4，图9-5）。

左肺动脉较短，水平向左，经左主支气管前方横行至左肺门，分2支分别进入左肺上叶和下叶。右肺动脉较长且粗，水平向右，依次经升主动脉和上腔静脉后方，向右横行达右肺门，分3支分别进入右肺上叶、中叶和下叶。

在肺动脉干分叉处稍左侧与主动脉弓下缘之间有一短的纤维性结缔组织索，称动脉韧带，是胚胎时期动脉导管闭锁的遗迹。若在出生后6个月动脉导管尚未闭锁，称动脉导管未闭，是常见的先天性心脏病。

二、体循环的动脉

（一）主动脉

主动脉是体循环的动脉主干，由左心室发出，起始段为升主动脉，向右前上方斜行，至右侧第2胸肋关节后方移行为主动脉弓，再弯向左后方，至第4胸椎体下缘处转折向下，移行为降主动脉，走行于胸腔内为胸主动脉，沿脊柱左前方下行逐渐转至前方，穿膈的主动脉裂孔入腹腔移行为腹主动脉，至第4腰椎下缘处分为左、右髂总动脉。髂总动脉走行至骶髂关节处分为髂内动脉和髂外动脉（图9-16）。

1. 升主动脉　自左心室起始后，在肺动脉干与上腔静脉之间行向右前上方，至右侧第2胸肋关节后方移行为主动脉弓。升主动脉根部发出左、右冠状动脉。

2. 主动脉弓　主动脉弓是升主动脉的延续，呈弓形弯向左后方，跨越左侧肺根，至第4胸椎体下缘移行为降主动脉。在主动脉弓的凸侧缘上，向上发出3个分支，自右向左依次是头臂干、左颈总动脉和左锁骨下动脉。头臂干为一粗短动脉干，向右上方行至右胸锁关节后方，分为右颈总动脉和右锁骨下动脉。左、右颈总动脉是头颈部的动脉主干，左、右锁骨下动脉则主要是上肢的动脉主干。

主动脉弓壁下部的外膜下有2~3个粟粒状小体，称主动脉小球，是化学感受器，感受血液中二氧化碳分压、

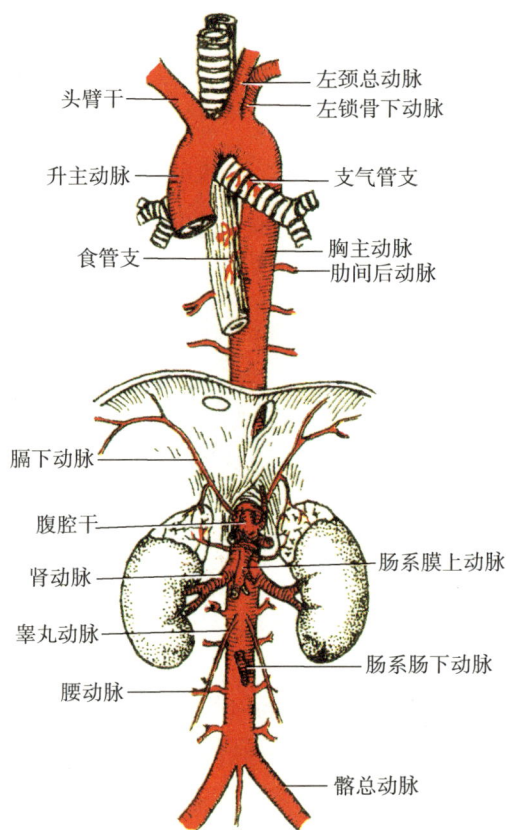

图9-16　主动脉及其分支

图中标注（自上而下、左右）：
左颈总动脉、左锁骨下动脉、头臂干、升主动脉、支气管支、食管支、胸主动脉、肋间后动脉、膈下动脉、腹腔干、肾动脉、睾丸动脉、腰动脉、肠系膜上动脉、肠系肠下动脉、髂总动脉

氧分压和氢离子浓度的变化，参与调节呼吸。主动脉弓壁外膜内有丰富的神经末梢，为压力感受器，具有调节血压的作用。

3. 降主动脉　为主动脉弓的延续，降主动脉又以主动脉裂孔为界分为胸主动脉和腹主动脉。胸主动脉是胸部的动脉主干，腹主动脉是腹部的动脉主干。降主动脉在第4腰椎体下缘平面分为左、右髂总动脉，髂总动脉在骶髂关节前方分为髂内动脉和髂外动脉。髂内动脉是盆部的动脉主干，髂外动脉则主要是下肢的动脉主干。

（二）头颈部动脉

颈总动脉是头颈部的动脉主干。左侧起自主动脉弓，右侧起自头臂干。两侧均经过胸锁关节的后方，沿食管、气管和喉的外侧上行，达甲状软骨上缘水平分为颈内动脉和颈外动脉（图9-17）。在颈总动脉分叉处有颈动脉窦和颈动脉小球。颈总动脉的上段位置较表浅，在活体上可触到其搏动。当头面部大出血时，可在胸锁乳突肌的前缘，平环状软骨弓的两侧，向后将颈总动脉压在其后内方的第6颈椎的横突上，进行急救止血。

颈动脉窦是颈总动脉末端和颈内动脉起始部的膨大部分，窦壁的外膜内含有丰富的游离神经末梢，称压力感受器。当血压升高时，反射性地引起心率减慢、末梢血管扩张、血压下降。

颈动脉小球是位于颈内、外动脉分叉处后方的扁椭圆形小体，属化学感受器。可感受血液中氧分压、二氧化碳分压和氢离子浓度的变化。当血液中氧分压降低或二氧化碳分压升高时，可反射性的促使呼吸加深加快，以排出过多的二氧化碳。

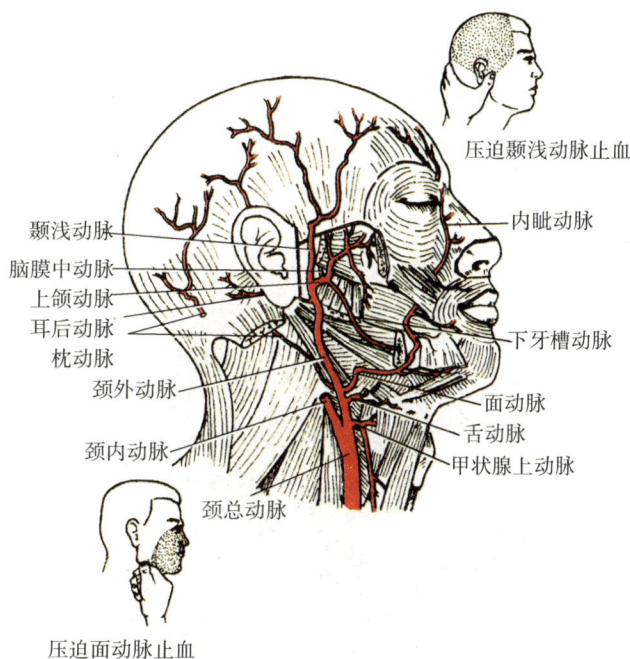

图9-17　颈外动脉及其分支

颈总动脉的主要分支有颈内动脉和颈外动脉。

1. 颈内动脉　在颈部无分支，自颈总动脉发出后，垂直上升到颅底，经颈动脉管入颅腔，分支分布于脑和视器（详见"中枢神经系统"）。

2. 颈外动脉　先走行在颈内动脉前内侧，后经其前方转至外侧，上行穿腮腺实质达下颌颈高度分为上颌动脉和颞浅动脉两个终支。其主要分支如下（图9-17）。

（1）甲状腺上动脉　自起始处，行向前下方，至甲状腺侧叶的上端，分布于甲状腺上部和喉。

（2）舌动脉　在甲状腺上动脉的稍上方，平舌骨大角处发自颈外动脉，行向前内方入舌，分布于舌、舌下腺和腭扁桃体。

（3）面动脉　在舌动脉稍上方，约平下颌角处发出，向前经下颌下腺深面，于咬肌前缘绕过下颌骨下缘至面部，经口角和鼻翼的外侧迂曲上行至眼内眦，易名为内眦动脉。面动脉沿途分布于面部软组织、下颌下腺和腭扁桃体等处。面动脉在下颌骨下缘和咬肌前缘交界处位置表浅，在活体上可触到其搏动。当面部出血时，可在该处进行压迫止血。

（4）颞浅动脉　在外耳门的前方上行，越过颧弓根上行至颅顶，至颞部皮下。分支分布于腮腺和额、颞、顶部的软组织。在活体上，外耳门前方、颧弓根部可触到颞浅动脉的搏动，当头皮前外侧部出血时，可在该处压迫止血。

（5）上颌动脉　起始后经下颌颈的深面进入颞下窝，在翼内外肌之间行至翼腭窝。沿途分支分布于外耳道、鼓室、牙及牙龈、咀嚼肌、颊、腭、鼻腔和硬脑膜等处。其中分布于硬脑膜的分支，称脑膜中动脉，其在下颌颈的深面发出，向上穿棘孔进入颅腔，分为前、后两支，紧贴颅骨内面走行，分布于颅骨和硬脑膜。前支经过颅骨翼点的内面，当翼点骨折时，易损伤该血管，引起硬膜外血肿。

（6）枕动脉　与面动脉的起点相对发出，至枕部并分布于此。

（7）耳后动脉　自颈外动脉发出后上升至耳廓后方分布于该处。

（8）咽升动脉　自颈外动脉发出后上行至颅底，分支至咽和颅底等处。

（三）锁骨下动脉及上肢动脉

1. 锁骨下动脉　左侧起自主动脉弓，右侧起自头臂干，两者均经胸锁关节后方斜向外至颈根部，呈弓形经胸膜顶前方，穿斜角肌间隙，至第1肋外缘延续为腋动脉（图9-18），当上肢出血时，可在锁骨中点上方的锁骨上窝处，向后下将锁骨下动脉压向第1肋进行止血。锁骨下动脉的主要分支如下。

（1）椎动脉　起于前斜角肌的内侧，向上依次穿第6~1颈椎的横突孔，经枕骨大孔入颅腔，分支分布于脑和脊髓（详见"中枢神经系统"）。

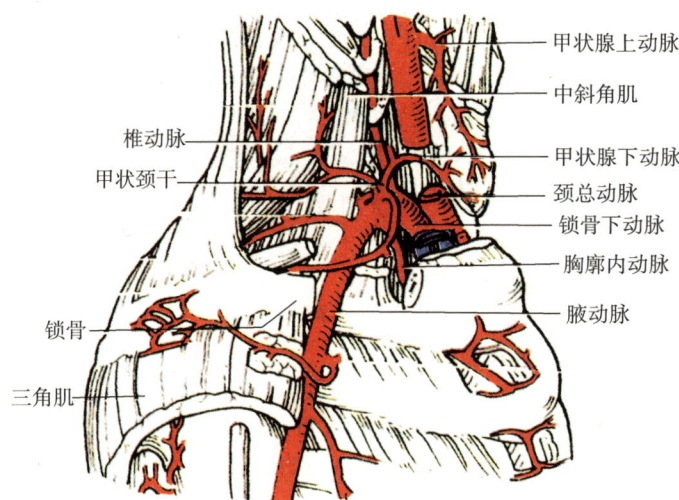

图9-18　锁骨下动脉及其分支

（2）胸廓内动脉　起于锁骨下动脉的下面，椎动脉起点的相对侧，向下经第1~6肋软骨后面，约距胸骨外侧缘约1cm垂直下降，沿途分布于胸前壁、乳房、心包和膈等处。胸廓内动脉行至第6肋间隙处发出两个终支，其中较大的为腹壁上动脉。该动脉为胸廓内动脉的直接延续，穿膈进入腹直肌鞘，在腹直肌深面下行，与腹壁下动脉吻合。分支营养腹直肌和腹膜。胸廓内动脉另一终末分支为肌膈动脉。

（3）甲状颈干 为一短干，起自锁骨下动脉，在椎动脉外侧发出，分为数支至颈部和肩部。其主要分支为甲状腺下动脉，分布于甲状腺下部和喉等处。

（4）肋颈干 起自甲状颈干的外侧，分支分布于颈深肌和第 1~2 肋间隙后部。

2. 腋动脉 是上肢的动脉主干，在第 1 肋外侧缘续于锁骨下动脉，走行于腋窝深部，出腋窝至背阔肌的下缘移行为肱动脉。其主要分支有胸上动脉、胸肩峰动脉、胸外侧动脉、肩胛下动脉、旋肱后动脉和旋肱前动脉等，主要分布于肩部、胸前外侧壁和乳房等处。

3. 肱动脉 为腋动脉的直接延续，与正中神经伴行，沿肱二头肌内侧缘下行至肘窝，平桡骨颈高度分为桡动脉和尺动脉。在肘窝内上方，肱动脉位置表浅，可触到肱动脉的搏动，是测量血压时听诊的部位。当前臂和手部大出血时，可在臂中部用指压法将肱动脉压向肱骨以达到暂时止血的目的。如果使用止血带进行止血，应避开上臂中 1/3 部，以免因长时间压迫位于桡神经沟内的桡神经从而造成桡神经的损伤。肱动脉主要的分支是肱深动脉，肱深动脉斜向后外方，与桡神经伴行，分支布于肱三头肌和肱骨，其终支参与肘关节网的组成。肱动脉的其他分支还有尺侧上副动脉、尺侧下副动脉、肱骨滋养动脉和肌支，营养臂肌和肱骨（图 9-19）。

4. 桡动脉 由肱动脉分出后，在前臂肌前群的桡侧下行，绕桡骨茎突到手背，穿第 1 掌骨间隙达手掌（图 9-20）。其末端与尺动脉掌深支相吻合形成掌深弓。桡动脉下段仅仅被皮肤和筋膜覆盖，位置表浅，在桡骨茎突的内上方可触到其搏动，是诊脉的常用部位。桡动脉的主要分支有拇主要动脉和掌浅支。桡动脉沿途分支分布于前臂桡侧肌和手，并参与肘、腕关节网的组成。

5. 尺动脉 由肱动脉发出后，在前臂肌前群的尺侧下行，经豌豆骨的桡侧到达手掌（图 9-20）。其末端与桡动脉掌浅支相吻合形成掌浅弓。尺动脉的主要分支有骨间总动脉和掌深支。尺动脉沿途分支分布于前臂肌、前臂骨，并参与肘、腕关节网的组成。

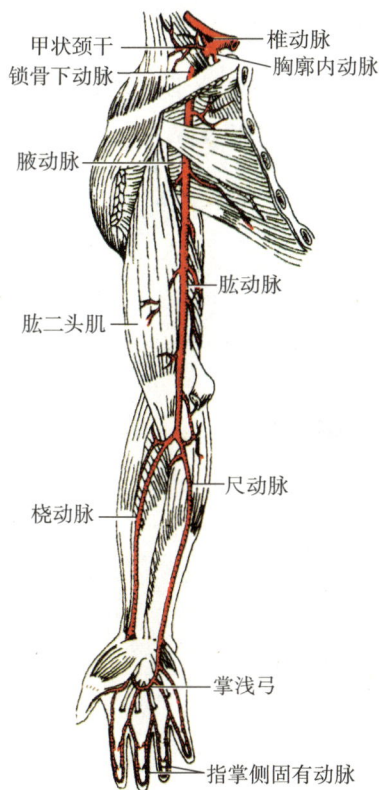

图 9-19 上肢的动脉

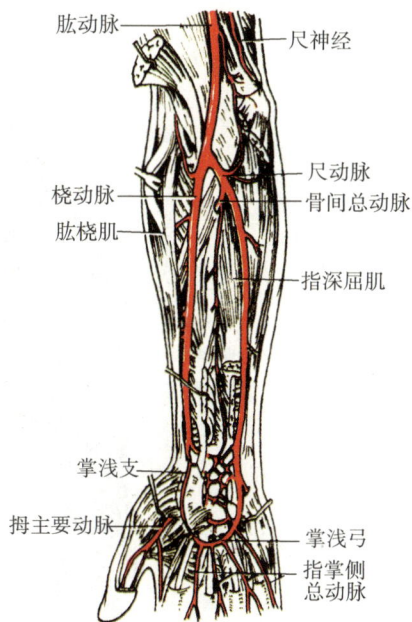

图 9-20 前臂前面的动脉

6. 掌浅弓和掌深弓

（1）掌浅弓 由尺动脉末端和桡动脉的掌浅支吻合而成（图9-21），位于掌腱膜和指屈肌腱之间。弓的凸侧约平掌骨的中部，其最凸处相当于自然握拳时中指所指的位置，在处理手外伤时，应注意保护。掌浅弓发出1条小指尺掌侧动脉和3条指掌侧总动脉，其分支指掌侧固有动脉，沿手指掌面的两侧行向指尖，分布于手掌和第2~5指相对缘，手指出血时可在手指根部两侧压迫止血。

（2）掌深弓 由桡动脉末端和尺动脉的掌深支吻合而成（图9-21），位于指深屈肌腱的深面。弓的凸侧在掌浅弓的近侧，约平腕掌关节高度。由弓发出3条掌心动脉，分别与相应的指掌侧总动脉吻合。

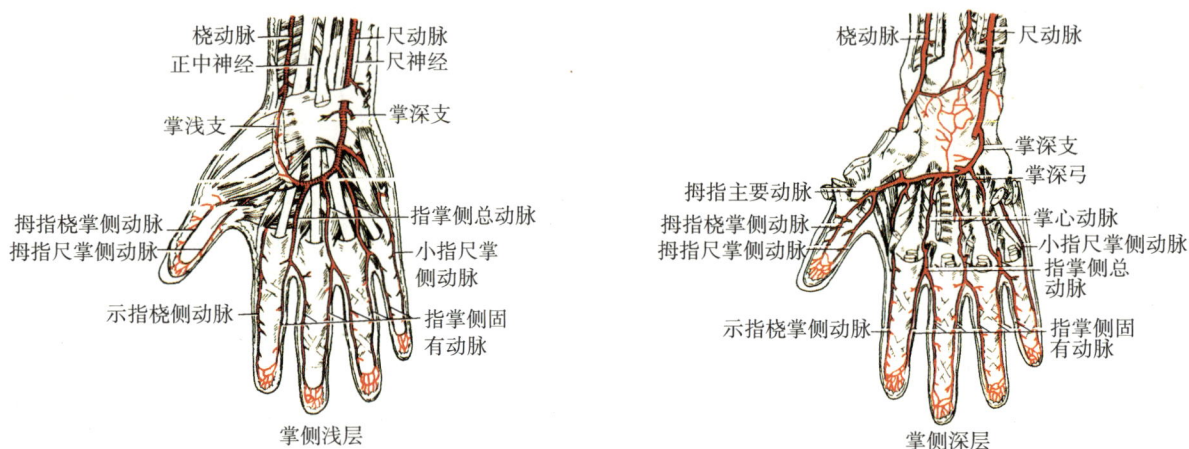

图9-21 手的动脉

（四）胸部动脉

胸主动脉是胸部的动脉主干，位于胸腔的后纵隔内，在第4胸椎的左侧续于主动脉弓，沿脊柱左侧下行转至前方，穿膈的主动脉裂孔移行为腹主动脉。胸主动脉分为壁支和脏支两种（图9-22）。

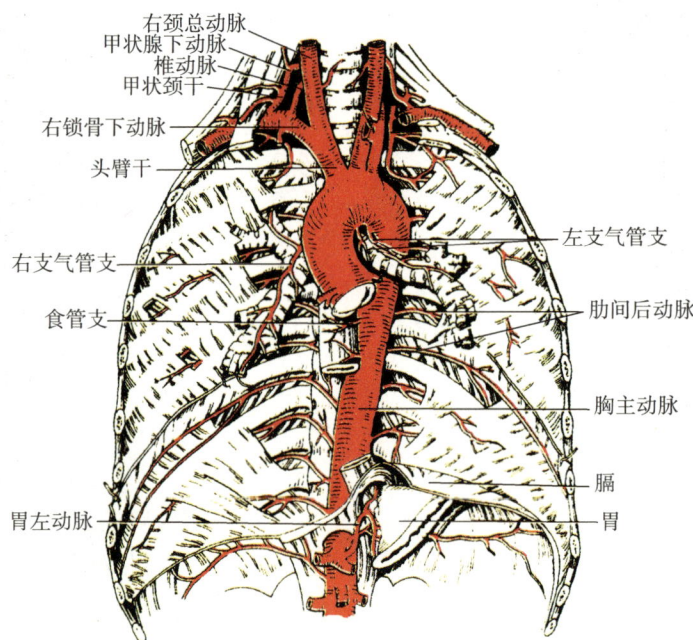

图9-22 胸主动脉

1. 壁支　胸主动脉发出的壁支主要为第 3～11 对肋间后动脉和 1 对肋下动脉。第 1、2 肋间后动脉来自锁骨下动脉。肋间后动脉走行在肋间隙内，主干沿肋骨下缘的肋沟内前行，在肋角处，肋间后动脉发出分支沿下位肋上缘前行；肋下动脉走在第 12 肋的下缘。肋间后动脉和肋下动脉分支分布于脊髓、背部、胸壁和腹壁的上部等处。临床上，根据肋间血管的走行，在胸壁侧部作胸膜穿刺时，经两个肋间进针，而在胸壁后部穿刺时，则应在肋骨上缘进针，以免损伤肋间血管。

2. 脏支　脏支细小，主要有支气管支、食管支和心包支，分布于气管、支气管、食管和心包。

（五）腹部动脉

腹主动脉是腹部的动脉主干，沿脊柱的左前方下行，至第 4 腰椎体的下缘处分为左、右髂总动脉。其右侧有下腔静脉伴行，前方有肝左叶、胰、十二指肠水平部和小肠系膜根越过。腹主动脉的分支亦有壁支和脏支之分（图 9 - 23）。

壁支有 4 对腰动脉、1 对膈下动脉和 1 条骶正中动脉。腰动脉自腹主动脉后壁发出，节段性分布于脊髓、腹后壁和腹前外侧壁。膈下动脉由腹主动脉上端发出，分布于膈的下面，并发出肾上腺上动脉到肾上腺。骶正中动脉发自腹主动脉分叉处的稍后方，分布于骶骨及周围。

脏支分成对脏支和不成对脏支两种。成对脏支有肾上腺中动脉、肾动脉和睾丸动脉（男性）或卵巢动脉（女性）；不成对脏支有腹腔干、肠系膜上动脉和肠系膜下动脉。

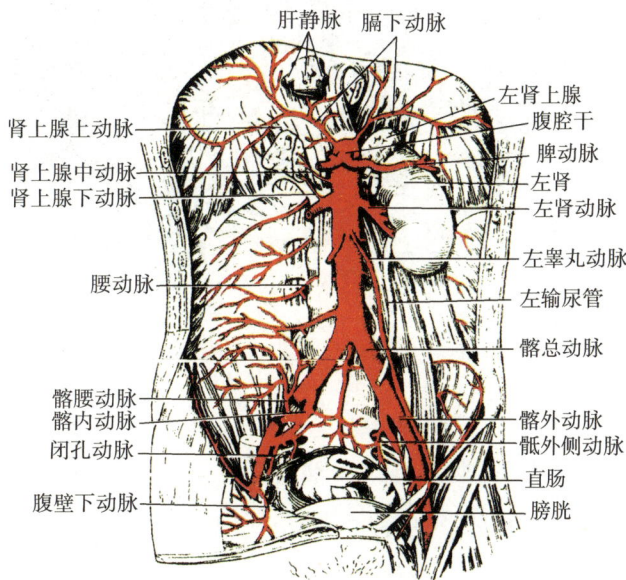

图 9 - 23　腹主动脉

1. 腹腔干　为一粗而短的动脉干，在膈的主动脉裂孔稍下方由腹主动脉前壁发出，立即分为胃左动脉、脾动脉和肝总动脉（图 9 - 24，图 9 - 25）。它们的分支分布于肝、胆囊、胰、脾、胃、十二指肠和食管腹段。

（1）胃左动脉　向左上方行至胃的贲门部，然后沿胃小弯在小网膜两层之间向右行，与胃右动脉吻合。沿途分支分布于食管腹段、贲门及胃小弯附近的胃壁。

（2）脾动脉　沿胰上缘左行至脾门，分数支入脾。沿途发出胰支，分布于胰体和胰尾。脾动脉入脾门前发出以下分支：①胃短动脉，3～5 条分布于胃底；②胃网膜左动脉，分布于胃大弯左侧胃壁和胃网膜，与胃网膜右动脉吻合，布于胃大弯附近的胃壁和大网膜。

（3）肝总动脉　向右前行，至十二指肠上部上缘后进入肝十二指肠韧带，分为肝固有动脉和胃十二指肠动脉。①肝固有动脉，起始处发出胃右动脉，沿胃小弯向左与胃左动脉吻合，分布于胃小弯附近

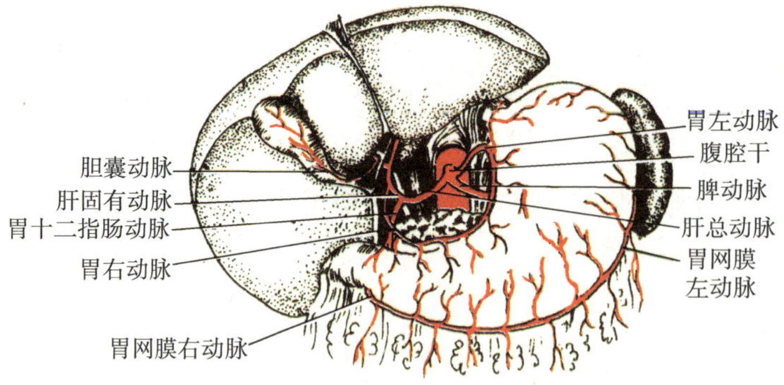

胆囊动脉
肝固有动脉
胃十二指肠动脉
胃右动脉
胃网膜右动脉

胃左动脉
腹腔干
脾动脉
肝总动脉
胃网膜左动脉

图 9－24　腹腔干及其分支（胃前面观）

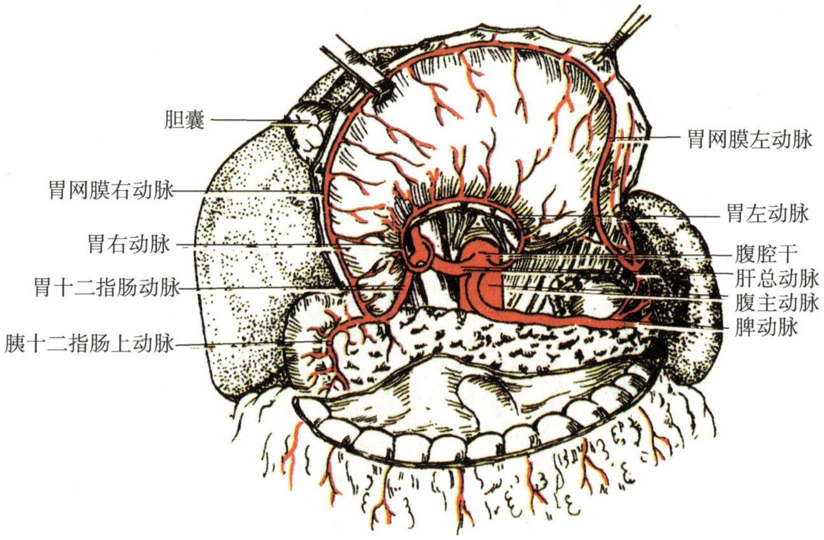

胆囊
胃网膜右动脉
胃右动脉
胃十二指肠动脉
胰十二指肠上动脉

胃网膜左动脉
胃左动脉
腹腔干
肝总动脉
腹主动脉
脾动脉

图 9－25　腹腔干及其分支（胃后面观）

的胃壁。在肝十二指肠韧带内上行到达肝门，分为左、右支进入肝。右支在入肝前发出胆囊动脉，分布于胆囊。②胃十二指肠动脉，经十二指肠上部，在幽门后方下缘分为胃网膜右动脉和胰十二指肠上动脉。胃网膜右动脉沿胃大弯左行，与胃网膜左动脉吻合，分布于胃大弯附近的胃壁和大网膜。胰十二指肠上动脉，分布于胰头和十二指肠。

2. 肠系膜上动脉　在腹腔干的稍下方，约平第 1 腰椎水平，由腹主动脉前壁发出，在胰颈后方下行，向前越过十二指肠水平部的前面进入肠系膜根（图 9－26），呈弓状向右髂窝下行。发出分支分布于小肠以及脾曲以前的大肠。其主要分支如下。

（1）空肠动脉和回肠动脉　有 13～18 支，由肠系膜上动脉的左侧壁发出，走行在肠系膜内，反复分支彼此吻合形成多级动脉弓，最多可达 5 级，分布于空肠和回肠。

（2）回结肠动脉　肠系膜上动脉的右侧壁发出的最下一条分支，斜向右下走向回盲部，分布于回肠末端、盲肠和升结肠，回结肠动脉发出阑尾动脉（图

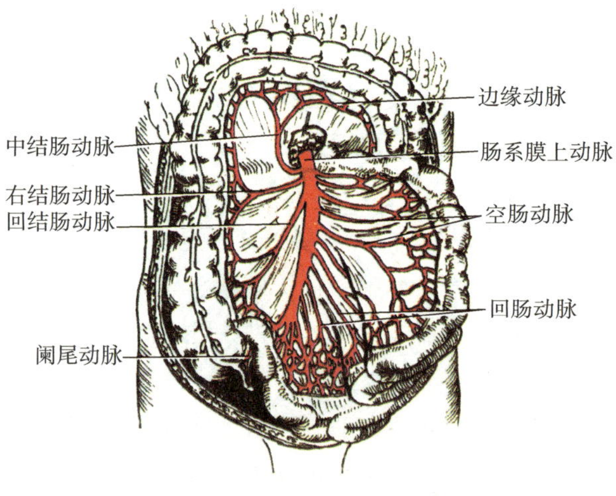

中结肠动脉
右结肠动脉
回结肠动脉
阑尾动脉

边缘动脉
肠系膜上动脉
空肠动脉
回肠动脉

图 9－26　肠系膜上动脉及其分支

9-26)，经回肠末端的后方进入阑尾系膜，分布于阑尾。

（3）右结肠动脉　在回结肠动脉的上方发出，向右行，分布于升结肠，并与中结肠动脉和回结肠动脉的分支吻合。

（4）中结肠动脉　在胰下缘附近发出后入横结肠系膜，分布于横结肠。

3. 肠系膜下动脉　约平第3腰椎高度发自腹主动脉前壁，在腹后壁腹膜后面行向左下方，分支分布于降结肠、乙状结肠和直肠上部（图9-27）。主要分支如下。

（1）左结肠动脉　横行向左，分布于降结肠，并与中结肠动脉和乙状结肠动脉吻合。

（2）乙状结肠动脉　2~3支，斜向左下方走行，进入乙状结肠系膜内，分布于乙状结肠。

（3）直肠上动脉　为肠系膜下动脉的直接延续，在乙状结肠系膜内下行，分布于直肠上部，并与乙状结肠动脉和直肠下动脉吻合。

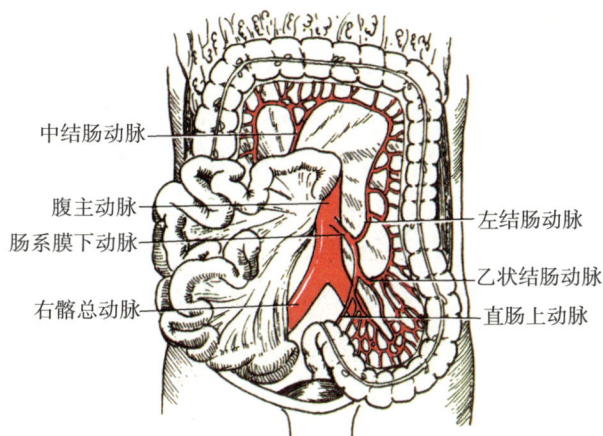

图 9-27　肠系膜下动脉及其分支

4. 肾上腺中动脉　在腹腔干起点的稍下方，平对第1腰椎处起自腹主动脉侧壁，横行向外分布于肾上腺中部（图9-23）。

5. 肾动脉　约平第1、2腰椎体的高度，起自腹主动脉侧壁，横行向外经肾门入肾，入肾之前发出肾上腺下动脉到肾上腺（图9-23）。

6. 睾丸动脉　细长，在肾动脉稍下方由腹主动脉前壁发出，沿腰大肌前面斜向外下，穿经腹股沟管入阴囊，又称精索内动脉，参与精索的组成。分布于睾丸和附睾（图9-23）。在女性，相对应的动脉为卵巢动脉，分布于卵巢和输卵管。

（六）髂总动脉及盆部动脉

髂总动脉在第4腰椎体下缘高度由腹主动脉分出，沿腰大肌内侧向外下方走行，至骶髂关节处分为髂内动脉和髂外动脉。

髂内动脉是盆部动脉的主干，为一短干，沿盆腔侧壁下行，发出壁支和脏支（图9-28），分布于盆壁和盆腔脏器。

1. 壁支

（1）闭孔动脉　沿骨盆侧壁行向前下，穿闭孔膜出盆腔至大腿内侧，分布于大腿内侧肌群及髋关节。

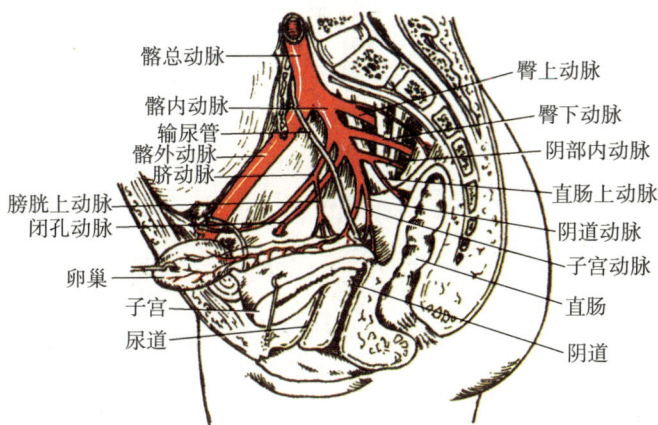

图 9-28　女性盆腔的动脉

（2）臀上动脉和臀下动脉　分别经梨状肌上、下缘穿出至臀部，分支营养臀肌和髋关节。

2. 脏支

（1）膀胱下动脉　沿盆腔侧壁下行，分布于膀胱底、精囊腺和前列腺。女性分布于膀胱和阴道。

（2）直肠下动脉　分布于直肠下部，并与直肠上动脉和肛动脉吻合。

（3）子宫动脉　沿盆腔侧壁下行进入子宫阔韧带内，在子宫颈外侧2cm处从输尿管的前方越过并交叉，沿子宫颈侧缘上行，分布于阴道、子宫、输卵管和卵巢等处，并与卵巢动脉吻合。在子宫切除术结扎子宫动脉时，应尽量靠近子宫，以免损伤输尿管。

（4）阴部内动脉　自梨状肌下孔出盆腔，再经坐骨小孔至坐骨肛门窝，发出肛动脉、会阴动脉、阴茎（阴蒂）背动脉等分支，分布于肛门、会阴部和外生殖器。

（5）脐动脉　胎儿时期的动脉干，出生后远侧段闭锁形成脐内侧韧带，近侧段未闭，发出膀胱上动脉，分布于膀胱上中部。

（七）髂外动脉及下肢动脉

1. 髂外动脉　沿腰大肌内侧缘下行，经腹股沟韧带中点深面至股前部，移行为股动脉（图9-29），其主要分支为腹壁下动脉，经腹股沟管深环内侧上行入腹直肌鞘，与腹壁上动脉吻合分布于腹直肌。

2. 股动脉　为髂外动脉的直接延续，是下肢的主干，在股三角内下行，穿过收肌管至腘窝，移行为腘动脉。在腹股沟韧带中点下方，股动脉位置表浅，在活体上可触及搏动，当下肢出血时，可在此处向后压向耻骨上支进行压迫止血（图9-29）。股动脉的主要分支是股深动脉，该动脉在腹股沟韧带中点的下方2~5cm处由股动脉发出，行向后内下方，沿途发出旋股内侧动脉、旋股外侧动脉和3~4支穿动脉，分布于大腿肌和股骨。

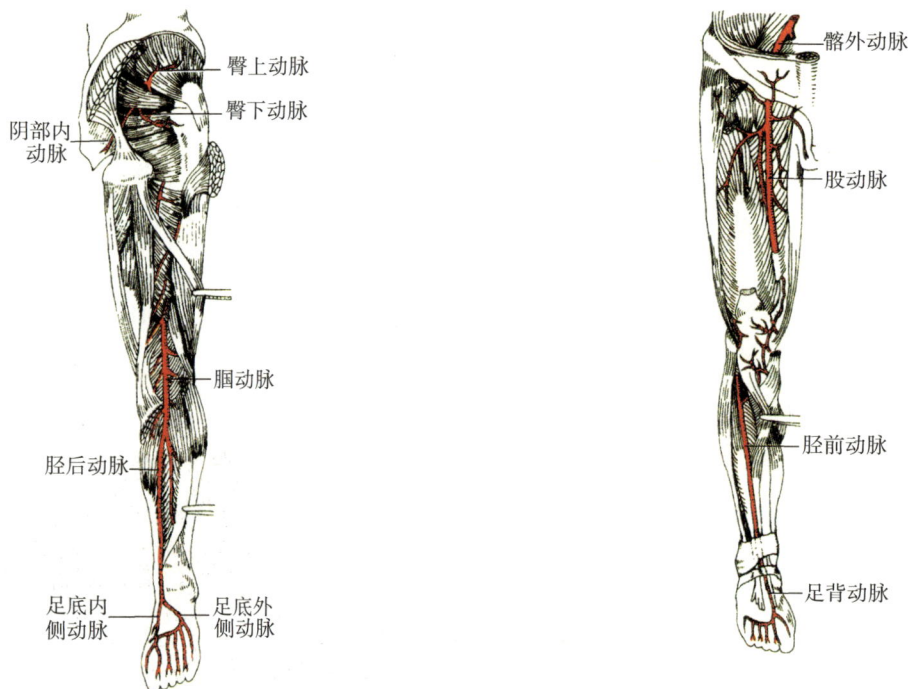

图9-29　下肢的动脉

3. 腘动脉　在腘窝深部下行，至腘窝下缘处分为胫前动脉和胫后动脉。腘动脉的分支分布于膝关节和邻近肌（图9-30）。

4. 胫前动脉 自腘动脉发出后，向前穿小腿骨间膜至小腿前面，在小腿前群肌之间下行，至踝关节前方移行为足背动脉。胫前动脉沿途分支布于小腿前群肌（图9-30）。

5. 胫后动脉 自腘动脉发出后，沿小腿后面浅、深肌之间下行，经内踝后方至足底，分为足底内侧动脉和足底外侧动脉两个终支（图9-30）。胫后动脉分支营养小腿后群肌和外侧群肌，足底内、外侧动脉分布于足底和足趾。

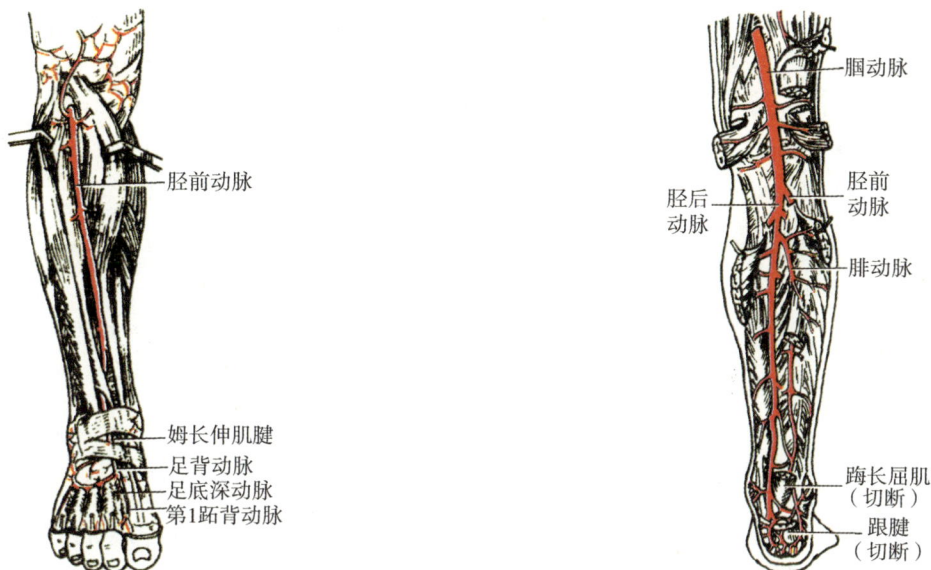

图9-30 小腿的动脉

6. 足背动脉 是胫前动脉的直接延续，位置表浅，在踝关节前方，内、外踝连线中点可触及其搏动。足背部出血时可在该处向深部压迫足背动脉进行止血。足背动脉分支分布于足背和足趾（图9-31）。

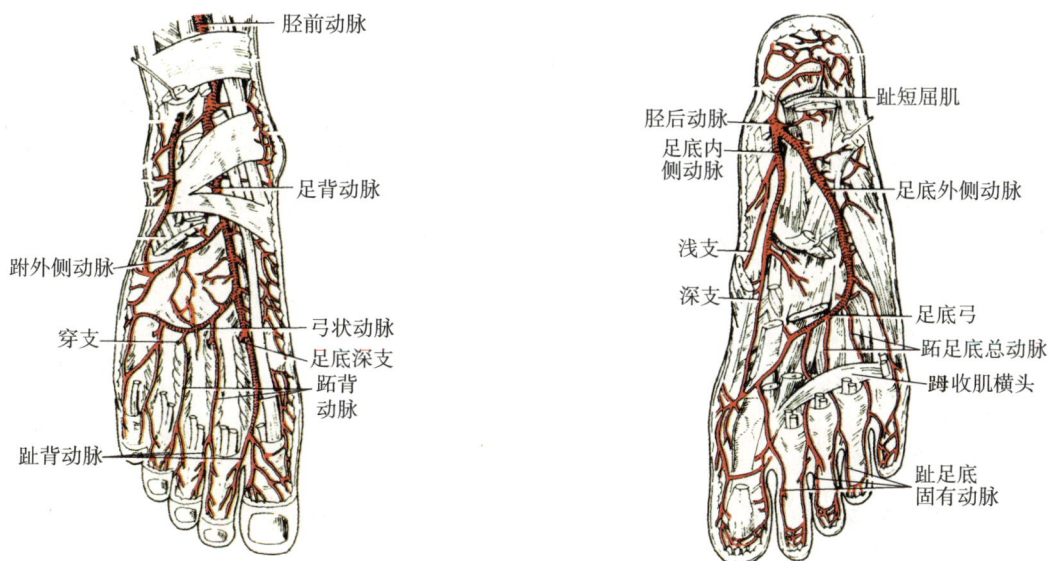

图9-31 足背动脉和足底动脉

💡 **知识拓展**

动脉的压迫止血点

1. 颈总动脉压迫止血点：胸锁乳突肌中段前缘，平环状软骨，向后压于第六颈椎横突上。

2. 面动脉压迫止血点：下颌体下缘与咬肌前缘交界处，压于下颌骨。

3. 颞浅动脉压迫止血点：外耳门前方，颧弓后端，压于颧弓。

4. 锁骨下动脉压迫止血点：锁骨上窝内，锁骨中点上方，向下压于第 1 肋。

5. 肱动脉压迫止血点：肘窝内上方，肱二头肌肌腱内侧，压于肱骨。

6. 桡动脉压迫止血点：桡骨茎突稍上方，肱桡肌腱与桡侧腕屈肌腱之间，压于桡骨。

7. 指掌侧固有动脉压迫止血点：手指根部两侧，向内压于近节指骨两侧。

8. 股动脉压迫止血点：腹股沟韧带中点稍下方，压于股骨。

9. 足背动脉压迫止血点：踝关节前方，内、外踝连线中点，向下压于足背。

第四节　静　脉

　　静脉是输送血液回到心脏的血管，起始于毛细血管，止于心房。静脉数量多、行程长、分布广，与动脉相比，静脉具有以下特点。①体循环的静脉分浅、深两类：浅静脉位于皮下浅筋膜内，又称皮下静脉，数目较多，不与动脉伴行，最终注入深静脉。临床常经浅静脉注射、输液、采血和插入导管等。深静脉位于深筋膜的深面或体腔内，多与同名动脉伴行，又称伴行静脉，其导血范围与伴行动脉的分布范围大体一致。②静脉的吻合比较丰富：浅静脉在手和足等部位多吻合成静脉网，深静脉在某些器官周围吻合成静脉丛，如食管静脉丛、直肠静脉丛、手背静脉网等。浅静脉之间、深静脉之间和浅深静脉之间都存在丰富的交通支，有利于侧支循环的建立。③静脉瓣：成对，半月形，由内膜凸入管腔折叠形成，有保证血液向心流动和防止血液逆流的作用（图 9 - 32）。四肢静脉瓣较多，躯干较大的静脉较少或无。④与伴行的动脉相比，静脉管壁薄而柔软，弹性小，管腔大，压力较低，血流缓慢。静脉不仅比相应动脉的管腔大，而且数量也较多，血液总容量是动脉的两倍以上，从而使回心的血量得以与心的输出量保持平衡。⑤结构特殊的静脉：硬脑膜窦，位于颅内，无瓣膜无平滑肌，外伤时出血不易止住。板障静脉，位于板障内，壁薄无瓣膜，借助于导血管连接头皮静脉和硬脑膜窦。

静脉瓣

图 9 - 32　静脉瓣

　　全身的静脉分为肺循环的静脉和体循环的静脉。

一、肺循环的静脉

　　肺静脉每侧各有 2 条，分别称为左上肺静脉、左下肺静脉、右上肺静脉和右下肺静脉。肺静脉起自肺泡周围的毛细血管网，逐级汇合，在肺门处每侧肺形成上、下两条肺静脉，向内侧穿纤维心包，注入左心房的后部（图 9 - 5）。肺静脉将含氧量高的血液送到左心房。

二、体循环的静脉

　　体循环的静脉包括上腔静脉系、下腔静脉系（包括肝门静脉系）和心静脉系（详见本章第二节心）。

（一）上腔静脉系

上腔静脉系的主干是上腔静脉，主要收集头颈部、上肢和胸部（心和肺除外）等上半身的静脉血（图9-33）。

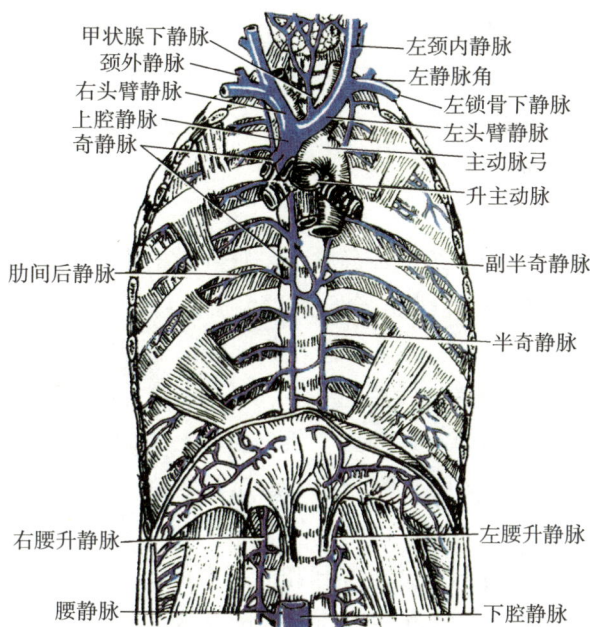

图9-33 上腔静脉及其属支

上腔静脉是一条短而粗的静脉干，由左、右头臂静脉在右侧第一胸肋关节后方汇合而成，沿升主动脉右侧垂直下行，至右侧第2胸肋关节后方穿纤维心包，注入右心房（图9-3）。

头臂静脉左、右各一，由同侧的颈内静脉和锁骨下静脉在胸锁关节后方汇合而成，汇合处的夹角称静脉角，有淋巴导管注入。

1. 头颈部的静脉 浅静脉包括面静脉、颞浅静脉、颈前静脉和颈外静脉，深静脉包括颅内静脉、颈内静脉和锁骨下静脉等。

（1）颈内静脉 为颈部最大的静脉干（图9-34），上端在颈静脉孔处与颅内的乙状窦相延续，在颈动脉鞘内伴颈内动脉、颈总动脉下行，至胸锁关节后方与锁骨下静脉汇合成头臂静脉。颈内静脉与颈总动脉、颈内动脉和迷走神经一起被周围结缔组织形成的颈动脉鞘包绕，由于颈动脉鞘与颈内静脉管壁连接紧密，故管腔经常处于开放状态，有利于头颈部静脉血液的回流。但当颈内静脉外伤破裂时，由于管腔不能闭锁和胸腔负压对血液的吸引，可导致空气进入形成栓塞。

颈内静脉的属支有颅内支和颅外支。颅内支汇集了脑、脑膜、视器、前庭蜗器及颅骨的静脉血，最终注入颈内静脉。颅外支汇集了面部、颈部的静脉血，主要的颅外属支有面静脉和下颌后静脉。

面静脉位置表浅，起自内眦静脉，与面动脉伴行，至下颌角下方跨过颈内、外动脉的表面，注入颈

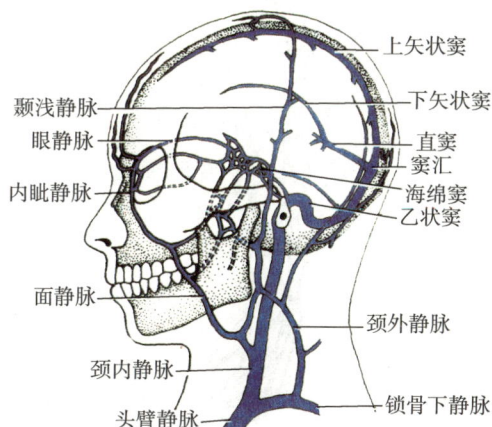

图9-34 头颈部的静脉

内静脉（图9-34）。面静脉收集面前部软组织的静脉血。面静脉在口角平面以上没有静脉瓣，且可通过眼上静脉和眼下静脉与颅内海绵窦交通，因此，当口角以上面部发生化脓性感染时，若处理不当如挤压，可导致细菌和脓栓经以上交通途径进入颅内海绵窦，造成颅内感染。临床上将鼻根至两侧口角之间的三角区称为"危险三角"。

（2）颈外静脉　是颈部最大的浅静脉，在耳下方由下颌后静脉的后支、耳后静脉及枕静脉在下颌角处汇合而成，沿胸锁乳突肌表面下行，在锁骨上方穿深筋膜，注入锁骨下静脉。主要收集头皮和面部的静脉血。颈外静脉位置表浅而恒定，管径较大，临床上常在此作静脉穿刺。静脉末端有一对瓣膜，但不能防止血液逆流。正常人站位或坐位时，颈外静脉不显露。若心脏疾病或上腔静脉阻塞引起回流不畅，半卧位时显著充盈称为颈静脉怒张。

（3）锁骨下静脉　在第1肋外侧缘续于腋静脉，是腋静脉的直接延续，位于颈根部，向内侧行于腋动脉前下方，在胸锁关节的后方与颈内静脉汇合成头臂静脉。两静脉汇合部为静脉角。由于该静脉管腔大、位置恒定，临床上常作为静脉穿刺、心血管造影及长期留置静脉导管的穿刺部位。

2. 上肢的静脉　富有静脉瓣，分深、浅两组。

（1）上肢的深静脉　与同名动脉伴行，多为2条。由于上肢的静脉血多由浅静脉引流，故深静脉较细。两条肱静脉汇合成腋静脉，在第1肋外侧缘续于锁骨下静脉。腋静脉收集上肢浅、深静脉的全部静脉血。

（2）上肢的浅静脉　主要有头静脉、贵要静脉和肘正中静脉及其属支，临床上常通过手背静脉网、前臂和肘部前面的浅静脉进行采血、输液和注射药物（图9-35，图9-36）。

1）头静脉　起于手背静脉网的桡侧，沿前臂下部的桡侧，转至前臂前面和肘部的前面，沿肱二头肌外侧上行至肩部，经三角肌与胸大肌间沟行至锁骨下窝，穿深筋膜注入腋静脉或锁骨下静脉。头静脉收集手和前臂桡侧浅层的静脉血。

2）贵要静脉　起自手背静脉网的尺侧，转至前臂尺侧上行，至肘部转至前面，沿肱二头肌内侧上行至臂中部，穿深筋膜注入肱静脉或腋静脉。贵要静脉收集手和前臂尺侧浅层的静脉血。

3）肘正中静脉　为一短粗的静脉干，变异较多。在肘窝处连接头静脉和贵要静脉。

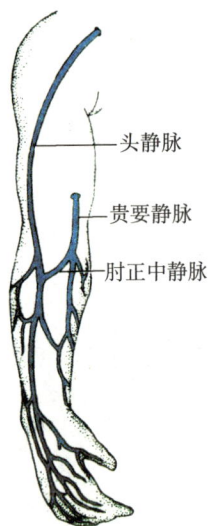

图9-35　上肢浅静脉

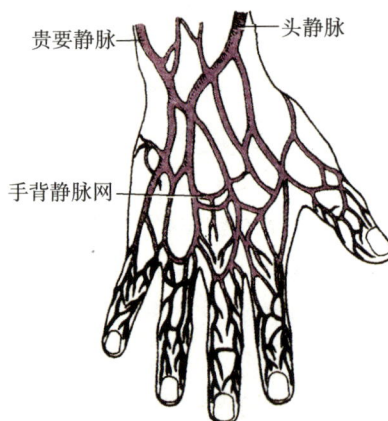

图9-36　手背静脉网

3. 胸部的静脉

（1）奇静脉　在右膈脚处起自右腰升静脉，穿膈后沿脊柱右侧上行至第4胸椎高度，绕右肺根上方呈弓形向前注入上腔静脉。奇静脉沿途收集右侧肋间后静脉、食管静脉、支气管静脉及半奇静脉的血液。奇静脉上连上腔静脉，下借右腰升静脉连于下腔静脉。故奇静脉是沟通上腔静脉系和下腔静脉系的重要通道之一。当上腔静脉或下腔静脉阻塞时，该通道可成为重要的侧副循环途径（图9-33）。

半奇静脉在左膈脚处起自左腰升静脉，穿膈后沿脊柱左侧上行，至第8~9胸椎高度越过脊柱前方注入奇静脉。

副半奇静脉沿脊柱左侧下行注入半奇静脉。半奇静脉和副半奇静脉主要收集左侧肋间后静脉血液。

（2）脊柱静脉　椎管内外有丰富的静脉丛。椎静脉丛包括椎内静脉丛和椎外静脉丛，它们分别布于椎管内、外，纵贯脊柱全长。椎内静脉丛位于椎骨骨膜和硬脊膜之间，收集椎骨、脊膜和脊髓的静脉血。椎外静脉丛位于椎体前方、椎弓及其突起的后方，收集椎体和附近肌肉的静脉血。椎内、外静脉丛的血液分别注入腰静脉、肋间后静脉等处。椎静脉丛还向上、向下分别与硬脑膜窦和盆腔静脉丛相交通。故脊柱静脉丛是沟通上、下腔静脉系和颅内、外静脉的重要通道。当盆、腹、胸腔等部位发生感染、肿瘤或寄生虫时，可经脊柱静脉丛侵入颅内或其他远位器官。

（二）下腔静脉系

下腔静脉系由下腔静脉及其属支组成，主要收集下肢、盆部和腹部的静脉血，其主干是下腔静脉。

下腔静脉在第5腰椎水平由左、右髂总静脉汇合而成，沿腹主动脉右侧和脊柱右前方上行，经肝的腔静脉沟，穿膈的腔静脉孔入胸腔，穿纤维心包注入右心房（图9-37）。

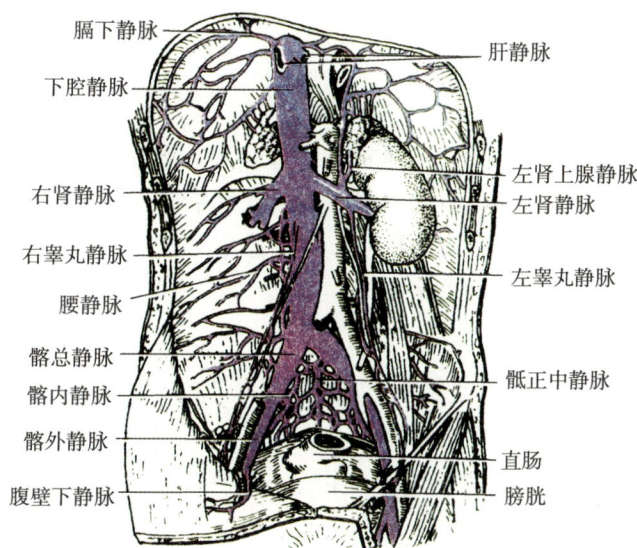

图9-37　下腔静脉及其属支

1. 下肢的静脉　下肢静脉比上肢静脉瓣膜多，浅静脉与深静脉之间的交通也较为丰富。

（1）下肢的深静脉　足小腿的深静脉与同名动脉相伴行，均为两条，胫前、后静脉汇合成腘静脉，穿收肌腱裂孔移行为股静脉，经腹股沟韧带后方续于髂外静脉。股静脉在腹股沟韧带的稍下方位于股动脉内侧，临床上常在此处行静脉穿刺插管。

（2）下肢的浅静脉　主要有大隐静脉和小隐静脉，由于行程长、静脉瓣多，因此易发生静脉曲张。

大隐静脉是全身最长的静脉，在足内侧缘起自足背静脉弓，经内踝前方，沿小腿内侧面、膝关节内后方、大腿内侧面上行，至耻骨结节外下方3~4cm处穿阔筋膜的隐静脉裂孔注入股静脉。大隐静脉主要有5条属支，即腹壁浅静脉、阴部外静脉、旋髂浅静脉、股内侧浅静脉和股外侧浅静脉。大隐静脉沿途收集足、小腿内侧及大腿前内侧的静脉血。大隐静脉在内踝前方的位置恒定且表浅，是临床上静脉输液、注射和穿刺的常选部位（图9-38）。

小隐静脉起自足背静脉弓的外侧，经外踝后方，沿小腿后面上行至腘窝，穿深筋膜注入腘静脉。收集足外侧部和小腿后部浅层的静脉血（图9-39）。

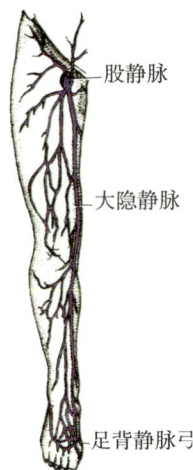

图9-38　大隐静脉

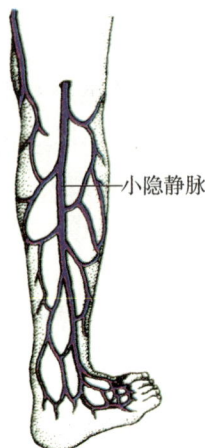

图9-39　小隐静脉

💡 **知识拓展**

下肢静脉曲张

下肢静脉曲张是下肢浅静脉（大隐静脉和小隐静脉及其属支）内压增高，发生扩张、延长、弯曲成团状，晚期可并发慢性溃疡的病变。本病多见于中年男性，长期负重、站立工作者。下肢静脉曲张在四肢血管疾病中最常见，常因静脉曲张及其并发症，尤其是溃疡而就诊。

2. 盆部的静脉

（1）髂内静脉　短而粗，在髂内动脉后内侧伴行，在骶髂关节前方与髂外静脉汇合成髂总静脉。髂内静脉的属支有臀上静脉、臀下静脉、闭孔静脉等壁支，以及膀胱下静脉、直肠下静脉、阴部内静脉、子宫静脉等脏支，它们收集同名动脉分布区的静脉血。盆内脏器的静脉在器官壁内或表面形成静脉丛，男性有膀胱静脉丛和直肠静脉丛，女性除这些外还有子宫静脉丛和阴道静脉丛。静脉丛在盆腔器官扩张或压迫时利于血液回流（图9-40）。

（2）髂外静脉　是股静脉的直接延续，与同名动脉伴行，收集下肢及腹前壁下部的静脉血。

（3）髂总静脉　由髂内静脉和髂外静脉在骶髂关节的前方汇合而成。两侧髂总静脉与髂总动脉相伴上行，至第5腰椎右侧汇合成下腔静脉。

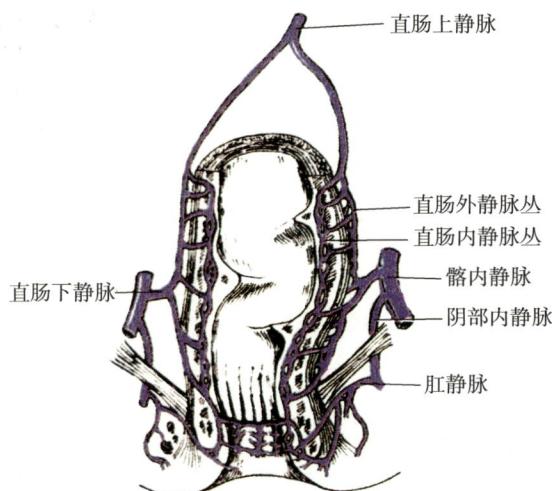

图9-40　直肠的静脉

3. 腹部的静脉 腹部的静脉直接或间接地注入下腔静脉，分壁支和脏支。

壁支包括 1 对膈下静脉和 4 对腰静脉，腰静脉之间纵支连成腰升静脉。左、右腰升静脉向上分别延续为半奇静脉和奇静脉，向下与髂总静脉和髂腰静脉相通。

脏支比较复杂，腹腔内成对器官的脏支几乎都直接注入下腔静脉，而不成对器官的脏支则先经肝门静脉入肝，在肝内代谢后再经肝静脉注入下腔静脉。

（1）肾上腺静脉 左、右各一，左侧注入左肾静脉，右侧注入下腔静脉。

（2）肾静脉 在肾门处由 3~5 条静脉汇合成 1 条，在肾动脉前方行向内侧，注入下腔静脉。左肾静脉比右肾静脉长，跨越腹主动脉的前面。

（3）睾丸静脉 起自睾丸和附睾的小静脉，吻合形成蔓状静脉丛，参与精索构成。经腹股沟管入盆腔，逐渐汇合成睾丸静脉。左睾丸静脉以直角汇入左肾静脉，右睾丸静脉以锐角直接汇入下腔静脉。故睾丸静脉曲张多见于左侧。因静脉血回流受阻，精索静脉曲张严重者可导致不育。该静脉在女性为卵巢静脉，起自卵巢静脉丛，在卵巢悬韧带内上行，合成卵巢静脉，汇入部位与男性相同。

（4）肝静脉 位于肝内，有 2~3 条，肝左、肝中、肝右静脉在腔静脉沟注入下腔静脉。肝静脉收集肝血窦回流的静脉血。

4. 肝门静脉系 由肝门静脉及其属支组成。收集除肝以外的不成对腹腔脏器的血液（图 9-41）。

肝门静脉由肠系膜上静脉和脾静脉在胰颈后方汇合而成，经胰颈和下腔静脉之间上行入肝十二指肠韧带，向右上行达肝门处分左、右两支进入肝，在肝内反复分支最后注入肝血窦，肝血窦含有来自肝固有动脉和肝门静脉的血液，经肝静脉最后注入下腔静脉。

（1）肝门静脉的结构特点 为一粗短的主干，长 6~8cm；起止两端均是毛细血管；主干及其属支内均无瓣膜，故在肝门静脉高压时，血液可逆流。

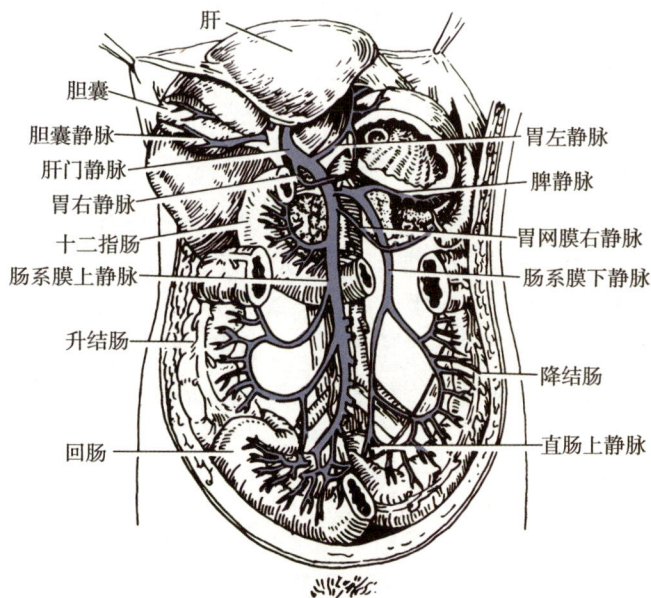

图 9-41 肝门静脉及其属支

（2）肝门静脉的属支 肝门静脉的主要属支有脾静脉、肠系膜上静脉、肠系膜下静脉、胃左静脉、附脐静脉、胃右静脉和胆囊静脉。多数属支收集同名动脉分布区域的静脉血。

（3）肝门静脉系与上、下腔静脉系之间的交通途径 肝门静脉系与上、下腔静脉系之间主要通过 3 个静脉丛进行交通。①食管静脉丛：通过食管腹段黏膜下的食管静脉丛，形成肝门静脉系的胃左静脉与上腔静脉系的奇静脉和半奇静脉之间的交通。②直肠静脉丛：通过直肠静脉丛，形成肝门静脉系的直肠上静脉与下腔静脉系的直肠下静脉和肛静脉之间的交通。③脐周静脉网：肝门静脉系的附脐静脉通过脐周静脉网，与上腔静脉系的胸、腹壁静脉和腹壁上静脉，或与下腔静脉系的腹壁浅静脉和腹壁下静脉之间相交通（图9-42）。

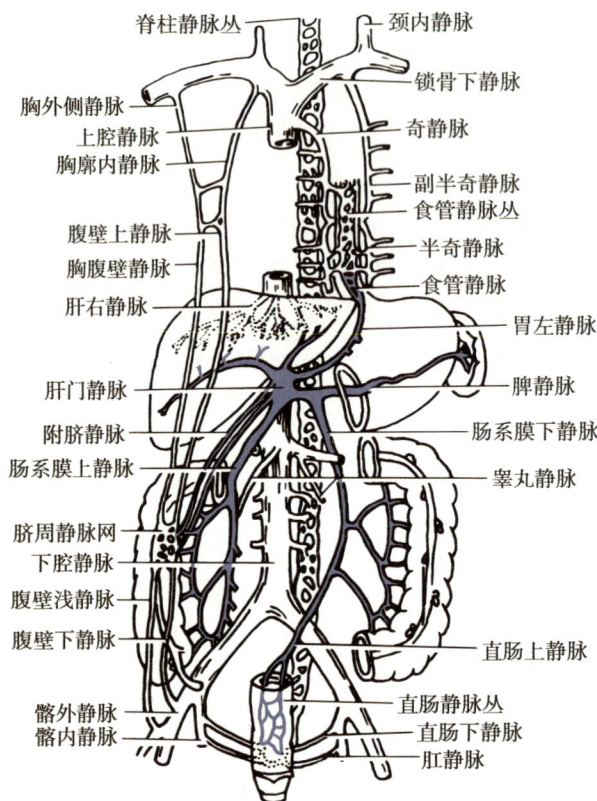

图9-42　肝门静脉系与上、下腔静脉系之间的吻合

在正常生理状况下，肝门静脉系与上、下腔静脉系之间的交通支细小，血流量很少，血液主要靠正常途径回流到所属静脉系。肝硬化、肝肿瘤、肝门处淋巴结肿大或胰头肿瘤等原因可压迫肝门静脉，造成肝门静脉回流受阻，此时肝门静脉的血液可通过肝门静脉系与上、下腔静脉系之间的吻合途径建立侧支循环，分别经上、下腔静脉回流入心。由于血流量突然增多，可导致吻合部位的交通支变得粗大和弯曲，出现静脉曲张。如果食管静脉丛和直肠静脉丛曲张、破裂，便会引起呕血和便血。当肝门静脉系的侧支循环失代偿时，可引起收集静脉血范围的器官淤血，出现脾大和腹水等。

目标检测

答案解析

一、选择题

1. 关于脉管系统的构成，正确的是
   A. 心血管系统和淋巴管组成
   B. 心、动脉、毛细血管和静脉
   C. 心、血管系统和淋巴器官
   D. 心、动脉、静脉和淋巴导管
   E. 心血管系统和淋巴系统

2. 心血管系统不包括
    A. 心　　　　　　　B. 静脉　　　　　　　C. 毛细血管
    D. 淋巴管　　　　　E. 动脉

3. 下列哪项不属于右心房的结构
    A. 卵圆窝　　　　　B. 三尖瓣　　　　　　C. 冠状窦口
    D. 下腔静脉口　　　E. 上腔静脉口

4. 关于心腔内结构，正确的说法是
    A. 冠状窦口位于左心房　　　　　　B. 右心室的出口为主动脉口
    C. 三尖瓣位于左心室　　　　　　　D. 界嵴为左心室的分部标志
    E. 上、下腔静脉开口于右心房

5. 二尖瓣位于
    A. 主动脉口　　　　B. 肺动脉口　　　　　C. 左房室口
    D. 右房室口　　　　E. 冠状窦口

6. 心脏收缩射血期瓣膜的状态是
    A. 主动脉瓣、肺动脉瓣开放　　　　B. 二尖瓣、三尖瓣开放
    C. 主动脉瓣开放，肺动脉瓣关闭　　D. 二尖瓣关闭、三尖瓣开放
    E. 二尖瓣开放，主动脉瓣关闭

7. 心室舒张充盈期防止血液逆流的装置是
    A. 主动脉瓣和二尖瓣　　　　　　　B. 肺动脉瓣和三尖瓣
    C. 主动脉瓣和三尖瓣　　　　　　　D. 主动脉瓣和肺动脉瓣
    E. 二尖瓣和三尖瓣

8. 下列不属于心传导系统的是
    A. 窦房结　　　　　B. 心肌纤维　　　　　C. 房室结
    D. 房室束　　　　　E. 左、右束支

9. 窦房结位于
    A. 下腔静脉口的右侧　　　　　　　B. 房间隔下方
    C. 冠状窦口前上方　　　　　　　　D. 右心耳内
    E. 上腔静脉与右心房交界处心外膜深面

10. 关于窦房结，下列说法正确的是
    A. 是心的正常起搏点　　　　　　　B. 位于左心耳的心外膜深面
    C. 呈圆形　　　　　　　　　　　　D. 由神经组织构成
    E. 直接与房室束相连

11. 冠状窦开口于
    A. 左心房　　　　　B. 左心室　　　　　　C. 右心房
    D. 右心室　　　　　E. 下腔静脉

12. 关于心脏的描述，错误的是
    A. 心底朝向右后上方　　　　　　　B. 心尖朝向左前下方
    C. 冠状沟是左、右心室在心表面的分界　　D. 心的右缘主要由右心房构成
    E. 心的左缘主要由左心室构成

13. 关于右心房的描述，错误的是
    A. 突向右前方部分为右心耳   B. 构成心的右上部
    C. 有三个入口   D. 出口为右房室口
    E. 房间隔下部有卵圆窝

14. 关于体循环，下列说法正确的是
    A. 起于右心室   B. 向全身运送营养
    C. 终于左心室   D. 又称小循环
    E. 终于左心房

15. 心尖搏动点在
    A. 左侧第 5 肋间隙、左锁骨中线内侧 1~2cm 处
    B. 左侧第 5 肋间隙、右锁骨中线内侧 1~2cm 处
    C. 左侧第 5 肋间隙、左锁骨中线外侧 1~2cm 处
    D. 右侧第 5 肋间隙、右锁骨中线外侧 1~2cm 处
    E. 左侧第 4 肋间隙、左锁骨中线内侧 1~2cm 处

16. 心房与心室在心表面的分界标志是
    A. 前室间沟   B. 后室间沟   C. 房间沟
    D. 冠状沟   E. 房室交点

17. 左右心室在心表面的分界标志是
    A. 前室间沟、冠状沟   B. 前室间沟、后室间沟
    C. 后室间沟、冠状沟   D. 冠状沟
    E. 房室交点

18. 构成心外膜的是
    A. 纤维性心包的脏层   B. 纤维性心包的壁层
    C. 浆膜性心包的脏层   D. 浆膜性心包的壁层
    E. 胸膜脏层

19. 主动脉弓从右向左发出的第一个分支为
    A. 左锁骨下动脉   B. 右锁骨下动脉
    C. 左颈总动脉   D. 头臂干
    E. 右颈总动脉

20. 面部浅层出血时，止血可压迫
    A. 甲状腺上动脉   B. 面动脉   C. 上颌动脉
    D. 脑膜中动脉   E. 颞浅动脉

21. 腹腔干的直接分支有
    A. 胃左动脉   B. 胃右动脉   C. 胃网膜右动脉
    D. 胃网膜左动脉   E. 胃短动脉

22. 腹主动脉通常不发出以下哪条动脉
    A. 卵巢动脉   B. 睾丸动脉   C. 肾上腺中动脉
    D. 肾上腺上动脉   E. 膈下动脉

23. 阑尾动脉来自
    A. 中结肠动脉   B. 回结肠动脉   C. 右结肠动脉

D. 空肠动脉　　　　　E. 回肠动脉

24. 不供应大肠的动脉是
　　A. 中结肠动脉　　　　B. 回结肠动脉　　　　C. 左结肠动脉
　　D. 右结肠动脉　　　　E. 回肠动脉

25. 下列哪条不是肠系膜上动脉的分支
　　A. 空、回肠动脉　　　B. 回结肠动脉　　　　C. 左结肠动脉
　　D. 右结肠动脉　　　　E. 中结肠动脉

26. 子宫动脉起于
　　A. 髂内动脉　　　　　B. 髂外动脉　　　　　C. 闭孔动脉
　　D. 臀上动脉　　　　　E. 阴部内动脉

27. 关于上腔静脉，下列说法正确的是
　　A. 由左、右头静脉汇合而成　　　　　　B. 由左、右头臂静脉汇合而成
　　C. 由颈内静脉及锁骨下静脉汇合而成　　D. 两侧锁骨下静脉汇合而成
　　E. 由两侧颈内静脉汇合而成

28. 大隐静脉描述中，正确的是
　　A. 起自足背静脉网内侧缘　　　　　　　B. 经内踝后方
　　C. 沿小腿及股外侧面上行　　　　　　　D. 注入腘静脉
　　E. 与小隐静脉间无交通支

29. 头静脉注入
　　A. 肱静脉　　　　　　B. 腋静脉　　　　　　C. 头静脉
　　D. 肘正中静脉　　　　E. 头臂静脉

30. 位于肘窝前方，临床常用于注射、输液、采血的浅静脉是
　　A. 头静脉　　　　　　B. 贵要静脉　　　　　C. 尺静脉
　　D. 桡静脉　　　　　　E. 肘正中静脉

31. 大隐静脉经过
　　A. 内踝前方　　　　　B. 内踝后方　　　　　C. 外踝前方
　　D. 外踝后方　　　　　E. 外踝下方

二、思考题

1. 心表面有哪几条沟？各走行哪些血管？
2. 肝门静脉通过直肠静脉丛的侧副循环的途径是怎样的？该侧副循环建立后，临床上可能产生什么症状？
3. 自头静脉注射的药物经何循环途径到达阑尾？

（葛淑娜　郭芙莲）

书网融合……

本章小结　　　题库

第十章　淋巴系统

PPT

◎ 学习目标

1. 通过本章学习，重点把握胸导管、右淋巴导管的起始、行程、注入部位及收集范围；脾的形态、位置，淋巴结的结构与功能。

2. 学会结合标本和模型说出脾和淋巴结的主要形态、结构。

≫ 情境导入

情境描述　患儿，男，6 岁。右手背被蚊虫叮咬后，瘙痒难当，抓后出现明显红肿，很快从叮咬处至右前臂、臂部出现一条长长的"红线"。临床诊断为淋巴管炎。

讨论　1. 为何会出现"红线"？

2. 淋巴导管的组成有哪些？

第一节　淋巴系统概述

淋巴系统是脉管系统的重要组成部分。由淋巴管道、淋巴组织和淋巴器官组成。淋巴管道内流动着淋巴液，简称淋巴（图 10-1）。自小肠绒毛中的中央乳糜池至胸导管的淋巴管道中，淋巴因含乳糜微粒而呈乳白色。其他部位淋巴管道中的淋巴无色透明。

血液流经毛细血管动脉端时，一些液体成分经毛细血管壁滤出到组织间隙，形成组织液。组织液与细胞进行物质交换后，其代谢产物大部分从毛细血管静脉端吸收回静脉，小部分水分和大分子物质进入毛细淋巴管成为淋巴液。淋巴液沿各级淋巴管道和淋巴结的淋巴窦向心流动，最终流入静脉。因此，淋巴系统是心血管系统的辅助部分，协助静脉引导组织液回流。此外，淋巴组织和淋巴器官还具有产生淋巴细胞、过滤淋巴液和进行免疫应答的功能。

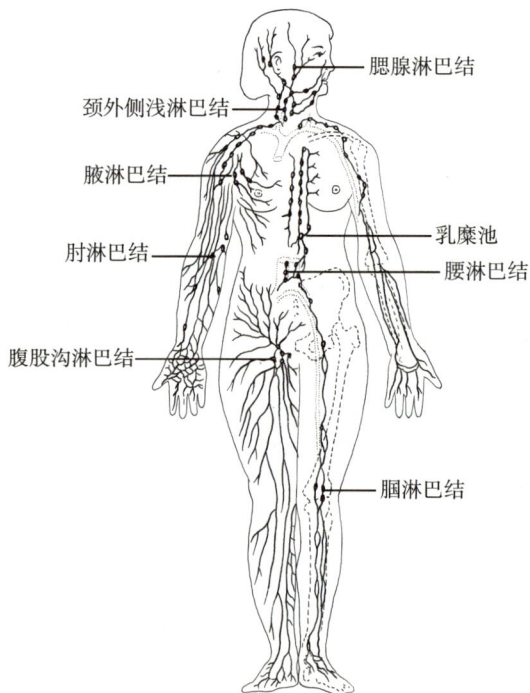

图 10-1　淋巴系统示意图

腮腺淋巴结
颈外侧浅淋巴结
腋淋巴结
肘淋巴结
腹股沟淋巴结
乳糜池
腰淋巴结
腘淋巴结

第二节　淋巴管道

根据其结构和功能的不同，淋巴管道分为毛细淋巴管、淋巴管、淋巴干和淋巴导管。

一、毛细淋巴管

毛细淋巴管是淋巴管道的起始部分，以膨大的盲端起始于组织间隙，互相吻合成毛细淋巴管网，然后汇入淋巴管。除上皮、脑、脊髓、晶状体、角膜、软骨、脾、骨髓、牙釉质等处外，毛细淋巴管几乎遍布全身。毛细淋巴管通透性大于毛细血管，大分子物质，如蛋白质、细胞碎片、异物、细菌和肿瘤细胞等，容易进入毛细淋巴管。

二、淋巴管

淋巴管自毛细淋巴管网发出，注入淋巴结。管壁的结构和静脉相似，也有丰富的瓣膜，具有防止淋巴液逆流的功能。由于相邻两对瓣膜之间的淋巴管明显扩张，淋巴管外观呈串珠状或藕节状。淋巴管在向心走行的过程中，通常要经过一个或多个淋巴结。根据位置淋巴管可分为浅、深两种，二者之间存在广泛的交通。浅淋巴管位于浅筋膜内，与浅静脉伴行；深淋巴管位于深筋膜深面，多与深部血管、神经伴行。

三、淋巴干

全身各部的浅、深淋巴管经过一系列淋巴结群后，最后一群淋巴结的输出淋巴管汇合成较大的淋巴干。淋巴干共有九条，即左、右颈干，左、右锁骨下干，左、右支气管纵隔干，左、右腰干和1条肠干（图10-2）。

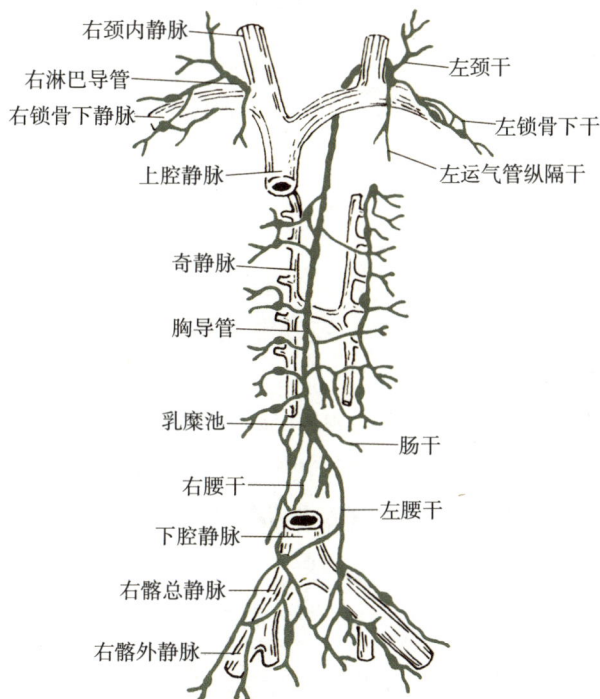

图 10-2 淋巴干及淋巴导管

左、右颈干分别收集头颈部左、右半侧的淋巴；左、右锁骨下干分别收集左、右上肢及胸腹壁浅层的淋巴；左、右支气管纵隔干主要收集胸腔脏器和胸腹壁深层的淋巴；左、右腰干分别收集左、右下肢、盆部、腹后壁和腹腔内成对脏器的淋巴；肠干主要收集腹腔内不成对脏器的淋巴。

四、淋巴导管

淋巴导管由全身 9 条淋巴干最后汇合而成，共有 2 条，即胸导管和右淋巴导管，分别注入左、右静脉角。

（一）胸导管

胸导管是全身最大的淋巴导管，长 30~40cm，起自乳糜池，平第 12 胸椎体下缘高度。乳糜池为胸导管起始处的膨大，位于第 1 腰椎前方，由左、右腰干和肠干汇合而成。胸导管经膈的主动脉裂孔进入胸腔，沿脊柱右前方和胸主动脉与奇静脉之间上行，至第 5 胸椎高度经食管与脊柱之间向左侧斜行，然后沿脊柱左前方上行，出胸廓上口至颈根部，在左颈总动脉和左颈内静脉的后方呈弓状转向前内下方，注入左静脉角。胸导管末端有一对瓣膜，可以阻止静脉血逆流。胸导管在注入左静脉角之前，还有左颈干、左锁骨下干和左支气管纵隔干汇入。胸导管收集两下肢、盆部、腹部、左胸部、左上肢和左头颈部的淋巴，即全身 3/4 的淋巴回流。

（二）右淋巴导管

右淋巴导管为一短干，长 1~1.5cm，由右颈干、右锁骨下干和右支气管纵隔干汇合而成，注入右静脉角。右淋巴导管收集右头颈部、右上肢、右胸部的淋巴，即全身 1/4 的淋巴回流。右淋巴导管与胸导管之间存在有交通连接。

第三节　淋巴器官

淋巴器官包括淋巴结、脾、胸腺和扁桃体等，有产生淋巴细胞、滤过淋巴和参与免疫应答等功能，是人体重要的防御装置。

一、淋巴结

淋巴结为大小不一的圆形或椭圆形灰红色小体，直径 2~20mm，质软。淋巴结一侧隆凸，数条输入淋巴管连接；另一侧凹陷，中央处称淋巴结门，有 1~2 条输出淋巴管及血管、神经出入（图 10-3）。一个淋巴结的输出淋巴管可成为下一淋巴结的输入淋巴管。淋巴结内的淋巴窦是淋巴液流经淋巴结的通路。淋巴结常成群分布，数目不恒定，青年人有淋巴结 400~450 个。按其位置不同可分为浅淋巴结和深淋巴结。浅淋巴结位于浅筋膜内，深淋巴结位于深筋膜深面。淋巴结多沿血管排列，四肢的淋巴结多位于关节的屈侧，如腋窝、肘窝、腹股沟等处，内脏的淋巴结多位于器官的门附近或血管的周围等隐藏部位。

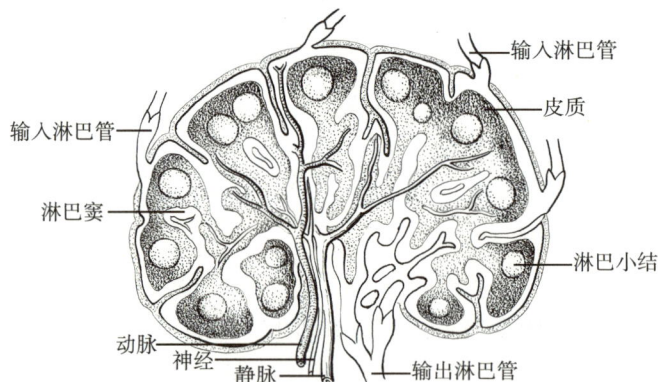

图 10-3　淋巴结

二、脾

脾是人体最大的淋巴器官，重 110 ~ 200g。脾位于左季肋区，胃底与膈之间，第 9 ~ 11 肋的深面，其长轴与第 10 肋一致，正常时在左肋弓下触不到脾（图 10 - 4）。

活体脾为暗红色实质性器官，质软而脆，扁椭圆形，受暴力打击时，易导致脾破裂。脾分为内、外侧面，上、下两缘和前、后两端。脾的内侧面凹陷，又称脏面，与胃底、左肾、左肾上腺、结肠左曲和胰尾相邻，中央处有脾门，是血管、神经和淋巴管出入的部位；外侧面光滑隆凸，对向膈，又称膈面。前端较宽，朝向前外，达腋中线，后端钝圆，朝向后内方，距正中线 4 ~ 5cm。上缘较锐，朝向前上方，前部有 2 ~ 3 个脾切迹，脾肿大时，是临床触诊脾的标志。下缘钝圆，朝向后下方。

脾附近，在胃脾韧带或大网膜内常可见到大小不等、数目不定的暗红色副脾，出现率 10% ~ 40%，脾功能亢进而作脾切除术时，应同时切除副脾。

脾的主要功能是储血、造血、清除衰老红细胞和参与机体免疫应答。当脾功能亢进时，由于过度吞噬红细胞，患者可表现出不同程度的贫血。

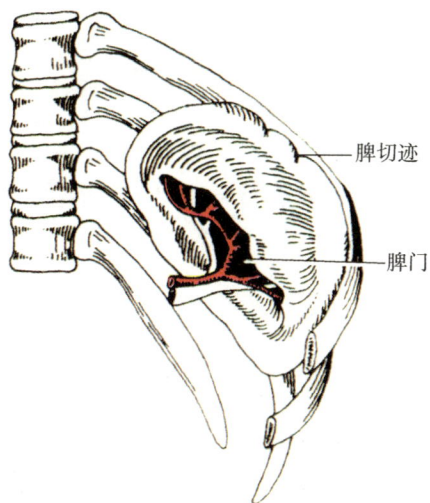

图 10 - 4 脾

三、胸腺

胸腺位于胸骨柄后方，上纵隔前部，贴近心包上方和大血管前面，上窄下宽，由左、右两叶构成，一般呈不对称的条状结构，色灰红，质柔软（图 10 - 5）。新生儿及幼儿时期的胸腺相对较大，重 10 ~ 15g，随着年龄的增长，胸腺继续发育，至青春期可达 25 ~ 40g，随后逐渐萎缩，成人胸腺腺组织多被结缔组织所代替。胸腺既是淋巴器官，又有内分泌功能，参与免疫反应。

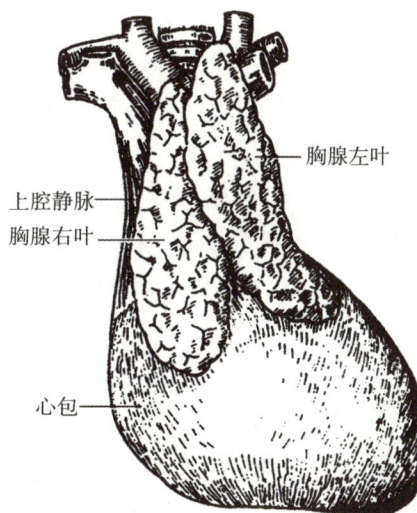

图 10 - 5 胸腺

第四节　全身淋巴结位置和淋巴管引流范围

一、头颈部淋巴结和淋巴管

头颈部的淋巴结在头、颈交界处呈环状排列，在颈部沿颈内、外静脉呈纵向排列。头颈部淋巴结的输出淋巴管下行，直接或间接注入颈外侧下深淋巴结（图 10 - 6）。

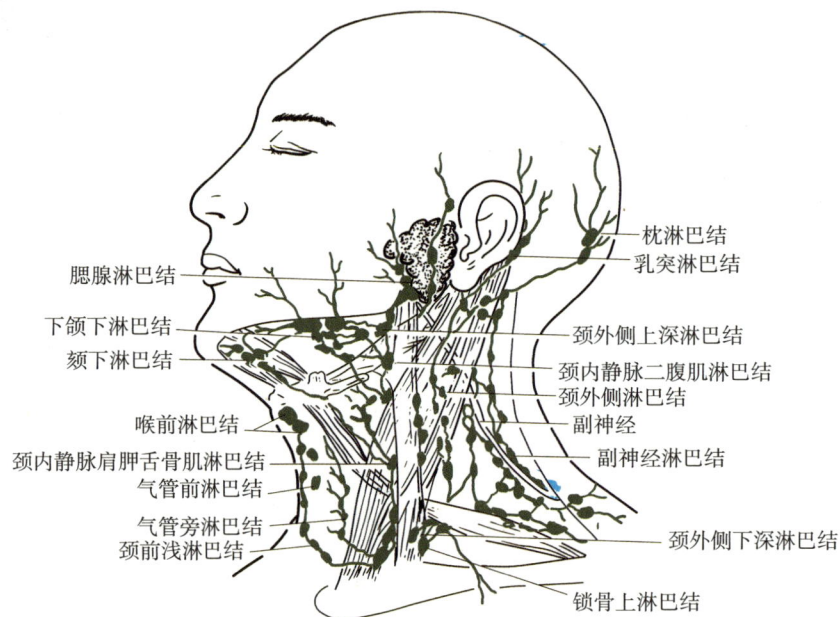

图 10 - 6　头颈部的淋巴结

（一）头部的淋巴结

头部的淋巴结多位于头颈交界处和颈内、外静脉周围。主要引流头面部淋巴，其输出淋巴管直接或间接注入颈外侧深淋巴结。由前向后依次有颏下淋巴结、下颌下淋巴结、腮腺淋巴结、乳突淋巴结和枕淋巴结。

1. 颏下淋巴结　位于颏下部，引流颏部、下唇中部和舌尖的淋巴。

2. 下颌下淋巴结　位于下颌下腺附近和下颌下腺实质内，引流面部和口腔器官的淋巴。

3. 腮腺淋巴结　分浅、深两群，分别位于腮腺表面和腮腺实质内，引流颅顶、颞区、额、耳廓、外耳道等处的淋巴。

4. 乳突淋巴结　又称耳后淋巴结，位于胸锁乳突肌止点表面，引流颞区、颅顶部和耳廓后面的淋巴。

5. 枕淋巴结　分浅、深两群，分别位于斜方肌起点和头夹肌深面，引流枕部和项部的淋巴。

（二）颈部的淋巴结

颈部的淋巴结主要有颈前淋巴结和颈外侧淋巴结。

1. 颈前淋巴结　分为浅、深两群。浅群沿颈前静脉排列，深群在喉、气管和甲状腺附近。其输出淋巴管都直接或间接汇入颈外侧下深淋巴结。

2. 颈外侧淋巴结　分为颈外侧浅淋巴结和颈外侧深淋巴结。

（1）颈外侧浅淋巴结　位于胸锁乳突肌浅面，沿颈外静脉排列，收纳颈浅部、耳后部、枕部和腮腺的淋巴，其输出淋巴管注入颈外侧深淋巴结。

（2）颈外侧深淋巴结　位于胸锁乳突肌深面，数目较多，主要沿颈内静脉排列。上部淋巴结位于鼻咽后方，为咽后淋巴结，引流鼻咽部、腭扁桃体、舌根的淋巴。鼻咽癌患者，癌细胞常转移到咽后淋巴结。下部淋巴结位于锁骨下动脉和臂丛的周围，称锁骨上淋巴结。引流头颈部、胸壁上部和乳房上部的淋巴。胃癌或食管癌患者，癌细胞可经胸导管转移至左锁骨上淋巴结，常可在胸锁乳突肌后缘与锁骨上缘形成的夹角处摸到肿大的淋巴结。颈外侧淋巴结输出淋巴管合成颈干，左侧注入胸导管，右侧注入右淋巴导管。

💡 知识拓展

局部淋巴结的临床意义

淋巴结常成群分布，数目不定。引流某一器官或部位淋巴的一组淋巴结，称该器官或部位的局部淋巴结。当某些器官或部位发生病变时，病变部位的细菌、病毒或肿瘤细胞沿淋巴管进入相应的局部淋巴结，引起局部淋巴结增生、肿大，产生大量的淋巴细胞，用来杀灭病原体，防止病变进一步扩散。如果局部淋巴结不能阻止病原体扩散，则病变可沿淋巴管道向下一级淋巴结蔓延，故局部淋巴结的肿大可反映引流范围内存在病变。

二、上肢淋巴结和淋巴管

上肢的浅、深淋巴管分别与浅静脉和深血管伴行，直接或间接注入腋淋巴结。

腋淋巴结是上肢主要的淋巴结，位于腋窝疏松结缔组织内，沿腋血管及其分支排列，收集上肢、胸前外侧壁、乳房和腹壁上部等处淋巴（图10-7）。腋淋巴结按位置分以下5群。

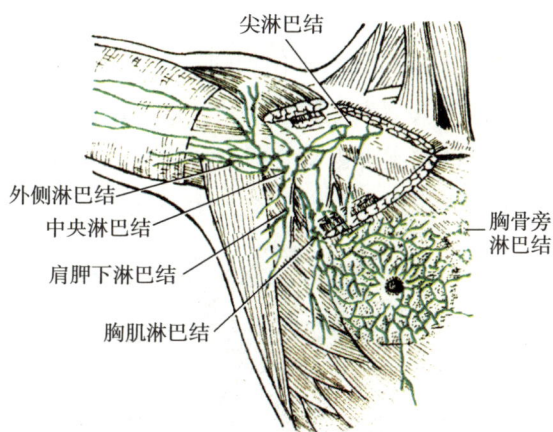

图 10-7　腋淋巴结

（一）胸肌淋巴结

胸肌淋巴结位于胸小肌下缘处，沿胸外侧动脉排列，引流腹前外侧壁、胸外侧壁及乳房外侧部和中央部的淋巴，其输出淋巴管注入中央淋巴结和尖淋巴结。

（二）外侧淋巴结

外侧淋巴结沿腋静脉远侧段排列，收纳上肢浅、深淋巴管的淋巴，其输出淋巴管注入中央淋巴结、尖淋巴结和锁骨上淋巴结。

（三）肩胛下淋巴结

肩胛下淋巴结沿肩胛下血管排列，引流颈后部和背上部的淋巴。其输出淋巴管注入中央淋巴结和尖淋巴结。

（四）中央淋巴结

中央淋巴结位于腋窝中央的疏松结缔组织中，收纳上述 3 群淋巴结的输出淋巴管，其输出淋巴管注入尖淋巴结。

（五）尖淋巴结

尖淋巴结沿腋静脉近侧段排列，引流乳房上部的淋巴管和中央淋巴结的输出淋巴管，其输出淋巴管合成锁骨下干，左侧注入胸导管，右侧注入右淋巴导管。乳腺癌常转移到腋淋巴结。

三、胸部淋巴结和淋巴管

胸部淋巴结位于胸壁内和胸腔器官周围。

（一）胸壁淋巴结

胸壁淋巴结包括胸骨旁淋巴结、肋间淋巴结、膈上淋巴结，收纳胸壁、腹壁上部、膈和肝上面的淋巴，其输出淋巴管直接或间接注入支气管纵隔干或胸导管。

（二）胸腔脏器的淋巴结

1. 纵隔前淋巴结　位于上纵隔前部和前纵隔内，在大血管和心包的前面，引流心、心包、胸腺和纵隔胸膜的淋巴，其输出淋巴管参与合成支气管纵隔干。

2. 纵隔后淋巴结　位于上纵隔后部和后纵隔内，沿胸主动脉和食管排列，引流食管、心包和膈的淋巴，其输出淋巴管多注入胸导管。

3. 气管、支气管和肺的淋巴结　主要有位于肺门处的支气管肺淋巴结（肺门淋巴结），引流肺的淋巴管，其输出淋巴管注入气管杈周围的气管支气管淋巴结，该淋巴结的输出管注入气管周围的气管旁淋巴结。气管旁淋巴结与纵隔前淋巴结的输出淋巴管合成左、右支气管纵隔干，分别注入胸导管和右淋巴导管。临床上，肺癌和肺结核患者，常出现肺门淋巴结肿大（图 10－8）。

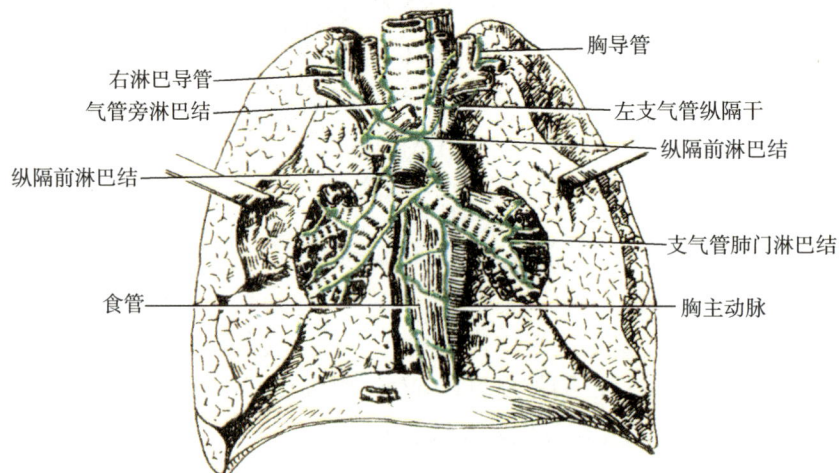

图 10－8　胸腔脏器的淋巴结

四、腹部淋巴结和淋巴管

腹部淋巴结位于腹后壁和腹腔脏器周围，沿腹腔血管排列。

（一）腹壁淋巴结

脐平面以上腹前外侧壁的浅、深淋巴管分别注入腋淋巴结和胸骨旁淋巴结，脐平面以下的浅、深淋巴管分别注入腹股沟浅、深淋巴结和髂外淋巴结，腹后壁的淋巴管注入腰淋巴结。

腰淋巴结位于腹后壁，沿腹主动脉和下腔静脉排列，引流腹后壁和腹腔成对器官的淋巴，并收纳髂总淋巴结的输出淋巴管，腰淋巴结的输出淋巴管汇合成左、右腰干，注入乳糜池。

（二）腹腔脏器的淋巴结

1. 腹腔成对脏器的淋巴结　腹腔成对脏器的淋巴直接注入腰淋巴结。

2. 腹腔不成对脏器的淋巴结　数目较多，注入沿腹腔干、肠系膜上动脉和肠系膜下动脉及其分支排列的淋巴结。①腹腔淋巴结：位于腹腔干周围。胃左、右淋巴结，胃网膜左、右淋巴结、幽门淋巴结和脾淋巴结等引流同名动脉分布区域的淋巴，输出淋巴管汇入腹腔淋巴结。②肠系膜上淋巴结：位于肠系膜上动脉根部的周围，引流沿空、回肠排列的肠系膜淋巴结和沿同名动脉排列的回结肠淋巴结、右结肠淋巴结和中结肠淋巴结的输出淋巴管，引流同名动脉分布区域的淋巴。③肠系膜下淋巴结：在肠系膜下动脉根部的周围排列，引流沿同名动脉排列的左结肠淋巴结、乙状结肠淋巴结和直肠上淋巴结的输出淋巴管，引流同名动脉分布区域的淋巴。

腹腔淋巴结、肠系膜上淋巴结和肠系膜下淋巴结的输出淋巴管共同汇合成一条肠干注入乳糜池。

五、盆部淋巴结和淋巴管

盆部的淋巴结沿髂内、外血管及髂总血管排列，分别称髂外淋巴结、髂内淋巴结和髂总淋巴结。收纳同名动脉分布区的淋巴，最后经髂总淋巴结的输出管注入腰淋巴结（图10-9）。

（一）髂内淋巴结

髂内淋巴结沿髂内血管及其分支排列，引流盆壁、盆腔器官、会阴、大腿后部及臀部的淋巴，其输出淋巴管注入髂总淋巴结。

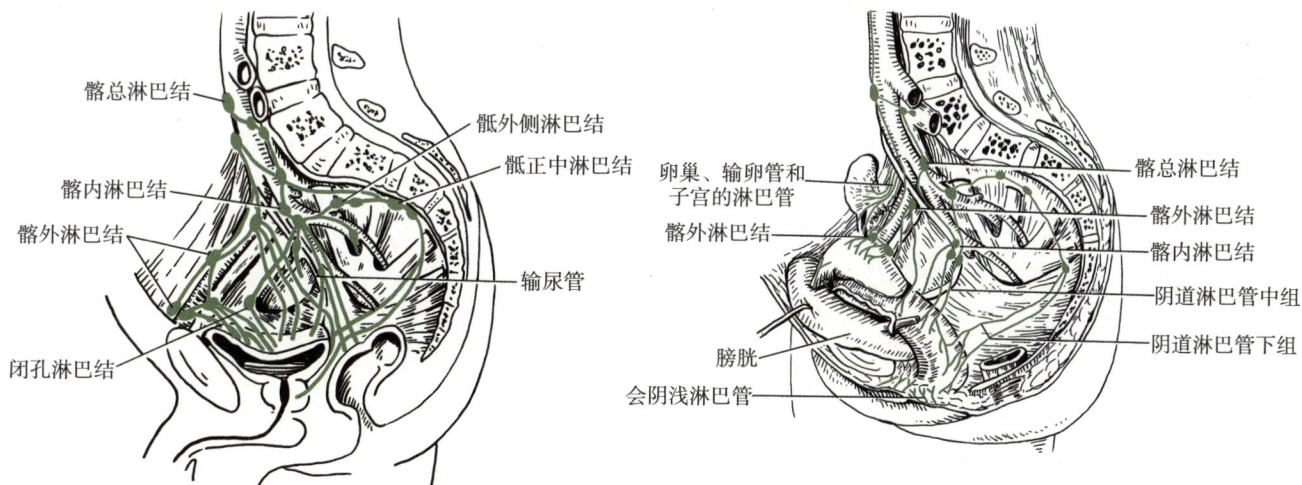

图10-9　盆部淋巴结

（二）髂外淋巴结

髂外淋巴结沿髂外血管及其分支排列，引流腹前壁下部、膀胱、前列腺或子宫等的淋巴，收集腹股沟浅、深淋巴结的输出淋巴管，其输出淋巴管注入髂总淋巴结。

（三）髂总淋巴结

髂总淋巴结沿髂外血管排列，引流髂内、外淋巴结的输出淋巴管，其输出淋巴管注入腰淋巴结。

六、下肢淋巴结和淋巴管

下肢的主要淋巴结有位于腘窝内的腘淋巴结和位于腹股沟的腹股沟淋巴结，它们引流下肢的淋巴。臀部的深淋巴管注入髂内淋巴结（图10-10）。

（一）腘淋巴结

腘淋巴结分浅、深两群，分别沿小隐静脉末端和腘血管排列。引流足外侧缘和小腿后外侧部浅层的淋巴、小腿和足深部的淋巴。其输出淋巴管沿股血管上行注入腹股沟深淋巴结。

（二）腹股沟淋巴结

腹股沟淋巴结位于腹股沟韧带下方的大腿根部，以阔筋膜为界分为浅、深两群。

1. 腹股沟浅淋巴结 位于腹股沟韧带下方，有8~10个，分上、下两群。上群沿腹股沟韧带下方平行排列，引流腹前壁下部、臀部、会阴部和外生殖器等处浅层的淋巴；下群沿大隐静脉末端分布，引流除足外侧缘和小腿后外侧部外的下肢浅淋巴管。腹股沟浅淋巴结的输出淋巴管注入腹股沟深淋巴结。

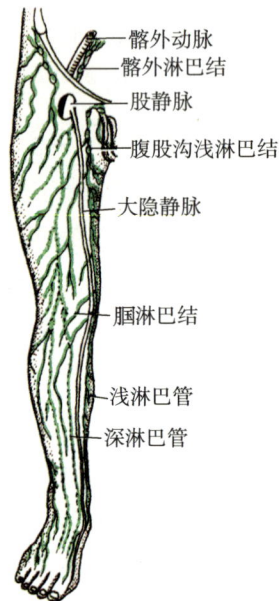

图 10-10 下肢的淋巴结

2. 腹股沟深淋巴结 位于股静脉根部周围和股管内，引流腹股沟浅淋巴结的输出管及下肢深层的淋巴管，其输出淋巴管注入髂外淋巴结。

目标检测

答案解析

一、选择题

1. 胸导管注入

    A. 左静脉角   B. 右静脉角   C. 右颈外静脉

    D. 右锁骨下静脉   E. 左锁骨下静脉

2. 关于脾脏的描述，错误的是

    A. 质软而脆，受暴力打击易破裂   B. 位于左季肋区

    C. 长轴与第10肋平行   D. 下缘有2~3个脾切迹

    E. 在正常情况下，于肋弓下缘不能触及

3. 关于胸腺，下列描述正确的是

    A. 无明显的年龄差异   B. 锥体形，分为不对称的左右叶

C. 质地较硬

E. 成人的胸腺以腺组织为主

D. 大部分附于甲状腺

4. 关于淋巴结，错误的描述是

A. 淋巴器官的一个组成部分

C. 输出淋巴管与其凸侧相连

E. 数目较多，常聚集成群

B. 常位于身体较隐蔽处

D. 输出淋巴管数目少于输入淋巴管

5. 关于淋巴系统，下列描述正确的是

A. 是心血管系统的组成部分

C. 淋巴结产生无色的淋巴

E. 以上都不是

B. 由淋巴结和淋巴管共同组成

D. 全身淋巴经左静脉角回流

6. 有关胸导管，错误的描述是

A. 平第 1 腰椎起于乳糜池

C. 是全身最大的淋巴管

E. 注入左静脉角

B. 由左右腰干汇合而成

D. 经主动脉裂孔入胸腔

7. 沿颈外静脉排列的淋巴结是

A. 颈外侧浅淋巴结

C. 咽后淋巴结

E. 颈前淋巴结

B. 颈外侧深淋巴结

D. 锁骨上淋巴结

8. 关于毛细淋巴管，错误的描述为

A. 常与毛细血管伴行

C. 管腔粗细一致、均匀

E. 管壁通透性大于毛细血管

B. 起于组织间隙内

D. 管壁由单层内皮细胞构成

9. 下列不属于淋巴器官的是

A. 扁桃体　　　　　B. 胸腺　　　　　C. 肾上腺

D. 脾　　　　　E. 淋巴结

二、思考题

1. 试述胸导管的起始、行程，注入部位和收集范围。
2. 试述脾的位置和形态。

（郭芙莲）

书网融合……

本章小结　　　　　题库

第十一章　感觉器

◎ 学习目标

1. 通过本章学习，重点把握眼球的结构；眼的折光系统；房水的产生、排出途径；眼副器的组成；耳的组成；中耳的结构；声波传入内耳的途径；耳蜗的功能。
2. 学会结合标本和模型说出视器、前庭蜗器的主要形态、结构。

» 情境导入

情境描述　患者，男，55岁，因视力下降到医院就诊，一名实习医生给他眼部滴用了1%阿托品滴眼液，并做了眼底检查。当天晚上，他感觉眼痛、头痛，并有恶心、呕吐等症状。去医院检查后，被医生诊断为急性闭角型青光眼急性发作期。

讨论　1. 眼底检查时，光线经过哪些结构到达视网膜？
　　　2. 房水的产生及循环途径。

感觉器是感受器及其附属结构的总称。

感受器是机体接受内、外界环境各种刺激的组织结构，其功能是接受刺激并将之转化为神经冲动，经过感觉神经传导至中枢，最后到达大脑皮层，产生感觉。

感受器的种类繁多，广泛地分布于人体，形态功能各异，它可分为一般感受器和特殊感受器。一般感受器的结构较简单，如皮肤、内脏、肌腱、关节上的感受器，主要由感觉神经末梢构成。特殊感受器具有特殊的感觉细胞，构造较复杂，如视觉、听觉、嗅觉、味觉和平衡觉的感受器。本章只介绍视器、前庭蜗器。

第一节　视　器

视器又称眼，由眼球和眼副器两部分组成。眼的功能是接受光线的刺激，并将刺激转化为神经冲动，经视觉传导通路传到大脑皮层的视觉中枢，产生视觉。据悉，人脑获得的信息中95%以上来自视觉。

一、眼球

眼球近似球形，位于眶内，前面有眼睑保护，后部借视神经连于间脑的视交叉，周围有眼副器。眼球包括眼球壁和眼球内容物两部分（图11-1）。

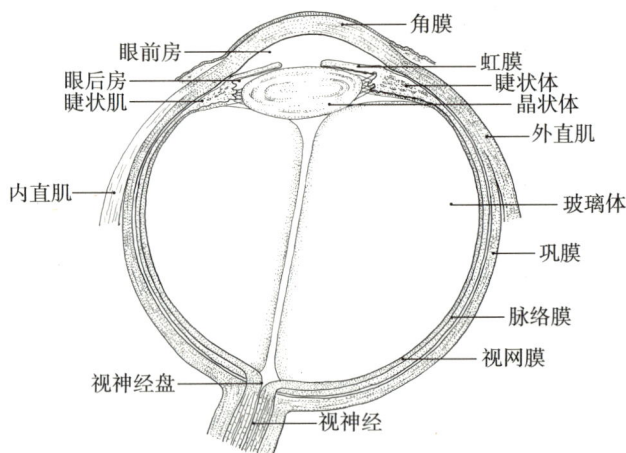

图 11-1　眼球的水平切面（右侧）

（一）眼球壁

眼球壁有 3 层，由外向内分别为纤维膜、血管膜和视网膜。

1. 纤维膜　位于最外层，由致密结缔组织构成，具有维持眼球形状、保护眼球内容物的作用。纤维膜可分为角膜和巩膜两部分。

（1）角膜　占纤维膜的前 1/6，略向前凸，无色透明，有屈光作用。角膜无血管，但有丰富的感觉神经末梢，感觉敏锐。

（2）巩膜　占纤维膜的后 5/6，不透明，呈乳白色，厚而坚韧。巩膜与角膜交界处的深部有一环形的巩膜静脉窦，是房水流出的通道。

2. 血管膜　位于纤维膜内面，含有丰富的血管和色素细胞，呈棕黑色。血管膜由前向后分为虹膜、睫状体和脉络膜 3 部分。

（1）虹膜　位于角膜的后方，呈圆盘状，中央有圆形的瞳孔。虹膜内有两种不同方向排列的平滑肌，一部分环绕瞳孔周围排列，称瞳孔括约肌，另一部分由瞳孔向周围呈辐射状排列，称瞳孔开大肌。它们分别缩小和开大瞳孔，以调节进入眼内的光线。在弱光下或看远方时，瞳孔开大；反之，瞳孔缩小。在活体，透过角膜可看见虹膜和瞳孔，虹膜的颜色随人种而不同。

（2）睫状体　位于虹膜的后方，是血管膜环形增厚的部分，有调节晶状体的曲度和产生房水的作用。睫状体前部有许多向内的突起，称睫状突。由睫状突发出细丝状的睫状小带与晶状体相连。睫状体内有平滑肌，称睫状肌，该肌收缩时，睫状突向晶状体靠近，使睫状小带松弛，从而调节晶状体的曲度（图 11 - 2）。

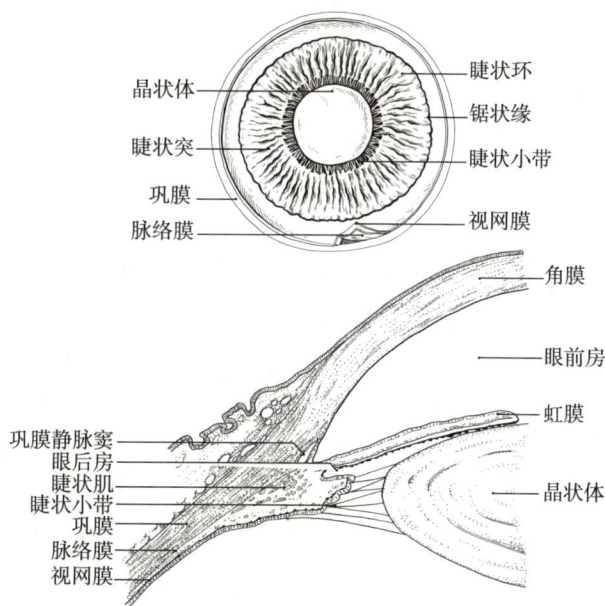

图 11 - 2　眼球前部内面观及虹膜角膜角

（3）脉络膜　占血管膜的后 2/3，含有丰富的血管和色素细胞，具有营养眼球和吸收眼内散射光线的作用，以免扰乱视觉。

3. 视网膜　紧贴于血管膜的内面，由前向后可分为虹膜部、睫状体部和脉络膜部。前两部分别贴附于虹膜和睫状体的内面，无感光作用，称为视网膜盲部。脉络膜部附于脉络膜的内面，有感光作用，故称为视网膜视部。视网膜后部称眼底，偏鼻侧处，有一白色圆盘状隆起，称视神经盘或视神经乳头，为视神经纤维汇集处。此处无感光功能，称为生理性盲点。视神经盘的颞侧约 3.5mm 处，有一黄色圆形小区，称黄斑。黄斑的中心略凹陷，称中央凹，是感光、辨色最敏锐的部位（图 11 - 3）。

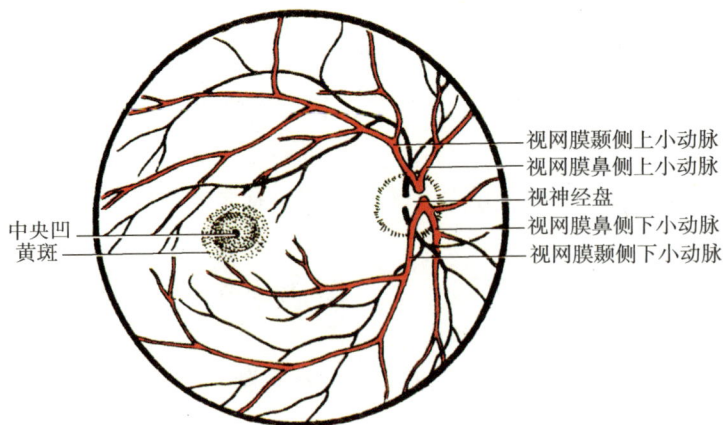

视网膜颞侧上小动脉
视网膜鼻侧上小动脉
视神经盘
视网膜鼻侧下小动脉
视网膜颞侧下小动脉

中央凹
黄斑

图 11-3　眼底（右侧）

（二）眼球内容物

眼球内容物包括房水、晶状体和玻璃体（图 11-1）。这些结构无色透明没有血管，都具有屈光作用，它们和角膜共同组成眼球的屈光系统，能使所视物体在视网膜上清晰成像。

1. 房水　是无色透明的液体，充满在眼房内。眼房位于角膜与晶状体之间，以瞳孔为界分为眼前房和眼后房。眼前房的周缘为虹膜与角膜形成的夹角，称虹膜角膜角，又称前房角。

房水由睫状体产生，先进入眼后房，经瞳孔流入眼前房，再经前房角渗入巩膜静脉窦，最后流入眼静脉。房水具有屈光作用，还具有营养角膜、晶状体以及维持眼压作用。房水循环障碍可致眼压升高，临床上称为青光眼。

2. 晶状体　位于虹膜的后方，呈双凸透镜状，无色透明，富有弹性。晶状体的周缘借睫状小带连于睫状突，晶状体的曲率随睫状肌的舒缩而发生改变。当眼视近物时，睫状肌收缩，睫状突向晶状体的方向靠近，使睫状小带松弛，晶状体则由于本身的弹性变凸，折光力加强，使物像前移聚焦于视网膜上。当视远物时，与此相反。晶状体若因疾病或创伤而变混浊，称为白内障。

3. 玻璃体　是无色透明的胶体物质，填充于晶状体和视网膜之间，具有屈光和支持视网膜的作用。若支撑作用减弱，易导致视网膜脱离；若玻璃体混浊，眼前可见晃动的黑点，临床称"飞蚊症"，影响视力。

知识拓展

近视、远视、散光

1. 近视　由于眼球的前后径过长或角膜和晶状体的曲率过大，使来自远处物体的平行光线聚焦于视网膜的前方，故视远物模糊。近视眼的矫正方法是配戴合适的凹透镜。

2. 远视　由于眼球的前后径过短或折光系统的曲率过小，所形成的物像位于视网膜之后。远视的矫正方法是配戴合适的凸透镜。

3. 散光　一般指角膜不呈正球面，即角膜表面不同方位的曲率不相等，造成视物不清或物像变形。矫正散光可用柱面镜。

二、眼副器

眼副器包括眼睑、结膜、泪器和眼球外肌等（图 11-4），对眼球有支持、保护和运动等功能。

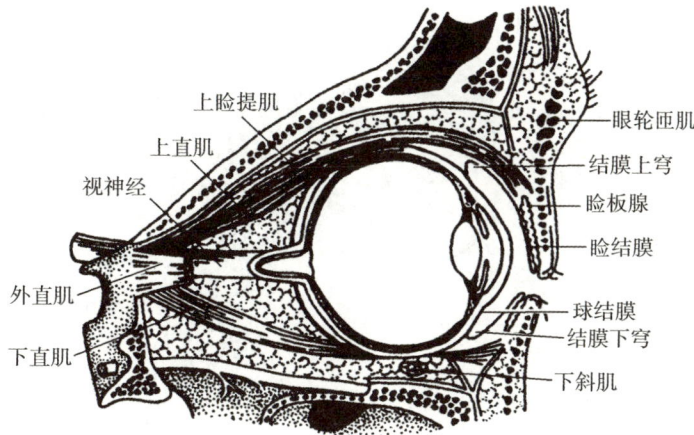

图 11 – 4　右眼眶（矢状面）

（一）眼睑

眼睑分为上睑和下睑，遮盖在眼球前方，为保护眼球的屏障。眼睑的游离缘称睑缘，长有睫毛。上、下睑之间的裂隙称睑裂，睑裂的外侧角和内侧角分别称外眦和内眦。上、下睑缘近内眦处各有一针尖样小孔，称泪点，是泪小管的开口。

上、下眼睑的前面为皮肤，后面为睑结膜，其间有皮下组织、肌层和睑板。眼睑的皮下组织疏松，炎症时，易出现水肿。睑板由致密结缔组织构成，呈半月形。睑板内有睑板腺，开口于睑缘。睑板腺分泌油样液体，有润滑睑缘、防止泪液外溢的作用。若睑板腺导管阻塞，形成睑板腺囊肿，亦称霰粒肿。

（二）结膜

结膜是一层薄而透明的黏膜，富含血管。结膜衬于眼睑的后面和眼球巩膜的前面，分别称睑结膜和球结膜。睑结膜与球结膜相互移行，其反折部构成结膜上穹和结膜下穹。睑裂闭合时，结膜围成结膜囊。

💡 知识拓展

红眼病和沙眼

"红眼病"是急性出血性结膜炎的俗称，是一种急性传染性眼部疾患。根据不同的致病原因，可分为细菌性结膜炎和病毒性结膜炎两类，其临床症状相似，但流行程度和危害性以病毒性结膜炎为重。"红眼病"是通过接触传染的眼病，如接触患者用过的毛巾、水龙头、门把手、玩具等。因此，本病常在幼儿园、学校等集体单位广泛传播，造成暴发流行。

沙眼是由沙眼衣原体引起的一种慢性传染性结膜角膜炎。因其在睑结膜表面形成粗糙不平的外观，形似沙粒，故名沙眼。轻者仅有刺痒，重者常有畏光、流泪、异物感和视力减退等症状。

（三）泪器

泪器由泪腺、泪小管、泪囊和鼻泪管组成（图 11 –5）。

泪腺位于眼眶外上方，是分泌泪液的腺体，其排泄小管开口于结膜上穹，泪液具有冲洗结膜囊异物、维持眼球表面湿润等作用。泪小管起于泪点，汇入泪囊。泪囊位于泪囊窝内，上端为盲端，下端与鼻泪管相连，鼻泪管下端开口于下鼻道的前部。

眼外肌配布于眼球周围，共 7 块。上睑提肌能提上睑，内直肌和外直肌分别使眼球转向内侧和外

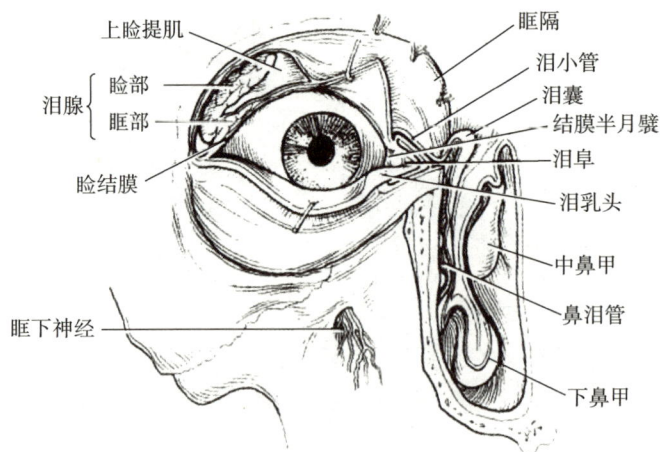

图 11-5 泪器

侧，上直肌和下直肌分别使眼球转向上内和下内，上斜肌使眼球转向下外，下斜肌使眼球转向上外（图11-6）。眼球的正常运动，是以上各肌协同作用的结果。

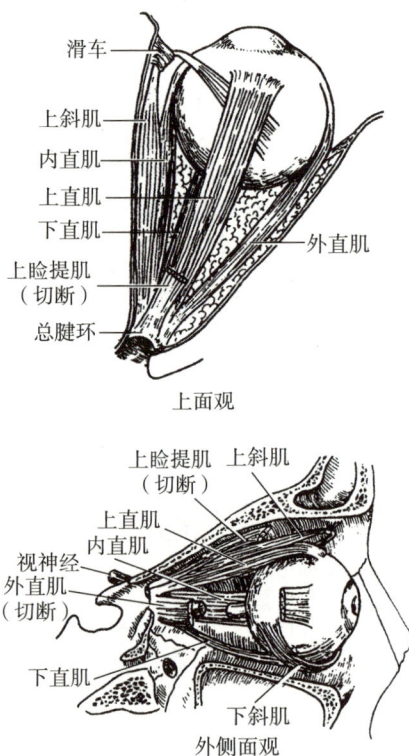

图 11-6 眼球外肌

三、眼的血管

（一）动脉

眼球的血液供应来自眼动脉。眼动脉起自颈内动脉，与视神经一起经视神经管入眶，其最重要的分支为视网膜中央动脉。视网膜中央动脉穿行于视神经中央，在视神经盘穿出分为4支，即视网膜鼻侧上、下和颞侧上、下小动脉，营养视网膜内层（图11-3）。临床常用眼底镜观察此动脉，以帮助诊断某些疾病。

（二）静脉

眼的静脉主要包括眼上静脉和眼下静脉，其属支收集眼球和眼副器的静脉血。眼静脉无瓣膜，向前在内眦处借内眦静脉与面静脉形成吻合，向后注入海绵窦，面部感染可经内眦静脉、眼静脉侵入海绵窦引起颅内感染。

第二节　前庭蜗器

前庭蜗器又称位听器或耳，按部位不同可分为外耳、中耳和内耳三部分（图 11 - 7）。外耳和中耳收集并传导声波，内耳含听觉和位置觉感受器。

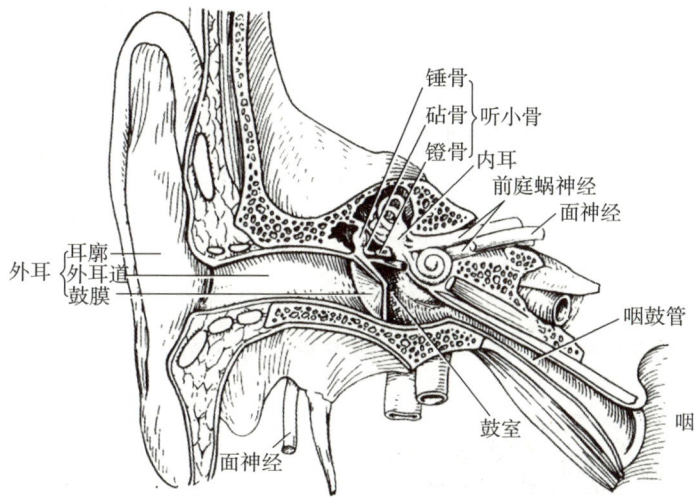

图 11 - 7　前庭蜗器

一、外耳

外耳包括耳廓、外耳道和鼓膜三部分。

（一）耳廓

耳廓位于头部两侧，大部分以弹性软骨为支架，外覆皮肤，富含血管和神经。下部无软骨，仅含结缔组织和脂肪，名为耳垂，是临床常用的采血部位。耳廓的中部有深凹的外耳门，向内通外耳道。耳廓有收集声波和判断声波来源方向的作用。

（二）外耳道

外耳道是从外耳门至鼓膜的弯曲管道，成人长约 2.5cm，其外 1/3 为软骨部，内 2/3 为骨部。外耳道是一弯曲的管道，做外耳检查时，向后上方牵拉耳廓，可将外耳道拉直，以便观察鼓膜。外耳道皮肤与软骨膜、骨膜结合紧密，炎性疖肿时疼痛剧烈。外耳道皮肤内含有耵聍腺，可分泌耵聍，有保护作用。

外耳道是声波传导的通道。

（三）鼓膜

鼓膜位于外耳道与鼓室之间，为椭圆形半透明的薄膜，自后上外斜向前内下，与外耳道底成 45° ~

50°的倾斜角（图 11 - 8）。鼓膜呈浅漏斗状，周缘较厚，中心向内凹陷，称鼓膜脐。鼓膜上 1/4 的三角形区为松弛部，此部薄而松弛，在活体呈淡红色。鼓膜下 3/4 为紧张部，坚实而紧张，在活体呈灰白色。鼓膜脐前下方有一个三角形的反光区，称光锥。当鼓膜异常时光锥可以变形或消失。

鼓膜能随声波同步振动，将声波不失真地传向中耳。

二、中耳

中耳包括鼓室、咽鼓管、乳突窦和乳突小房。

（一）鼓室

鼓室位于鼓膜和内耳之间，是颞骨岩部内的含气

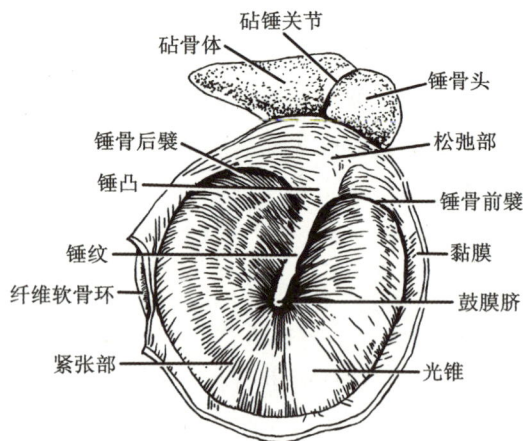

图 11 - 8　鼓膜

小腔。鼓室内覆有黏膜，此黏膜与咽鼓管和乳突小房内的黏膜相延续。鼓室为一不规则腔隙，可分为 6 个壁。上壁和下壁均为一薄骨板，分别与颅中窝和颈静脉相隔；前壁的上方有咽鼓管的开口，后壁上部有乳突窦的开口，由此向后连于乳突小房；外侧壁大部分是鼓膜；内侧壁的后上方有卵圆形的孔称前庭窗，后下方有圆形的孔，称蜗窗，蜗窗被第二鼓膜封闭。

鼓室内有 3 块听小骨，即锤骨、砧骨和镫骨。锤骨居外侧，紧附鼓膜内面，砧骨居中，镫骨在内侧，附于前庭窗的周缘。3 块听小骨以关节相连，构成听骨链（图 11 - 9）。

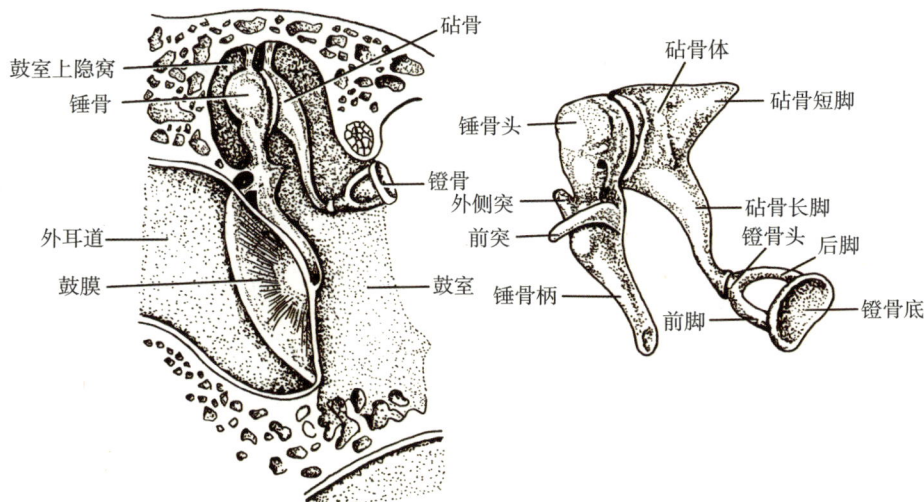

图 11 - 9　听小骨

当声波引起鼓膜振动时，借听骨链的传导，使镫骨在前庭窗上来回摆动，将声波的振动传至内耳。由于鼓膜的振动面积大，前庭窗的面积小，加上听骨链具有杠杆放大的作用，使声波振动的幅度减小而压强显著增大，提高了传音的效率，以至在安静的情况下，微弱的声音即可被感觉到。

（二）咽鼓管

咽鼓管是咽与鼓室的通道，外界的空气可由此进入鼓室，可使鼓室内外的气压保持平衡，有利于鼓膜的振动。小儿咽鼓管较成人的粗短，并近水平位，故咽部感染易经此管蔓延至鼓室，引起中耳炎。

(三) 乳突窦和乳突小房

乳突窦为鼓室后方的较大腔隙，向前开口于鼓室，向后与乳突小房相通。乳突小房为颞骨乳突内的许多含气小腔，大小、形态不一，互相连通，向前经乳突窦通鼓室。中耳炎症可经乳突窦侵犯乳突小房而引起乳突炎。另外，耳内手术可经乳突小房入路。

三、内耳

内耳位于鼓室的内侧，埋藏在颞骨岩部的骨质内，由一系列复杂的管道组成，故又称迷路。迷路分为骨迷路和膜迷路，骨迷路是曲折的骨性隧道，膜迷路是套在骨迷路内的膜性管道，二者之间的间隙充满液体，称外淋巴，膜迷路内的液体称内淋巴。内、外淋巴互不流通（图 11-10）。

(一) 骨迷路

骨迷路分为 3 部分，由后外向前内依次是骨半规管、前庭和耳蜗，三者彼此相通。

1. 骨半规管 为 3 个相互垂直排列的半环形骨管，按其位置分别称为前骨半规管、外骨半规管和后骨半规管。每个骨半规管皆有两个骨脚连于前庭，其中一个骨脚膨大称壶腹骨脚，膨大部称骨壶腹，另一骨脚细小称单骨脚。前、后半规管的单骨脚合成一个总骨脚，故 3 个骨半规管共有 5 个口连于前庭的后上壁。

2. 前庭 位于骨迷路的中间部分，为略呈椭圆形的腔隙。前庭的前部有一大孔通耳蜗，后部与三个骨半规管相通。前庭的外侧壁上有前庭窗和蜗窗，前庭窗由镫骨底封闭，蜗窗则被第二鼓膜封闭。

3. 耳蜗 位于前庭的前内方，形似蜗牛壳，由蜗螺旋管绕蜗轴盘曲两圈半而成（图 11-11）。蜗顶朝向前外方，蜗底朝向后内方。自蜗轴发出的骨螺旋板与蜗管一起将蜗螺旋管分隔为上部的前庭阶（通前庭窗）和下部的鼓阶（通蜗窗）。前庭阶与鼓阶在蜗顶处借蜗孔相通。

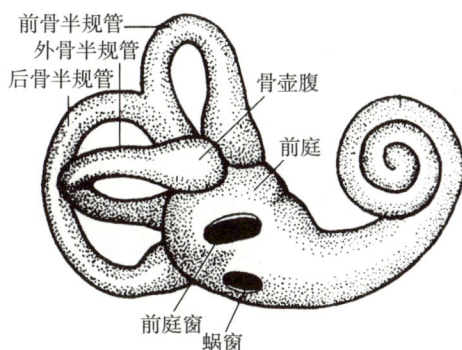

图 11-10 骨迷路

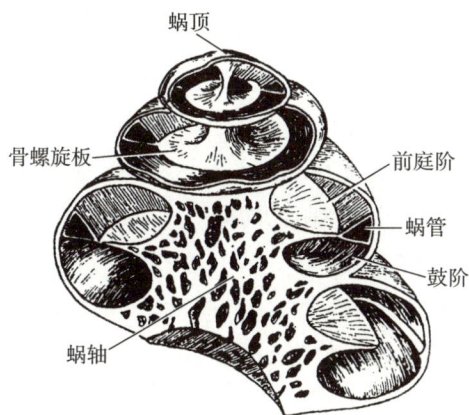

图 11-11 耳蜗

(二) 膜迷路

膜迷路分为膜半规管、椭圆囊、球囊和蜗管，它们之间相互连通。

1. 膜半规管 位于骨半规管内。在骨壶腹内有膨大的膜壶腹，壁上有壶腹嵴，是位觉感受器，当机体做任何方向旋转时，均可引起半规管中的内淋巴惯性运动，刺激感受器，产生旋转运动的感觉，并引起姿势反射以维持身体平衡。

2. 椭圆囊和球囊 是位于前庭内两个相互连通的小囊。椭圆囊较大，与 3 个膜半规管相通，球囊较小，与蜗管相通。椭圆囊和球囊壁上有互为垂直的椭圆囊斑和球囊斑。椭圆囊斑和球囊斑亦是位觉感觉器，能感受直线变速运动的刺激以及头部的位置觉。

前庭的位觉感受器过于敏感或受到过强、过长的刺激时，会引起恶心、呕吐、眩晕、出汗等反应，如晕车、晕船等。

3. 蜗管 连于骨螺旋板外缘，自蜗底盘曲至蜗顶。蜗管断面呈三角形，上壁称前庭膜，下壁称基底膜。基底膜上有听觉感受器，称螺旋器（又称 Corti's 器）。

（三）声波的传导

声波传入内耳的途径有 2 条，即空气传导和骨传导。

1. 空气传导 声波经外耳道传至鼓膜，再经听骨链和前庭窗传入内耳。如中耳疾患造成鼓膜或听小骨缺损时，声波可经第二鼓膜传入，但听觉敏感度大为减弱。

2. 骨传导 声波直接引起颅骨的振动，使位于颞骨骨质中的耳蜗内淋巴液产生波动。骨传导对正常听觉的产生作用极微。临床常用音叉检查骨传导的存在，以帮助诊断某些耳部疾患。

目标检测

答案解析

一、选择题

1. 属于眼球纤维膜的结构是
   A. 虹膜　　　　　　　　B. 脉络膜　　　　　　　C. 巩膜
   D. 视网膜　　　　　　　E. 睫状体

2. 辨色、对光分辨最敏锐的部位在
   A. 视神经乳头　　　　　B. 睫状体　　　　　　　C. 视网膜周边
   D. 中央凹　　　　　　　E. 双极细胞

3. 听觉感受器是
   A. 壶腹嵴　　　　　　　B. 螺旋器　　　　　　　C. 球囊斑
   D. 椭圆囊斑　　　　　　E. 鼓膜

4. 上斜肌能使眼球转向
   A. 下外方　　　　　　　B. 下内方　　　　　　　C. 上外方
   D. 上内方　　　　　　　E. 下方

5. 临床上检查成人鼓膜时，需将耳廓拉向
   A. 后上　　　　　　　　B. 前上　　　　　　　　C. 下
   D. 后下　　　　　　　　E. 外

6. 造成白内障的主要原因是
   A. 房水循环障碍　　　　B. 眼内压增高　　　　　C. 晶状体混浊
   D. 晶状体弹性下降　　　E. 屈光力下降

7. 瞳孔位于
   A. 虹膜　　　　　　　　B. 脉络膜　　　　　　　C. 巩膜
   D. 视网膜　　　　　　　E. 睫状体

8. 看近物时，使晶状体变厚的主要原因是
   A. 睫状小带收缩　　　　B. 睫状肌收缩　　　　　C. 晶状体收缩
   D. 瞳孔括约肌收缩　　　E. 眼球外肌收缩

9. 生理性盲点在
    A. 视神经乳头　　　　　B. 睫状体　　　　　　C. 中央凹
    D. 视网膜周边　　　　　E. 瞳孔
10. 不具有屈光作用的结构是
    A. 角膜　　　　　　　　B. 睫状体　　　　　　C. 房水
    D. 晶状体　　　　　　　E. 玻璃体

二、思考题

1. 光线到达视网膜的视细胞要经过哪些结构?
2. 中耳的组成如何? 为什么小儿易患中耳炎?

(谭　毅)

书网融合……

本章小结　　　　　题库

第十二章 神经系统总论

1. 通过本章学习，重点把握神经系统的基本组成和常用术语。
2. 学会结合标本和模型说出神经系统的基本组成。

神经系统是体内起主导作用的调节系统，由脑和脊髓以及与其相连的分布于全身的周围神经共同构成。神经系统通过感受器接受体内、外的各种刺激，并引起反应，从而控制和调节机体各系统、器官的功能活动，使人体成为一个完整的统一体，以维持机体与内、外界环境的相对平衡。

一、神经系统的区分

按形态位置和功能的不同，通常将神经系统分为中枢神经系统和周围神经系统两部分。中枢神经包括位于颅腔内的脑和位于椎管内的脊髓；周围神经包括与脑相连的 12 对脑神经和与脊髓相连的 31 对脊神经。根据周围神经分布的对象不同，又将其分为躯体神经和内脏神经。躯体神经分布于体表、骨、关节和骨骼肌；内脏神经分布于内脏、心血管和腺体。躯体神经和内脏神经均含有感觉神经和运动神经。感觉神经将神经冲动从感受器传向中枢，故又称传入神经；运动神经将神经冲动从中枢传向效应器，故又称传出神经。内脏运动神经控制平滑肌、心肌的运动和腺体分泌，其活动不受人的主观意识控制，故又称自主神经或植物神经，依其功能不同可分为交感神经和副交感神经两部分。

二、神经系统的活动方式

神经系统在调节机体的活动中，对内、外环境的刺激所做出的反应，称为反射。反射是神经系统活动的基本方式。反射的形态基础是反射弧。反射弧由 5 部分构成，包括感受器、传入神经、神经中枢、传出神经和效应器。

反射弧中任何一个环节损伤，都会出现反射减弱或消失。临床上常用检查反射活动的方法来诊断神经系统的疾病。

三、神经系统的常用术语

神经元胞体和突起在不同部位有不同的集聚方式，故用不同的术语表示。

（一）灰质和白质

在中枢神经系统，神经元胞体连同树突聚集的部位，在新鲜标本中色泽灰暗，称灰质。神经元突起聚集的部位，在新鲜标本上色泽白亮，称白质。位于大脑和小脑表面的灰质，称皮质。位于大脑和小脑深部的白质，称髓质。

（二）神经核和神经节

在中枢神经系统，形态、结构和功能相似或相同的神经元胞体聚集成团，称神经核。在周围神经系统，神经元胞体集聚处形状略膨大，称神经节。

（三）纤维束和神经

在中枢神经系统，起止、行程和功能基本相同的神经纤维聚集在一个区域内走行，称纤维束。在周围神经系统，神经纤维聚集成集束，再由不同数目的集束集合成一条神经。在每条神经纤维、集束和神经的周围，均包裹有结缔组织被膜。

（四）网状系统

在中枢神经系统的某些部位，神经纤维交织成网状，网眼内含有神经元胞体或小的神经核团，这些区域称网状系统。

目标检测

答案解析

一、选择题

1. 神经系统根据其位置可区分为

    A. 脑神经和脊神经   B. 中枢神经和周围神经

    C. 躯体神经和内脏神经   D. 交感神经和副交感神经

    E. 脑和脊髓

2. 中枢神经内，形态和功能相似的神经元胞体聚集成的团或柱，称为

    A. 神经核   B. 神经节   C. 髓质

    D. 神经   E. 白质

3. 纤维束是指

    A. 周围部，神经纤维聚集形成的条状物

    B. 中枢内，神经元胞体和树突聚集的部位

    C. 中枢内，起止、行程和功能相似的神经纤维集合在一起

    D. 中枢内，纤维交织成网，胞体位于其内

    E. 周围部，神经元胞体集聚处形状略膨大

4. 以下不属于中枢神经系统结构的是

    A. 神经核   B. 纤维束   C. 灰质

    D. 神经节   E. 网状结构

二、思考题

简述神经系统的区分。

（陈丹丹）

书网融合……

本章小结

第十三章　中枢神经系统

PPT

学习目标

1. 通过本章学习，重点把握脊髓的位置、外形和组成；脑干的位置和分部；端脑的位置、外形和分部；内囊的位置、通过的纤维束及临床意义；脑和脊髓被膜的分层和主要结构；脑脊液的产生和循环途径；脑的动脉来源。

2. 学会结合标本和模型说出脑和脊髓的主要形态、结构。

情境导入

情境描述　患者，女，58 岁，既往体健，2 小时前无明显诱因出现头部剧烈疼，伴有头晕、恶心、呕吐呈喷射状。入院头颅 CT 检查显示"蛛网膜下隙出血"。

讨论　蛛网膜下腔的位置。

第一节　脊　髓

一、位置和外形

（一）位置

脊髓位于椎管内，全长 42～45cm，上端于枕骨大孔处与延髓相连，下端在成人平第 1 腰椎体下缘，新生儿可达第 3 腰椎下缘。

（二）外形

脊髓呈前、后略扁的圆柱体，全长粗细不等，有两处膨大。颈膨大位于第 5 颈节至第 1 胸节之间，连有分布到上肢的神经；腰骶膨大位于第 2 腰节至第 3 骶节之间，连有分布到下肢的神经。脊髓下段逐渐变细成圆锥状，称脊髓圆锥，其末端向下延续为无神经组织的终丝，附于第 1 尾椎背面的骨膜，有固定脊髓的作用（图 13 - 1）。

脊髓的表面有六条纵沟。前面正中较深的沟，称前正中裂，后面正中较浅的沟，称后正中沟，二者将脊髓分为左、右对称的两半。脊髓前正中裂和后正中沟两侧分别有成对的前外侧沟和后外侧沟，沟内均有成列根丝出入。数根出入的根丝构成脊神经根。在前外侧沟者，称为前根，由运动纤维组成。在后外侧沟者，称为后根，由感觉纤维组成。每一个

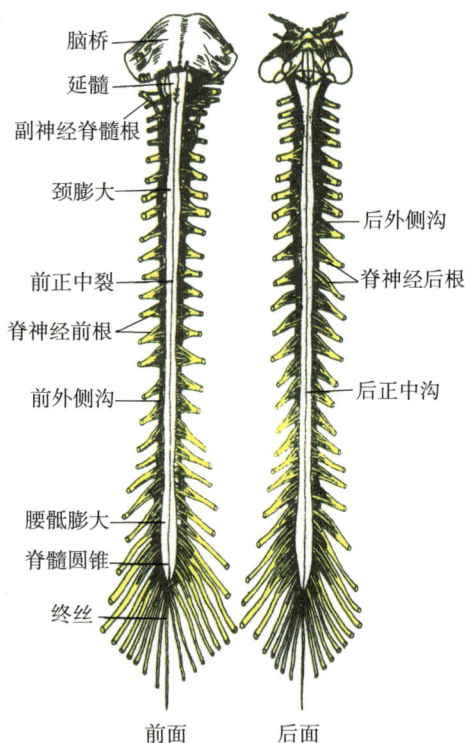

图 13 - 1　脊髓的外形

后根与前根汇合之前，形成一个膨大，称脊神经节，内含假单极神经元的胞体。前、后根在椎间孔处合成脊神经。

（三）脊髓节段及其与椎骨的对应关系

脊髓在外观上并无明显的节段标志，通常把每一对脊神经前、后根所附着的一段脊髓称为一个脊髓节段。因有 31 对脊神经，故脊髓被分成 31 个节段：脊髓颈部（C）8 个节段、脊髓胸部（T）12 个节段、脊髓腰部（L）5 个节段、脊髓骶部（S）5 个节段和脊髓尾部（Co）1 个节段（图 13 - 2）。

从胚胎发育的第 4 个月起，脊髓增长速度慢于脊柱，因其上部连接脑处位置固定，故脊髓长度短于脊柱，脊髓节段的位置高于相应的椎骨。脊神经又由相应的椎间孔穿出，所以腰、骶、尾神经根在出椎间孔之前须近似垂直的在椎管内下行。在脊髓圆锥下方，腰、骶、尾神经根围绕终丝聚集成束，称为马尾（图 13 - 2，表 13 - 1）。

在成人，第 1 腰椎以下的椎管内已无脊髓，只有浸泡在脑脊液中的马尾和终丝，故临床上腰椎穿刺部位一般为第 3 ~ 4 或第 4 ~ 5 腰椎棘突之间，以免伤及脊髓。

二、脊髓的内部结构

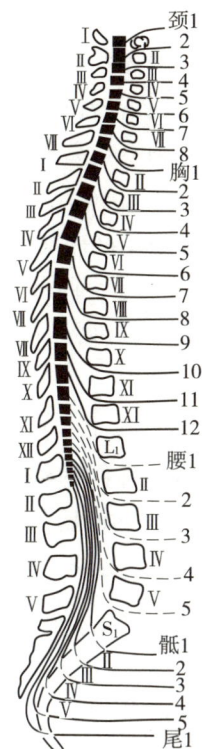

图 13 - 2　脊髓节段与椎骨的对应关系

脊髓由灰质、白质构成。脊髓中央有中央管，贯穿脊髓全长，向上与第四脑室相通，内含脑脊液。灰质围绕在中央管的周围，灰质的外周是白质（图 13 - 3）。

表 13 - 1　脊髓节段与椎骨的对应关系

脊髓节段	椎骨序数	对应关系
$C_{1~4}$	$C_{1~4}$	与同序数椎骨一致
$C_{5~8}$，$T_{1~4}$	$C_{4~7}$，$T_{1~3}$	比同序数椎骨高 1 个椎体
$T_{5~8}$	$T_{3~6}$	比同序数椎骨高 2 个椎体
$T_{9~12}$	$T_{6~9}$	比同序数椎骨高 3 个椎体
$L_{1~5}$	$T_{10~12}$	平 10 ~ 12 胸椎高度
$S_{1~5}$，Co_1	$T_{12}~L_1$	约平第 1 腰椎高度

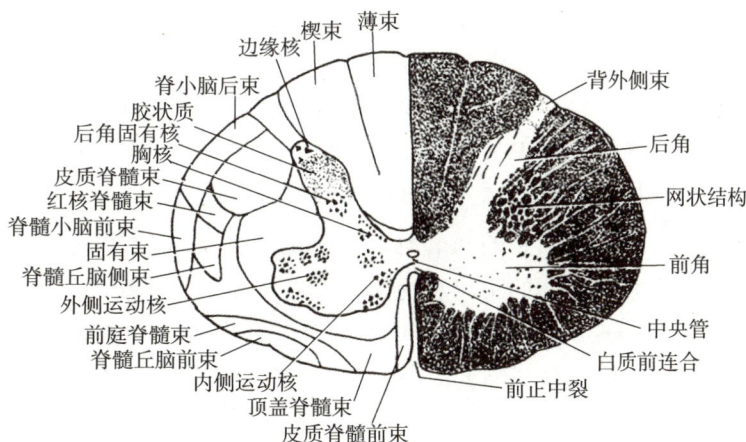

图 13 - 3　脊髓横切面

（一）灰质

全部灰质连续成柱状，围绕中央管呈"H"形分布，其中间横行部分，称灰质连合。每侧灰质分别向前、后方伸出前角和后角，前角粗大，后角细小。前后角之间称为中间带。在脊髓胸 1 至腰 3 节段，中间带向外侧突出的部分，称侧角。

1. 前角　又称前柱，含有运动神经元的胞体，其轴突伸向前外穿过白质，经前外侧沟穿出脊髓组成脊神经前根中的躯体运动纤维成分。

2. 后角　又称后柱，含有中间神经元的胞体。它们接受脊神经后根感觉神经纤维传入的神经冲动，其轴突有的进入对侧白质，组成上行的纤维束，将后根传入的感觉冲动传导到脑，有的则在脊髓不同节段间起联络作用。

3. 侧角　在 $T_1 \sim L_3$ 节段前、后角之间向外伸出侧角（侧柱），内含交感神经元的胞体，是交感神经的低级中枢。它们的轴突出脊髓，构成脊神经前根中的内脏运动神经交感成分。骶髓无侧角，在第 2～4 骶髓节段的前后角之间部位，有副交感神经核团，内含副交感神经元的胞体，是副交感神经的低级中枢，其轴突加入脊神经前根出脊髓，构成脊神经前根中的内脏运动神经副交感成分。

（二）白质

每侧白质借脊髓表面的沟裂分为 3 部分：前正中裂与前外侧沟之间称前索；前、后外侧沟之间称外侧索；后正中沟与后外侧沟之间称后索。各索主要由密集的纵行纤维束构成。纤维束主要分为两类：上行（感觉）纤维束，将各种感觉冲动上传入脑；下行（运动）纤维束，将脑发出的运动冲动传给脊髓。另外还有在脊髓各节段间起联系的固有束，借此完成脊髓节段间的反射（图 13－4）。

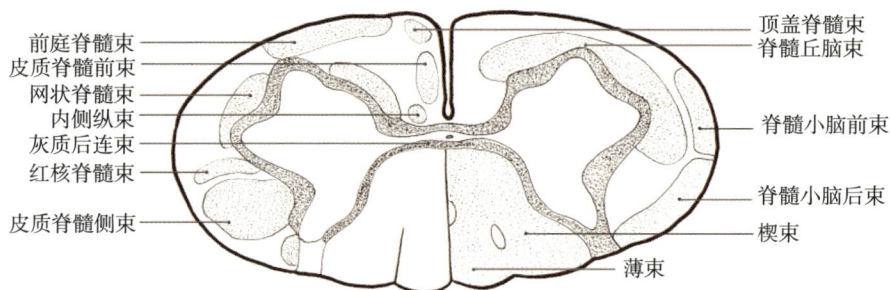

左侧标注（自上而下）：前庭脊髓束、皮质脊髓前束、网状脊髓束、内侧纵束、灰质后连束、红核脊髓束、皮质脊髓侧束
右侧标注（自上而下）：顶盖脊髓束、脊髓丘脑束、脊髓小脑前束、脊髓小脑后束、楔束、薄束

图 13－4　脊髓横切面，上、下行传导束模式图

1. 上行（感觉）纤维束　主要有薄束和楔束、脊髓丘脑束。

（1）薄束和楔束　位于白质后索。起自脊神经节神经元的中枢突，经脊神经后根进入脊髓，沿后角内侧部进入后索转而上行，组成薄束和楔束。薄束起自同侧第 5 胸节及以下的脊神经节，楔束起自同侧第 4 胸节及以上的脊神经节。这些神经元的周围突分布至肌、腱、关节和皮肤的感受器；中枢突经脊神经后根进入脊髓同侧后索直接上行，止于延髓的薄束核和楔束核。在第 5 胸节以下薄束占据后索的全部，在第 4 胸节以上薄束占据后索的内侧部，楔束占据后索的外侧部。

薄束和楔束传导同侧躯干和上、下肢的肌、腱、关节的本体觉（位置觉、运动觉和震动觉）和皮肤的精细触觉（如通过触摸辨别两点间的距离和物体纹理粗细等）的冲动。

（2）脊髓丘脑束　包括脊髓丘脑侧束和脊髓丘脑前束，分别位于外侧索的前半部和前索。此纤维束主要由位于后角细胞的轴突组成，其纤维大部分斜经白质前连合交叉到对侧，在对侧的外侧索和前索内上行，行经脑干，止于间脑的背侧丘脑。交叉至对侧外侧索内上行的纤维束，称为脊髓丘脑侧束，主要传导皮肤的痛觉和温度觉；交叉至对侧前索内上行的纤维束，称脊髓丘脑前束，主要传导皮肤的粗触觉和压觉。

2. 下行（运动）纤维束 主要为皮质脊髓束，包括皮质脊髓侧束和皮质脊髓前束。皮质脊髓侧束起自对侧大脑皮质躯体运动神经元，其轴突下行经内囊和脑干，至延髓锥体交叉时，大部分纤维交叉至对侧后继续下行于脊髓外侧索后部，沿途止于脊髓同侧灰质前角运动神经元，控制上、下肢骨骼肌的随意运动；少部分未交叉的纤维形成皮质脊髓前束，在同侧脊髓前索内下降，陆续止于胸髓节段以上的双侧灰质前角运动神经元，控制双侧躯干骨骼肌的随意运动。

下行纤维束除皮质脊髓束外，尚有红核脊髓束和前庭脊髓束等，其功能是参与肌张力的调节和维持身体平衡。

三、脊髓的功能

（一）传导功能

脊髓白质内有大量的上行和下行纤维束，是脑接收外周感觉信息并向外周发送运动指令的重要通道。

（二）反射功能

脊髓是许多反射活动的低级中枢，如腱反射、屈肌反射、排尿反射等。正常情况下，脊髓的反射活动始终在脑的控制下进行。

第二节　脑

脑位于颅腔内，形态和功能均较脊髓复杂。成人脑平均重约1400g，由延髓、脑桥、中脑、小脑、间脑和端脑6部分组成。通常将延髓、脑桥和中脑3部分合称为脑干（图13-5，图13-6）。

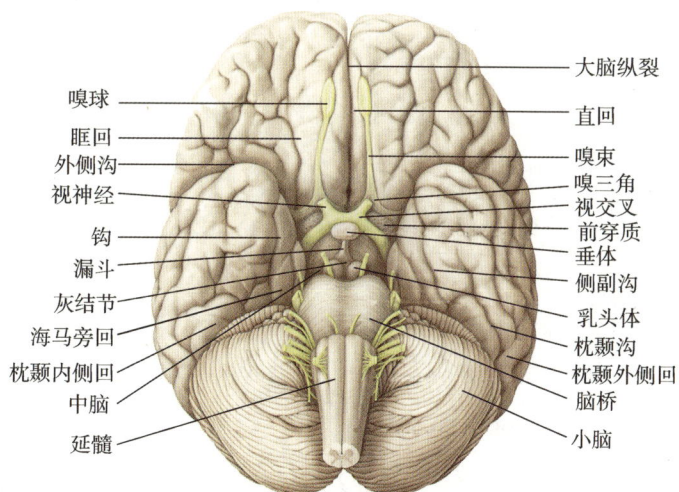

大脑纵裂
嗅球
直回
眶回
嗅束
外侧沟
嗅三角
视神经
视交叉
钩
前穿质
漏斗
垂体
灰结节
侧副沟
海马旁回
乳头体
枕颞内侧回
枕颞沟
中脑
枕颞外侧回
延髓
脑桥
小脑

图 13-5　脑的底面

一、脑干

脑干位于颅底内面的斜坡上，自下而上由延髓、脑桥和中脑组成。中脑上接间脑，延髓下续脊髓。延髓和脑桥的背面与小脑相连，三者之间的空隙为第四脑室。

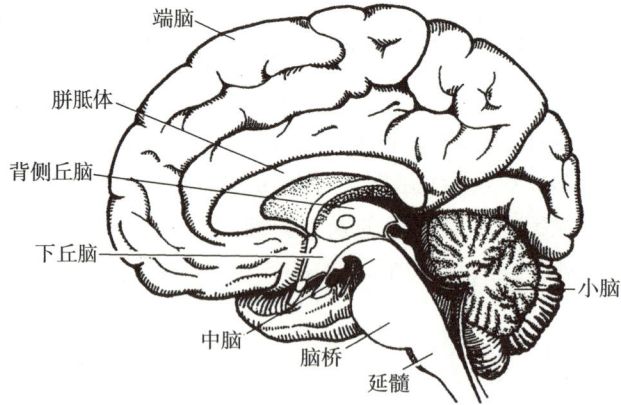

图 13-6 脑的正中矢状切面

标注（从上到下，左侧）：端脑、胼胝体、背侧丘脑、下丘脑、中脑、脑桥、延髓；右侧：小脑

（一）脑干的外形

1. 脑干腹侧面 延髓位于脑干最下部，形似倒置的圆锥体，下端平枕骨大孔处续接脊髓（图 13-7）。脊髓表面纵行的沟、裂向上延续至延髓，延髓前正中裂两侧各有一纵行的隆起，称锥体，内有皮质脊髓束通过。锥体下部，皮质脊髓束的大部分纤维左右交叉越边，称为锥体交叉。锥体外侧有椭圆形的突出，称橄榄。延髓的前外侧沟连有舌下神经（Ⅻ），在橄榄背外侧的沟中，自上而下连有舌咽神经（Ⅸ）、迷走神经（Ⅹ）和副神经（Ⅺ）。

脑桥下缘借延髓脑桥沟与延髓分界。沟中由内向外依次有展神经（Ⅵ）、面神经（Ⅶ）和前庭蜗神经（Ⅷ）。脑桥腹侧面正中有一纵行的浅沟，称基底沟，有基底动脉通过。基底部外侧变细延为小脑中脚，连接小脑。在脑桥腹侧面与小脑中脚交界处连有三叉神经（Ⅴ）。

中脑腹侧面有两个粗大的纤维束，称大脑脚，其间的凹陷称脚间窝，动眼神经（Ⅲ）由此出脑。

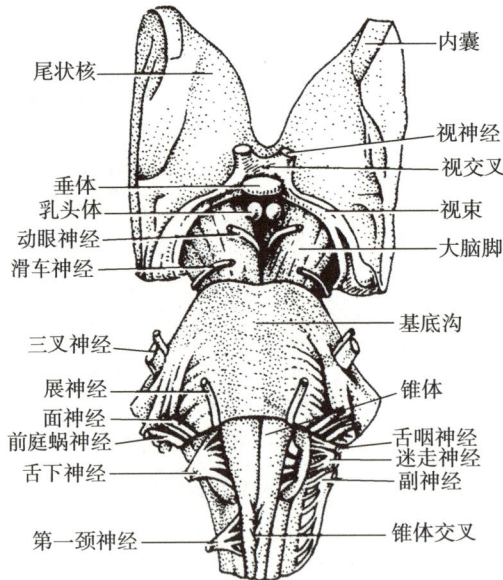

图 13-7 脑干腹面观

标注（左侧，从上到下）：尾状核、垂体、乳头体、动眼神经、滑车神经、三叉神经、展神经、面神经、前庭蜗神经、舌下神经、第一颈神经；右侧：内囊、视神经、视交叉、视束、大脑脚、基底沟、锥体、舌咽神经、迷走神经、副神经、锥体交叉

2. 脑干背侧面 延髓下部后正中沟两侧各有两个纵行隆起，分别是薄束结节和楔束结节，其深面分别含有薄束核、楔束核。延髓背侧面上部与脑桥共同形成菱形窝，构成第四脑室底部。第四脑室位于延髓、脑桥和小脑之间，形似底为菱形的四棱锥体，顶是小脑。菱形窝中部有横行的髓纹，是延髓和脑

桥在背侧面的分界标志（图 13 – 8）。

中脑的背侧面有 4 个隆起，称四叠体。上方的一对隆起，称上丘，是视觉反射中枢；下方的一对隆起，称下丘，是听觉反射中枢。下丘的下方有滑车神经（Ⅳ）根出脑，绕大脑脚由背侧转至腹侧，它是唯一自脑干背面出脑的脑神经。

3. 第四脑室 是位于延髓、脑桥和小脑之间的腔室，内容脑脊液。第四脑室底为菱形窝，顶朝向小脑，向上经中脑水管通第三脑室，向下续为延髓中央管。脉络组织中部分血管反复分支成丛，突入室腔形成第四脑室脉络丛，可产生脑脊液。第四脑室借外侧孔和正中孔与蛛网膜下隙相通（图 13 – 9）。

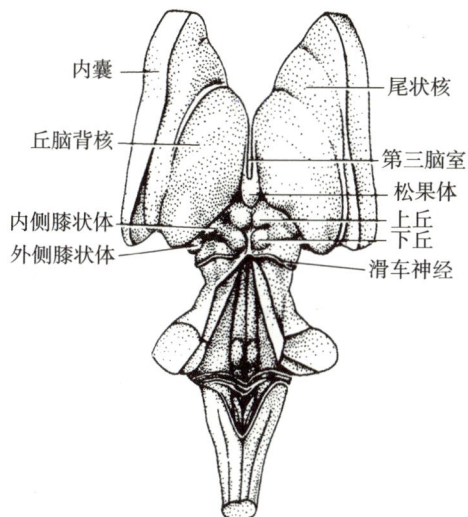

图 13 – 8 脑干背面观

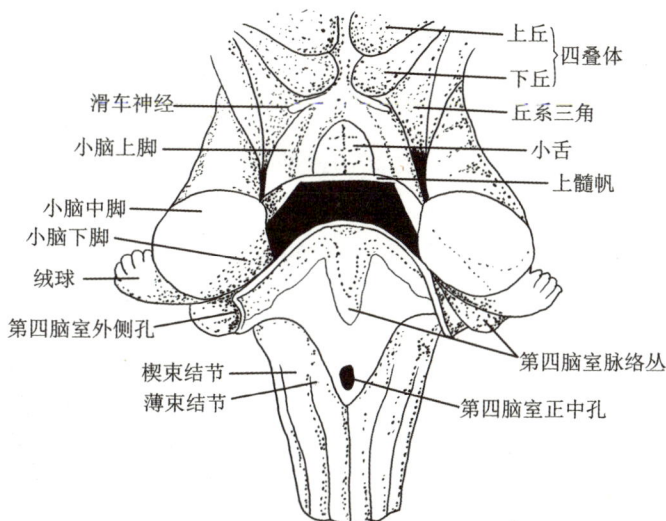

图 13 – 9 第四脑室脉络丛组织

（二）脑干的内部结构

脑干的内部结构由灰质、白质和网状结构组成。

1. 脑干的灰质 脑干灰质不再是连续的灰质柱，而是分散形成大小不一的灰质核团，称为神经核。其中，与脑神经相连的称为脑神经核，与脑神经不相连的称为非脑神经核。

（1）脑神经核 脑神经核与第Ⅲ～Ⅻ对脑神经相连，按性质和功能的不同分为 4 类：躯体运动核、内脏运动核、内脏感觉核和躯体感觉核，其名称、位置大多与其相连的脑神经名称和连脑部位相对应（图 13 – 10）。

1）躯体运动核 共 8 对。①动眼神经核：位于中脑上丘平面，发出纤维构成动眼神经，支配眼球外肌（上斜肌和外直肌除外）；②滑车神经核：位于中脑下丘平面，发出纤维构成滑车神经，支配上斜肌；③三叉神经运动核：位于脑桥中部，发出纤维构成三叉神经，支配咀嚼肌；④展神经核：位于面神经丘深面，发出纤维构成展神经，支配外直肌；⑤面神经核：位于脑桥下部，发出纤维构成面神经，支配面肌和镫骨肌；⑥疑核：位于延髓橄榄上部，发出纤维自上而下依次加入舌咽神经、迷走神经和副神经脑根，并随其支配软腭、咽、喉和食管上部的骨骼肌；⑦副神经核：由延髓部和脊髓部组成，延髓部发出的纤维支配咽喉肌，脊髓部发出的纤维支配胸锁乳突肌和斜方肌；⑧舌下神经核：位于舌下神经三角的深面，发出纤维构成舌下神经，支配舌肌。

2）内脏运动核 属于副交感核，共 4 对。①动眼神经副核：位于动眼神经核上端的背内侧，发出纤维加入动眼神经，支配瞳孔括约肌和睫状肌；②上泌涎核：位于脑桥下部的网状结构内，发出纤维加入面神经，管理泪腺、舌下腺和下颌下腺的分泌；③下泌涎核：位于延髓上部的网状结构内，发出纤维加入舌咽神经，管理腮腺的分泌；④迷走神经背核：于迷走神经三角深面，发出纤维加入迷走神经，支配颈部、胸部和腹部大部分脏器的活动。

3）内脏感觉核　一对孤束核。接受来自内脏器官的一般感觉和味觉纤维传递的信息。

4）躯体感觉核　共5对。①三叉神经、中脑核：位于中脑，与面肌、咀嚼肌和眼球外肌的本体觉传导有关；②三叉神经脑桥核：位于脑桥，与头面部的触觉、压觉传导有关；③三叉神经脊束核：位于脑桥下部、延髓和颈髓第1、2节段，与头面部痛、温觉传导有关；④前庭神经核：位于第四脑室底前庭区的深面，与平衡觉传导有关；⑤蜗神经核：位于小脑下脚的外侧，与听觉传导有关。

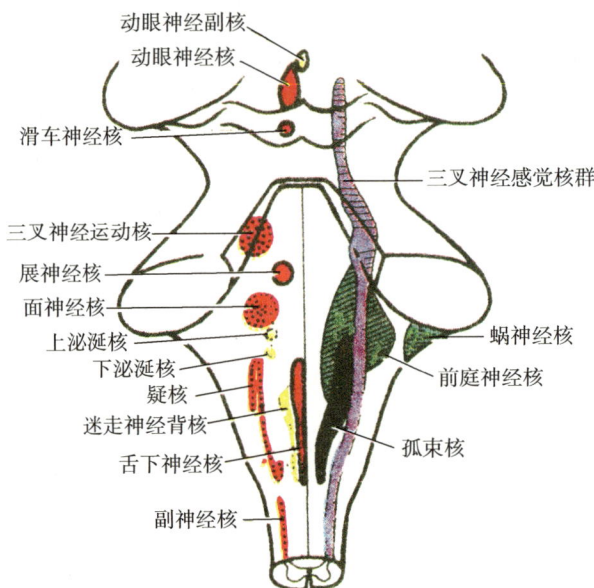

图 13 - 10　脑神经核在脑干背面的投影

（2）非脑神经核　是脑神经核以外的传导中继核团，参与组成各种神经传导通路，包括薄束核和楔束核、红核、黑质等。

1）薄束核和楔束核　分别位于延髓薄束结节和楔束结节的深面，是薄束和楔束的终止核。由此二核发出的纤维，在中央管腹侧越中线交叉至对侧，形成内侧丘系交叉。交叉后的纤维转折上行形成内侧丘系。薄束核和楔束核是传导躯干和四肢本体感觉和精细触觉冲动的中继核团（图 13 - 11）。

2）红核　位于上丘至间脑尾侧平面，呈卵圆柱状。主要接受来自小脑和大脑皮质的纤维，并发出红核脊髓束，交叉到对侧，下行至脊髓。红核参与对躯体运动的控制（图 13 - 12）。

3）黑质　位于中脑和大脑脚底之间，是大脑至间脑以及脑干网状结构的下行中继核。黑质多巴胺能神经元可合成多巴胺，调节新纹状体的功能活动。临床上因黑质病变，可使新纹状体多巴胺的水平下降，引起震颤麻痹。

2. 脑干的白质　主要由上、下行纤维束组成。

（1）上行纤维束

1）内侧丘系　由对侧薄束核和楔束核发出的感觉纤维，经内侧丘系交叉，组成内侧丘系继续上行，终于背侧丘脑腹后外侧核，传导对侧躯干和上、下肢意识性本体感觉和精细触觉。

2）脊髓丘系　是脊髓丘脑侧束和脊髓丘脑前束进入脑干后的延续，两者在脑干内逐渐靠近，终于背侧丘脑腹后外侧核，传导对侧躯干、四肢的痛觉、温度觉和粗触觉。

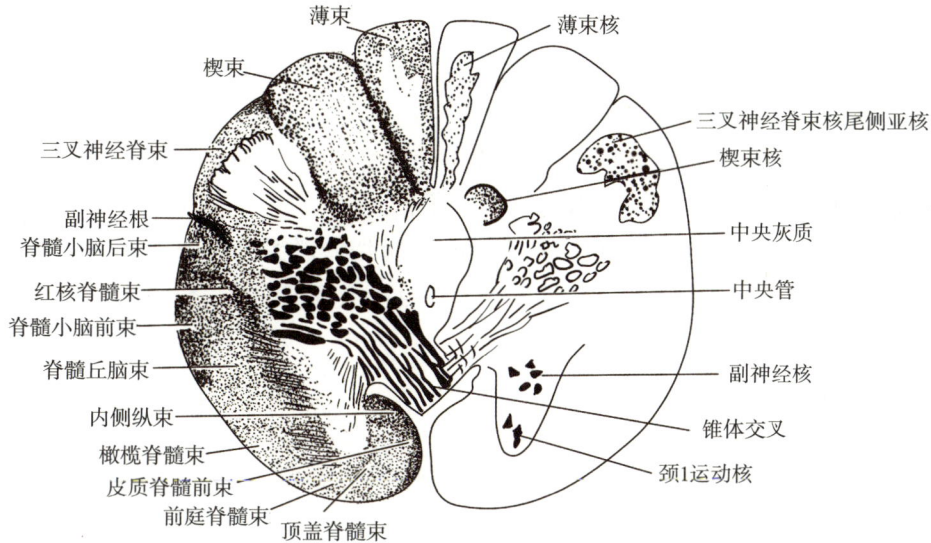

图 13－11　延髓横切面（经锥体交叉）

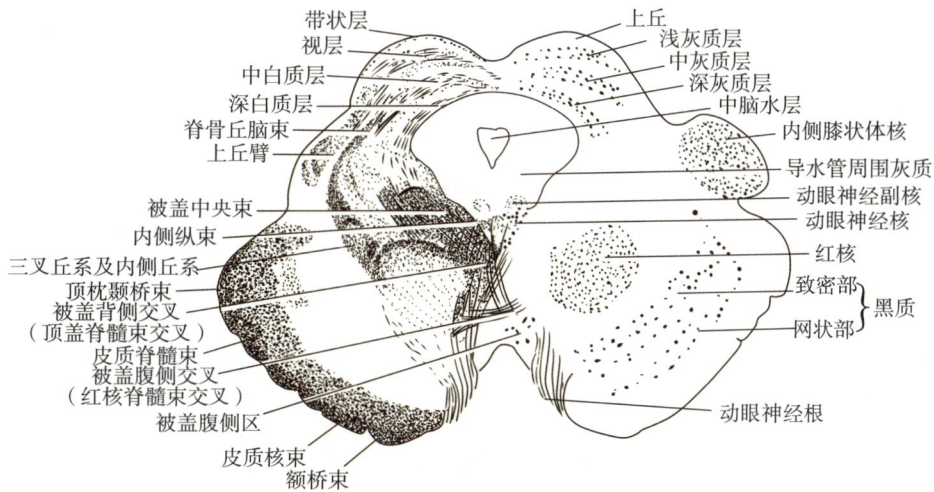

图 13－12　中脑横切面（经上丘）

3）三叉丘系　三叉神经脑桥核、三叉神经脊束核发出的纤维左右交叉，形成三叉丘系交叉，交叉后的纤维返折向上称为三叉丘系，上行至背侧丘脑腹后内侧核，传导对侧头面部的痛觉、温度觉、粗触觉和压觉冲动。

4）外侧丘系　蜗神经核发出的纤维左右交叉形成斜方体，斜方体发出纤维返折向上称为外侧丘系，传导听觉冲动。

（2）下行纤维束　主要为锥体束，包括皮质核束和皮质脊髓束。

1）皮质脊髓束　由大脑皮质发出，经内囊、中脑的大脑脚、脑桥基底部下行至延髓形成锥体，在锥体下方大部分纤维交叉到对侧下行，形成皮质脊髓侧束；少部分不交叉的纤维，形成皮质脊髓前束。

2）皮质核束　由大脑皮质发出，沿脑干内下行，沿途发出纤维大部分终止于双侧脑干躯体运动核，小部分终止于对侧的面神经核下部和舌下神经核。

3. 脑干网状结构　在脑干内，除了界限清楚的神经核和纤维束以外，尚有一些由纵横交错的神经纤维和散布在网眼内大小不等的灰质团块组成的区域，称为网状结构。

（三）脑干的功能

1. 传导功能 脑干是端脑、间脑、小脑和脊髓之间信息传递的桥梁，是大脑与小脑、脊髓之间的上、下行纤维束的必经之路，具有重要的传导功能。

2. 反射功能 脑干是许多反射活动的中枢。瞳孔对光反射的中枢在中脑；角膜反射的中枢在脑桥；心血管活动中枢和呼吸调节中枢在延髓，合称"生命中枢"。

3. 调节功能 网状结构与中枢神经系统各部均有着密切的联系，是中枢神经系统的整合中心，不仅能参与躯体运动、躯体感觉以及内脏活动的调节，而且还能调节睡眠、维持大脑皮质觉醒等。

二、小脑

（一）小脑的位置与外形

小脑位于颅后窝，在延髓和脑桥的背侧，借小脑上、中、下 3 对小脑脚与脑干相连。小脑与脑干之间的腔隙，称第四脑室。

小脑中间缩细，称小脑蚓。两侧膨大，称小脑半球。小脑上面平坦，下面凹凸不平，在小脑半球下面，靠近小脑蚓的两侧有一对椭圆形隆起，称小脑扁桃体（图 13 - 13）。

💡 **知识拓展**

小脑扁桃体疝

小脑扁桃体靠近枕骨大孔，前下方邻近延髓。当颅内压增高时，小脑扁桃体被挤入枕骨大孔内，压迫延髓而危及生命，临床上称为小脑扁桃体疝或枕骨大孔疝。

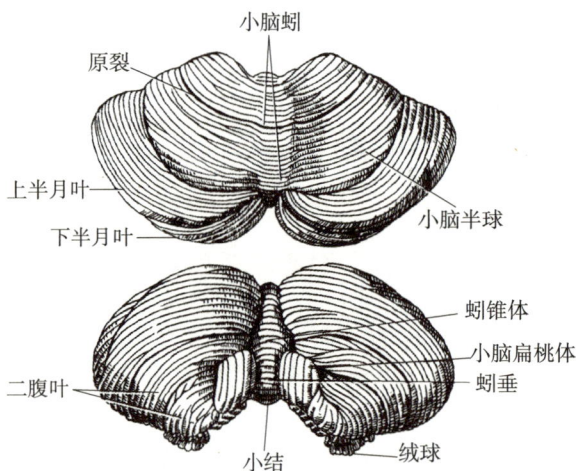

图 13 - 13 小脑外形

（二）小脑的分叶

小脑表面有许多相互平行的浅沟，沟与沟之间的突起称小脑叶片。其中小脑上面前、中 1/3 交界处有一略呈"V"字形的深沟，称为原裂。小脑下面绒球和小结的后方有一深沟，为后外侧裂。原裂和后外侧裂于小脑表面几乎形成一个环，此环的前上部分为小脑前叶，后下部分为小脑后叶，前叶和后叶合称小脑体。占据后外侧裂的绒球、绒球脚和小结为绒球小结叶（图 13 - 14）。

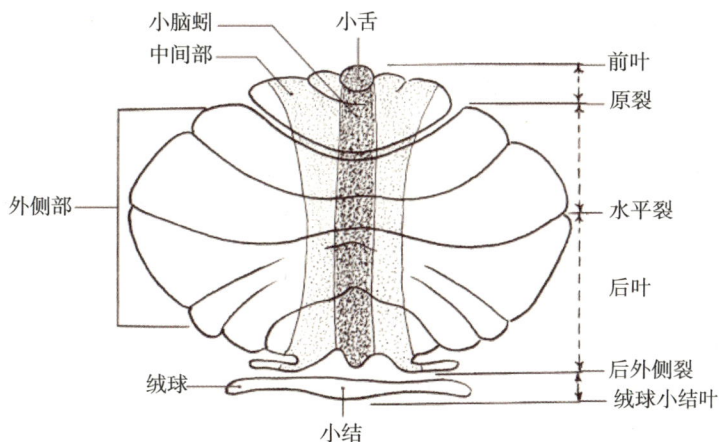

图 13 - 14　小脑分叶示意图

小脑的分区（解剖分区和功能分区）与小脑的种系发生密切相关。绒球小结叶在进化上出现最早，构成原小脑，因其纤维联系及功能与前庭密切相关，故又称前庭小脑。小脑体内侧区和中间区在进化上出现较晚，共同组成旧小脑，因主要接受来自脊髓的信息，又称脊髓小脑。小脑体的外侧区在进化中出现最晚，构成新小脑，因其与大脑皮质同步发展，而且与大脑皮质构成纤维联系环路，因此又称大脑小脑。

（三）小脑的内部结构

小脑表面的灰质，称小脑皮质。深面的白质，称小脑髓质。髓质内埋有的灰质块称小脑核，由内向外依次为顶核、球状核、栓状核和齿状核，其中齿状核最大（图 13 - 15）。

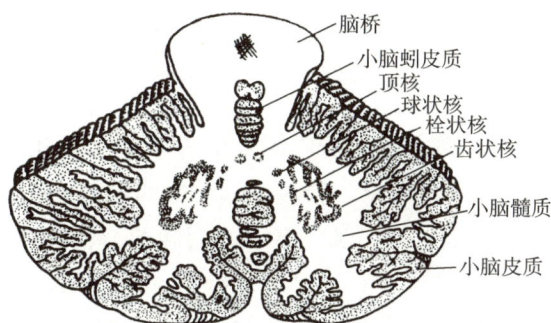

图 13 - 15　小脑的内部结构

（四）小脑的功能

小脑主要接受大脑、脑干以及脊髓的运动信息，其传出纤维也主要与各个运动中枢相关联。因此，小脑是机体重要的躯体运动调节中枢之一，其主要功能是维持身体平衡、调节肌张力及协调骨骼肌的随意、精细运动。小脑损伤后可出现平衡失调、肌张力低下、意向性震颤、共济失调等表现。

三、间脑

间脑位于中脑和端脑之间，两侧和背面被大脑半球所遮盖，仅腹侧部的一部分外露于脑底。间脑由背侧丘脑、后丘脑、上丘脑、下丘脑和底丘脑 5 部分组成。左右间脑之间有一矢状位的窄腔，称第三脑室（图 13 - 16，图 13 - 17）。

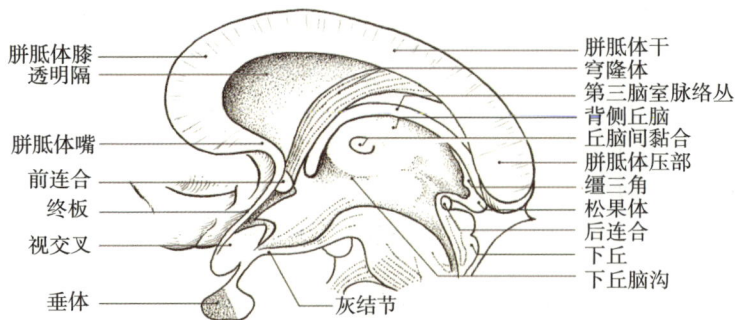

图 13-16　间脑正中矢状切面

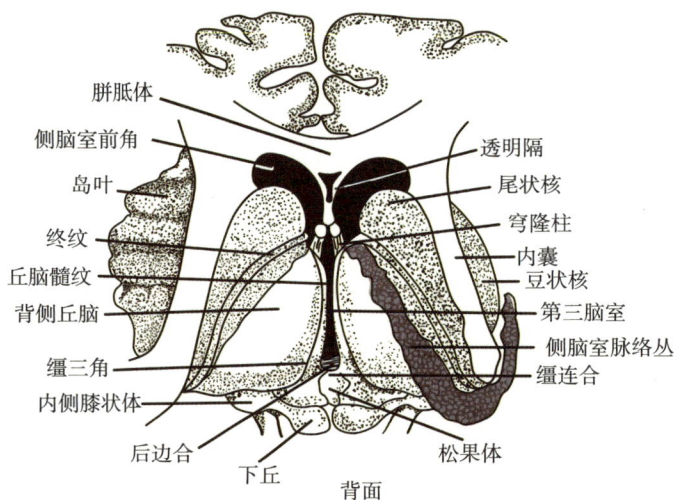

图 13-17　间脑的背侧面

1. 背侧丘脑　又称丘脑，为一对卵圆形的灰质团块借丘脑间黏合相连，其外侧连接内囊，背面和内侧面游离，内侧面参与构成第三脑室的侧壁。背侧丘脑前方的突出部分称丘脑前结节；后端膨大称丘脑枕。背侧丘脑灰质内部有一在水平面上呈"Y"字形的内髓板，将背侧丘脑内部的灰质分为前核群、内侧核群、外侧核群三部分（图 13-18）。

（1）外侧核群　位于内髓板的外侧，分为背侧核和腹侧核。腹侧核群是丘脑的主要组成部分，由前向后依次分为腹前核、腹外侧核和腹后核。腹后核又可分为腹后外侧核和腹后内侧核，前者接受内侧丘系、脊髓丘脑束的纤维，后者接受三叉丘系的纤维。由腹后核发出的纤维组成丘脑皮质束（丘脑中央辐射），经过内囊向上投射到大脑皮质躯体感觉中枢。

（2）前核群　位于内髓板分叉部的前面，是边缘系统的中继站，其功能与内脏活动有关。

（3）内侧核群　位于内髓板的内侧，其功能可能是参与躯体和内脏感觉功能的整合。

2. 后丘脑　位于背侧丘脑后下方，包括内侧膝状体和外侧膝状体，其深面分别是内侧膝状体核和外侧膝状体核。前者是听觉传导通路的中继站，接收下丘来的听觉纤维；后者是视觉传导通路的中继站，接收视束的传入纤维。

3. 上丘脑　位于第三脑室顶部周围，由丘脑髓纹、缰三角、缰连合、松果体组成。

4. 下丘脑　位于背侧丘脑的前下方，构成第三脑室的下壁和侧壁的下部。从脑底面观察，视交叉居前部，向后依次为视束、灰结节和乳头体（图 13-5）。灰结节向前下方形成中空的圆锥状部分为漏斗，漏斗下端与垂体相连。灰结节后方的一对圆形隆起为乳头体。下丘脑内部有一些重要的神经核团，

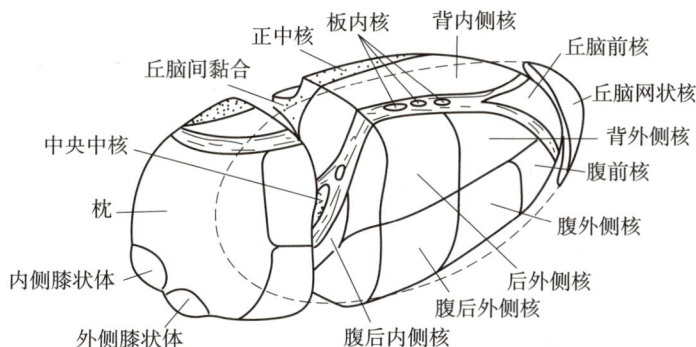

图 13 - 18　背侧丘脑核团模式图

如视上核、室旁核等，视上核位于视交叉外端的背外侧，室旁核位于第三脑室上部的两侧，二者均具有内分泌功能，视上核以分泌血管升压素（又名抗利尿激素）为主，室旁核以分泌催产素为主。

下丘脑是调节内脏活动的皮质下中枢，对体温、情绪、摄食、水盐代谢、生殖、睡眠等方面都有广泛的影响。

5. 底丘脑　位于间脑和中脑被遮盖的过渡区。内含底丘脑核，与黑质、红核及苍白球间均有纤维联系，是锥体外系的重要中继核。

6. 第三脑室　是位于两侧背侧丘脑和下丘脑之间的狭窄腔隙。前方借左、右室间孔与两侧大脑半球内的侧脑室相通，后方通过中脑水管与第四脑室相通。

四、端脑

端脑是脑的最高级部分，由左、右大脑半球在近底部处借胼胝体相连。大脑半球与小脑之间有大脑横裂；两大脑半球之间、胼胝体上方为大脑纵裂。大脑半球表层的灰质称大脑皮质，深面的白质称髓质，埋在大脑髓质深部的灰质核团称基底核，大脑半球内的腔隙，称为侧脑室。

（一）端脑的外形和分叶

每侧大脑半球分为上外侧面、内侧面和下面。半球的表面有许多深浅不一的沟，沟与沟之间的隆起称脑回。大脑半球重要的沟有：①外侧沟，位于半球的上外侧面，自前下斜行向后上方。②中央沟，起自半球上缘中点的稍后方，行向前下方。③顶枕沟，位于半球内侧面后部，起自中央沟上端与枕极连线中点，行向下前，在胼胝体后方连与距状沟。

大脑半球借 3 条叶间沟，分为 5 个叶：额叶、顶叶、颞叶、枕叶及岛叶。额叶为外侧沟之上，中央沟之前的部分。顶叶为中央沟以后，顶枕沟以前的部分。颞叶为外侧沟以下的部分。枕叶位于顶枕沟后方。岛叶位于外侧沟的深面（图13 - 19）。脑沟和脑回是因大脑高度发展，大脑皮质折叠而形成的，增大了大脑皮质的面积，形成了不同的功能定位区域。

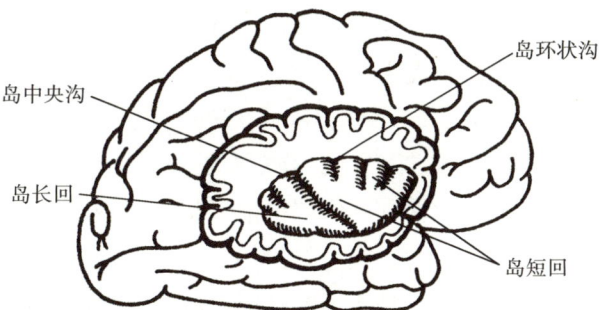

图 13 - 19　岛叶

1. 大脑半球的上外侧面　在额叶的后份，有与中央沟平行的中央前沟，二者之间的部分称中央前回。自中央前沟向前发出两条与上缘平行的沟，分别称额上沟和额下沟。额上沟以上的脑回为额上回。额上、下沟之间的脑回为额中回，额下沟和外侧沟之间的脑回为额下回（图13 - 20）。

在顶叶前份，有与中央沟略平行的中央后沟，二者之间的部分称中央后回。在中央后沟中部向后发出伸向后的沟，称顶内沟。顶内沟将中央后回以后的顶叶分为顶上小叶和顶下小叶。后者又分为围绕外侧沟末端的缘上回和围绕颞上沟末端的角回。

颞叶外侧沟的下方有与之平行的颞上沟和颞下沟。颞上沟与外侧沟之间的脑回称颞上回。颞下沟与颞上沟之间脑回为颞中回。颞下沟以下的部分为颞下回。在外侧沟的下壁上有两条横行的脑回，称颞横回。

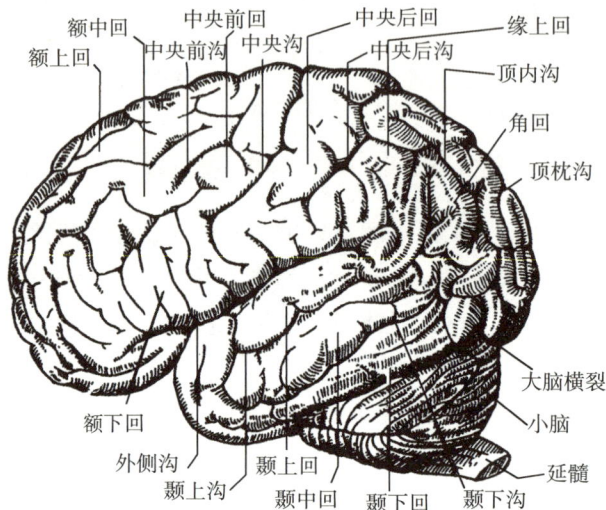

图 13-20　大脑半球上外侧面

2. 大脑半球的内侧面　中央前、后回自上外侧面延伸到在半球内侧面的部分为中央旁小叶。在间脑上方有联络左、右大脑半球的胼胝体。胼胝体背面有胼胝体沟，其与之平行的脑沟为扣带沟。二者之间的脑回为扣带回。胼胝体下方的弓形纤维束，称穹隆。胼胝体和穹隆间为薄层的透明隔。在胼胝体后下方，有呈弓形的距状沟向后至枕叶后部与顶枕沟相交。顶枕沟与距状沟之间的三角区称楔叶。距状沟以下为舌回（图 13-21）。

3. 大脑半球的底面　额叶下面有纵行的嗅束，其前端膨大为嗅球，后端扩大为嗅三角。颞叶下面有与半球下缘平行的枕颞沟。在此沟内侧并与之平行的为侧副沟，侧副沟的内侧为海马旁回，其前端弯曲，称钩（图 13-5）。

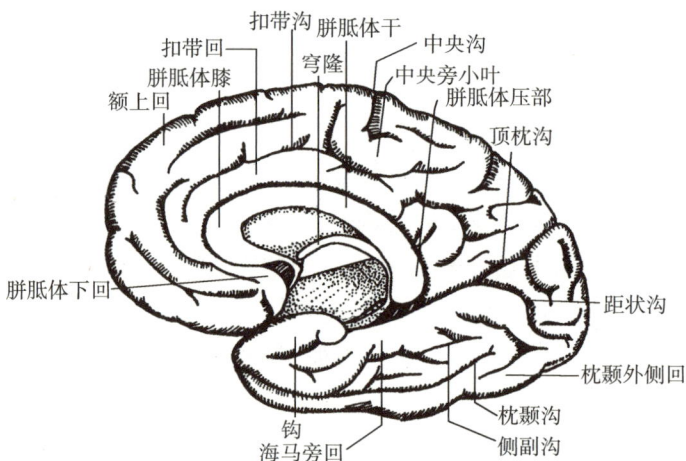

图 13-21　大脑半球内侧面

4. 边缘系统　位于大脑半球内侧面，由扣带回、海马旁回及钩等脑回几乎围绕胼胝体一周，故合称边缘叶。边缘叶与下丘脑、杏仁体、丘脑前核群等皮质下结构密切联系，共同构成边缘系统，参与管理内脏活动、学习和记忆、情绪反应、性活动等。

（二）大脑皮质的功能定位

大脑皮质是中枢神经系统发育最复杂的部位，也是高级神经活动的物质基础。随着大脑皮层的发育和分化，机体各种功能活动的最高中枢在大脑皮质上都具有特定的功能分区，不同的皮质区具有不同的功能，这些特定的功能分区称为皮质功能定位。

1. 躯体运动区　位于中央前回和中央旁小叶前部，管理对侧半身骨骼肌的运动。身体各部在此区具有以下投影特点：①上下颠倒，身体各部在此区的投影犹如倒置的人形，但头部为正；②左右交叉，一侧躯体运动区管理对侧肢体运动，但一些与联合运动有关的肌受双侧运动区的支配；③身体各部分投影区的大小和各部形体大小无关，而是取决于运动的精细、复杂程度（图 13-22）。

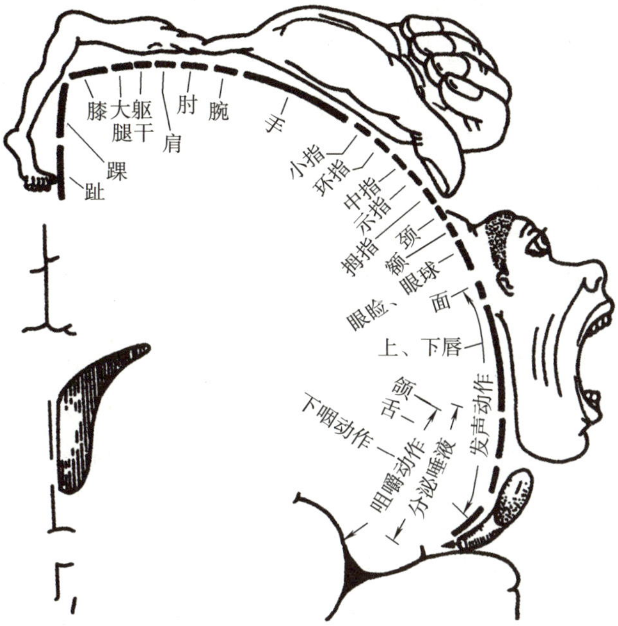

图 13-22　人体各部在躯体运动区的定位

2. 躯体感觉区　位于中央后回和中央旁小叶后部，接受由背侧丘脑腹后核传来的对侧半身痛、温、触、压觉及位置觉。该中枢的特点是：①身体各部在此区的投影犹如倒置的人形，但头部为正；②左右交叉，一侧躯体感觉区管理对侧半身感觉；③身体各部在中枢代表区的大小取决于该部感觉的灵敏程度（图 13-23）。

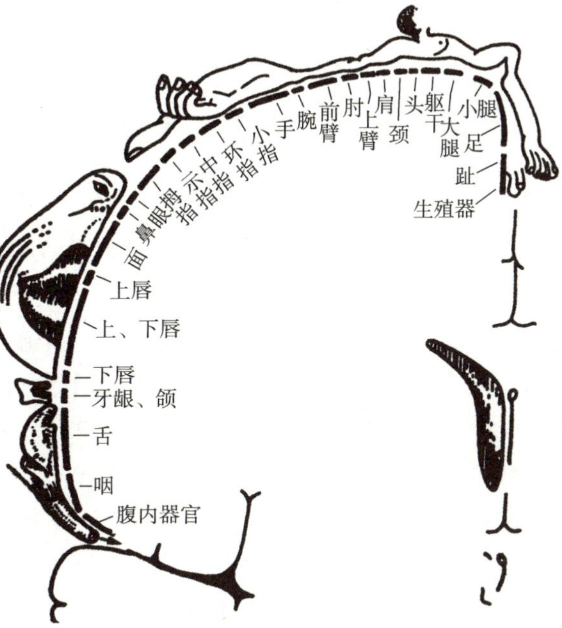

图 13-23　人体各部在躯体感觉区的定位

3. 视觉中枢　位于枕叶内侧距状沟两侧的皮质。一侧视觉中枢接受来自同侧视网膜颞侧半和对侧视网膜鼻侧半的视觉冲动。

4. 听觉中枢　位于大脑外侧沟下壁的颞横回。每侧听觉中枢接受来自双耳的听觉冲动，因此一侧听觉中枢受损时，不会引起全聋。

5. 语言中枢　人类大脑皮质与动物的本质区别是能进行思维和意识等高级活动，并进行语言的表达，故在人类大脑皮质上具有相应的语言中枢（图 13-24）。语言中枢多在左侧半球。

（1）运动性语言中枢（说话中枢）　位于额下回后部。当其受损时，患者虽能发音，却失去说话能力，临床上称运动性失语症。

（2）听觉性语言中枢（听话中枢）　位于颞上回后部。若此中枢受损，患者虽能听到别人讲话，但不理解别人讲话的意思，临床上称感觉性失语症。

（3）书写中枢　位于额中回后部。若此中枢受损，患者虽然手的运动功能正常，但不能进行正常的书写，临床上称失写症。

（4）视觉性语言中枢（阅读中枢）　位于角回。若此中枢受损，患者虽然视觉正常，但不能理解文字含义，临床上称失读症。

各语言中枢不是孤立的，彼此之间有着密切的联系，同时还需要听觉中枢、视觉中枢、运动中枢等有关大脑皮质区域的相互配合，才能完成语言功能。

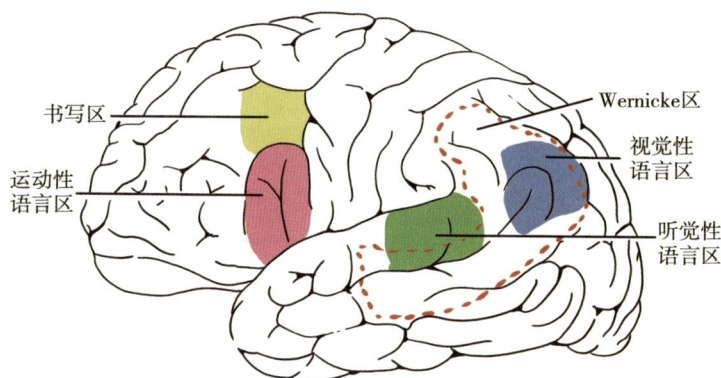

左侧大脑半球的语言中枢

图 13-24　左侧大脑半球的语言中枢

（三）端脑的内部结构

大脑半球表面的灰质称大脑皮质，皮质深面的白质称髓质，埋藏在髓质深部的灰质核团称基底核，大脑半球内的腔隙称侧脑室。

1. 侧脑室　位于两侧大脑半球内，左、右各一，延伸至半球的各个脑叶内。分为 4 部分：中央部位于顶叶内，室间孔和胼胝体之间；前角伸向额叶；后角伸入枕叶；下角最长伸到颞叶内。侧脑室经左、右室间孔与第三脑室相通。侧脑室腔内有脉络丛和脑脊液（图 13-25）。

2. 基底核　是埋藏在大脑底部白质内的灰质团块，包括尾状核、豆状核、屏状核和杏仁体。尾状核呈 "C" 形弯曲，分头、体、尾 3 部，围绕豆状核和背侧丘脑。豆状核位于岛叶的深部，尾状核和背侧丘脑的外侧。豆状核分为 3 部，外侧部称壳，内侧两部合称苍白球。尾状核头部与豆状核之间借灰质条索相连，外观呈条纹状，故两者合称纹状体。苍白球出现较早，亦称旧纹状体。尾状核和壳合称新纹状体。纹状体在调节躯体运动中起重要作用。屏状核位于岛叶皮质与豆状核之间。杏仁体与尾状核尾相连，与调节内脏活动和情绪有关（图 13-26）。

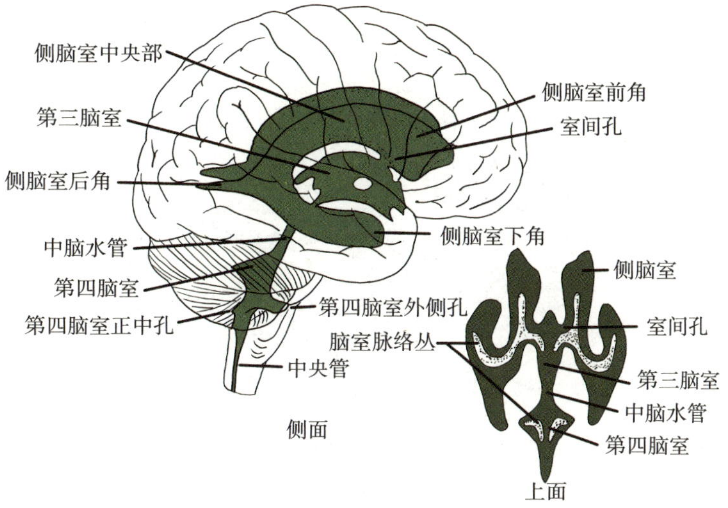

图 13－25　脑室投影图

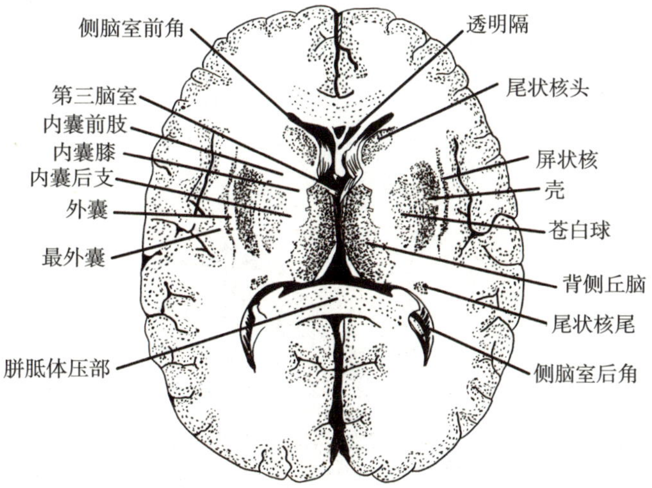

图 13－26　基底核、背侧丘脑和内囊

3. 髓质　主要由联系皮质各部和皮质下结构的神经纤维组成，包括连合纤维、联络纤维和投射纤维。

1）连合纤维　是连合左、右两半球皮质的纤维（图 13－27）。包括胼胝体、前连合和穹隆连合。

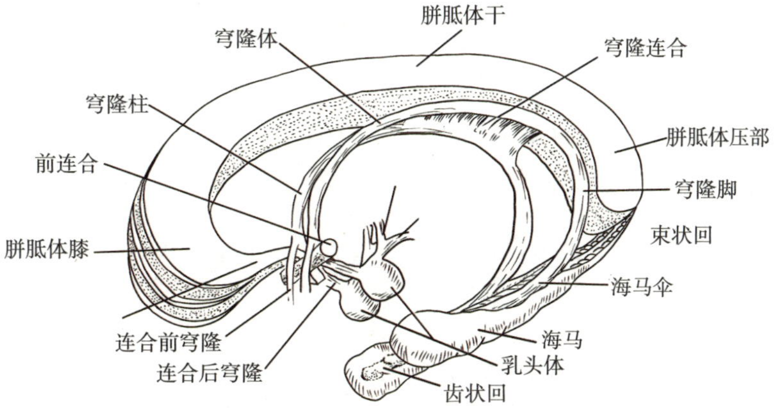

图 13－27　大脑半球的连合纤维

2）联络纤维 是联系同侧半球内各部分皮质的纤维（图13-28）。其中短纤维联系邻近脑回称弓状纤维，长纤维联系本侧半球各叶，主要有上纵束、下纵束、钩束。

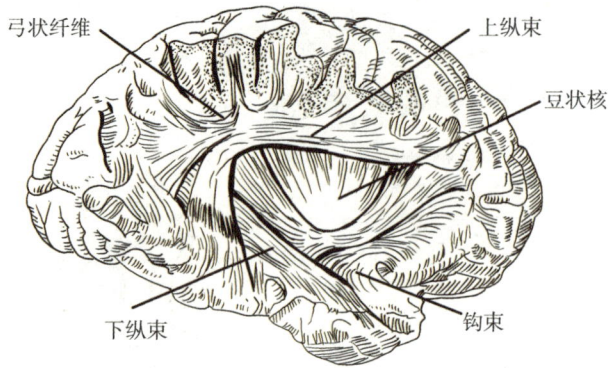

图13-28 大脑半球的联络纤维

3）投射纤维 是联系大脑皮质和皮质下中枢的上、下行纤维束。它们大部分经过内囊。内囊是位于背侧丘脑、尾状核和豆状核之间的白质板，在水平切面上呈"＞＜"状，分前肢、膝和后肢三部。前肢伸向前外，位于豆状核和尾状核之间。后肢伸向后外，位于豆状核和背侧丘脑之间。前、后肢相交处为内囊膝。前肢有上行的丘脑前辐射和下行的额桥束通过。内囊膝有皮质核束经过。后肢主要有下行的皮质脊髓束、顶枕颞桥束和皮质红核束，上行的丘脑中央辐射、视辐射和听辐射等通过（图13-26，图13-29）。

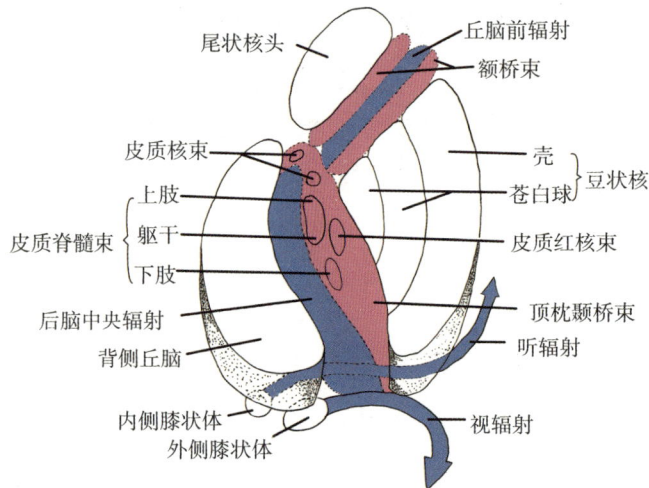

图13-29 内囊结构模式图

内囊是投射纤维高度集中的区域，如一侧内囊损伤，可导致对侧半身感觉障碍（丘脑中央辐射受损），对侧半身随意运动障碍（皮质脊髓束和皮质核束损伤）和双眼对侧半视野偏盲（视辐射损伤），即所谓"三偏症状"。

第三节 神经系统的传导通路

神经传导通路是指从感受器到大脑皮质或大脑皮质到效应器之间传导神经冲动的通路，由上、下行纤维束构成。从感受器到大脑皮质的神经通路称感觉（上行）传导路；从大脑皮质到效应器的神经通路称运动（下行）传导路。

一、感觉传导通路

（一）本体感觉和精细触觉传导通路

本体感觉是指肌、腱、关节等器官在不同状态时产生的感觉。因位置较深，又称深部感觉。此外，在本体感觉传导通路中，还传导皮肤的精细触觉（即辨别两点间距离和感受物体的纹理粗细等）。该传导通路由 3 级神经元组成（图 13－30）。

第 1 级神经元为脊神经节的假单极神经元，其周围突分布于肌、腱、关节的本体感觉感受器和皮肤的精细触觉感受器，中枢突经脊神经后根进入脊髓后索上行。第 5 胸节以下的纤维组成薄束，第 4 胸节以上的纤维组成楔束，两束上行分别终止于延髓的薄束核和楔束核。

第 2 级神经元的胞体在延髓的薄束核和楔束核内，其发出的纤维交叉至对侧形成内侧丘系交叉，交叉后的纤维折而上行组成内侧丘系，经脑桥、中脑止于背侧丘脑。

第 3 级神经元胞体在背侧丘脑腹后外侧核，其发出的纤维组成丘脑中央辐射，经内囊后肢投射到中央后回的上 2/3 和中央旁小叶的后部。

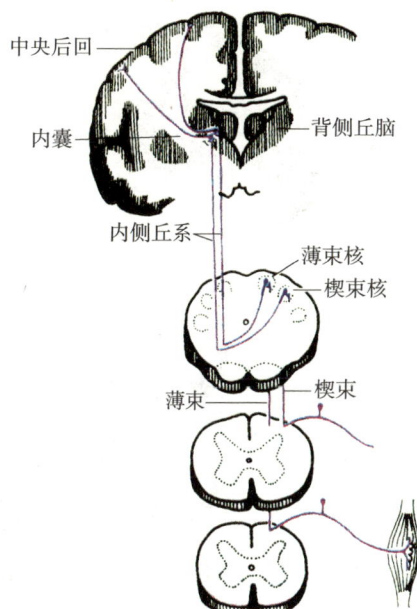

图 13－30 躯干、四肢本体感觉和精细触觉传导通路

（二）痛觉、温度觉及粗触觉传导通路

该通路又称浅感觉传导通路，由 3 级神经元组成。该传导通路分为躯干和四肢痛温觉、粗触觉和压觉传导通路和头面部痛温觉及触压觉传导通路。

1. 躯干和四肢痛温觉、粗触觉和压觉传导通路 第 1 级神经元的胞体位于脊神经节，其周围突分布于躯干、四肢皮肤的感受器，中枢突经脊神经后根进入脊髓，上升 1～2 个节段后止于脊髓后角。

第 2 级神经元的胞体在脊髓后角，其发出的纤维经白质前连合交叉至对侧脊髓前索和外侧索，组成上行脊髓丘脑前束（传导粗触觉和压觉）和脊髓丘脑侧束（传导痛觉、温度觉），二者统称脊髓丘脑束，向上经延髓、脑桥、中脑止于背侧丘脑。

第 3 级神经元胞体在背侧丘脑腹后外侧核，发出的纤维组成丘脑中央辐射，经内囊后肢投射到中央后回的上 2/3 和中央旁小叶的后部（图 13－31）。

2. 头面部痛温觉及触压觉传导通路 第 1 级神经元位于三叉神经节，其周围突组成三叉神经分布于头面部皮肤和黏膜的痛、温、触觉感受器，中枢突组成三叉神经感觉根进入脑桥。

第 2 级神经元位于三叉神经脑桥核和三叉神经脊束核，其发出的纤维交叉至对侧组成三叉丘系，在内侧丘系背侧上升止于背侧丘脑腹后内侧核。

第 3 级神经元位于背侧丘脑腹后内侧核，发出的纤维参与组成丘脑中央辐射，经内囊后肢投射到中央后回下 1/3（图 13－31）。

（三）视觉传导通路和瞳孔对光反射通路

1. 视觉传导通路 视觉传导通路传导视觉冲动，由 3 级神经元参与传导。第 1 级神经元为双极细胞，接受视锥细胞和视杆细胞传来的冲动。第 2 级神经元为节细胞，其轴突聚集成视神经，向后穿过视神经盘，经视神经管入颅，形成视交叉。在视交叉中，来自双眼视网膜鼻侧半的纤维交叉，颞侧半的纤维不交叉。交叉后的纤维组成视束,向后绕过大脑脚,止于外侧膝状体。第3级神经元胞体位于外侧膝状体内,其发出的纤维组成视辐射,经内囊后肢投射到距状沟两侧的皮质(图13-32)。

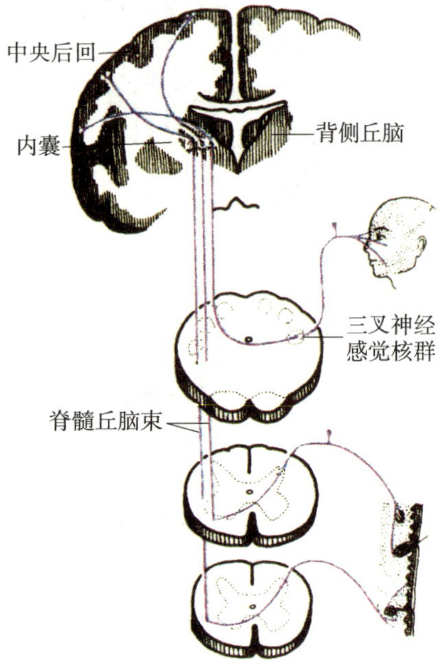

图 13-31　浅感觉传导通路

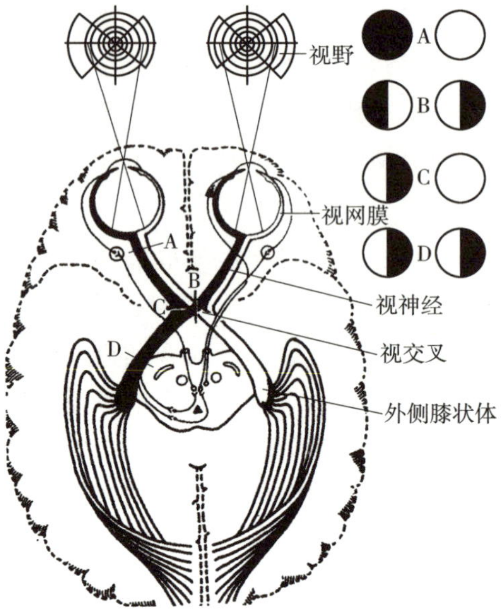

图 13-32　视觉传导通路和瞳孔对光反射通路

视野是指眼球固定向前平视时所能看到的空间范围。光线经过眼球屈光装置的折射作用,鼻侧半视野的物象投射到颞侧半视网膜,颞侧半视野的物象投射到鼻侧半视网膜,上半视野的物象投射到下半视网膜,下半视野的物象投射到上半视网膜。当视觉传导通路不同的部位损伤时,可引起不同的视野障碍。

知识拓展

视觉传导通路上的损伤

当视觉传导通路在不同部位受损时,可引起不同的视野缺损:①一侧视神经损伤,可引起该侧视野全盲;②视交叉中央部损伤(如垂体瘤压迫),可引起双眼视野颞侧偏盲;③一侧视交叉外侧部的未交叉纤维损伤,可出现患侧视野鼻侧偏盲;④一侧视束以后部位(视辐射、视觉中枢)损伤,可引起双眼对侧视野同向性偏盲(患侧视野鼻侧偏盲和健侧视野颞侧偏盲)。

2. 瞳孔对光反射通路　光照一侧瞳孔,引起两眼瞳孔都缩小,称瞳孔对光反射。光照侧瞳孔缩小称直接对光反射,对侧瞳孔缩小称间接对光反射。

此反射的传入神经为视神经,传出神经为动眼神经,反射中枢在中脑。其反射路径可概括为:视网膜将光的刺激转化为神经冲动经视神经传至视交叉,视交叉后延为视束,视束的部分纤维经上丘投射到顶盖前区,顶盖前区是对光反射中枢,其发出的纤维与两侧动眼神经副核形成联系。动眼神经副核发出副交感节前纤维经动眼神经至睫状神经节换元,而后发出副交感节后纤维分布于瞳孔括约肌,调节瞳孔,使之缩小。

(四)听觉传导通路

听觉传导通路传导听觉冲动,由4级神经元参与传导。第1级神经元为蜗神经节内的双极细胞,其周围突分布于内耳的螺旋器（Corti 器），中枢突组成蜗神经入脑，止于蜗神经核即第 2 级神经元。蜗神经核发出的纤维在脑桥内大部分交叉形成斜方体，然后返折上行形成外侧丘系；小部分不交叉的纤维加入同侧外侧丘系。第 3 级神经元胞体在下丘，其纤维经下丘臂止于内侧膝状体。第 4 级神经元胞体在内侧膝状体，发出纤维组成听辐射，经内囊后肢止于大脑皮质颞横回（图 13 – 33）。

　　由于外侧丘系传递两耳来的听觉信号，因此听觉冲动是双侧传导的。若一侧通路在外侧丘系以上受损，不会产生明显症状，但若损伤了蜗神经、内耳或中耳，则将导致听觉障碍。

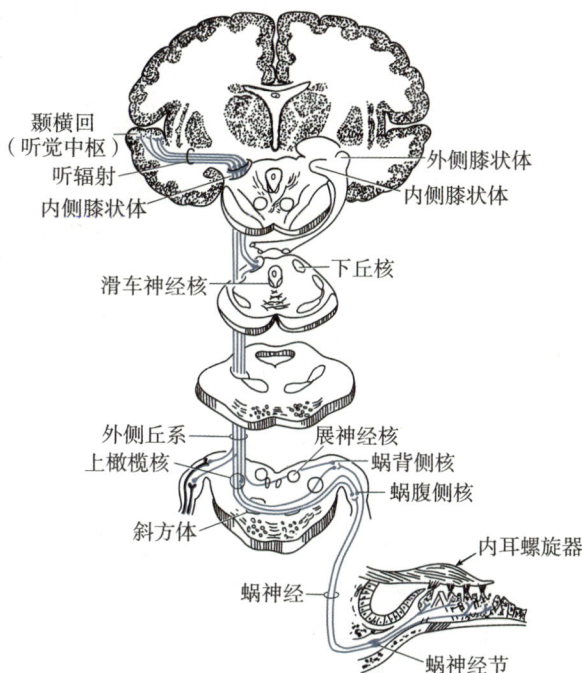

图 13 – 33　听觉传导通路

二、运动传导通路

　　运动传导通路包括锥体系和锥体外系两部分。锥体系主要控制骨骼肌的随意运动，而锥体外系则主要负责骨骼肌随意运动的协调。正常情况下，二者互相协调，共同完成各种复杂而精巧的随意运动。

（一）锥体系

　　锥体系由两级神经元组成，第 1 级称上运动神经元，胞体为中央前回和中央旁小叶前部的锥体细胞，其轴突组成下行的锥体束。其中，止于脊髓前角运动神经元的纤维束称皮质脊髓束，止于脑干躯体运动核的纤维束称皮质核束。第 2 级称下运动神经元，胞体位于脊髓前角和脑干躯体运动核，其轴突组成脊神经和脑神经，分布于全身的骨骼肌。

　　1. 皮质脊髓束　上运动神经元位于中央前回上 2/3 及中央旁小叶前部，发出的轴突集合形成皮质脊髓束（图 13 – 34）。纤维束经内囊后肢、中脑的大脑脚、脑桥至延髓形成锥体。在

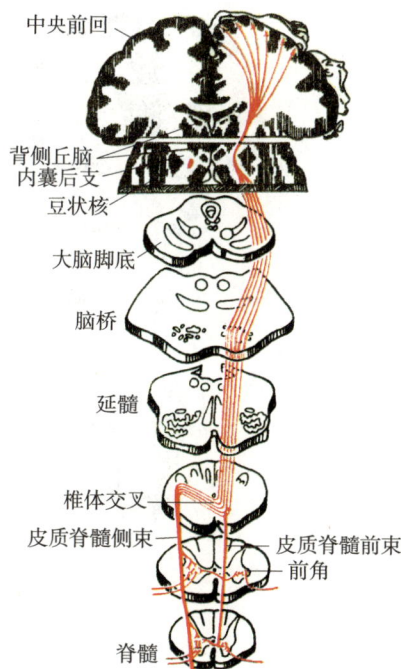

图 13 – 34　皮质脊髓束

锥体下端，大部分纤维经锥体交叉越边至对侧，称为皮质脊髓侧束，走行在脊髓外侧索内，皮质脊髓侧束的纤维在下行过程中，逐节止于同侧脊髓前角运动神经元，支配上、下肢肌。小部分未交叉的纤维形成皮质脊髓前束，沿脊髓前索下行，沿途发出侧支，止于双侧前角运动神经元，并由此发出脊神经支配躯干肌的运动，所以躯干肌受到两侧大脑皮层支配。一侧皮质脊髓束在锥体交叉之前损伤，表现为对侧肢体瘫痪，而对躯干肌的影响并不明显。

2. 皮质核束 中央前回下 1/3 皮质内的锥体细胞，其轴突汇集形成皮质核束，下行经内囊膝至脑干，陆续发出纤维，大部分止于双侧躯体运动核，如动眼神经核、滑车神经核、展神经核、三叉神经运动核、面神经核上部、疑核和副神经核，由此发出脑神经，支配头面部肌肉（眼外肌、咀嚼肌、面上部表情肌、胸锁乳突肌、斜方肌和咽喉肌）；小部分纤维终止于对侧躯体运动核，如面神经核下部和舌下神经核，由此发出脑神经，支配下部面肌和舌肌（图 13 - 35）。

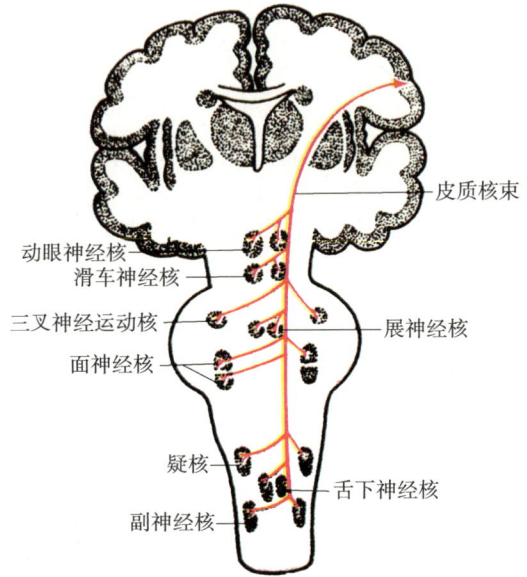

图 13 - 35 皮质核束

一侧上运动神经元损伤，可出现对侧眼裂以下的面肌和舌肌瘫痪，称为核上瘫。表现为病灶对侧鼻唇沟消失、口角低垂并向病灶侧偏斜、流涎、不能做鼓腮和露齿、伸舌时舌尖偏向病灶对侧。一侧下运动神经元损伤，可出现同侧面肌和舌肌全部瘫痪，称为核下瘫。表现为额横纹消失、眼不能闭、口角下垂、鼻唇沟消失、伸舌时舌尖偏向病灶侧（图 13 - 36，图 13 - 37）。

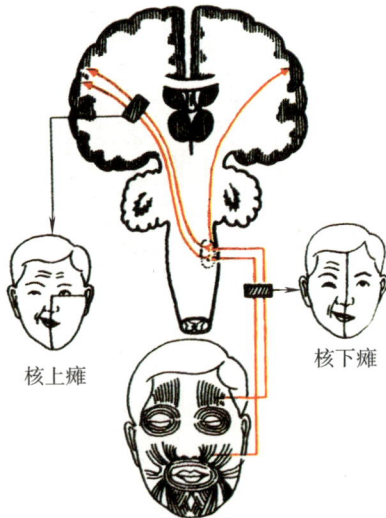

图 13 - 36 面肌瘫痪

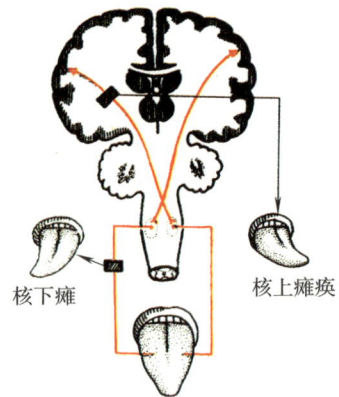

图 13 - 37 舌肌瘫痪

锥体系的任何部位损伤都会引起随意运动的障碍，出现相应部位骨骼肌的瘫痪。临床上分两种：上运动神经元损伤和下运动神经元损伤。上、下运动神经元损伤后的临床表现见表 13 - 1。

表 13 – 1　上、下运动神经元损害后的临床表现比较

症状与体征	上运动神经元损害	下运动神经元损害
瘫痪范围	常较广泛	常较局限
瘫痪特点	痉挛性瘫（硬瘫、中枢性瘫）	弛缓性瘫（软瘫、周围性瘫）
肌张力	增高	减低
深反射	亢进	消失
浅反射	减弱或消失	消失
腱反射	亢进	减弱或消失
病理反射	有（ + ）	无（ - ）
肌萎缩	早期无，晚期为废用性萎缩	早期即有萎缩

（二）锥体外系

锥体外系是指锥体系以外的下行传导通路的总称。包括大脑皮质、纹状体、背侧丘脑、底丘脑、红核、黑质、脑桥核、前庭核、小脑和脑干网状结构等以及它们之间的联系。

锥体外系主要功能是调节肌张力、协调肌肉活动、维持体态姿势和习惯性动作（例如走路时双臂自然协调地摆动）等。锥体系和锥体外系在功能上是互相不可分割的一个整体。二者协调统一，共同完成各项复杂精细的随意运动。

第四节　脑和脊髓的被膜、血管及脑脊液的循环

一、脑和脊髓的被膜

脑和脊髓的表面包有三层被膜，由外向内依次为硬膜、蛛网膜和软膜，对脑和脊髓起支持、保护和营养作用。

（一）脊髓的被膜

脊髓的被膜分为硬脊膜、脊髓蛛网膜和软脊膜。

1. 硬脊膜　硬脊膜由致密结缔组织构成，厚而坚韧。上端附于枕骨大孔边缘，与硬脑膜相延续。下部在第 2 骶椎水平以下变细，包裹终丝，末端附于尾骨。硬脊膜与椎管内面的骨膜之间的间隙称硬膜外隙，内含脂肪、淋巴管、静脉丛、疏松结缔组织和脊神经根等（图 13 – 38）。此间隙略呈负压，不与颅腔相通。临床上进行硬膜外麻醉时，将药物注入此间隙，以阻滞脊神经根内的神经传导。在硬脊膜与脊髓蛛网膜之间有潜在的间隙，称硬膜下隙。硬脊膜在椎间孔处与脊神经根的外膜相延续。

2. 脊髓蛛网膜　脊髓蛛网膜为半透明的薄膜，紧贴于硬脊膜的内面，向上与脑蛛网膜相延续。蛛网膜与软膜之间有较宽阔的间隙称蛛网膜下隙，两层间有结缔组织小梁连接，其内充满脑脊液。蛛网膜下隙的下部，自脊髓下端至第 2 骶椎平面扩大称终池，内容马尾。因此，临床上常在第 3 ~ 4 或第 4 ~ 5 腰椎之间穿刺，抽取脑脊液或注射药物而不损伤脊髓。脊髓蛛网膜下隙向上与脑蛛网膜下隙相通。

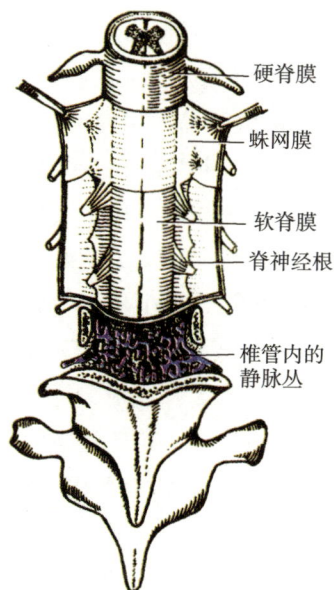

图 13 – 38　脊髓的被膜

硬脊膜
蛛网膜
软脊膜
脊神经根
椎管内的静脉丛

3. 软脊膜 软脊膜是富含血管的薄膜，紧贴脊髓表面并伸入脊髓的沟裂内，在脊髓下端移行为终丝。

（二）脑的被膜

脑的被膜分为硬脑膜、脑蛛网膜和软脑膜（图 13 – 39）。

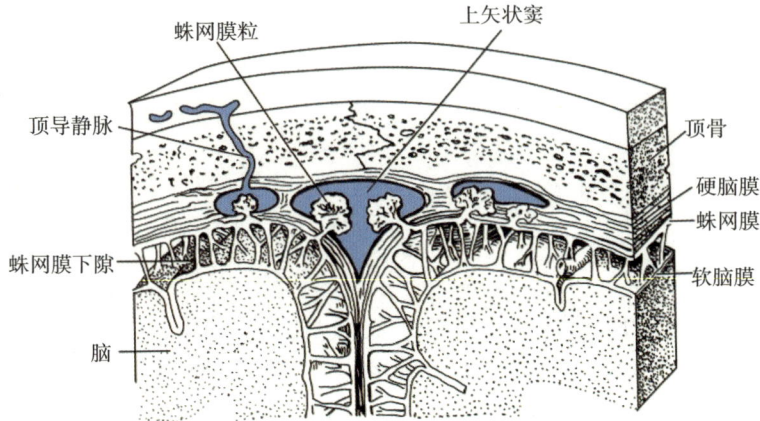

图 13 – 39 脑的被膜、蛛网膜粒和硬脑膜窦

1. 硬脑膜 硬脑膜是厚而坚韧的双层膜，外层为颅骨内面的骨膜，内层较外层坚厚，两层膜间有丰富的血管和神经。硬脑膜与颅盖骨连接疏松，易于分离，当硬脑膜血管损伤时，可在硬脑膜与颅骨之间形成硬膜外血肿；在颅底，硬脑膜与颅骨结合紧密，故颅底骨折时易将硬脑膜与脑蛛网膜同时撕裂，使脑脊液外漏。硬脑膜在脑神经出颅处移行为神经外膜，在枕骨大孔处与硬脊膜相延续。

硬脑膜不仅包被于脑的表面，其内层折叠成若干板状突起，深入脑的裂隙中，起到固定和保护脑的作用。这些由硬脑膜形成的特殊结构如下。

（1）大脑镰　呈镰刀形，伸入大脑纵裂分隔两侧大脑半球，后端连于小脑幕上面，下缘游离于胼胝体上方。

（2）小脑幕　形似幕帐，伸入大脑横裂，分隔大脑和小脑。小脑幕后外侧缘附于枕骨横沟和颞骨岩部上缘，小脑幕的前内侧缘游离，称小脑幕切迹。当颅脑病变引起颅内压增高时，其上方的海马旁回和钩被挤到小脑幕切迹，向前压迫中脑的大脑脚和动眼神经，称小脑幕切迹疝。

（3）硬脑膜窦　硬脑膜在某些部位内、外两层分开，内面衬以内皮细胞，形成特殊的颅内静脉管道，称硬脑膜窦，窦内含有静脉血。主要的硬脑膜窦如下。

1）上矢状窦　位于大脑镰上缘内，前端起自盲孔，向后流入窦汇。

2）下矢状窦　位于大脑镰下缘内，其走行与上矢状窦走行一致，向后汇入直窦。

3）直窦　位于大脑镰和小脑幕连接处，向后通窦汇。

4）窦汇　由上矢状窦和直窦在枕内隆凸处汇合扩大而成，向两侧移行为左右横窦。

5）横窦　成对，位于枕骨横窦沟内，连于窦汇和乙状窦之间。

6）乙状窦　成对，位于乙状窦沟内，是横窦的延续，向前于颈静脉孔处出颅续为颈内静脉。

7）海绵窦　位于蝶鞍两侧，为硬脑膜两层之间的不规则腔隙，腔隙内有许多结缔组织小梁，形似海绵而得名，窦内有颈内动脉和展神经通过，在窦的外侧壁，自上而下有动眼神经、滑车神经、眼神经和上颌神经通过。海绵窦与周围的静脉形成广泛的交通。向前借眼静脉与面静脉相通，向两侧与大脑中静脉相通，向下与翼静脉丛相通，故面部感染可蔓延至海绵窦，累及经过海绵窦的神经，出现相应的症状。

2. 脑蛛网膜　脑蛛网膜薄而透明，缺乏血管和神经。与硬脑膜之间有硬膜下隙，与软脑膜之间有蛛网膜下隙，其内充满脑脊液，向下与脊髓蛛网膜下隙相通。蛛网膜下隙在某些部位扩大，称蛛网膜下池。在小脑与延髓之间有小脑延髓池，临床上可在此进行穿刺，抽取脑脊液。脑蛛网膜紧贴硬脑膜，在上矢状窦处形成许多绒毛状突起，突入上矢状窦内，称蛛网膜粒。蛛网膜下隙内的脑脊液经过蛛网膜粒渗入上矢状窦内，回流入静脉（图 13 – 39）。

3. 软脑膜　覆盖于脑的表面并深入到脑的沟裂内。在脑室的一定部位，软脑膜的血管反复分支形成毛细血管丛，并与其表面的软脑膜和室管膜上皮一起突入脑室，形成脉络丛，是产生脑脊液的主要结构。

二、脑和脊髓的血管

（一）脑的血管

1. 脑的动脉　来源于颈内动脉和椎动脉。以顶枕沟为界，颈内动脉的分支供应大脑半球的前 2/3 和部分间脑。椎动脉的分支供应大脑半球的后 1/3、部分间脑、脑干和小脑。供应大脑半球的动脉分为皮质支和中央支，前者营养大脑皮质和髓质的浅层，后者营养髓质深层、基底核和间脑等。

（1）颈内动脉　起自颈总动脉，自颈动脉管入颅后，向前穿海绵窦，至视交叉的外侧，分为大脑前动脉和大脑中动脉、后交通动脉等分支（图 13 – 40）。①大脑前动脉：自视神经上方进入大脑纵裂内，沿胼胝体上方向后行（图 13 – 41）。左、右大脑前动脉进入大脑纵裂前借前交通动脉相连。皮质支分布于顶枕沟以前的半球内侧面、额叶底面的一部分和额、顶两叶上外侧面的上部。中央支在大脑前动脉起始部发出，穿入脑实质，营养豆状核、尾状核前部和内囊前肢。②大脑中动脉：可视为颈内动脉的直接延续，进入外侧沟向后行，分为数条皮质支，分布于大脑半球上外侧面和岛叶（图 13 – 42，图 13 – 43）。其起始部发出细小的中央支（豆纹动脉），垂直向上进入脑实质，营养豆状核、尾状核、内囊膝和内囊后肢的前部。豆纹动脉行程呈"S"形弯曲，在高血压动脉硬化时容易破裂（又名出血动脉），导致脑出血，出现严重的脑功能障碍。③后交通动脉：由颈内动脉发出行向后，与大脑后动脉吻合，是颈内动脉系与椎 – 基底动脉系的吻合支。④眼动脉：穿视神经管进入眶腔，分布于眼球及周围结构。

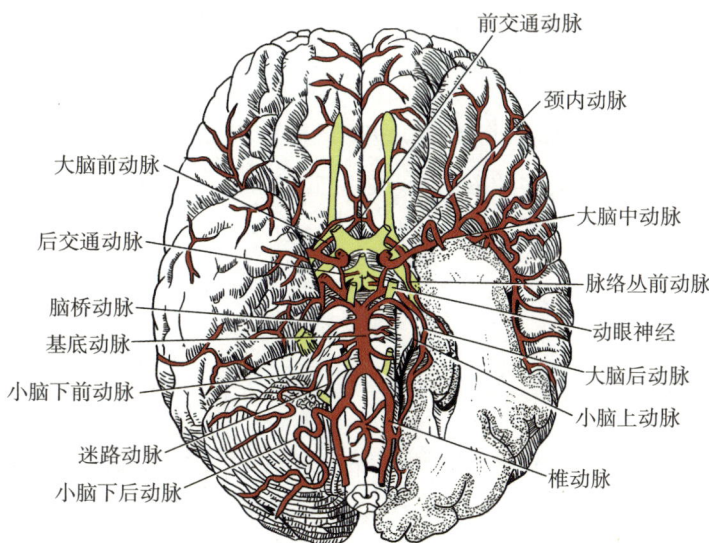

图 13 – 40　脑底的动脉

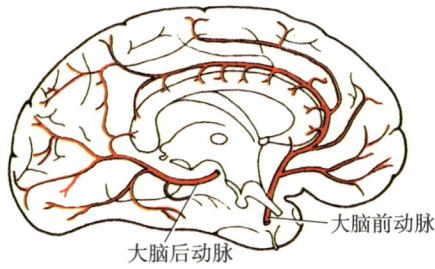

图 13 – 41   大脑半球内侧面的动脉分布

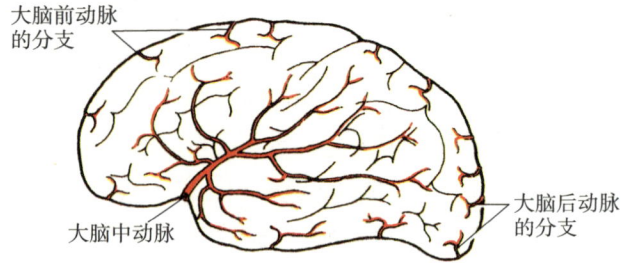

图 13 – 42   大脑半球外侧面的动脉分布

（2）椎动脉   起自锁骨下动脉，向上依次穿第 6 至第 1 颈椎横突孔，经枕骨大孔入颅腔。在脑桥基底部下缘，左、右椎动脉合成一条基底动脉。基底动脉沿脑桥基底沟上行，至脑桥上缘分为左、右大脑后动脉两大终支（图 13 – 40）。椎动脉、基底动脉的主要分支有：①大脑后动脉，是基底动脉的终末分支。该动脉绕大脑脚向后，行向颞叶下面、枕叶内侧面。其皮质支分部于颞叶的底面、内侧面及枕叶。中央支由大脑后动脉起始处发出，供应背侧丘脑、内侧膝状体、外侧膝状体、下丘脑和底丘脑等。②小脑下后动脉，是椎动脉最大的分支，向后外行经延髓与小脑扁桃体之间，行程弯曲，供应小脑下部的前份。③脊髓前、后动脉（见脊髓的血管）。

（3）大脑动脉环   又称 Willis 环，位于脑底面，围绕在视交叉、灰结节及乳头体周围（图 13 – 40）。由两侧大脑前动脉

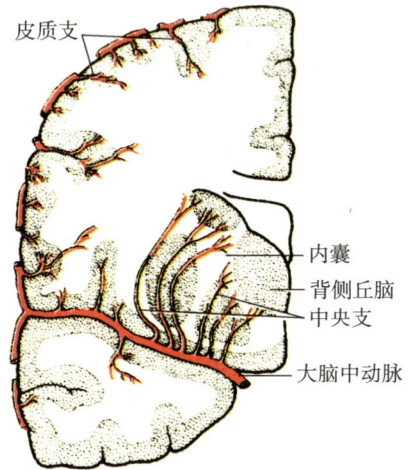

图 13 – 43   大脑中动脉的中央支和皮质支

起始段、两侧颈内动脉末端、和两侧大脑后动脉起始段借前、后交通动脉连通而共同组成。大脑动脉环使颈内动脉系与椎 – 基底动脉系相交通。当此环的某一处发育不良或阻塞时，可在一定程度上使血液重新分配，以维持脑的血液供应。

2. 脑的静脉   脑的静脉无瓣膜，不与动脉伴行，分为深、浅两组，两组之间互相吻合。脑的静脉主要收集脑和眼的静脉血，最后注入颈内静脉。

（二）脊髓的血管

1. 脊髓的动脉   有两个来源，即椎动脉和节段性动脉。椎动脉发出脊髓前动脉和脊髓后动脉，它们在下行过程中，不断得到节段性动脉（由颈升动脉、肋间后动脉和腰动脉等）发出的脊髓支的补充，以保证脊髓的血液供应（图 13 – 44）。

2. 脊髓的静脉   较动脉多而粗。脊髓内的小静脉汇集形成脊髓前、后静脉，通过前、后根静脉注入硬膜外隙的椎内静脉丛。

三、脑脊液及其循环

脑脊液（CSF）是充满脑室、蛛网膜下隙和脊髓中央管的无色透明液体，成人总量平均约 150ml，对中枢神经系统起缓冲、保护、营养、运输代谢产物和调节颅内压等作用。脑脊液主要由各脑室的脉络丛产生，处于不断产生、不断循环的相对平衡状态。其循环途径是：侧脑室脉络丛产生的脑脊液经室间孔流至第三脑室，与第三脑室脉络丛产生的脑脊液一起，经中脑水管流入第四脑室，再汇合第四脑室脉络丛产生的脑脊液一起经第四脑室正中孔和外侧孔流入蛛网膜下隙，经蛛网膜粒渗透到上矢状窦内，回

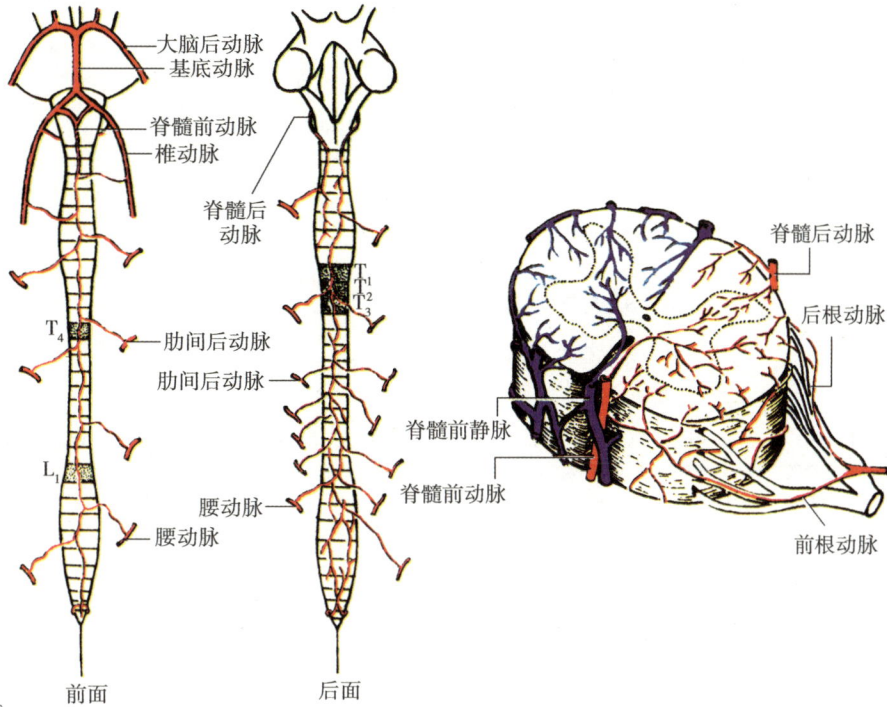

图 13 - 44　脊髓的动脉

流入血液中（图 13 - 45）。此外，有少量脑脊液可经室管膜上皮、蛛网膜下隙的毛细血管、脑膜的淋巴管回流。如果脑脊液循环障碍，可导致脑积水和颅内压升高，使脑组织受压发生移位，甚至形成脑疝而危及生命。

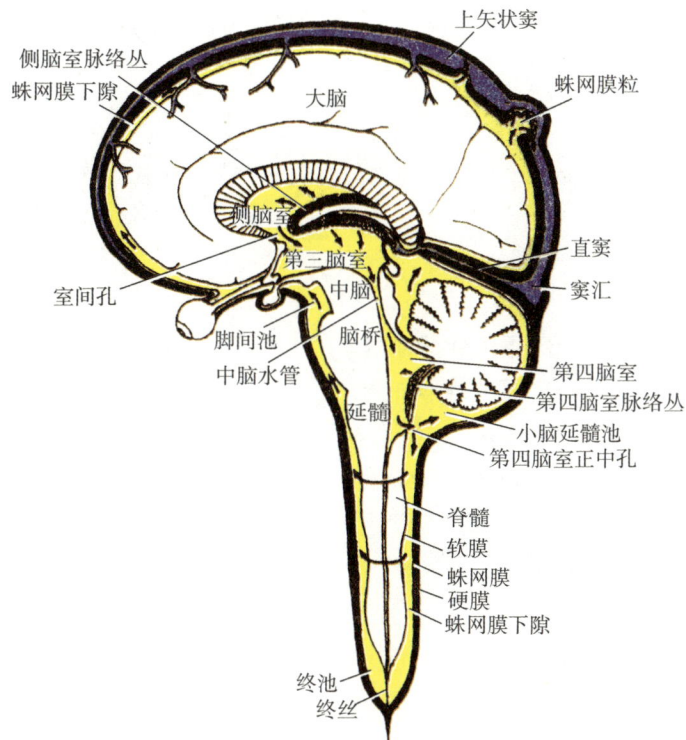

图 13 - 45　脑脊液循环模式图

目标检测

一、选择题

1. 脊髓前角的神经元是
   A. 感觉神经元   B. 运动神经元   C. 中间联络神经元
   D. 交感神经元   E. 副交感神经元

2. 视觉中枢位于
   A. 中央前回和中央旁小叶前部   B. 中央后回和中央旁小叶后部
   C. 颞横回   D. 枕叶内侧面距状沟两侧
   E. 海马旁回

3. 下丘脑的结构中不包括
   A. 松果体   B. 视交叉   C. 乳头体
   D. 灰结节   E. 漏斗

4. 躯体感觉区位于
   A. 中央前回和中央旁小叶前部   B. 中央后回和中央旁小叶后部
   C. 颞横回   D. 枕叶内侧面距状沟两侧
   E. 海马旁回

5. 神经系统根据其位置可区分为
   A. 脑神经和脊神经   B. 中枢神经和周围神经
   C. 躯体神经和内脏神经   D. 交感神经和副交感神经
   E. 脑和脊髓

6. 皮质脊髓束传导
   A. 本体感觉   B. 痛觉、温度觉
   C. 内脏运动冲动   D. 视觉
   E. 躯体运动

7. 成年人脊髓下端平
   A. 第 12 胸椎下缘   B. 第 1 腰椎下缘   C. 第 2 腰椎下缘
   D. 第 3 腰椎下缘   E. 第 4 腰椎下缘

8. 下列属于脑干结构的是
   A. 端脑   B. 脑桥   C. 小脑
   D. 中脑   E. 丘脑

9. 关于脊髓的描述，不正确的是
   A. 位于椎管内，和椎管一样长   B. 成人脊髓末端平第 1 腰锥体下缘
   C. 脊髓全长粗细不一，有两个膨大   D. 脊髓前面有正中裂，后面有正中沟
   E. 脊髓下端缩细，称脊髓圆锥

10. 不与延髓相连的脑神经是
    A. 第 VIII 对脑神经   B. 第 IX 对脑神经   C. 第 X 对脑神经
    D. 第 XI 对脑神经   E. 第 XII 对脑神经

11. 间脑不包括

 A. 背侧丘脑   B. 上丘   C. 后丘脑

 D. 底丘脑   E. 下丘脑

二、思考题

1. 左手示指被针扎伤，痛觉是如何传导大脑皮层的？

2. 简述脑脊液产生及循环途径。

（陈丹丹）

书网融合……

本章小结

题库

第十四章 周围神经系统

PPT

学习目标

1. 通过本章学习，重点把握颈丛、臂丛、腰丛、骶丛的组成和位置；膈神经的组成和分布；腋神经、肌皮神经、正中神经、尺神经、桡神经的主要分支及分布；胸神经前支的分布概况；股神经、闭孔神经、坐骨神经、胫神经、腓总神经的分支及分布；动眼神经、三叉神经、面神经、舌咽神经、迷走神经的纤维成分和分布范围；交感神经和副交感神经的主要区别；脊神经的组成和纤维成分；胸神经分布的节段性及体表标志。脑神经的数目、名称、顺序、连接的脑部及进出颅的部位；嗅神经、视神经、滑车神经、展神经、副神经及舌下神经的分布；内脏运动神经与躯体运动神经的主要区别。

2. 学会结合标本和模型辨认颈丛、臂丛、腰丛、骶丛的组成、位置和主要分支；脑神经出颅的部位。

情境导入

情境描述　患者，女，55岁，于半个月前提重物后出现右侧腰腿部疼痛，由腰部沿右臀部、右侧大腿外侧、小腿外侧至足部放射性疼痛。翻身及咳嗽时加重。查体：意识清楚，生命体征平稳，大小便正常。入院后做CT检查显示腰椎间盘突出。初步诊断为腰椎间盘突出，坐骨神经痛。

讨论　1. 脊神经形成哪些神经丛？各丛的分布范围如何？
　　　　2. 坐骨神经的组成、行程、分支、分布范围及临床意义分别是什么？

周围神经系统是指脑和脊髓以外的神经成分，由神经、神经节和神经丛等构成。根据周围神经连接的部位和分布区域的不同，通常将其分为脊神经、脑神经和内脏神经三部分。与脊髓相连的神经纤维为脊神经，主要分布于躯干、四肢；与脑相连的神经纤维为脑神经，主要分布于头、颈部；内脏神经包含于脊神经、脑神经纤维中，主要分布于内脏、心血管和腺体。

第一节　脊神经

脊神经与脊髓相连，共31对，即颈神经8对、胸神经12对、腰神经5对、骶神经5对和尾神经1对。每一条脊神经是由前根与后根在椎间孔处会合而成，在后根上有膨大的脊神经节。前根由运动纤维组成，后根由感觉纤维组成。第1对颈神经从寰椎与枕骨之间穿出椎管，第2~7颈神经在同序数颈椎上方的椎间孔穿出，第8颈神经自第7颈椎下方的椎间孔穿出，胸、腰神经自同序数椎骨下方的椎间孔穿出，第1~4骶神经从相应的骶前、后孔穿出，第5骶神经和尾神经自骶管裂孔穿出。脊神经为混合性神经，含有四种纤维成分（图14-1）：躯体感觉纤维，来自于脊神经节细胞，分布于皮肤、骨骼肌、肌腱和关节，将这些部位的浅、深感觉冲动传入中枢；内脏感觉纤维，来源于脊神经节细胞，分布于心血管、内脏和腺体，将其产生的感觉冲动传入中枢；躯体运动纤维，来源于脊髓前角运动细胞，分布于骨骼肌，支配其运动；内脏运动纤维，来源于脊髓侧角细胞和骶副交感核，分布于内脏平滑肌、心肌和腺体，支配内脏、心血管的运动和腺体的分泌。

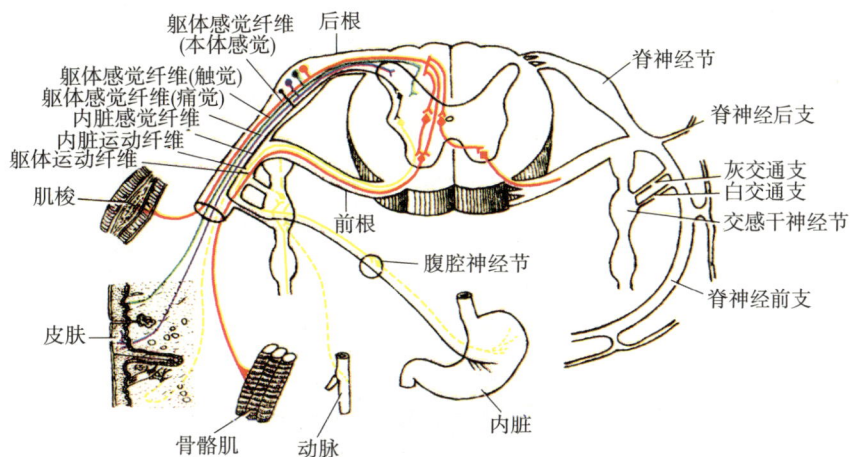

图 14-1　脊神经的组成和分布模式图

　　脊神经出椎间孔后，立即分为 4 支，即脊膜支、交通支、后支和前支。脊膜支细小，经椎间孔返回椎管，分布于脊髓被膜；交通支是连接脊神经与交感干之间的细支；后支短细，为混合性，分布于项、背、腰、骶部的深层肌肉和皮肤；前支粗大，为混合性，分布于躯干前、外侧部和四肢的肌肉和皮肤。除胸神经前支保持明显的节段性外，其余各脊神经前支先交织成丛，再由丛发出分支，到相应的分布区。脊神经前支形成的神经丛有颈丛、臂丛、腰丛和骶丛。

一、颈丛

（一）组成和位置

颈丛由第 1~4 颈神经前支组成，位于胸锁乳突肌上部的深面，中斜角肌的前方。

（二）主要分支

颈丛的分支包括皮支和肌支，主要的分支如下（图 14-2）。

1. 枕小神经（C_2）　　沿胸锁乳突肌后缘上行，分布于枕部和耳廓背面的皮肤。

2. 耳大神经（C_2、C_3）　　沿胸锁乳突肌表面上行，分布于耳廓及其附近的皮肤。

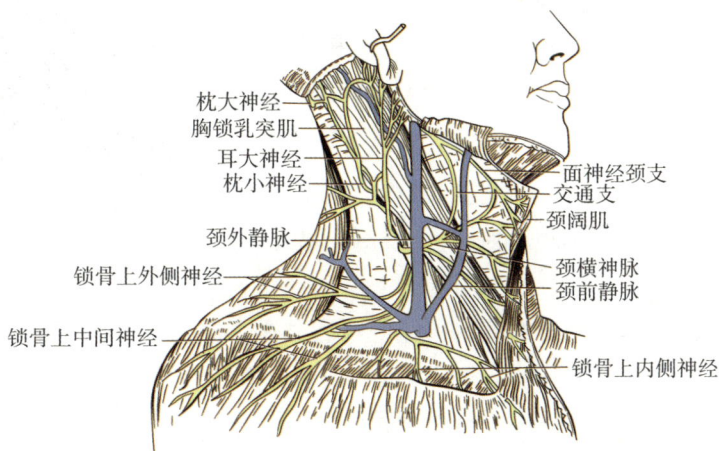

图 14-2　颈丛皮支

3. 颈横神经（C₂、C₃） 向前横过胸锁乳突肌表面，分布于颈前部的皮肤。

4. 锁骨上神经（C₃、C₄） 有 2～4 支，行向下、外侧，分布于颈外侧部、肩部和胸壁上部的皮肤。以上分支均为皮支，临床颈部手术时，可在胸锁乳突肌后缘中点处行颈丛神经阻滞麻醉。

颈丛的肌支支配颈深肌群、舌骨下肌群和膈。

5. 膈神经（C₃～C₅） 是颈丛中最大的分支，为混合性神经。膈神经自颈丛发出后经斜角肌前面下降，穿锁骨下动、静脉之间经胸廓上口入胸腔，再经肺根前方，沿心包两侧下行至膈。其运动纤维支配膈；感觉纤维分布于部分胸膜和膈下面的腹膜。右侧膈神经还分布于肝和胆囊表面的腹膜（图14－3）。

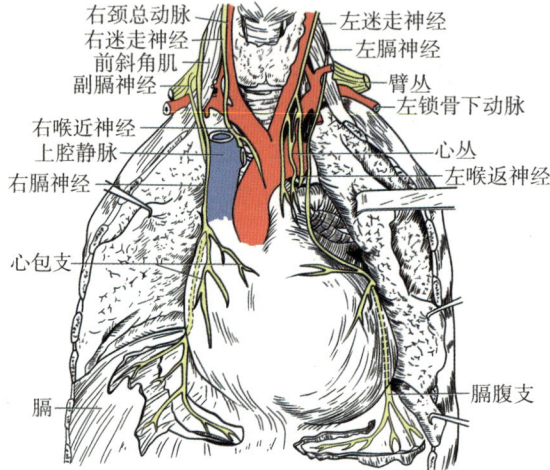

右颈总动脉　　　　　　左迷走神经
右迷走神经　　　　　　左膈神经
前斜角肌
副膈神经　　　　　　　臂丛
　　　　　　　　　　　左锁骨下动脉
右喉近神经
上腔静脉　　　　　　　心丛
右膈神经　　　　　　　左喉返神经

心包支

膈　　　　　　　　　　膈腹支

图14－3　膈神经

二、臂丛

（一）组成和位置

臂丛由第 5～8 颈神经前支和第 1 胸神经前支的大部分纤维组成。臂丛自斜角肌间隙穿出，行于锁骨下动脉后上方，再经锁骨后方进入腋窝（图14－4）。在腋窝内臂丛形成内侧束、外侧束和后束，围绕腋动脉排列，三束发出的分支分布于上肢的肌肉和皮肤。臂丛在锁骨上窝和腋窝处位置表浅，临床上行上肢手术时，可在锁骨上窝和腋窝处进行臂丛神经阻滞麻醉。

（二）主要分支

臂丛的分支主要分布于上肢的肌肉和皮肤以及胸上肢肌。其中主要的分支如下。

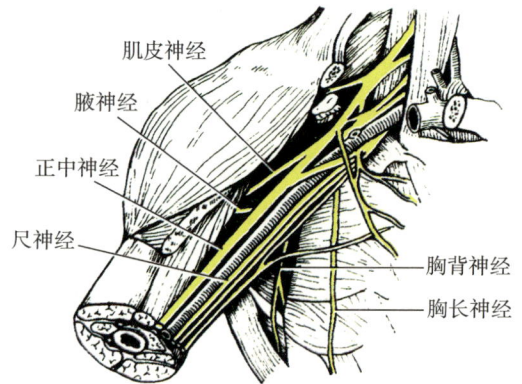

肌皮神经
腋神经
正中神经
尺神经
　　　　　　　　胸背神经
　　　　　　　　胸长神经

图14－4　臂丛的组成模式图

1. 胸长神经（C₅～C₇） 自颈根部发出，经臂丛后方进入腋窝，沿前锯肌表面下降，支配前锯肌和乳房（图14－4）。此神经损伤可引起前锯肌瘫痪，肩胛骨脊柱缘翘起，而出现"翼状肩"。

2. 胸背神经（C₆～C₈） 起自后束，沿肩胛骨外侧缘伴肩胛下血管下行，支配背阔肌。在乳腺癌根治术中，勿损伤此神经。

3. 腋神经（C₅、C₆） 发自后束，伴旋肱后动脉绕肱骨外科颈后方至三角肌深面。肌支支配三角肌和小圆肌；皮支分布于肩部和臂外侧上部的皮肤（图14－4至图14－6）。肱骨外科颈骨折、肩关节脱位或腋杖的压迫，均可造成腋神经损伤，临床表现为：肩部、臂上外侧部皮肤感觉障碍；臂不能外展，因三角肌萎缩，肩部失去圆隆的外形，呈现为"方形肩"。

4. 肌皮神经（C₅～C₇）　　自外侧束发出，向外下斜穿喙肱肌，经肱二头肌与肱肌之间下行，发出肌支分布于上述 3 块肌（图 14 - 5）。皮支在肘关节稍上方、肱二头肌下端外侧浅出，称前臂外侧皮神经，分布于前臂外侧面的皮肤。

5. 正中神经（C₆～T₁）　　由发自内侧束和外侧束的两根合成，沿肱二头肌内侧沟与肱动脉伴行至肘窝后，穿过旋前圆肌沿前臂正中经指浅、深屈肌之间下行，经腕管至手掌。正中神经在臂部无分支。在前臂支配除肱桡肌、尺侧腕屈肌和指深屈肌尺侧半以外的前臂屈肌和旋前肌。在手掌，正中神经发出一粗短的掌支（返支），支配除拇收肌以外的鱼际肌群，另有肌支支配第 1、2 蚓状肌。正中神经皮支分布于手掌桡侧 2/3、桡侧三个半指的掌面及其中、远节背面的皮肤。正中神经损伤后，表现为所分布区域的皮肤感觉障碍和所支配的肌肉运动障碍（图 14 - 5，图 14 - 7 至图 14 - 10）。

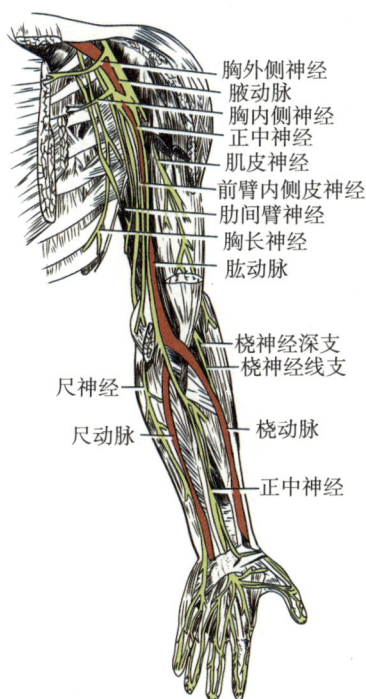

图 14 - 5　上肢的神经（前面）　　　　　　　　　　图 14 - 6　上肢的神经（后面）

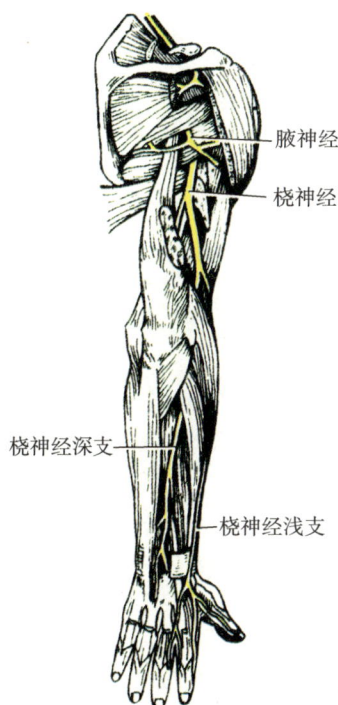

6. 尺神经（C₇～T₁）　　起自内侧束，沿肱二头肌内侧下行，至臂中部穿内侧肌间隔向后行于尺神经沟内（此处位置表浅，易受损伤），再转向前下至前臂掌侧面，与尺动脉伴行，经豌豆骨外侧入手掌。尺神经在腕关节上方，发出手背支至手的背面（图 14 - 5，图 14 - 6，图 14 - 8 至图 14 - 10）。

尺神经在臂部无分支，在前臂其肌支支配尺侧腕屈肌和指深屈肌尺侧半；在手部肌支支配小鱼际肌、拇收肌、骨间肌群和第 3、4 蚓状肌。皮支分布于手掌尺侧 1/3 和尺侧一个半指掌面皮肤；手背支分布于手背尺侧半、小指和无名指尺侧半背面的皮肤以及无名指桡侧半和中指尺侧半近节背面的皮肤。

7. 桡神经（C₅～T₁）　　为后束发出的最大分支。发出后沿肱骨体背面的桡神经沟向外下行走，至肱骨外上髁的上方分为浅、深两终支。浅支属于皮支，在桡动脉的外侧与其伴行，在前臂中、下 1/3 交界处转向背侧至手背；深支为肌支，穿旋后肌至前臂背侧，支配前臂的伸肌（图 14 - 5 至图 14 - 10）。

桡神经肌支支配肱三头肌、肱桡肌和前臂全部伸肌；皮支分布于臂背面、前臂背面、手背桡侧半和桡侧两个半手指近节背面的皮肤。

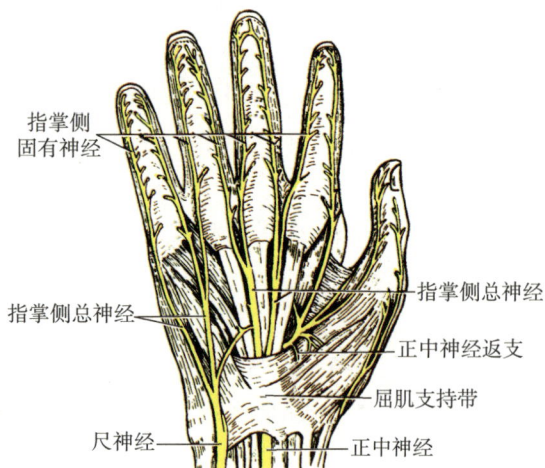

图 14 - 7　手掌面的神经

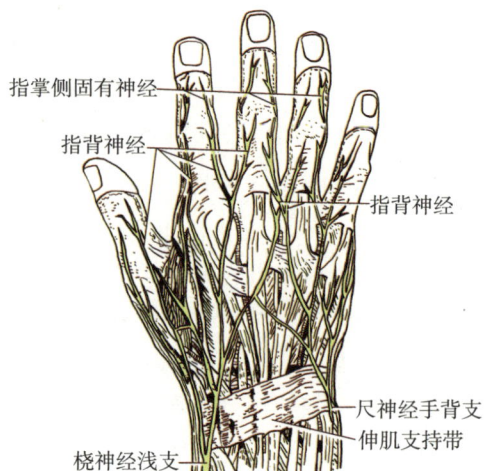

图 14 - 8　手背面的神经

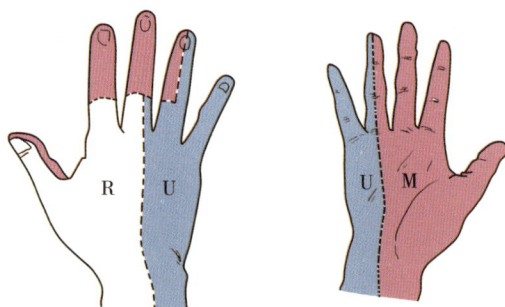

图 14 - 9　手部皮肤的神经分布示意图（M 为正中神经，U 为尺神经，R 为桡神经）

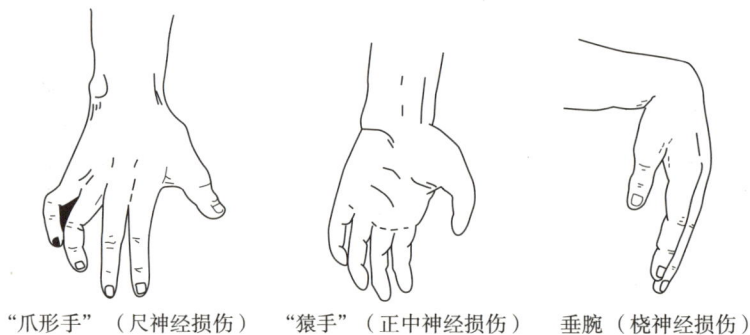

"爪形手"（尺神经损伤）　　"猿手"（正中神经损伤）　　垂腕（桡神经损伤）

图 14 - 10　上肢神经损伤时的手形图

💡 知识拓展

神经损伤的表现

1. 正中神经损伤易发生在前臂或手腕。在前臂穿旋前圆肌处，正中神经易受到压迫，主要表现为所支配的肌收缩无力，手掌感觉障碍，临床称旋前圆肌综合征。在腕管内可因其周围结构的炎症或关节变化，而使正中神经受压，主要表现为所分布区域的皮肤感觉障碍，以拇指、示指和中指远节最为明显；鱼际萎缩，手掌平坦，称"猿手"。

2. 尺神经损伤易发生在肱骨下段（如肱骨下段骨折）。临床表现为：所分布区域皮肤感觉障碍，以手掌内侧缘和小指最明显；屈腕力减弱，小鱼际萎缩使拇指不能内收，骨间肌萎缩使其他各指不能互相靠拢，无名指和小指掌指关节过伸，指间关节屈曲，出现"爪形手"。

3. 肱骨中段骨折最易损伤桡神经。损伤后主要表现为：前臂背面及手背桡侧半感觉障碍，以第 1～2 掌骨间隙背面的"虎口"区最明显；肘关节屈曲，前臂呈旋前位，因前臂伸肌瘫痪而不能伸腕关节和指关节，抬前臂时呈现"垂腕"状态。

三、胸神经前支

胸神经前支共 12 对，其中第 1 对胸神经前支大部分加入臂丛；第 12 对胸神经前支的部分纤维参加腰丛的组成，一部分行于第 12 肋下方，称肋下神经。其余的胸神经前支均不形成丛，各自在肋间内、外肌之间，沿肋沟行于相应的肋间隙内，称肋间神经。胸神经前支的肌支支配肋间肌和腹前外侧壁诸肌；皮支分布于胸、腹壁的皮肤和胸膜及腹膜的壁层。

胸神经前支在胸、腹壁皮肤的分布有明显的节段性，自上而下按神经的顺序依次排列（图 14-11）。常用的几个神经的节段水平如下：T_2 分布区相当于胸骨角平面；T_4 分布区相当于男性乳头平面；T_6 分布区相当于剑突平面；T_8 分布区相当于肋弓平面；

图 14-11　胸神经前支的分布

T_{10} 分布区相当于脐平面；T_{12} 分布于脐与耻骨联合连线中点平面。临床上常依此来测定麻醉平面的高低和检查感觉障碍的节段。

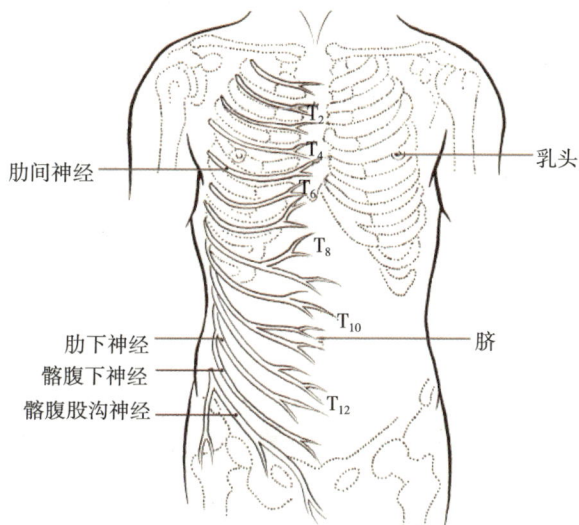

四、腰丛

（一）组成和位置

腰丛由第 12 胸神经前支一部分、第 1～3 腰神经前支和第 4 腰神经前支一部分组成（图 14-12），位于腰大肌深面、腰椎横突前面。

（二）主要分支

腰丛除发出肌支支配髂腰肌和腰方肌外，还发出许多分支分布于腹股沟区、大腿前部和内侧部。

1. 髂腹下神经（T_{12}、L_1）　出腰大肌外侧缘，在肾与腰方肌之间向外下行，经髂嵴上方进入腹横肌与腹内斜肌之间，继而行于腹内斜肌与腹外斜肌之间，其终支在腹股沟管浅环上方浅出于皮下。皮支分布于腹股沟区及下腹部皮肤，肌支支配下腹壁诸肌。

2. 髂腹股沟神经（L_1）　在髂腹下神经的下方出腰大肌外缘，与其大致平行，在髂嵴前端附近穿过腹横肌，继而穿经腹股沟管自浅环穿出，其肌支支配腹壁肌，皮支分布于腹股沟部、阴囊或大阴唇的皮肤。在腹股沟疝修补术中，应避免损伤上述两神经。

3. 股外侧皮神经（L_1～L_3）　自腰大肌外侧缘穿出后，行向前外侧，经腹股沟韧带深面至大腿外侧部的皮肤。

4. 股神经（$L_2 \sim L_4$）　是腰丛的最大分支。自腰大肌外侧缘穿出，沿腰大肌与髂肌之间下行，经腹股沟韧带深面，股动脉外侧进入腹股沟三角内，其肌支支配髂肌、耻骨肌、股四头肌和缝匠肌；皮支分布于膝关节和大腿前面的皮肤，其中最长的皮支为隐神经，在小腿内侧与大隐静脉伴行至足内侧缘，分布于小腿内侧面和足内侧缘的皮肤（图 14 – 13）。

股神经损伤的主要表现为：屈髋无力，坐位时不能伸小腿，行走时抬腿困难，髌骨突出；膝跳反射消失；大腿前面和小腿内侧面的皮肤感觉障碍。

5. 闭孔神经（$L_2 \sim L_4$）　自腰大肌内侧缘穿出，贴骨盆侧壁下行，穿闭膜管至大腿内侧，分布于大腿内侧肌群和股内侧的皮肤。

6. 生殖股神经（$L_1 \sim L_2$）　自腰大肌前面穿出，沿其表面下降。肌支支配提睾肌；皮支分布于阴囊（大阴唇）及其附近的皮肤。

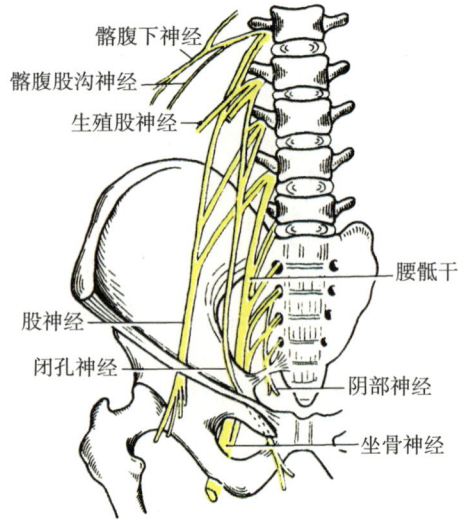

图 14 – 12　腰丛、骶丛的组成

五、骶丛

（一）组成和位置

骶丛由腰骶干（由第 4 腰神经前支的部分与第 5 腰神经前支合成）和全部骶、尾神经的前支组成。位于骶骨两侧、梨状肌前面。

（二）主要分支

1. 臀上神经（L_4、S_1）　经梨状肌上孔出盆腔，支配臀中肌、臀小肌和阔筋膜张肌（图 14 – 14）。

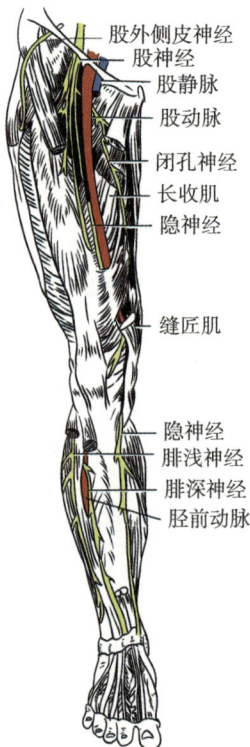

图 14 – 13　下肢的神经（前面）

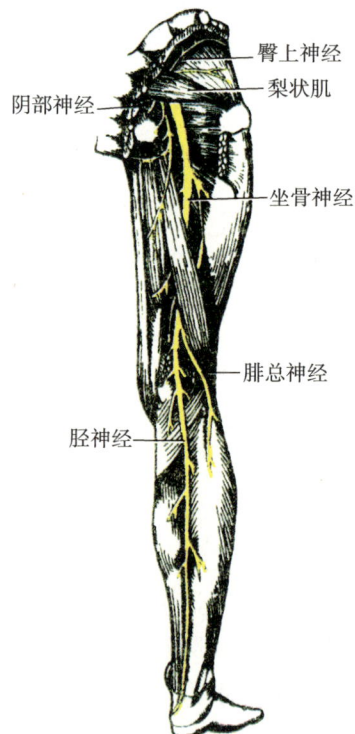

图 14 – 14　下肢的神经（后面）

2. 臀下神经（L_5、S_2）　经梨状肌下孔出盆腔，支配臀大肌。

3. 股后皮神经　经梨状肌下孔出盆腔，分布于大腿后面的皮肤。

4. 阴部神经（$S_2 \sim S_4$）　经梨状肌下孔出盆腔，绕坐骨棘经坐骨小孔进入坐骨肛门窝，分支布于会阴部、外生殖器、肛门的肌肉和皮肤（图 14 – 14）。

5. 坐骨神经（$L_4 \sim L_5$、$S_1 \sim S_3$）　是全身最粗大、最长的神经。坐骨神经经梨状肌下孔出盆腔，于臀大肌深面，经坐骨结节与股骨大转子之间下降至大腿后面，在股二头肌与半腱肌、半膜肌之间下行至腘窝，在腘窝上方分为胫神经和腓总神经。坐骨神经干在股后发出肌支支配股二头肌、半腱肌和半膜肌，皮支分布于髋关节（图 14 – 14）。

（1）胫神经　为坐骨神经干的直接延续，向下在小腿三头肌深面与胫后动脉伴行，经内踝后方至足底，分为足底内侧神经和足底外侧神经。其肌支支配小腿肌后群和足底肌；皮支分布于小腿后面和足底的皮肤。

（2）腓总神经　自坐骨神经分出后，沿股二头肌内侧缘向外下走行，绕过腓骨颈向前穿过腓骨长肌后分为腓浅神经和腓深神经。

1）腓浅神经　行于腓骨长、短肌与趾长伸肌之间，在小腿中、下 1/3 交界处穿至皮下。腓浅神经的肌支支配腓骨长、短肌，皮支分布于小腿前外侧面、足背和第 2～5 趾背的皮肤。

2）腓深神经　伴胫前动、静脉行于小腿前群肌的深面，经踝关节前方到足背。其肌支支配小腿前群肌和足背肌；皮支分布于第 1～2 趾相对缘背面的皮肤。

💡 知识拓展

神经损伤的表现

1. 胫神经损伤后主要表现为：小腿后面和足底皮肤感觉障碍；足不能跖屈，内翻力减弱，不能用足尖站立。因小腿前群肌过度牵拉，使足背屈、外翻，呈现"钩状足"畸形。

2. 在腓骨颈处受到暴力打击时易损伤腓总神经。主要表现为：小腿前外侧和足背皮肤感觉障碍；足不能背屈，不能伸趾，足下垂且内翻，呈现"马蹄内翻足"畸形；行走时呈"跨阈步态"。

第二节　脑神经

脑神经是指与脑相连的神经，共 12 对，其排列顺序一般用罗马数字表示：Ⅰ 嗅神经、Ⅱ 视神经、Ⅲ 动眼神经、Ⅳ 滑车神经、Ⅴ 三叉神经、Ⅵ 展神经、Ⅶ 面神经、Ⅷ 前庭蜗神经、Ⅸ 舌咽神经、Ⅹ 迷走神经、Ⅺ 副神经和Ⅻ舌下神经（图 14 – 15）。

脑神经的纤维成分与脊神经一样亦分为 4 种：①躯体运动纤维，支配头颈部骨骼肌（包括眼外肌、咀嚼肌、面肌、舌肌、咽喉肌、胸锁乳突肌和斜方肌）。②躯体感觉纤维，将来自头、面部的浅、深感觉冲动，传入脑神经的躯体感觉核。③内脏运动纤维，支配平滑肌、心肌和腺体的运动。④内脏感觉纤维，将来自于头、颈、胸、腹腔脏器和味觉的感觉冲动，传入内脏感觉核。

根据脑神经所含的纤维性质不同，将 12 对脑神经分为三类。①感觉性脑神经：第Ⅰ、Ⅱ、Ⅷ对脑神经。②运动性脑神经：第Ⅲ、Ⅳ、Ⅵ、Ⅺ、Ⅶ对脑神经。③混合性脑神经：第Ⅴ、Ⅶ、Ⅸ、Ⅹ对脑神经。

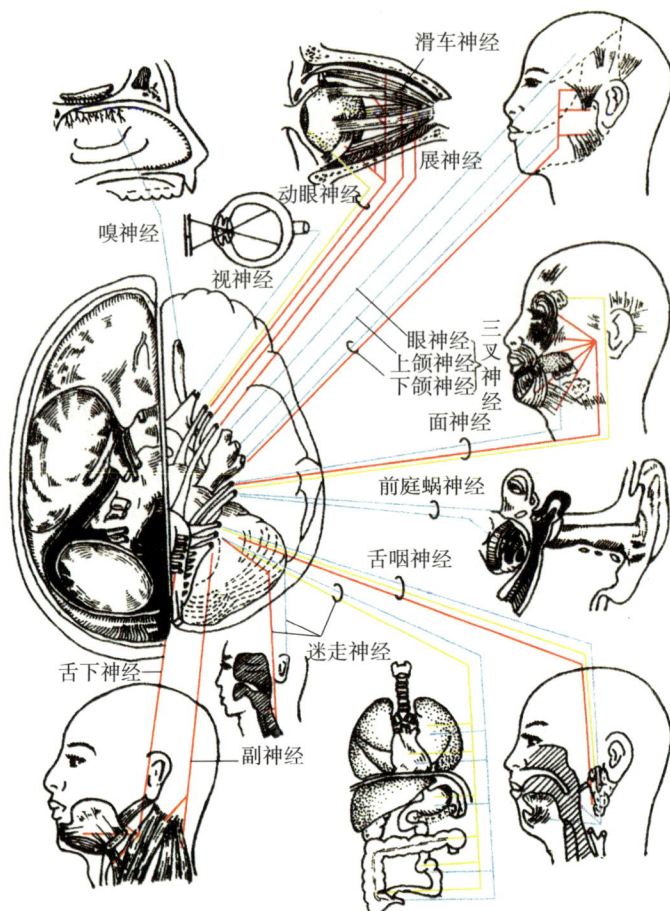

图 14 – 15　脑神经的分布概况

一、嗅神经

嗅神经为感觉性脑神经，将嗅觉冲动传至大脑皮质的嗅区。纤维起自鼻腔黏膜的嗅细胞，其中枢突聚集成 15～20 条嗅丝，穿筛孔入颅连于嗅球。

二、视神经

视神经为感觉性神经，传导视觉冲动。起于视网膜的节细胞。节细胞的轴突在视神经盘处聚集，穿过巩膜后形成视神经，向后经视神经管入颅中窝，经视交叉、视束连于外侧膝状体。

三、动眼神经

动眼神经为运动性神经，含躯体运动和内脏运动两种纤维。躯体运动纤维起于动眼神经核，内脏运动纤维起自动眼神经副核。动眼神经自脚间窝出脑，经海绵窦外侧壁向前，经眶上裂入眶。其躯体运动纤维支配上直肌、下直肌、内直肌、下斜肌和上睑提肌；内脏运动（副交感）纤维在睫状神经节内交换神经元后支配睫状肌和瞳孔括约肌（图 14 – 16）。

动眼神经损伤后，可因上述诸肌的瘫痪而出现上睑下垂、瞳孔斜向外下方、瞳孔扩大及对光反射消失等。

四、滑车神经

滑车神经为运动性神经。起于中脑的滑车神经核，自下丘下方出脑，绕大脑脚外侧前行，穿海面窦外侧壁向前，经眶上裂入眶，支配上斜肌（图 14 – 16）。

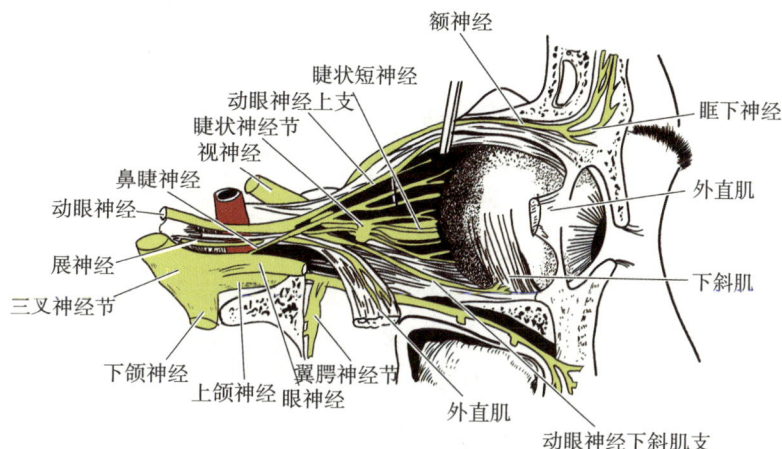

图 14 – 16　眶内的神经分布

五、三叉神经

三叉神经为脑神经中最粗大的一对混合性神经，含躯体感觉和躯体运动两种纤维。躯体感觉纤维的胞体位于三叉神经节内，由假单极神经元组成。其中枢突形成粗大的感觉根，经脑桥基底部与小脑中脚之间入脑，止于三叉神经感觉核；周围突形成三大分支，即眼神经、上颌神经和下颌神经，分布于头、面部皮肤，眼、眶内、口腔、鼻腔、鼻旁窦的黏膜以及牙和硬脑膜等。躯体运动纤维起自三叉神经运动核，随下颌神经行走并支配咀嚼肌（图 14 –17）。

（一）眼神经

眼神经仅含感觉纤维，为三支中最小的一支，向前穿海绵窦外侧壁，经眶上裂入眶，分支布于眼球、泪器、结膜、上睑及额顶部和鼻背的皮肤。

（二）上颌神经

上颌神经也仅含感觉纤维，自三叉神经节发出后，穿过海绵窦外侧壁，经圆孔出颅后进入翼腭窝，再经眶下裂入眶。上颌神经主要分布于上颌牙和牙龈、口腔顶、鼻腔及上颌窦黏膜以及睑裂与口裂之间的皮肤。主要分支如下。

1. 眶下神经　为上颌神经的终支，经眶下裂入眶，沿眶下沟、眶下管前行，出眶下孔后分支分布于睑裂与口裂之间的皮肤。

2. 上牙槽神经　分为前、中、后三支，在上颌骨内互相吻合成上牙槽神经丛，再由丛分支至上颌牙、牙龈及上颌窦黏膜。

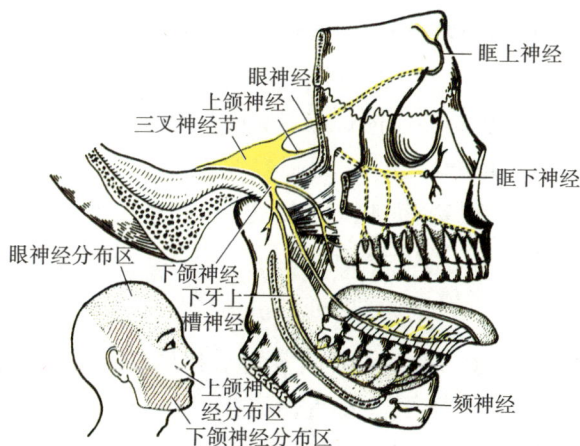

图 14 – 17　三叉神经的纤维成分及分布

（三）下颌神经

下颌神经为混合性神经，是三支中最粗大的一支。自卵圆孔出颅后，在翼外肌深面分为前、后两干，前干细小，发出肌支支配咀嚼肌、鼓膜张肌等。后干粗大，分支分布于硬脑膜、下颌牙及牙龈、舌前2/3及口腔底黏膜、耳颞区和口裂以下的皮肤。下颌神经的主要分支如下。

1. 耳颞神经 以两根起始，夹持脑膜中动脉，向后合为一干，经下颌颈内侧转向上行，穿过腮腺，分布于颞区的皮肤和腮腺。

2. 舌神经 于下颌支内侧下降呈弓形向前入舌内，分布于舌前2/3及口腔底黏膜，传导一般感觉。舌神经在行程中还接纳来自面神经的味觉纤维和副交感纤维。

3. 下牙槽神经 为混合性神经，在舌神经后方，沿翼内肌外侧面下降，经下颌孔入下颌管，在管内分支分布于下颌牙及牙龈，其终支自颏孔穿出，称颏神经，分布于颏部及下唇的皮肤和黏膜。其运动纤维支配下颌舌骨肌和二腹肌前腹。

4. 咀嚼肌神经 属运动性神经，分支有咬肌神经、颞深神经等，支配所有4块咀嚼肌。

一侧三叉神经损伤，出现同侧面部皮肤及眼、口和鼻腔黏膜感觉丧失，角膜反射消失。咀嚼肌瘫痪，表现为张口时下颌偏向患侧。三叉神经痛时，在面部压迫眶上切迹、眶下孔或颏孔处，可诱发患支分布区的疼痛，有助于诊断。

六、展神经

展神经为运动性神经。起于脑桥的展神经核，自延髓脑桥沟出脑，穿海绵窦经眶上裂入眶，支配外直肌。展神经损伤可使眼向内斜视（图14-16）。

七、面神经

面神经为混合性神经，含有4种纤维成分：①躯体运动纤维，起自面神经核，支配面肌；②内脏运动（副交感纤维）纤维，起于脑桥的上泌涎核，分布于泪腺、下颌下腺和舌下腺，司其分泌；③内脏感觉（味觉）纤维，分布于舌前2/3的味蕾；④躯体感觉纤维，传导耳部皮肤的躯体感觉和表情肌的本体感觉。

面神经由两个根组成，自延髓脑桥沟外侧部出脑，经内耳门入内耳道，穿内耳道底进入与鼓室相邻的面神经管内，最后经茎乳孔出颅，向前穿过腮腺到达面部，分数支分布于面肌（图14-18）。

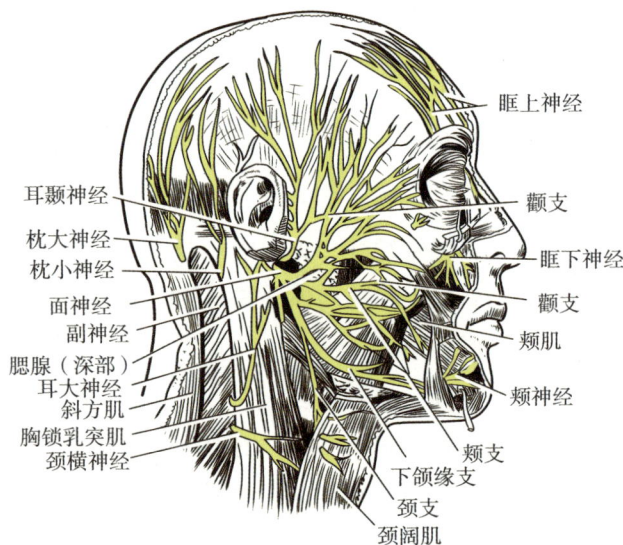

图14-18 面神经的纤维成分及分布

眶上神经
耳颞神经
枕大神经
枕小神经
面神经
副神经
腮腺（深部）
耳大神经
斜方肌
胸锁乳突肌
颈横神经
颞支
眶下神经
颧支
颊肌
颊神经
下颌缘支
颈支
颈阔肌

（一）在面神经管内的分支

1. 鼓索 在面神经出茎乳孔上方6mm处发出，穿过鼓室入颞下窝，加入舌神经。鼓索中含有两种纤维：①味觉纤维，随舌神经分布于舌前2/3的味蕾，传导味觉的冲动；②副交感纤维，进入舌神经下方的下颌下神经节，换神经元后分布于下颌下腺、舌下腺，并支配两腺体的分泌。

2. 岩大神经 含副交感纤维，在面神经管起始处分出，经颞骨岩部尖端穿破裂孔至颅底，前行至翼腭窝内的翼腭神经节，换神经元后分布于泪腺以及鼻、腭黏膜的腺体。

（二）在颅外的分支

面神经出茎乳孔后，向前进入腮腺实质，分支交织成丛，再由丛发出 5 支，从腮腺前缘穿出，呈辐射状分布于面肌和颈阔肌。5 个分支分别是：颞支、颧支、颊支、下颌缘支和颈支。

面神经的行程复杂，在面神经管内或管外损伤后，其临床表现有所不同。面神经管外损伤：主要表现为因损伤侧面肌瘫痪，而出现患侧额纹消失、闭眼困难、不能皱眉、鼻唇沟消失、口角偏向健侧等。面神经管内损伤的表现，除上述症状外，还可出现舌前 2/3 味觉障碍以及泪腺、舌下腺、下颌下腺的分泌障碍。

八、前庭蜗神经

前庭蜗神经为感觉性神经，由前庭神经和蜗神经两部组成。

（一）前庭神经

前庭神经传导平衡觉。其胞体位于内耳道底处的前庭神经节（由双极神经元胞体聚集而成）内。其周围突分布于内耳的球囊斑、椭圆囊斑和壶腹嵴；中枢突组成前庭神经，经内耳门入颅，于延髓脑桥沟外侧部入脑，终于前庭神经核。

（二）蜗神经

蜗神经传导听觉。其胞体位于蜗轴内的蜗神经节（此节也是由双极神经元胞体聚集而成）内。周围突分布于螺旋器；中枢突形成蜗神经，与前庭神经伴行入脑，终于蜗神经核。

前庭蜗神经损伤后，表现为患侧耳聋和平衡觉功能障碍，同时因前庭受刺激，可出现眩晕、眼球震颤、恶心和呕吐等症状。

九、舌咽神经

舌咽神经为混合性神经，含 4 种纤维成分：①躯体运动纤维，起自疑核，支配茎突咽肌；②内脏运动纤维，起于下泌涎核，支配腮腺的分泌；③内脏感觉纤维，胞体位于颈静脉孔处的舌咽神经下神经节，其周围突分布于舌后 1/3 黏膜、咽、咽鼓管和鼓室等处的黏膜，中枢突终于孤束核；④躯体感觉纤维，胞体位于舌咽神经的下神经节内（此节也位于颈静脉孔处），其周围突分布于耳后皮肤，中枢突终止于三叉神经脊束核。

舌咽神经自延髓的橄榄后沟出脑，经颈静脉孔出颅，在颈内动、静脉之间下降，继而呈弓形向前，经舌骨舌肌内侧达舌根（图 14-19）。其主要分支如下。

（一）咽支

咽支有 3~4 支，在咽侧壁与迷走神经和交感神经交织成丛，分布于咽肌和咽黏膜。

（二）鼓室神经

鼓室神经发自下神经节，经颅底下面的鼓室小管入鼓室，与交感神经纤维交织成丛，分支分布于鼓室、咽鼓管和乳突小房的黏膜。该神经中含有来自下泌涎核的内脏运动（副交感）纤维，在卵圆孔下方的耳神经节内交换神经元，节后纤维分布于腮腺，支配腮腺的分泌。

（三）颈动脉窦支

颈动脉窦支有 1~2 支，沿颈内动脉下降，分布于颈动脉窦和颈动脉小球，将血压和血液中二氧化碳浓度的变化信息传入脑，反射性地调节血压和呼吸。

（四）舌支

舌支 4 为舌咽神经的终支，分数支分布于舌后 1/3 黏膜和味蕾。

十、迷走神经

迷走神经为混合性神经，是体内行程最长、分布最广的脑神经。含4种纤维成分：①内脏运动（副交感）纤维，来自延髓的迷走神经背核，分布于颈、胸、腹部的多个器官；②躯体运动纤维，起于疑核，支配咽喉肌；③内脏感觉纤维，神经元的胞体位于迷走神经下神经节内（此节位于颈静脉孔下方），其周围突随迷走神经分布于颈、胸、腹部的器官，传导一般内脏感觉的冲动，中枢突终止于孤束核；④躯体感觉纤维，胞体位于迷走神经上神经节内，周围突分布于耳廓和外耳道的皮肤，中枢突终止于三叉神经脊束核。

迷走神经自延髓的橄榄后沟出脑，经颈静脉孔出颅，在颈内静脉与颈内动脉、颈总动脉之间的后方下行，经胸廓上口入胸腔。在胸腔内，左、右迷走神经的行程有所不同：左迷走神经在主动脉前方，再经左肺根后方，沿食管左侧下行至食管前面，形成食管前丛，此丛在食管下段汇集成迷走神经前干；右迷走神经越过右锁骨下动脉前方，沿食管右侧下行，经右肺根后方转至食管后面，形成食管后丛，向下延续为迷走神经后干。前后两干经食管裂孔入腹腔（图14-19，图14-20）。迷走神经沿途分出许多分支，其主要分支情况如下。

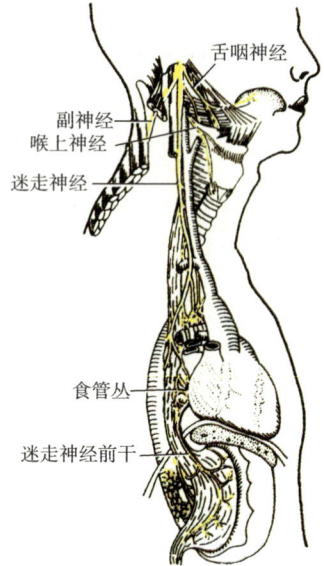

图14-19　舌咽神经、迷走神经、副神经和舌下神经

（一）颈部的分支

1. 喉上神经　起于迷走神经出颅处，沿颈内动脉内侧下行，于舌骨大角处分为内、外两支。内支与喉上动脉伴行，穿甲状舌骨膜入喉，分布于声门裂以上的喉黏膜；外支支配环甲肌。

2. 颈心支　有上、下两支，沿喉和食管两侧下行入胸腔，与交感神经的心支交织成心丛，调节心脏活动。

（二）胸部的分支

1. 喉返神经　左、右喉返神经的起始、行程有所不同：左喉返神经在其主干跨过主动脉前方时发出，并勾绕主动脉弓下方上行，返回颈部；右喉返神经在主干经过右锁骨下动脉前方时发出，并勾绕此动脉上行，返回颈部。两侧喉返神经均在气管与食管之间的沟内上行，经甲状腺侧叶深面、环甲关节后方上行至喉内，其终支称喉下神经。其中躯体运动纤维支配除环甲肌以外的喉肌；内脏感觉纤维分布于声门裂以下的喉黏膜。喉返神经在甲状腺侧叶深面上行时，与甲状腺下动脉相互交叉。在行甲状腺手术结扎甲状腺下动脉时，注意勿损伤喉返神经。

2. 支气管支和食管支　是迷走神经在胸部发出的小支，与交感神经的分支交织成肺丛和食管丛，支配其平滑肌和腺体。

3. 腹部的分支　迷走神经入腹腔后，前干分出胃前支和肝支，胃前支沿胃小湾向右下走行，沿途分支分布于胃前壁，终支以"鸦爪形"分支分布于幽门部前壁；肝支向右行于小网膜内，参与肝丛，随肝固有动脉的分支分布于肝和胆囊的平滑肌和腺体。后干发

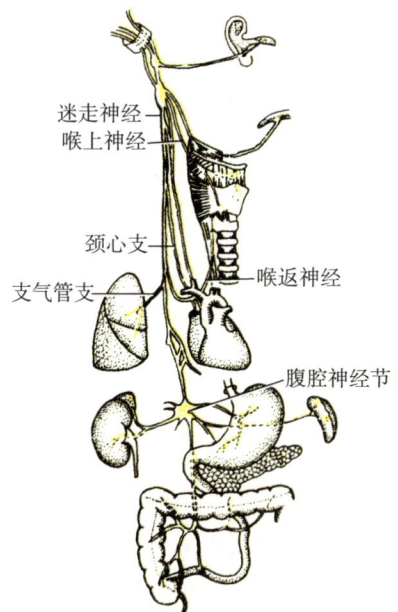

图14-20　迷走神经

出胃后支和腹腔支，胃后支沿胃小湾深部走行，沿途分支分布于胃后壁，终支以"鸦爪形"分支分布于幽门部后壁（图 14-21）。腹腔支向右行，与交感神经交织成腹腔丛，随腹腔干和肠系膜上动脉分布于肝、胆、胰、脾、肾、肾上腺及结肠左曲以上的消化管等。

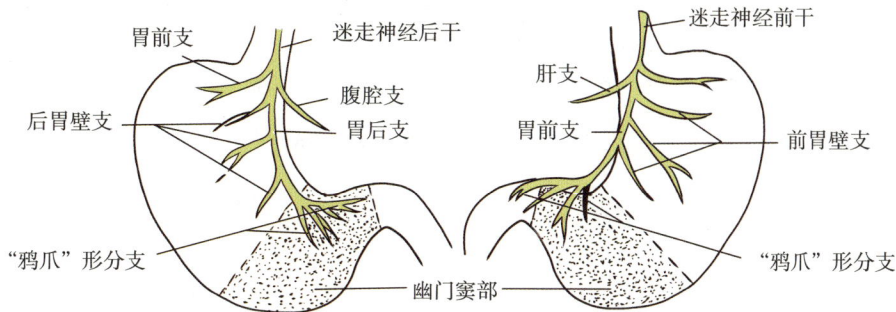

图 14-21　迷走神经的胃分布

迷走神经主干损伤可导致内脏活动障碍，表现为脉速、心悸、恶心、呕吐、呼吸深慢和窒息等症状。由于咽喉感觉障碍和肌肉瘫痪，可出现声音嘶哑、语言困难等。

十一、副神经

副神经为运动性神经。起自延髓的疑核和脊髓上颈段的副神经核，在延髓橄榄后沟的迷走神经下方出脑，经颈静脉孔出颅，行向后下至胸锁乳突肌和斜方肌，支配此二肌（图 14-19）。

十二、舌下神经

舌下神经为运动性神经。起自舌下神经核，在延髓锥体与橄榄之间出脑，经舌下神经管出颅，在颈内动、静脉之间呈弓形向前下走行，穿颏舌肌入舌内，支配全部舌肌（图 14-19）。一侧舌下神经损伤，患侧舌肌瘫痪、萎缩，伸舌时，舌尖偏向患侧。

12 对脑神经概况列表如下（14-1）。

表 14-1　脑神经概况

顺序和名称	性质	连脑部位	出入颅部位	分布	损伤后表现
Ⅰ 嗅神经	感觉性	端脑	筛孔	嗅区鼻黏膜	嗅觉障碍
Ⅱ 视神经	感觉性	间脑	视神经管	视网膜	视觉障碍
Ⅲ 动眼神经	运动性	中脑	眶上裂	上直肌、下直肌、内直肌、下斜肌和上睑提肌；内脏运动纤维：瞳孔括约肌和睫状肌	眼睑下垂、眼朝外下斜视、瞳孔开大、对光反射消失
Ⅳ 滑车神经	运动性	中脑	眶上裂	上斜肌	眼不能外下斜视
Ⅴ 三叉神经	混合性	脑桥	眶上裂 圆孔 卵圆孔	面部皮肤 口鼻腔黏膜、上下颌牙和牙龈 咀嚼肌	头面部感觉障碍等
Ⅵ 展神经	运动性	脑桥	眶上裂	外直肌	眼向内斜视
Ⅶ 面神经	混合性	脑桥	内耳门、茎乳孔	面肌 泪腺、下颌下腺和舌下腺 舌前 2/3 味蕾	额纹消失、眼不能闭合、口角歪向健侧、鼻唇沟变浅 泪腺、下颌下腺和舌下腺分泌障碍 舌前 2/3 味觉障碍

顺序和名称	性质	连脑部位	出入颅部位	分布	损伤后表现
Ⅷ前庭蜗神经	感觉性	脑桥	内耳门	内耳平衡觉感受器和螺旋器	平衡失调、眩晕和听觉障碍
Ⅸ舌咽神经	混合性	延髓	颈静脉孔	舌后1/3 黏膜和味蕾、颈动脉窦和颈动脉小球 咽肌腮腺	舌后1/3 味觉和一般感觉障碍，咽反射消失
Ⅹ迷走神经	混合性	延髓	颈静脉孔	颈、胸、腹内脏平滑肌、心肌和腺体 颈、胸、腹脏器黏膜 咽喉肌	心率加快、内脏活动障碍；声音嘶哑、呛咳、吞咽障碍
Ⅺ副神经	运动性	延髓	颈静脉孔	胸锁乳突肌和斜方肌	肩下垂、提肩无力、面不能转向对侧
Ⅻ舌下神经	运动性	延髓	舌下神经管	舌肌	舌肌瘫痪，伸舌时舌尖偏向患侧

第三节　内脏神经

内脏神经是神经系统的组成部分，按照分布部位的不同，可分为中枢部和周围部。周围部主要分布于内脏、心血管和腺体。按其纤维性质，可分为内脏运动神经和内脏感觉神经两部分。内脏运动神经支配平滑肌、心肌的运动和腺体的分泌，因其不受人的意志控制，故称自主神经或植物神经；内脏感觉神经分布于内脏、心血管等处的内感受器，将感受到的刺激传入中枢，通过反射调节内脏、心血管的活动。

一、内脏运动神经

内脏运动神经（图14-22）和躯体运动神经一样，都受大脑皮质和皮质下各级中枢的控制和调节。两者在功能上互相依存、互相协调。但两者在结构和分布等方面，存在较大的差异，现简述如下。①支配的器官不同：躯体运动神经支配骨骼肌，受意志控制；内脏运动神经支配平滑肌、心肌和腺体，一般不受意志控制。②神经元的数目不同：躯体运动神经自低级中枢发出后直达骨骼肌；内脏运动神经自低级中枢发出后，需在内脏神经节内交换神经元，其节后纤维再到达所支配的器官。③分布的形式不同：躯体运动神经多以神经干的形式分布；而内脏运动神经的节后纤维常攀附在脏器或血管的表面形成神经丛，由丛再发出分支到所支配的器官。④纤维成分不同：躯体运动神经只有一种纤维成分；而内脏运动神经则有交感神经和副交感神经两种纤维成分。

（一）交感神经

交感神经分中枢部和周围部两部分（图14-23）。

中枢部位于脊髓胸1至腰3节段灰质的侧角内，为交感神经的节前神经元胞体所在的部位，发出的轴突称为节前纤维。周围部由交感神经节、节前纤维和节后纤维等组成。

1. 交感神经节　为交感神经节后神经元的胞体所在处。根据其位置不同分为椎旁节和椎前节（图14-23）。

（1）椎旁节　位于脊柱两旁，借节间支连成左、右两条交感干，故椎旁节又称交感干神经节。交感干上至颅底，下至尾骨，于尾骨前面两干合并。交感干全长可分颈、胸、腰、骶、尾5部。每侧有19~24个交感干神经节，其中颈部有3个，分别称颈上、中、下神经节；胸部有10~12个，第1胸节常与颈下神经节合并，称颈胸神经节或星状神经节；腰部有4~5个；骶部有2~3个；尾部合成1个奇

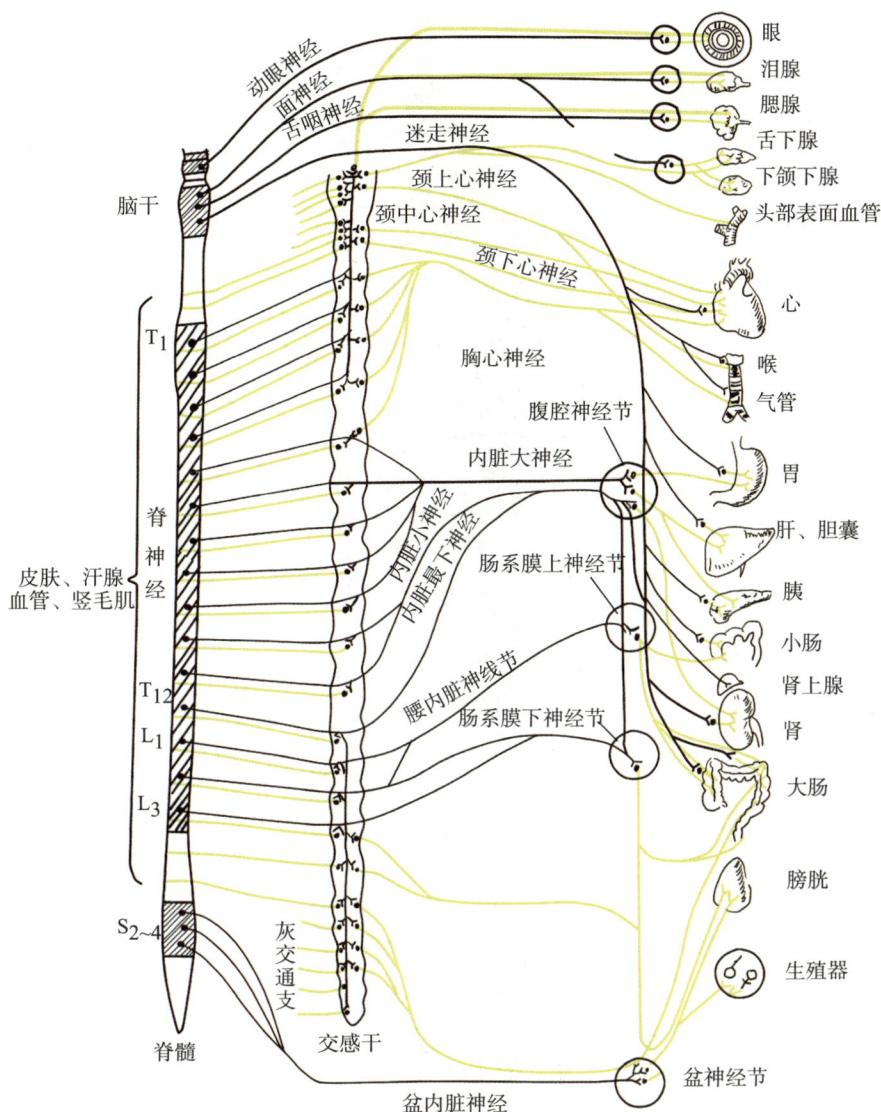

图 14 - 22　内脏运动神经概况

神经节。

（2）椎前节　位于脊柱前方，腹主动脉脏支的根部。主要有：腹腔神经节，位于腹腔干根部两旁；主动脉肾神经节，位于肾动脉根部；肠系膜上神经节和肠系膜下神经节分别位于肠系膜上、下动脉的根部。

2. 交通支　交感干神经节借交通支与相应的脊神经相连。交通支分为白交通支和灰交通支（图 14 - 24）。白交通支是脊髓侧角神经元发出的具有髓鞘的节前纤维，离开脊神经后，进入交感干神经节，只存在于胸神经和上 3 对腰神经与交感干神经节之间；灰交通支是指由交感干神经节细胞发出的节后纤维，又返回 31 对脊神经中，因无髓鞘，色泽灰暗，故称灰交通支。

3. 交感神经节前纤维和节后纤维的去向

（1）由脊髓侧角神经元发出的节前纤维，经脊神经前根、脊神经、白交通支进入交感干内有 3 种去向：①终止于相应的椎旁神经节，并交换神经元；②在交感干内上行或下降后，终止于上方或下方的椎旁神经节；③穿过椎旁神经节后，至椎前神经节换元。

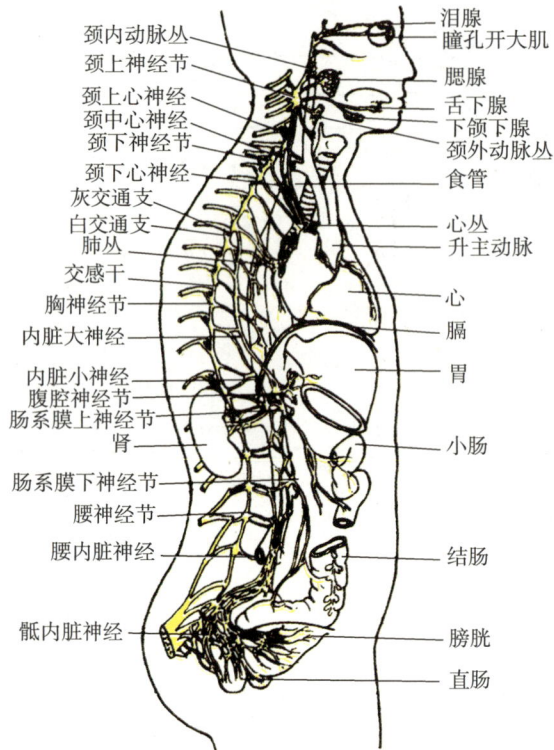

图 14－23　交感干和交感神经节

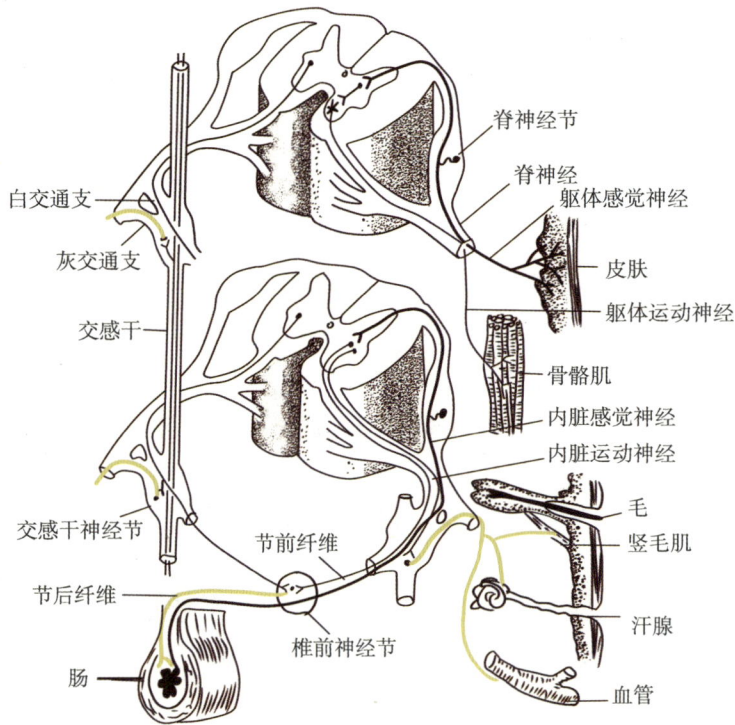

图 14－24　交感神经走行模式图

黑色，节前纤维；黄色，节后纤维

（2）由交感神经节发出的节后纤维也有 3 种去向：①经灰交通支返回脊神经，随脊神经分布至头颈部、躯干和四肢的血管、汗腺和立毛肌等；②攀附于动脉表面形成神经丛，并随动脉的分支分布于所支配的器官；③由交感神经节发支直接到所支配的器官。

4. 交感神经的分布概况

（1）来自脊髓胸 1～6 节段侧角的节前纤维更换神经元后，其节后纤维支配头、颈、胸腔器官及上肢的血管、汗腺、立毛肌。

（2）来自脊髓胸 6～12 节段侧角的节前纤维组成内脏大神经和内脏小神经，经腹腔神经节、主动脉肾神经节和肠系膜上神经节更换神经元后，发出的节后纤维分布至肝、胰、脾、肾等实质器官以及结肠左曲以上的消化管。

（3）来自脊髓腰 1～3 节段侧角的节前纤维更换神经元后，其节后纤维支配结肠左曲以下的消化管、盆腔脏器和下肢的血管、汗腺、立毛肌。

（二）副交感神经

副交感神经也分为中枢部和周围部。中枢部位于脑干内的副交感神经核和第 2～4 骶髓节段内的骶副交感核。周围部包括副交感神经节及其节前纤维和节后纤维。副交感神经节一般位于器官的附近或器官的壁内，故称器官旁节或壁内节，一般均较小，但颅部的器官旁节较大，肉眼可见，如睫状神经节、翼腭神经节、下颌下神经节和耳神经节等（图 14-25）。

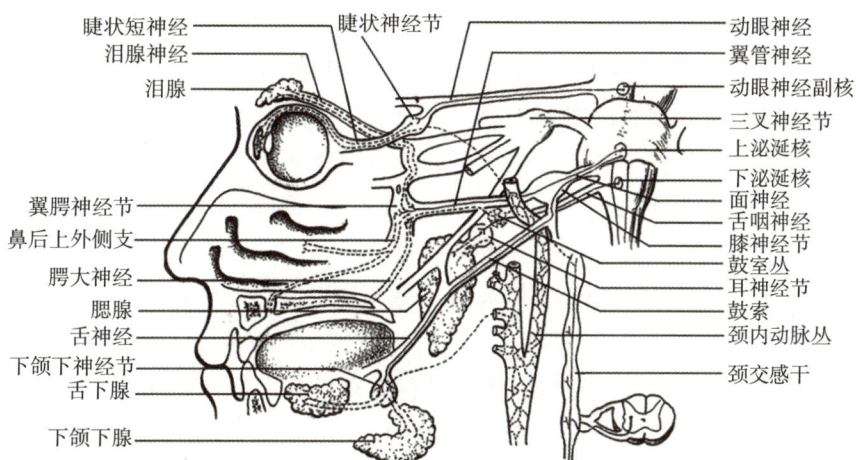

图 14-25　头部内脏神经分布模式图

1. 颅部副交感神经　由脑干内的内脏运动核所发出的节前纤维，分别伴随动眼神经、面神经、舌咽神经和迷走神经走行，到达相应的神经节并交换神经元，发出节后纤维分布于相应的器官（详见脑神经）。

2. 骶部副交感神经　由骶髓第 2～4 节段的骶副交感核发出，随骶神经前支出骶前孔，组成盆内脏神经加入盆丛，并随盆丛分支分布到结肠左曲以下的消化管和盆腔脏器（图 14-26）。

（三）内脏神经丛

交感神经、副交感神经和内脏感觉神经在到达所支配脏器的行程中，常互相交织在一起，共同组成内脏神经丛，再由丛分支到所支配的器官，如心丛、肺丛、腹腔丛和腹主动脉丛等。

（四）交感神经与副交感神经的区别

1. 低级中枢部位不同　交感神经的低级中枢位于脊髓胸 1 至腰 3 节段灰质的侧角；副交感神经的低

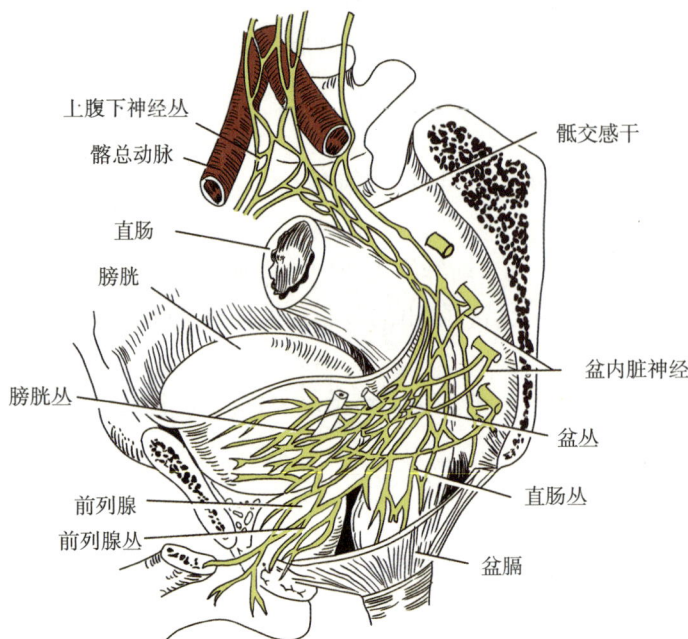

图 14 – 26　盆部内脏神经

级中枢位于脑干内的内脏运动核和第 2～4 骶髓内的骶副交感核。

　　2. 周围神经节的位置不同　交感神经节位于脊柱两旁和脊柱的前方，分别称椎旁神经节和椎前神经节；副交感神经节位于所支配器官的附近或壁内，分别称器官旁节和壁内节。

　　3. 节前纤维和节后纤维的长度不同　交感神经的节前纤维短而节后纤维长；副交感神经则相反。

　　4. 分布范围不同　全身皮肤的血管、汗腺、立毛肌和肾上腺髓质只有交感神经而无副交感神经支配。因此，交感神经分布广泛，副交感神经分布比较局限。

　　5. 对同一器官所起的作用不同　交感神经与副交感神经对同一器官的作用既互相拮抗又互相统一。例如，当机体运动时，交感神经兴奋性增强，副交感神经兴奋性减弱，这时可出现心率加快、血压升高、支气管扩张、瞳孔散大、消化活动受抑制等现象；而当机体处于安静或睡眠状态时，副交感神经兴奋性增强，交感神经相对抑制，因而出现心率减慢、血压下降、支气管收缩、瞳孔缩小、消化活动增强等现象。可见在交感神经和副交感神经互相拮抗、互相统一的协调作用下，才能维持机体内环境的动态平衡，使机体更好地适应内外环境的变化。

二、内脏感觉神经

　　内脏器官除有交感和副交感神经支配外，也有内脏感觉神经分布。内脏感觉神经接受内脏的各种刺激，并传至中枢。而中枢可通过内脏运动神经直接调节内脏的活动，也可以通过神经体液间接调节其活动。

（一）内脏感觉的特点

　　1. 正常内脏活动一般不产生主观感觉，较强烈的内脏活动或有炎性刺激因素时，才可产生内脏感觉。如胃的饥饿感、膀胱充盈的膨胀感。

　　2. 内脏对牵拉、膨胀、痉挛、缺血、炎症等刺激较敏感，但对切割、烧灼、温度等刺激不敏感。

　　3. 内脏感觉定位不准确，弥散、模糊。内脏感觉传入途径比较分散，一个脏器的感觉冲动可经多条脊神经传入中枢，而一条脊神经也可传导多个脏器的感觉冲动。因此，内脏感觉往往是弥散性的、模糊的，定位也不准确。

（二）牵涉性痛

当某些内脏器官发生病变时，往往引起一定皮肤区域的疼痛或感觉过敏，这种现象称牵涉性痛（图 14 - 27）。例如，心肌缺血引起心绞痛时，常在胸前区或左臂内侧面感到疼痛；肝胆有病变时，常引起右肩部酸痛等。牵涉性痛产生的机理目前尚不十分清楚。了解各器官病变时牵涉性痛发生的部位，对某些内脏疾病的诊断有一定的帮助。

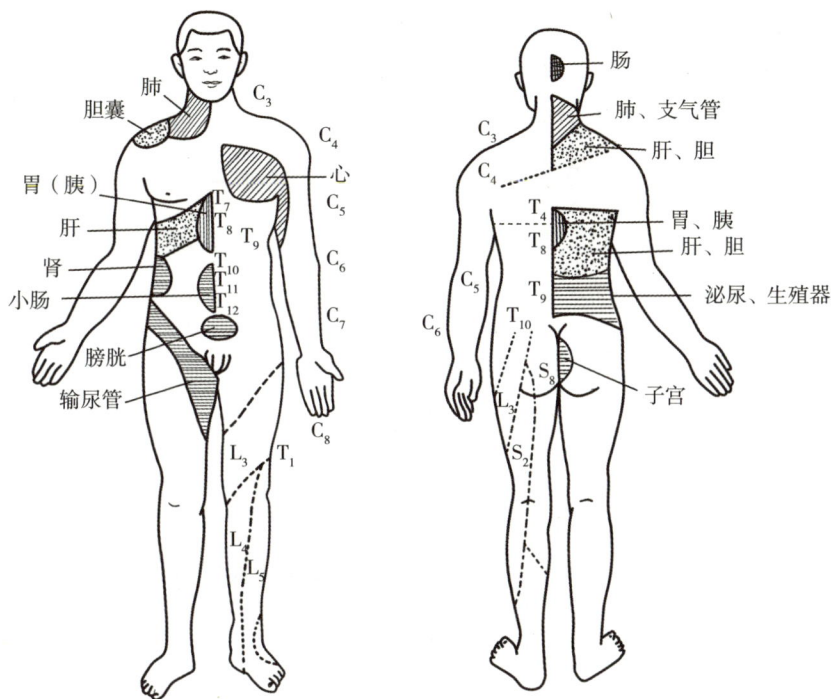

图 14 - 27　牵涉性痛的示意图

目标检测

答案解析

一、选择题

1. 内脏运动神经的特点是
   A. 分交感神经和副交感神经　　　　　　　B. 受意识支配
   C. 不分节前、节后纤维　　　　　　　　　D. 分布于骨骼肌
   E. 低级中枢位于骶 2～4 灰质侧角

2. 支配咀嚼肌的神经是
   A. 面神经　　　　　　B. 上颌神经　　　　　　C. 舌咽神经
   D. 舌下神经　　　　　E. 下颌神经

3. 与端脑相连的脑神经是
   A. 动眼神经　　　　　B. 嗅神经　　　　　　　C. 视神经
   D. 三叉神经　　　　　E. 迷走神经

4. 颈丛的主要分支是
　　A. 髂腹股沟神经　　　　B. 正中神经　　　　C. 膈神经
　　D. 坐骨神经　　　　　　E. 尺神经

5. 支配肱二头肌的神经是
　　A. 正中神经　　　　　　B. 尺神经　　　　　C. 肌皮神经
　　D. 腋神经　　　　　　　E. 桡神经

6. 支配肱三头肌的神经是
　　A. 桡神经　　　　　　　B. 肌皮神经　　　　C. 腋神经
　　D. 正中神经　　　　　　E. 尺神经

7. 只有交感神经支配而没有副交感神经支配的器官是
　　A. 肝　　　　　　　　　B. 横结肠　　　　　C. 心
　　D. 胃　　　　　　　　　E. 肾上腺髓质

8. 腕不能伸直是何神经损伤
　　A. 桡神经　　　　　　　B. 尺神经　　　　　C. 正中神经
　　D. 腋神经　　　　　　　E. 肌皮神经

9. 肱骨远端后内侧骨折易伤及
　　A. 腋神经　　　　　　　B. 正中神经　　　　C. 桡神经
　　D. 尺神经　　　　　　　E. 肌皮神经

10. 舌前 2/3 味觉障碍，多见于损伤
　　A. 三叉神经　　　　　　B. 面神经　　　　　C. 舌咽神经
　　D. 舌下神经　　　　　　E. 迷走神经

二、思考题

1. 简述坐骨神经的行程及分支。
2. 试述交感神经和副交感神经的区别。

（申燕伟）

书网融合……

本章小结　　　　　　题库

第十五章 内分泌系统

◎· **学习目标**

　　1. 通过本章学习，重点把握内分泌系统的组成；甲状腺、甲状旁腺、垂体和肾上腺的位置与形态。

　　2. 学会结合标本和模型说出内分泌器官的主要形态、结构。

》 **情境导入**

　　情境描述　患者，女，46岁。主诉：心悸、消瘦伴颈部增粗3月余。患者无明显诱因出现心悸，消瘦伴有多汗、怕热，手抖、乏力、食欲亢进，偶感视物模糊及视物成双，自己发现颈部增粗，脾气较以前急躁易怒，近一段时间呼吸逐渐困难而入院。查体：生命体征平稳，神志清楚，精神较差。颈前部有肿物，全身浅表淋巴结未触及肿大。B超显示颈部弥漫性肿大。初步诊断为甲状腺功能亢进症。

　　讨论　1. 甲状腺的结构如何？

　　　　　　2. 甲状腺有什么功能？患者为什么出现如上症状和体征？

第一节　内分泌系统概述

　　内分泌系统是机体内重要的功能调节系统，由独立的内分泌腺和分布于其他器官内的内分泌组织以及散在于全身组织、器官内的内分泌细胞组成（图15-1）。内分泌腺是指结构上独立存在、肉眼可见的内分泌器官，包括垂体、甲状腺、甲状旁腺、肾上腺和松果体等。内分泌组织是指分散在其他组织、器官内具有内分泌功能的细胞团或细胞，如胰腺内的胰岛、睾丸内的间质细胞、卵巢内的卵泡和黄体、胸腺内的网状上皮细胞等。

　　内分泌腺的细胞多排列成索状、团状或围成滤泡，腺细胞间有丰富的毛细血管和淋巴管，无排送分泌物的导管。内分泌细胞的分泌物称为激素，直接进入血液或淋巴，随血液循环输送到全身各处，对人体的新陈代谢、生长发育、生殖功能等都具有重要的调节作用。

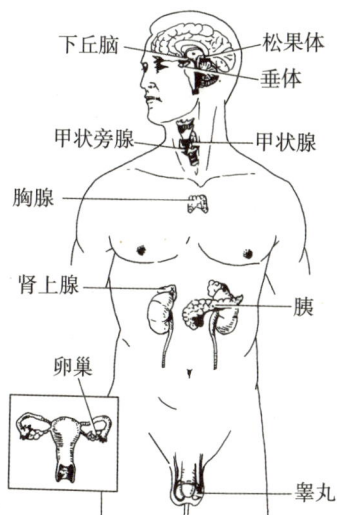

图15-1　内分泌系统概观

第二节　内分泌器官

一、甲状腺

　　甲状腺位于喉下部、气管上部的两侧和前面，是人体最大的内分泌腺。甲状腺外形略呈"H"形，由左、右两个侧叶及中间的甲状腺峡构成，位于舌骨下肌群的深面（图15-2，图15-3）。甲状腺侧叶呈椎体形，贴于喉和气管上部的侧面，上端达甲状软骨中部，下端至第6气管软骨环，向后平对第5~7颈椎。甲状腺峡连结两侧叶，位于第2~4气管软骨的前面，临床上急救进行气管切开时，要尽量避开甲状腺峡。约2/3的人甲状腺峡有向上延伸的锥状叶，长者可达舌骨平面。

甲状腺质地柔软，棕红色，重20~40g，女性略重。甲状腺外包两层被膜，内层为包裹在甲状腺表面的纤维囊（真被膜），可深入腺实质；外层为颈深筋膜形成的假被膜，又称甲状腺鞘，将甲状腺固定于喉和气管壁上，故吞咽时甲状腺可随喉上、下移动。甲状腺两侧叶后外方与颈部血管相邻，内侧面因与喉、气管、咽、食管、喉返神经等相邻，故甲状腺肿大时，可压迫上述结构，导致呼吸和吞咽困难等症状。

甲状腺分泌甲状腺激素，有调节促进机体基础代谢、提高神经系统兴奋性，促进机体生长发育等作用，尤其是对骨骼和脑的发育。支配甲状腺的神经多与血管伴行。喉上神经外支伴甲状腺上动脉下行至甲状腺上部，喉返神经在甲状腺下动脉进入侧叶前与其交错，甲状腺手术结扎甲状腺血管时勿损伤这两条神经。

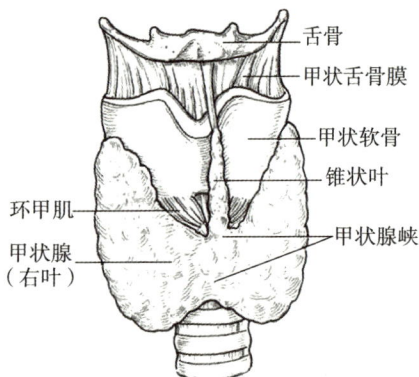

图15-2 甲状腺（前面）

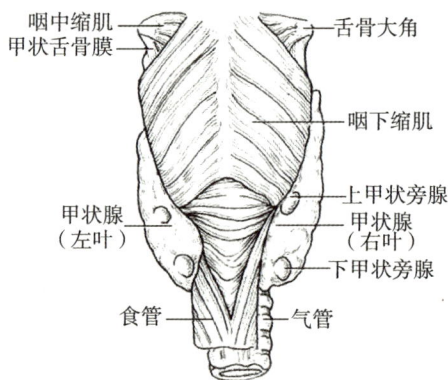

图15-3 甲状腺（后面）

💡 **素质提升**

关注甲减与甲亢

甲状腺激素能促进机体生长发育、维持正常新陈代谢、提高神经系统兴奋性，尤其对婴幼儿骨骼和中枢神经系统的发育影响较大。甲状腺功能低下是指甲状腺激素分泌不足，简称甲减。甲减发生在在婴幼儿时期表现为身材矮小、骨骼生长停滞、脑发育不良、智力低下，称呆小症（克汀病）；成人分泌过少则引起新陈代谢率降低、毛发稀少、精神呆滞、发生黏液性水肿等。反之，甲状腺激素分泌过多时，简称甲亢，则会导致中枢神经系统兴奋性和基础代谢率升高，主要临床表现为多食、消瘦、怕热、多汗、心悸、易怒等高代谢症候群，严重时可引起甲状腺肿大和眼突、手颤，血管杂音等症状。对患有呆小病的年幼患者不可以歧视；部分成年甲减患者可有反应迟钝、情绪淡漠等，部分成年甲亢患者可有烦躁易怒、躁狂等类似精神症状，对这些患者更要充分发挥医者的人文精神，要充分做到关怀备至，体贴入微，时刻关注患者的躯体症状和精神症状，做到医者仁心，大医精诚。

二、甲状旁腺

甲状旁腺呈扁椭圆形，棕黄色，黄豆大小，每个重30~50mg，位于甲状腺侧叶背面的纤维囊外，通常有上、下两对。上甲状旁腺位置恒定，位于甲状腺侧叶后缘的上、中 1/3 交界处，下甲状旁腺位置变异较大，多位于甲状腺侧叶后缘下端，甲状腺下动脉附近。少数人的甲状旁腺也可埋入甲状腺实质内，手术时寻找困难（图 15 - 3）。

甲状旁腺分泌甲状旁腺素，功能为调节钙和磷的代谢，维持血钙平衡。

三、垂体

垂体是机体内最重要的内分泌腺，可分泌多种激素，调控其他多种内分泌腺。垂体借垂体柄与下丘脑相连。它在神经系统与内分泌腺的相互作用中处于重要地位（图 15 - 4）。

垂体位于蝶鞍的垂体窝内，占垂体窝的大部分。垂体呈椭圆形，灰红色，大小约 1cm × 1.5cm × 0.5cm，成年垂体重 0.5 ~ 0.8g，哺乳期女性略大。垂体可分为腺垂体和神经垂体两部分。腺垂体包括远侧部、结节部和中间部；神经垂体由神经部和漏斗组成。垂体前叶包括腺垂体的远侧部和结节部，主要分泌生长激素、促甲状腺激素、促肾上腺皮质激素和促性腺激素。垂体后叶包括中间部和神经部。神经垂体不产生激素，主要功能是贮存和释放由下丘脑产生的血管加压素（抗利尿激素）及催产素。

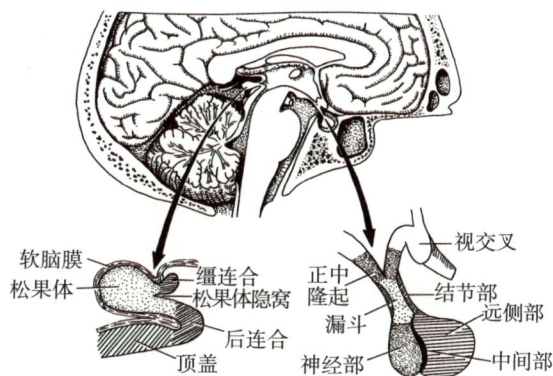

图 15 - 4　垂体和松果体

四、肾上腺

肾上腺是成对的器官，位于腹膜后间隙内，左、右肾的上内方。其大小和重量随年龄和功能不同而变化，平均每个重约 7g，呈灰黄色。左肾上腺近似半月形，右肾上腺呈三角形，左侧比右侧略大。肾上腺和肾一起包被在肾筋膜内，但有独立的脂肪囊和纤维囊，故不会随肾下垂而下垂。肾上腺的前面有不太明显的肾上腺门，是血管、神经和淋巴管进出之处。肾上腺实质由周围的皮质和中央的髓质构成（图 15 - 5）。

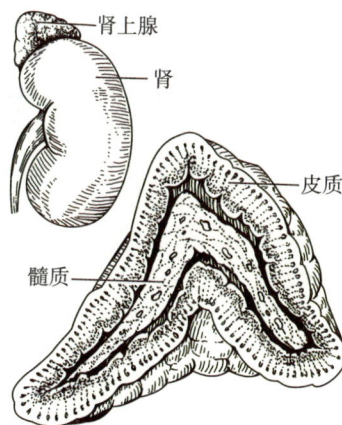

图 15 - 5　肾上腺

五、松果体

松果体为一椭圆形小体，大小约 5mm × 3mm × 4mm、重 120 ~ 200mg，位于背侧丘脑的后上方和上丘脑之间，缰连合的后上方，以一细柄附于第三脑室顶的后部，柄向前分为上、下两板，两板之间为第三脑室的松果体隐窝（图 15 - 4）。松果体在儿童时期功能较发达，7 岁以后功能逐渐退化。成人后可在 X 线片上看到松果体的钙化样结构，可作为颅内的定位标志。

目标检测

答案解析

一、选择题

1. 以下对内分泌腺的描述正确的是
   A. 有排泄管
   B. 包括甲状腺、肾上腺、垂体、松果体等
   C. 与神经系统无关
   D. 作用无特异性
   E. 其分泌物直接输送至靶器官

2. 下列哪个不属于内分泌腺
   A. 垂体
   B. 甲状腺
   C. 胰岛
   D. 肾上腺
   E. 松果体

3. 分泌生长激素的器官是
   A. 甲状旁腺
   B. 睾丸
   C. 垂体
   D. 胸腺
   E. 甲状腺

4. 腺垂体分为
   A. 远侧部和中间部
   B. 前叶和后叶
   C. 远侧部、结节部和漏斗部
   D. 前叶、中间部和后叶
   E. 远侧部、结节部和中间部

5. 以下对肾上腺的描述正确的是
   A. 腺的前面有不显著的门
   B. 被肾上腺的纤维膜包裹
   C. 位于肾的外上方
   D. 属腹膜内位器官
   E. 为一对三角形腺体

二、思考题

1. 简述甲状腺的位置、形态和功能。
2. 简述垂体的位置、形态和功能。

（张海钰）

书网融合……

本章小结

题库

第二篇　组织胚胎学

组织胚胎学绪论

◎ 学习目标

1. 通过本章学习，重点把握组织的基本类型；组织、嗜碱性、嗜酸性等概念；组织胚胎学的研究内容及学习方法；石蜡切片术。
2. 学会显微镜的使用方法。

一、组织胚胎学的研究内容及在护理学中的地位

（一）组织胚胎学的研究内容

组织胚胎学包括组织学和胚胎学两部分。组织学是研究人体微细结构及相关功能的科学。它以显微镜观察组织切片为基本方法，研究细胞、组织和器官系统。细胞是人体结构及功能的基本单位。许多形态结构相似、功能相近的细胞和细胞间质构成的细胞群体，称为组织。人体基本组织分为4类，即上皮组织、结缔组织、肌组织和神经组织。器官是由基本组织按一定规律组合而成，具有一定形态结构，执行特定生理功能。系统是由一些功能相关的器官构成，共同完成某一连续的生理功能。各个系统组成一个完整的人体。

胚胎学是研究从受精卵发育为新生个体的过程及其机理的科学。包括生殖细胞发生、受精、胚胎发育、胎膜与胎盘、先天性畸形等内容。

（二）组织胚胎学在护理学中的地位

组织胚胎学作为一门重要的医学基础课程，其相关的基础理论、基本知识和基本技能与护理学各科有着密切的联系。它既是学习其他基础课程（如生理学、免疫学、病理学等）的基础，又是学习临床护理各专业课程的基础，还在疾病预防、优生优育等方面具有重要的指导作用。

二、组织胚胎学常用的研究方法

随着技术的不断进步，人们了解微观世界的方法也日趋多样。普通光学显微镜的分辨率约为$0.2\mu m$，可放大1000倍左右，能识别细胞和组织的一般微细结构。透射电子显微镜的分辨率一般为$0.2nm$，可放大几万到几十万倍，能识别更微细的结构，在应用中要根据研究的目的和内容，选择相应的技术方法才能获得预期的效果。下面仅就最常用、最基本的一些方法简要介绍。

（一）光学显微镜技术

光学显微镜，简称光镜。用光镜观察组织切片是组织学最基本的研究方法。光镜下所见的形态结

构，称光镜结构，常用计量单位 μm（微米）。

1. 切片技术 最常用的是石蜡切片术。制作过程：①取材和固定：取新鲜组织，切成小块（小于1cm³），放入蛋白质凝固剂（如甲醛）中固定，以保持活体状态的组织结构。②脱水、透明和包埋：把固定好的组织块用酒精脱水，再用二甲苯透明，然后包埋入石蜡中，让组织具有了石蜡的硬度。③切片和染色：将包有组织的蜡块用切片机切为 5 ~ 10 μm 的薄片，贴于载玻片上，脱蜡后进行染色。④封片：用树胶加盖玻片密封。

此外，其他的切片方法还有：①火棉胶切片，在制作较大组织块（如脑）的切片时，可用火棉胶代替石蜡进行包埋。②冰冻切片，为保存细胞内蛋白质和酶的结构与活性，把组织块低温冷冻后直接切片，常用于酶的研究和快速病理诊断。

💡 **知识拓展**

其他制片技术

1. 涂片 将液体标本（如血液、分泌物等）均匀地涂于载玻片上。
2. 铺片 把柔软组织（如疏松结缔组织）撕成薄膜铺在载玻片上。
3. 磨片 把坚硬组织（如骨）磨成薄片贴于载玻片上。

2. 染色 染色是用染料使无色的组织结构着色，便于镜下观察。

最常用的为苏木精 - 伊红染色法，简称 HE 染色。苏木精（hematoxylin）是碱性染料，易将细胞的染色质及核糖体（酸性物质）染成紫蓝色。伊红（eosin）是酸性染料，易将细胞质和细胞间质（碱性物质）染成红色。易于被碱性或酸性染料着色的性质分别称为嗜碱性和嗜酸性。

💡 **知识拓展**

特殊染色

除 HE 染色法外，还有许多种染色方法，能特异性地显示某种细胞、细胞外基质成分或细胞内的某种结构。如用硝酸银将神经细胞染为黑色（镀银染色法），用醛复红将弹性纤维和肥大细胞的分泌颗粒染为紫色。这些染色方法习惯统称为特殊染色。另外，在取动物组织材料之前，为显示某种细胞，还可进行活体染色，即将无毒或毒性小的染料经静脉注入后，再取材制成切片观察。如注入的锥虫蓝（台盼蓝）可被肝、脾等器官内的巨噬细胞吞噬，这些细胞因含有了大量蓝色颗粒而易于辨认。

（二）电子显微镜技术

电子显微镜，简称电镜，是用电子束代替光线，用电磁透镜代替光学透镜，用荧光屏将肉眼不可见的电子束成像。电子显微镜下显示的结构，称电镜结构（又称超微结构），常用计量单位 nm（纳米）。

1. 透射电镜术 放大倍数和分辨率比光镜大得多，可放大几万到几十万倍。但透射电镜对所观察的组织标本要求非常严格，须制备超薄切片（50 ~ 80 nm），经醋酸铀和柠檬酸铅等重金属盐染色，置于透射电镜下观察，在荧光屏上呈黑白反差的结构影像。被重金属浸染呈黑色的结构，称电子密度高，反之，浅染的部分称电子密度低。

2. 扫描电镜术 扫描电镜是用来观察细胞和组织表面结构的。样品制备较简单，不必制备超薄切片。组织块固定、脱水、干燥后，在表面喷镀薄层碳与金属膜，置于扫描电镜下，在荧光屏上显示标本表面的图像，标本图像具有真实的立体感。

（三）组织化学与细胞化学技术

组织化学和细胞化学技术是应用物理、化学等方法，研究组织细胞内某种化学成分，从而探讨与其相关的功能活动。其基本原理是在组织切片和细胞样品上滴加一定的试剂，该试剂与组织内的某种成分发生化学反应，在局部形成有色沉淀物，通过显微镜观察而对组织细胞内的化学成分进行定位、定性和定量的研究。例如，为显示细胞内多糖，常用过碘酸希夫反应（PAS 反应），其基本原理是糖被过碘酸氧化后，形成多醛，再与硫酸品红复合物（希夫试剂）结合，形成紫红色的反应产物，从而证明细胞内含有糖原或黏多糖成分。

（四）免疫细胞化学技术

免疫细胞化学技术是应用抗原与抗体结合的免疫学原理，检测细胞内多肽、蛋白质及膜表面抗原和受体等大分子物质的存在与分布。该方法是先将蛋白质或多肽作为抗原，注入某种动物体内，使其体内产生相应的特异性抗体。而后从被免疫动物血清中提取该抗体，并以荧光染料或铁蛋白或辣根过氧化物酶等标记。用标记了的抗体来处理组织切片或细胞，标记抗体与细胞上相应抗原特异性结合。因此切片中有标志物呈现的部位，从而显示该物质在组织中的分布。抗体若用荧光染料标记，则可在荧光显微镜下观察，若用辣根过氧化物酶标记，再通过对此酶的组织化学显示法处理，可在光镜下观察。

这种方法特异性强、敏感度高、发展十分迅速，应用也十分广泛，成为当前生物学和医学众多学科的重要研究方法。

（五）放射自显影术

放射自显影术是通过活细胞对放射性物质的特异性摄入，以显示该细胞的功能状态或该物质在组织和细胞内的代谢过程。

（六）细胞培养技术

细胞培养技术是把从机体取得的细胞在体外模拟人体内的条件下进行培养的技术。

（七）组织工程

组织工程是用细胞培养术在体外模拟构建机体组织和器官的技术，旨在为器官缺损患者提供移植替代物。

三、组织胚胎学的学习方法

和人体解剖学一样，组织胚胎学也属于形态学的范畴，学习的方法基本一致。

学习组织胚胎学还应注意以下两方面的联系。

1. 平面与立体相联系 组织薄片所见的平面结构，是来自组织、器官的立体结构。同一组织结构可因切面的部位、角度等不同而出现形态差异；也可因切片厚薄误差而出现形态差异；还可因染色误差而出现颜色差异。因此在组织切片观察时，应注意平面结构与立体结构的联系，分析出现各种差异的原因，去伪存真，以正确理解和认识真实的立体组织结构。

2. 静态与动态相联系 组织胚胎学所观察的切片、标本，图像都是静态结构，但来源于活体组织的生活状态或胚胎连续发育的动态变化之中。因此，要善于从静态瞬间理解其动态变化，正确理解并掌握组织结构中时间、空间与功能的关系。

答案解析

目标检测

一、选择题

1. 组织切片常用的染色方法是
   A. HE 染色法　　　　　B. 硝酸银染色法　　　　C. 氯化金染色法
   D. PAS 染色法　　　　　E. 瑞氏染色法

2. 组织学中最常用的制片技术是
   A. 石蜡切片　　　　　B. 火棉胶切片　　　　C. 冷冻切片
   D. 涂片　　　　　E. 铺片

3. HE 染色中，嗜酸性颗粒被染为
   A. 红色　　　　　B. 紫蓝色　　　　C. 黑色
   D. 橙色　　　　　E. 黄绿色

4. 涂片适用于
   A. 上皮组织　　　　　B. 骨组织　　　　C. 肌组织
   D. 神经组织　　　　　E. 血液

5. PAS 反应是显示组织或细胞内的
   A. 蛋白质　　　　　B. 脂肪　　　　C. 核酸
   D. 多糖　　　　　E. 色素

二、思考题

1. 简述石蜡切片术。
2. 说出 HE 染色特性。

（谭　毅）

书网融合……

本章小结

第十六章　细　胞

学习目标

1. 通过本章学习，重点把握细胞膜的结构及结构特点；各细胞器的结构和主要功能；细胞核的结构和主要功能；细胞分裂和细胞周期的概念。

2. 学会使用光学显微镜观察细胞的微细结构。

情境导入

情境描述　患儿，男，4 岁，面容呈现眼距宽，鼻梁低平，眼裂小，眼外侧上斜，舌常伸出口外，流涎多等特征，体征检查显示身材矮小，头围小于正常，骨龄检查显示落后于正常年龄，智力低下，经染色体检查后，初步诊断为 21 - 三体综合征。

讨论　1. 21 - 三体综合征是什么疾病？

　　　　2. 如何筛查预防此类疾病？

细胞是人体结构和功能的基本单位。体内的一切生理活动都是在细胞功能的基础上进行的。细胞各部分形态结构和功能的变化，在一定程度上反映了机体的生理、病理变化。因此，只有了解了细胞的结构，才能认识人体的代谢过程和生理功能，理解疾病的发生发展规律。

知识拓展

细胞的发现

17 世纪显微镜的发明使得细胞成为可见。1665 年，英国物理学家胡克（Robert Hooke）用自己设计并制造的显微镜观察栎树软木塞切片时发现其中有许多小室，状如蜂窝，称为 "cella"，这是人类第一次发现死的细胞壁。胡克的发现对细胞学的建立和发展具有开创性的意义。1674 年，荷兰布商列文虎克（Anton van Leeuwenhoek）为了检查布的质量，亲自磨制透镜，装配了高倍显微镜（300 倍左右），并观察到了血细胞、池塘水滴中的原生动物、人类和哺乳类动物的精子，这是人类第一次观察到完整的活细胞。1833 年英国植物学家 R·布朗（Rudolf Brown）在植物细胞内发现了细胞核。1838 年德国植物学家 Matthias Schleiden 发表了著名论文"论植物的发生"，指出细胞是一切植物结构的基本单位。1839 年施旺（Schwann）在动物的组织中观察到细胞并发表了《显微镜研究》一书。这两个学者分别指出细胞是一切植物和动物的结构、功能和发生的重要单位。1841 年罗伯特·雷马克（Robert Remak）第一个描述了细胞分裂，1855 年鲁道夫·魏尔肖（Rudolf Virchow）做出重要的论断："所有的细胞都是由细胞而来的。"至此才形成了比较完备的细胞学说。

第一节　细胞的基本结构

细胞因功能的不同，其形态和大小差别较大，如血细胞较小，有利于流动；肌细胞为长柱形，便于收缩；能传递兴奋的神经细胞，有很多长短不一的突起，但它们的基本结构是相似的，均包括细胞膜、细胞质和细胞核三部分（图 16 – 1）。

一、细胞膜

包裹在细胞外表面的薄膜称细胞膜，又称质膜，具有维持细胞形态、保护细胞、完成物质交换、接受刺激、传递信息等重要功能。

细胞膜在光镜下不能分辨。在电镜下呈"两暗夹一明"的内、中、外三层膜结构。这三层结构是细胞膜及细胞内膜性结构共有的形式，因此又被称为单位膜或生物膜。

细胞膜主要由脂类、蛋白质和糖类组成，脂类和蛋白质构成细胞膜的主体，糖类结合在脂类或蛋白质上。

关于细胞膜的分子结构模型，目前比较公认的是 Singer 和 Nicolson 于 1972 年提出的液态镶嵌模型，即细胞膜是由磷脂双分子层和膜蛋白分子共同构成，该模型的基本内容是：以液态的脂质双分子层为基架，各种不同生理功能的球形蛋白镶嵌在其中（图 16 – 2）。

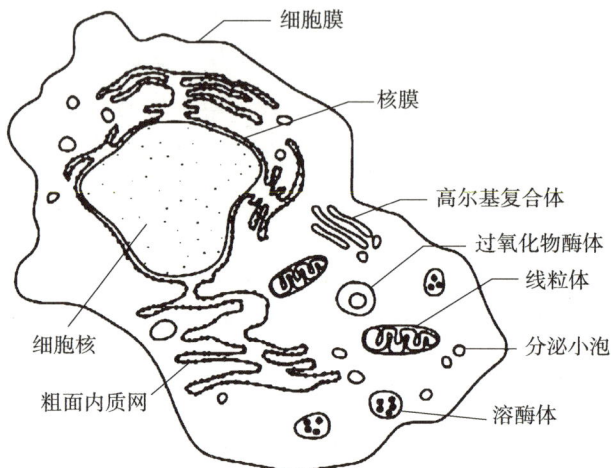

图 16 – 1　细胞的微细结构模式图

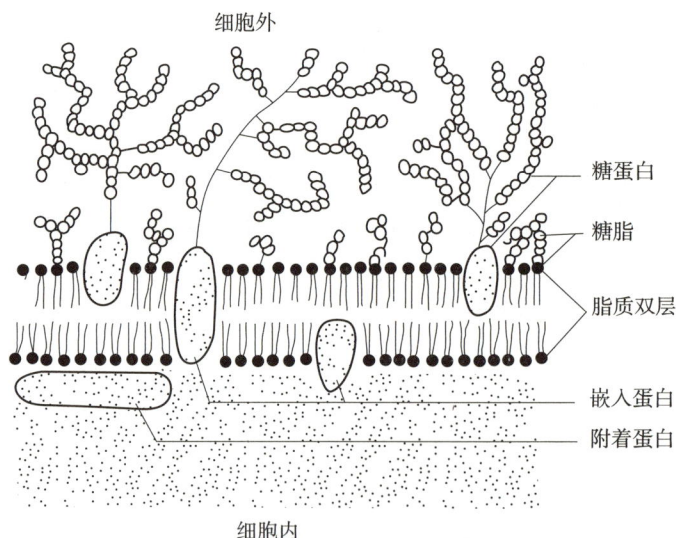

图 16 – 2　细胞膜的分子结构模式图

二、细胞质

细胞质位于细胞膜和细胞核之间，又称细胞浆，由基质、细胞器和内含物组成，是细胞生命活动的主要场所。活体细胞中的基质为均匀、透明的胶状物，基质中具有一定形态和功能的特殊结构，称细胞器。

（一）细胞器

在细胞基质内，有膜的细胞器包括线粒体、内质网、高尔基复合体、溶酶体和过氧化物酶体等；无膜的细胞器包括核糖体和中心体（图 16 – 3）。

1. 线粒体 是细胞内氧化还原反应的场所，又被称为细胞的"能量工厂"。光学显微镜下线粒体呈粗线状或颗粒状结构，其形态会随体内微环境的改变而变化。在电子显微镜下线粒体是由内、外双层单位膜包围而成的封闭状囊状结构。外膜表面光滑，有排列整齐的圆筒状孔蛋白；内膜向内部突出并折叠形成许多皱褶，是能量转换的主要场所。线粒体内有很多酶，可促进营养物质的氧化释能，为细胞的生命活动提供能量。

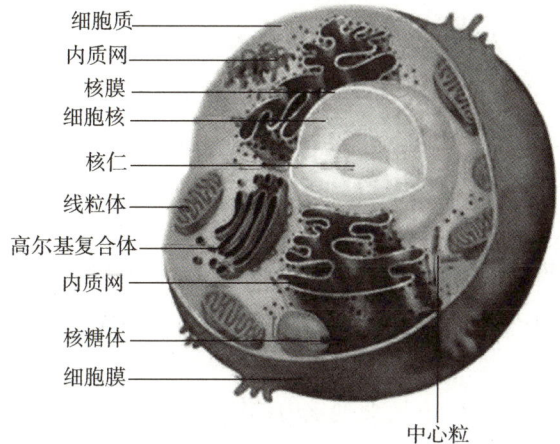

图 16 – 3 细胞的超微结构模式图

2. 内质网 由单层膜性的小管、小泡和扁囊相互连续而成。内质网的膜可与核外膜或细胞膜相连，形成相互连通的片层状管网结构。根据膜表面有无核糖体附着分为粗面内质网和滑面内质网。

电镜下，粗面内质网（RER）呈囊状或扁囊状，表面附着有大量核糖体，其主要功能是合成分泌蛋白质，并完成蛋白质的运输和修饰加工，其在细胞内的分布及发达程度与细胞的功能状态和分化程度密切相关。滑面内质网（SER）在电镜下呈管泡状，表面无核糖体附着，主要分布在肝细胞、肌细胞等特化细胞和分泌固醇类激素的细胞中。滑面内质网含有多种酶系，功能比较复杂，主要参与糖类代谢、脂质合成、解毒、类固醇的合成、钙离子的储存和释放等。

3. 高尔基复合体 多呈网状或泡状，主要位于细胞核周围，有极性。主体结构由膜性的扁平囊构成，向一侧弯曲呈弓形。弓形的凸面称生成面（未成熟面），朝向细胞核，表面有许多由粗面内质网形成的小泡；凹面称分泌面（成熟面），朝向质膜，可见由扁平囊芽生而来的大囊泡，数量较少。

高尔基复合体的主要功能是将粗面内质网合成的蛋白质进行加工、修饰、浓缩和糖基化，并运输到细胞特定的部位或分泌到细胞外，还参与溶酶体的形成和细胞膜的更新等。

4. 溶酶体 由一层单位膜围成的含有多种酸性水解酶的囊状小体或小泡。溶酶体有极强的消化分解能力，故称为"细胞内消化器"。其作用是清除有害异物的同时保留有用物质并加以利用。

5. 核糖体 是由核糖核酸和蛋白质构成的椭圆形致密颗粒，也称核蛋白体，属非膜性结构，是细胞合成蛋白质的重要场。它主要以游离核糖体和附着核糖体两种形式存在。其中游离于细胞基质中者，称游离核糖体，主要合成细胞骨架蛋白等细胞自身的结构蛋白；附着于核膜和粗面内质网表面者，称附着核糖体，以合成分泌细胞外所需的蛋白质为主。

6. 中心体 多位于细胞核的一侧，由一对互相垂直的圆筒状的中心粒组成。中心体主要在细胞分裂过程中形成纺锤体等结构。

7. 微管、微丝和中间丝 由蛋白质纤维组成的三维网架结构，构成细胞的骨架，包括微丝、微管和中间丝，有维持细胞形态、参与细胞运动和细胞内骨架的作用。

（二）基质

基质是细胞质内无定形的透明胶状物质，细胞的各种功能及细胞形态的维持均需要基质参与。

（三）包含物

包含物是细胞质中具有一定形态的各种代谢产物或储备营养物质的总称；包括糖原、分泌颗粒、色素及脂滴等。包含物的数量随细胞生理状态不同而改变。

三、细胞核

细胞核是细胞内最大、最主要的结构，一般位于细胞的中央。细胞核是细胞遗传和代谢活动的控制中心，在细胞生命活动中起着决定性的作用。人类除成熟的红细胞无细胞核外，其余的细胞都有细胞核。HE 染色时，细胞核因含有 DNA 和 RNA 而具有嗜碱性。细胞核由核膜、核仁、核基质和染色质 4 部分构成（图 16 – 4）。

1. 核膜   核膜是围绕在核表面的膜，在电镜下观察由两层单位膜构成，分别称为外膜和内膜。两层膜之间有 15 ~ 30nm 的腔隙，称为核周隙。外膜表面常附着核糖体，且与粗面内质网相连，核周隙与粗面内质网腔相通。核的内外膜在若干地方融合形成核孔，是核与细胞质之间进行大分子物质交换的通道。

2. 核仁   是细胞核内的圆形小体，无单位膜包被。核仁的主要功能是合成和贮存核糖体，其化学成分主要是 RNA、蛋白质和 DNA。

3. 核基质   由核液和细胞核骨架组成，是细胞核内无定形胶状物质，为细胞核内的代谢活动提供适宜的微环境。

4. 染色质和染色体   染色质和染色体是同种物质在细胞周期不同阶段的两种表现形式，它们的主要成分是 DNA 和蛋白质。染色质是指细胞分裂间期，细胞核内分布不均匀、易被碱性染料着色的物质。染色质在分裂期高度螺旋化缩短变粗，形成染色体。DNA 是遗传信息的载体，在细胞有丝分裂时，通过自我复制将遗传信息传递给子细胞。人体细胞的染色体为 23 对。其中 22 对为常染色体；一对为性染色体，决定性别。

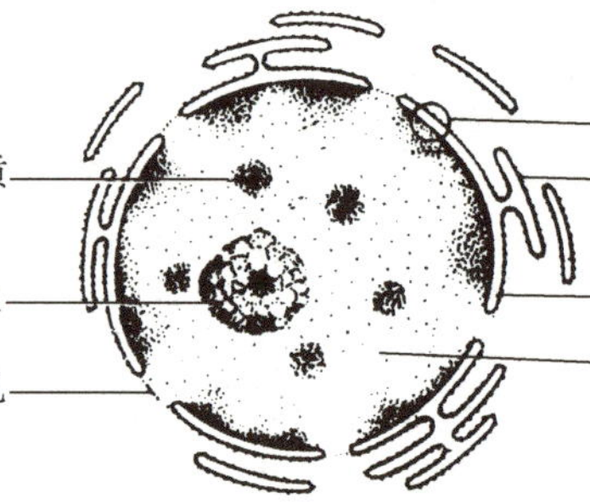

图 16 – 4   细胞核电镜结构模式图

第二节   细胞周期

细胞从上一次分裂结束形成新生细胞开始，到下一次细胞分裂完成为止所经历的全过程，称细胞增殖周期，简称细胞周期。根据增殖过程中细胞形态的变化，细胞周期分为两个时期，即分裂间期与分裂期（图 16 – 5）。

一、分裂间期

分裂间期的时间一般持续较长，约占整个细胞周期的 95%。在分裂间期内，细胞核内的染色质最活跃，除合成大量蛋白质外，染色体所含全部基因组的 DNA 也在分裂间期进行复制。分裂间期可分为 3 个阶段：DNA 合成前期（G_1 期）、DNA 合成期（S 期）与 DNA 合成后期（G_2 期）。

1. DNA 合成前期（G_1 期） G_1 期是细胞周期的第一阶段，该期内细胞代谢活跃，合成大量的 RNA 和蛋白质，DNA 合成相关酶的活性增高，细胞体积明显增大，主要为 DNA 复制做准备。不同种类细胞的 G_1 期长短差异很大，有的数小时至数日，有的数月，也有些细胞终身处于此阶段，如神经细胞和心肌细胞等。

2. DNA 合成期（S 期）　　DNA 复制后，细胞核 DNA 含量增加一倍，为细胞分裂做准备。S 期的持续时间为 8 ~ 12 小时。

3. DNA 合成后期（G_2 期）　　G_2 期为细胞分裂准备期。中心粒已复制完成，成为两个中心粒，继续大量合成 RNA 和蛋白质，特别是微管蛋白、成熟促进因子、可溶性蛋白激酶等与有丝分裂有关的特殊蛋白质，为细胞顺利进入 M 期做准备。G_2 期历时短，一般持续 2 ~ 4 小时。

二、分裂期

分裂期（M 期）即细胞的有丝分裂期，时间最短，一般为 0.5 ~ 2 小时，约占整个细胞周期时长的 5%。细胞通过有丝分裂，由一个母细胞分裂成两个完全相同的子细胞，复制后的染色体被精确地分配到两个子细胞中，完成了遗传信息的增殖和传代，其中 DNA 平均分配，而细胞质和细胞器随机分配。M 期根据细胞核的形态变化又分为前、中、后、末 4 个时期。

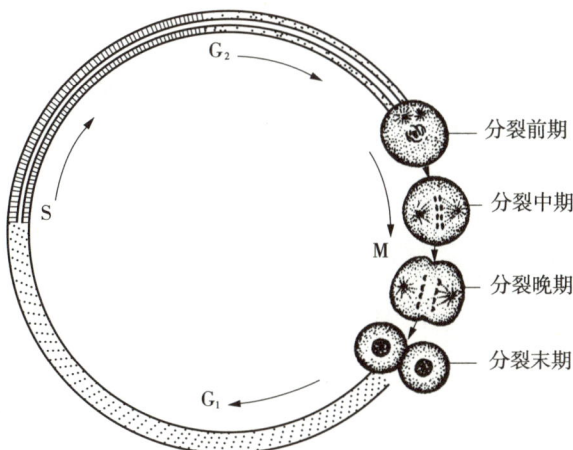

图 16 – 5　细胞周期示意图

三、细胞分裂

细胞分裂是细胞生命活动的基本特征之一，分裂方式有 3 种，即无丝分裂、有丝分裂和减数分裂。无丝分裂，又称直接分裂，在低等生物较为多见，在人类主要发生于肝细胞、口腔上皮及伤口周围的组织细胞，以完成创伤的修复和病理性代偿。有丝分裂是人类体细胞增值的主要方式。

（一）有丝分裂

有丝分裂是一个连续的细胞变化过程，通常根据形态变化将其分为前期、中期、后期和末期四个期（图 16 – 6）。

1. 前期　　是有丝分裂的开始阶段。染色质高度螺旋化，缩短变粗形成染色体，间期复制的中心体分开，中心粒移向细胞的两极，并形成纺锤体。核仁及核膜逐渐消失。

2. 中期　　染色体有规则地排列在细胞的赤道板，细胞的核膜、核仁完全消失。中心粒已分向细胞的两极，纺锤丝与每个染色体的着丝点相连。

3. 后期　　由于纺锤丝牵引着丝点逐渐移向两极，使两个姐妹染色单体分开，染色单体平分为两组。同时，细胞向两极伸长，中部的细胞质缩窄，细胞膜内陷。

4. 末期　　染色体逐渐恢复为染色质，核仁和核膜重新出现；细胞分裂为两个子细胞。子细胞即进入下一个有丝分裂的间期。

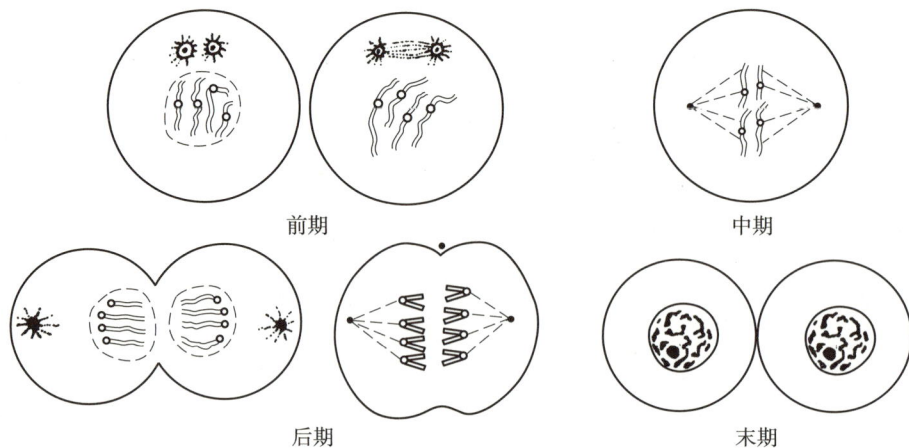

前期　　　　　　　　　　　　　　　　中期

后期　　　　　　　　　　　　　　　　末期

图 16 - 6　细胞有丝分裂各期示意图

（二）减数分裂

减数分裂是细胞在间期内 DNA 复制为 4 倍体后，连续进行两次分裂，最终子细胞中染色体数目比亲代细胞中少了一半，故称为减数分裂。它是一种特殊的有丝分裂方式，只发生于生殖细胞成熟过程中的特定阶段，又称为成熟分裂。

目标检测

答案解析

一、选择题

1. 目前公认的生物膜分子结构模型是

　　A. 片层结构模型　　　　　　B. 单位膜模型　　　　　　C. 液态镶嵌模型

　　D. 晶格镶嵌模型　　　　　　E. 板块镶嵌模型

2. 下列不属于细胞器的是

　　A. 核糖体　　　　　　　　　B. 线粒体　　　　　　　　C. 内质网

　　D. 包含物　　　　　　　　　E. 高尔基复合体

3. 细胞中合成蛋白质的细胞器是

　　A. 线粒体　　　　　　　　　B. 滑面内质网　　　　　　C. 溶酶体

　　D. 核糖体　　　　　　　　　E. 高尔基复合体

4. 细胞周期是指

　　A. 细胞从一上次分裂开始到下一次分裂结束为止

　　B. 细胞从上一次分裂结束开始到下一次分裂结束为止

　　C. 细胞从上一次分裂结束到下一次分裂开始为止

　　D. 细胞从上一次分裂开始到再下一次分裂结束为止

　　E. 细胞从上一次分裂开始到前一次分裂结束为止

5. 线粒体的主要功能是

　　A. 细胞的分泌作用　　　　　B. 细胞的吞噬作用　　　　C. 细胞运动

　　D. 细胞合成蛋白质　　　　　E. 供给能量

6. 下列哪种细胞器为非膜相结构
    A. 粗面内质网　　　　　　B. 滑面内质网　　　　　　C. 线粒体
    D. 溶酶体　　　　　　　　E. 核糖体

二、思考题

1. 细胞膜主要由哪些分子组成？这些分子在膜结构中各有什么作用？
2. 线粒体在细胞中的作用是什么？

（张海钰）

书网融合……

本章小结　　　　题库

第十七章　上皮组织

◎ 学习目标

1. 通过本章学习，重点把握上皮组织的一般结构特点以及分类；各种被覆上皮的分类、镜下结构特点及其分布；内皮和间皮、角化的复层扁平上皮、未角化的复层扁平上皮的概念。
2. 学会结合镜下观察说出各种类型上皮组织结构特点的异同。

≫ 情境导入

情境描述　患者，男，53岁，因"咳嗽咳痰，痰呈白色黏液泡沫状，晨起较多，持续两个月"到医院就诊，经检查发现：支气管壁有各种炎性细胞浸润、充血，支气管壁黏膜上皮纤毛倒伏、脱失；黏液腺肥大、增生、分泌亢进。诊断为慢性支气管炎。

讨论　1. 支气管黏膜上皮组织属何类型？
　　　　2. 人体还有哪些类型的上皮组织？

上皮组织由密集的细胞组成，细胞间质很少。上皮组织的细胞呈现明显的极性，即上皮细胞的两端在结构和功能上具有明显的差别。细胞朝向身体表面或有腔器管腔面的一面称为游离面；与游离面相对的另一面朝向深部的结缔组织，称为基底面。基底面借基膜与结缔组织相连。上皮组织中没有血管，上皮细胞的营养依赖于结缔组织中的血管通过基膜进行渗透来供给。上皮组织具有保护、吸收、分泌、排泄和感觉等功能。

上皮组织依据功能不同可分为被覆上皮、腺上皮和感觉上皮。

第一节　被覆上皮

覆盖于身体表面和衬贴在各种管、腔、囊内表面的上皮组织称为被覆上皮。被覆上皮具有保护、吸收、和分泌功能。

一、被覆上皮的类型和结构

被覆上皮根据上皮细胞的层数可分为单层上皮和复层上皮，根据细胞的形状又可分为扁平上皮、立方上皮和柱状上皮等，具体分类如下（表17-1）。

表17-1　被覆上皮的类型和主要分布

分类		分布
单层上皮	单层扁平上皮	内皮：心血管和淋巴管的腔面
		间皮：胸膜、腹膜和心包膜的表面
		其他：肺泡和肾小囊壁层
	单层立方上皮	肾小管和甲状腺滤泡等的腔面
	单层柱状上皮	胃、肠和子宫等的腔面
	假复层纤毛柱状上皮	呼吸管道等的腔面

分类		分布
复层上皮	复层扁平上皮	未角化的：口腔、食管和阴道等的腔面
		角化的：皮肤的表皮
	变移上皮	肾盏、肾盂、输尿管和膀胱等的腔面

（一）单层扁平上皮

单层扁平上皮只由一层扁平细胞组成（图 17-1），也称为单层鳞状上皮。从表面观，细胞呈不规则形或多边形，核椭圆形，位于细胞中央。细胞边缘呈锯齿状，互相嵌合。侧面观，细胞较扁，核椭圆，含核的部分略厚。

衬贴在心、血管和淋巴管腔面的单层扁平上皮称为内皮。其表面光滑，有利于血液和淋巴液流动及物质透过。而分布在胸膜、腹膜及心包膜表面的单层扁平上皮称为间皮，它可分泌少量浆液，使游离面湿润光滑，有利于内脏的运动。

（二）单层立方上皮

单层立方上皮由一层立方形细胞组成（图 17-2）。从表面观，细胞呈六角形或多边形。侧面观，细胞为立方形，核圆，位于细胞中央。这种上皮见于肾小管上皮、外分泌腺的小导管上皮处，具有吸收与分泌功能。

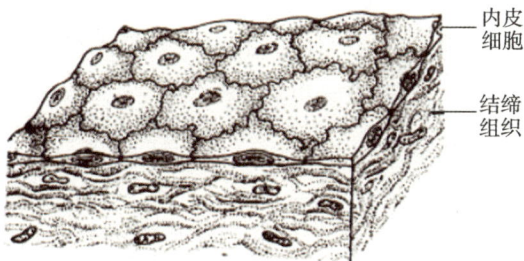

图 17-1 单层扁平上皮结构模式图

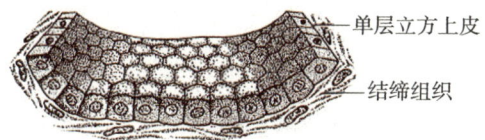

图 17-2 单层立方上皮结构模式图

（三）单层柱状上皮

单层柱状上皮由一层棱柱状细胞组成（图 17-3）。从表面观，细胞为多边形。侧面观，细胞呈柱状，核椭圆形，靠近细胞基底部。此种上皮大多有吸收或分泌功能。在小肠和大肠腔面的单层柱状上皮中，柱状细胞间有许多散在的杯状细胞。此种细胞似高脚酒杯，细胞顶部膨大，充满黏原颗粒，基底部较窄，胞核位于基底部，常为较小的三角形或椭圆形，着色较深。杯状细胞可以分泌黏液，有润滑黏膜、保护上皮的作用。这种上皮主要分布在胃、肠和子宫等处。

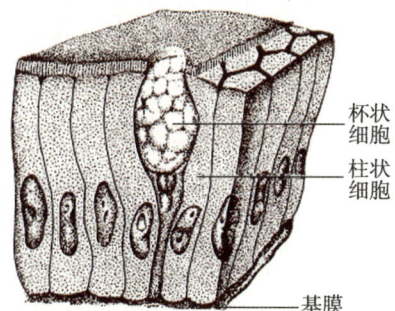

图 17-3 单层柱状上皮
立体结构模式图

（四）假复层纤毛柱状上皮

假复层纤毛柱状上皮由柱状细胞、梭形细胞和锥休形细胞等几种形状、大小不同的细胞构成（图 17-4）。柱状细胞的游离面具有纤毛，其顶端可以到达上皮的游离面。上皮中也常有杯状细胞，其顶端也可以到达上皮的游离面。几种细胞的高矮不等，细胞核的位置也深浅不一，故从上皮的垂直切面看很像复层上皮，但实际上这些细胞的基底部都附着在同一基膜上，故仍为单层上皮。这种上皮主要分布在呼吸管道的腔面，具有保护和分泌功能。

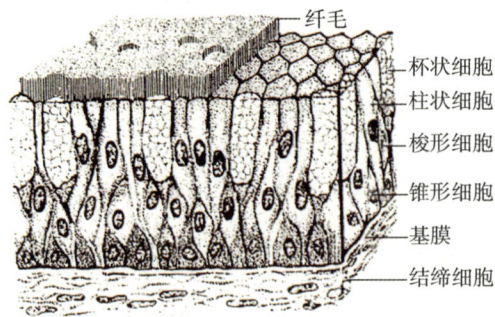

图 17 - 4　假复层纤毛柱状上皮立体结构模式图

💡 **素质提升**

上皮组织化生

　　正常的胃黏膜细胞上皮不存在杯状细胞，如果出现这种细胞，病理学上称此现象为胃的肠上皮化生，为癌前病变表现。人们一提到恶性肿瘤感到很害怕，其实恶性肿瘤的发生、形成要经历一个相对长的时间，恶性肿瘤不可怕，关键要做到早期发现、早期诊断、早期治疗，当出现早期症状时要及时就诊，避免等到病程发展到中晚期才就诊。提倡人们转变观念，将资金用于预防、早期检查，从而有效地提高恶性肿瘤的早诊率、治愈率，降低发病率和死亡率。作为一名医学生更要利用自身的专业知识做好宣传，帮助人们了解先进的理念，提高人们的保健意识。

（五）复层扁平上皮

　　复层扁平上皮由多层细胞组成，是最厚的一种上皮（图 17 - 5），也称为复层鳞状上皮。细胞的形状不一，基底层的细胞为矮柱状或立方形；中间数层为多边形细胞，梭形细胞；浅层为扁平细胞。基底层的细胞较幼稚，具有旺盛的分裂能力，最表层的细胞会逐渐的退化，并不断脱落，由基底层的细胞逐渐地向浅层移动，以补充表层脱落的细胞。

　　位于皮肤表面的复层扁平上皮，浅层细胞的细胞核消失，胞质中充满了角蛋白，形成角质层，并且其表层细胞不断的脱落，这种上皮称为角化的复层扁平上皮。衬贴在口腔和食管等腔面的复层扁平上皮，浅层细胞有细胞核，含角蛋白很少，不形成角质层，称为未角化的复层扁平上皮。复层扁平上皮具有保护作用。

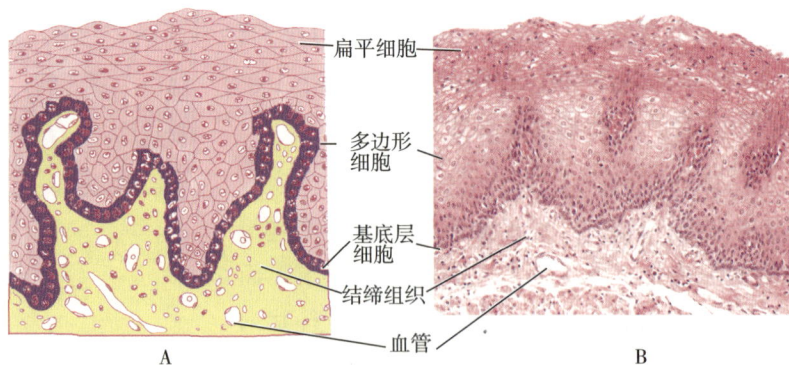

图 17 - 5　复层扁平上皮

（六）变移上皮

变移上皮又称为移行上皮。此种上皮衬贴在排尿管道的腔面。变移上皮可随器官容积的大小而变化。如膀胱扩张充盈时，上皮变薄，细胞层数减少，细胞变扁。膀胱空虚缩小时，上皮变厚，细胞层数增加，此时表层细胞呈大的立方形，胞质丰富，有的含有两个细胞核，可以同时盖住下方的两个细胞，这样的细胞称之为盖细胞（图 17-6）。

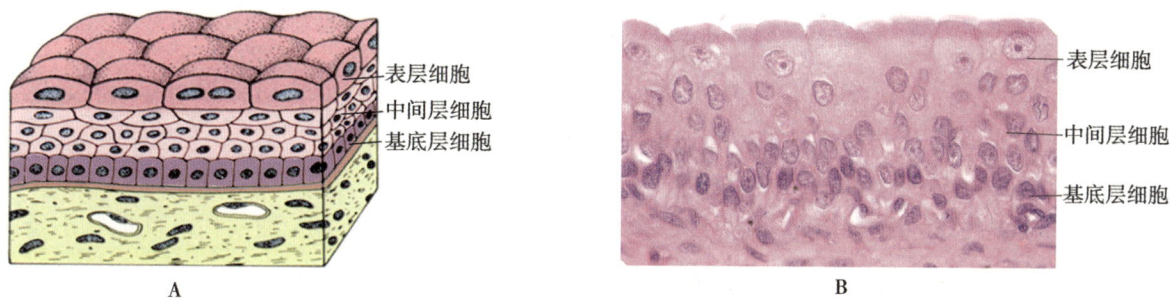

图 17-6　膀胱变移上皮

二、上皮组织的特殊结构

上皮组织为适应其功能，在其游离面、侧面和基底面常形成不同的特殊结构，这种结构有的由细胞质和细胞膜构成，有的由细胞膜、细胞质和细胞间质共同构成。

（一）上皮细胞的游离面

1. 细胞衣　又称糖衣，为一层薄层绒毛状的复合糖，上皮细胞的游离面尤为明显。细胞衣具有黏着、支持、保护、物质交换和识别等功能。

2. 微绒毛　是上皮细胞游离面伸出的细小指状突起，在电镜下能清晰辨认。具有强大吸收功能的上皮细胞其微绒毛较多，且排列整齐。光镜下可观察到小肠上皮细胞的纹状缘和肾近曲小管上皮的刷状缘，其实质均为密集排列的微绒毛。微绒毛显著地扩大了细胞的表面积，有利于细胞对物质的吸收。

3. 纤毛　是细胞游离面伸出的较大的突起，比微绒毛粗且长，在光镜下可见。一个细胞有几百根纤毛，纤毛长 $5 \sim 10 \mu m$，粗约 $0.2 \mu m$，根部有一个致密颗粒，称为基体。

纤毛能节律性定性摆动，许多纤毛的协调摆动可以把黏附在上皮表面的黏液和颗粒状物质向一定的方向推送。

（二）上皮细胞的侧面

细胞相邻面存在有特殊构造的细胞连接，能加强细胞间黏着，封闭细胞间隙，防止细胞外细菌及其他大分子物质侵入。另外，细胞连接还与细胞间物质交换和信息传递密切相关（图 17-7）。

1. 紧密连接　又称闭锁小带，位于细胞侧面的顶端，相邻细胞膜呈点状融合，融合处细胞间隙消失。紧密连接除有连接

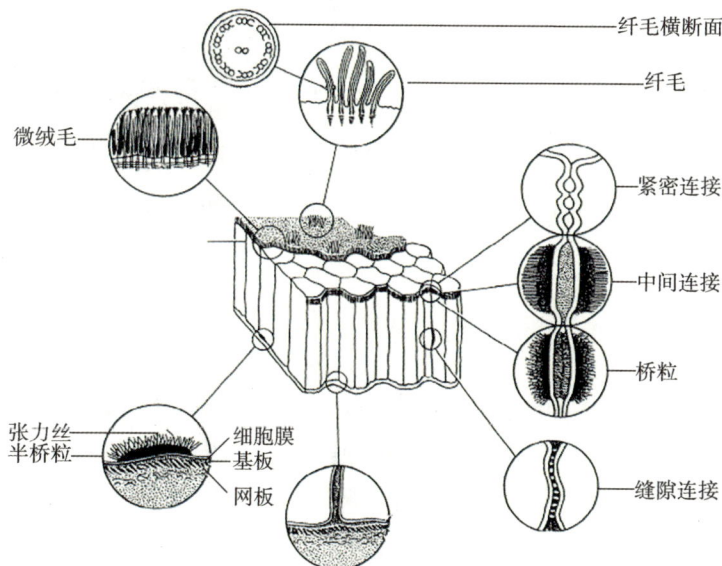

图 17-7　上皮组织的特殊结构模式图

作用外，还可阻挡大分子物质穿过细胞间隙，具有屏障作用。

2. 中间连接　又称黏着小带，位于紧密连接下方，相邻细胞间有间隙，间隙内充满较致密的丝状物连接相邻的细胞膜，膜的胞质面有薄层致密物和细丝附着。中间连接除有黏着作用外，还有保持细胞形状和传递细胞收缩力的作用。

3. 桥粒　呈斑状，大小不等，位于中间连接的深部，连接区有细胞间隙，间隙中央有一条致密的中线，细胞膜的胞质面有致密物质构成的附着板，附着板上有许多张力丝附着。桥粒是一种很牢固的连接。在易受摩擦的皮肤、食管等部位的复层扁平上皮中尤其发达。

4. 缝隙连接　又称通讯连接，相邻细胞间有许多由蛋白质构成的小管相连通，借此传递化学信息和电信息，使相邻细胞在代谢和功能等方面成为统一体。

上述细胞连接，不但存在于上皮细胞间，也可见于其他组织的细胞间。当有两种或两种以上的细胞连接排列在一起时，称连接复合体。连接结构的存在和数量常随器官不同发育阶段、功能状态及病理变化而改变。

（三）上皮细胞的基底面

1. 基膜　是上皮细胞基底面和深层结缔组织之间的薄层均质膜，由上皮细胞和深层结缔组织共同形成。在电镜下，可分为基板和网板两部分。基板由上皮细胞分泌产生，网板由结缔组织的成纤维细胞分泌产生。基膜除具有支持和连接作用外，还是一种半透膜，可进行物质交换。

2. 质膜内褶　是上皮细胞基底面的细胞膜折向胞质所形成的许多内褶（图 17 - 8）。质膜内褶的主要作用是扩大细胞基底部的表面积，有利于水和电解质的迅速转运。由于转运过程中需要消耗能量，故在质膜内褶附近的胞质中含有许多纵行排列的线粒体。

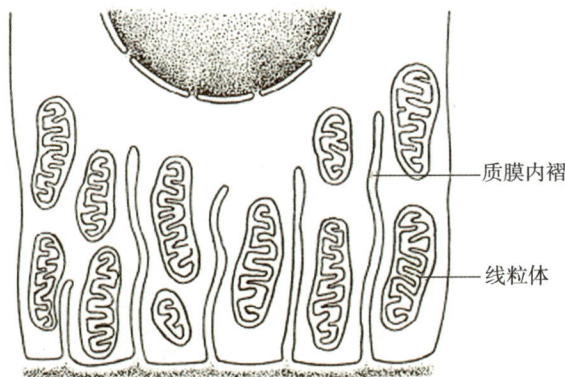

图 17 - 8　质膜内褶超微结构模式图

3. 半桥粒　只在上皮细胞一侧有半个桥粒的结构，将上皮细胞固定在基膜上。

第二节　腺上皮

以分泌功能为主的上皮称为腺上皮，以腺上皮为主要成分的器官称为腺。腺细胞的分泌物中含有酶、糖蛋白或激素等，各有特定的作用。有的腺分泌物可经导管输送到体表或器管腔内，称为外分泌腺，如汗腺、唾液腺等。有的腺没有导管，其分泌物进入血液或淋巴运送至全身，称为内分泌腺，如甲状腺、肾上腺等。

一、腺细胞的类型

（一）蛋白质分泌细胞

蛋白质分泌细胞即浆液性细胞。蛋白质分泌细胞呈锥体形，核圆形，位于中央或细胞近基底部。基底部细胞质呈嗜碱性，细胞顶部充满嗜酸性酶原颗粒。电镜下，细胞基底部有排列紧密的粗面内质网，核上方有发达的高尔基复合体和高电子密度的分泌颗粒。这种分泌物稀薄，含酶丰富。

（二）糖蛋白分泌细胞

糖蛋白分泌细胞分泌糖蛋白。细胞分泌的糖蛋白释放后，与水结合形成黏液，覆盖在上皮游离面，起润滑和保护上皮的作用。糖蛋白分泌细胞呈锥形或柱状，胞质的大部分被黏原颗粒充填，胞核被挤到细胞基底部，常呈扁圆形。具有这样结构特点的细胞常称为黏液细胞。电镜下，细胞基底部有较多粗面内质网和游离核糖体，高尔基复合体很发达，位于核上方。顶部胞质中含有很多膜被分泌颗粒。

二、外分泌腺的结构和分类

外分泌腺分为单细胞腺和多细胞腺。杯状细胞属于单细胞腺。人体绝大多数外分泌腺均属于多细胞腺，多细胞腺一般由分泌部和导管两部分组成。

（一）分泌部

分泌部又称腺泡，一般由单层细胞围成，中央为腺腔。有些腺体的分泌部与基膜之间有肌上皮细胞，这种细胞胞体扁平，有突起，胞质内含微丝。肌上皮细胞收缩有助于腺泡的分泌物排入导管。分泌部的形状为管状、泡状或管泡状。

根据腺细胞分泌物的性质，将某些外分泌腺分为浆液腺、黏液腺和混合腺。浆液腺由浆液腺细胞构成腺泡，具有蛋白质分泌细胞特点。黏液腺由黏液腺细胞构成腺泡，具有糖蛋白分泌细胞特点。混合腺两种腺泡均有，共同组成混合腺泡，常见的形式是黏液腺泡末端有几个浆液腺细胞，切片上呈半月形，故称浆半月，其分泌物可通过黏液腺细胞之间的细胞小管排入腺泡腔。

（二）导管

导管直接与分泌部相连，由单层或复层上皮构成。导管的主要作用是排出分泌物，但有些腺的导管还有吸收水、电解质及分泌作用。

目标检测

答案解析

一、选择题

1. 被覆上皮分类的依据是
    A. 上皮细胞的形态
    B. 上皮细胞的层数
    C. 上皮细胞层数和表层细胞形态
    D. 上皮组织的功能
    E. 上皮组织的分布

2. 以下不是单层上皮的是
    A. 内皮
    B. 间皮
    C. 变移上皮
    D. 胃黏膜上皮
    E. 甲状腺滤泡上皮

3. 以下不是复层上皮的是
  A. 气管黏膜上皮   B. 口腔黏膜上皮   C. 皮肤表皮
  D. 食管黏膜上皮   E. 膀胱腔面上皮

4. 分布在血管腔面的上皮是
  A. 内皮   B. 单层立方上皮   C. 复层扁平上皮
  D. 单层柱状上皮   E. 间皮

5. 以下可见杯状细胞的是
  A. 单层柱状上皮和变移上皮
  B. 单层柱状上皮和单层立方上皮
  C. 单层柱状上皮和假复层纤毛柱状上皮
  D. 假复层纤毛柱状上皮和变移上皮
  E. 单层立方上皮和复层扁平上皮

二、思考题

1. 简述上皮组织的一般特征。
2. 简述被覆上皮的分类及分布。

（孙冬梅）

书网融合……

本章小结   题库

第十八章　结缔组织

PPT

学习目标

1. 通过本章学习，重点把握结缔组织的特点及分类；疏松结缔组织中主要细胞结构特点与功能；软骨的分类；骨组织的基本结构；血液的组成及血细胞的结构特点。
2. 学会用光学显微镜观察各种组织并能区分其结构特点。

情境导入

情境描述　患儿，男，7 岁，因近期气候突然变冷出现咳嗽反复发作持续 3 周以上，以干咳为主，遇冷易诱发，常在夜间和运动后加重伴胸闷憋喘，已采用止咳化痰药和抗生素治疗过一段时间，几乎没有疗效。体格检查：体温 37.8℃，口唇稍有发绀，肺部听诊有广泛哮鸣音。辅助检查：血常规检查白细胞 8.5×10^9/L，中性粒细胞 75%。诊断与治疗：患儿诊断为咳嗽变异性哮喘，给予支气管扩张药雾化吸入，憋喘症状缓解，听诊两肺哮鸣音明显减少。

讨论　1. 患儿出现咳嗽变异性哮喘，为什么给予支气管扩张药后症状缓解？
　　　　2. 肥大细胞如何参与过敏反应的？其结构特点和功能是什么？

结缔组织起源于胚胎时期的间充质，由少量细胞和大量的细胞间质组成。细胞散居于细胞间质内，无极性，细胞间质包括基质、纤维和组织液。结缔组织是人体分布最广、种类最多、功能最复杂的一类组织，在体内主要起支持连接作用，有些还具有营养保护和防御修复等功能。广义的结缔组织包括固有结缔组织、软骨组织、骨组织、血液，狭义的结缔组织主要指疏松结缔组织和致密结缔组织。

第一节　固有结缔组织

固有结缔组织按其结构和功能的不同分为疏松结缔组织、致密结缔组织、脂肪组织和网状组织。

一、疏松结缔组织

疏松结缔组织又称蜂窝组织，其结构特点是细胞少，种类较多；细胞间质内的基质多，纤维量较少，且排列疏松（图 18-1）。疏松结缔组织广泛地分布在机体各种细胞、组织和器官之间，具有支持、连接、营养、修复和防御的功能。

（一）细胞

疏松结缔组织的细胞形态多种多样，功能各不相同，可分为两类细胞：一类是定居细胞，如成纤维细胞、巨噬细胞、肥大细胞和浆细胞等；另一类是游走细胞，如中性粒细胞和嗜酸性粒细胞等。

1. 成纤维细胞　是疏松结缔组织的主要细胞，因能合成纤维和基质故名成纤维细胞。功能活跃时，细胞较大，多突起；细胞核大，呈椭圆形，染色浅，核仁明显，细胞质较丰富，弱嗜碱性。细胞质内含丰富的粗面内质网、游离核糖体和发达的高尔基复合体等细胞器。当成纤维细胞功能处于静止状态时，细胞变小，呈长梭形；细胞核小而细长，着色深；细胞质少且呈弱嗜酸性，此时称为纤维细胞。电镜下，细胞质内粗面内质网少，高尔基复合体不发达。在某些情况下，如手术创伤时，纤维细胞再转化为成纤维细胞，加速纤维和基质的合成，促进伤口愈合。

⚙ 知识链接

创伤修复

　　不同程度的创伤会造成细胞变性、坏死及组织缺损，都须经过细胞增生和细胞外基质的形成来修复。在修复过程中，成纤维细胞起着十分重要的功能。例如，在伤口愈合过程中，主要来源于真皮乳头层以及血管周围的成纤维细胞、未分化间充质细胞和周细胞等通过有丝分裂迅速增殖，并从第四天开始合成和分泌大量的胶原纤维和基质，与新生毛细血管等共同形成肉芽组织，修复伤口组织缺损。在修复的后期，成纤维细胞分泌胶原酶参与创伤组织皮肤的覆盖和重建。

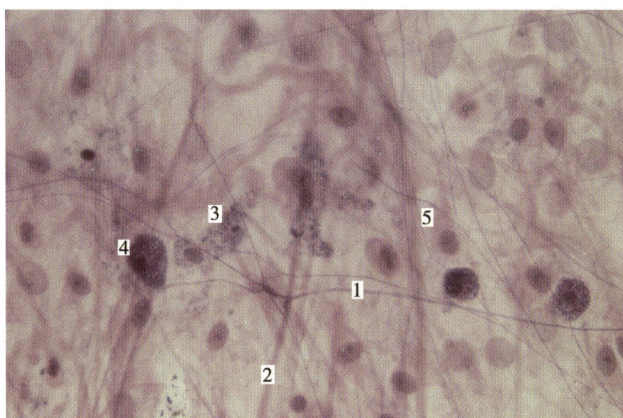

图 18 - 1　疏松结缔组织模式图
疏松结缔组织铺片（鼠活体注射台盼蓝，醛复红染色）（高倍）
1. 弹性纤维；2. 胶原纤维；3. 巨噬细胞；4. 肥大细胞；5. 成纤维细胞

　　2. 巨噬细胞　又称组织细胞，形态多样，但一般为圆形或椭圆形，当功能活跃时，可伸出伪足而呈多突形。细胞核小染色深，胞质丰富，嗜酸性；细胞质内含大量的溶酶体、吞噬体和吞饮小泡、较发达的高尔基复合体、少量的粗面内质网和线粒体等。巨噬细胞是一种免疫细胞，具有趋化性、吞噬作用、抗原提呈和分泌等功能，是机体内重要的防御细胞。巨噬细胞是由血液中的单核细胞穿出血管，进入周围组织后分化形成的，属于机体单核 - 吞噬细胞系统的成员。

　　3. 浆细胞　又称效应 B 淋巴细胞，是 B 淋巴细胞在抗原刺激下分化发育而成。光镜下，细胞呈圆形或椭圆形，大小不等，胞质丰富呈嗜碱性（图 18 - 2）；核呈圆形，常偏于细胞一侧，染色质呈致密块状，沿核膜呈放射状排列。电镜下，细胞质内含大量密集的粗面内质网和发达的高尔基复合体等。浆细胞能合成和分泌免疫球蛋白，即抗体，参与机体的体液免疫。抗体能抑制或杀灭细菌与病毒，并促进巨噬细胞对抗原的吞噬。在慢性炎症的病灶内可见浆细胞增多。

　　4. 肥大细胞　细胞较大，呈圆形或椭圆形，细胞核呈圆形且小，多分布于小血管周围。细胞质内充满了粗大具有异染性的嗜碱性颗粒（图 18 - 3）。肥大细胞来源于骨髓的造血干细胞，在与外界接触的部位如真皮、消化道与呼吸道黏膜的结缔组织分布较多。肥大细胞的颗粒内含有肝素、组胺、嗜酸性粒细胞趋化因子等，细胞质内含白三烯，它们主要参与机体的过敏反应，分别与抗凝血、毛细血管扩张、毛细血管的通透性增强及支气管平滑肌痉挛有关。

　　因此，当发生荨麻疹、过敏性哮喘、过敏性皮炎和过敏性休克时，肥大细胞的数量可明显增加。

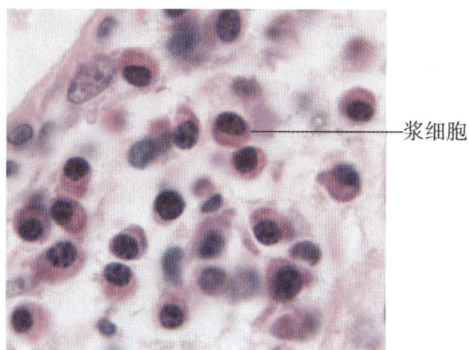

图 18-2 浆细胞（光镜图）

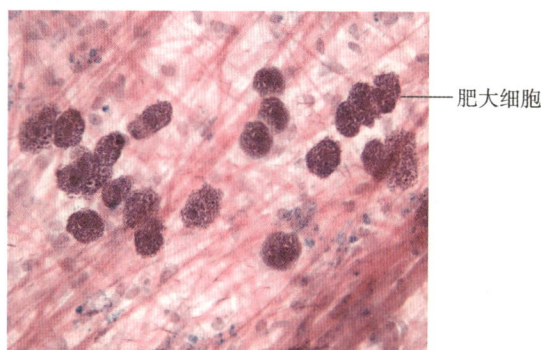

图 18-3 肥大细胞（光镜图）

5. 脂肪细胞 细胞体积大，呈球形，含有大量的脂滴，细胞核为扁圆形，居于细胞一侧。在 HE 染色切片中，脂滴被溶解而呈空泡状。脂肪细胞常成群或散在分布于血管周围。脂肪细胞可以合成和贮存脂肪并参与脂质代谢。

6. 未分化的间充质细胞 多分布在小血管周围，是一种原始、幼稚的未分化细胞，在 HE 染色中不易鉴别。在炎症及创伤修复等情况下，可增殖分化为成纤维细胞、脂肪细胞、新生血管内皮细胞和平滑肌细胞等多种细胞。

（二）细胞间质

疏松结缔组织的细胞间质由纤维和基质组成。

1. 纤维 分为胶原纤维、弹性纤维和网状纤维 3 种类型。

（1）胶原纤维 数量最多，新鲜时呈白色，又称白纤维。胶原纤维粗细不等，具有很强的韧性，抗拉力强，弹性差。纤维常成束而分支，并吻合成网，呈波浪状分散在基质内。HE 染色呈粉红色。

（2）弹性纤维 新鲜时呈黄色，又称黄纤维。弹性纤维较细，HE 染色不易着色。但用醛复红或地衣红能将弹性纤维染成紫色或棕褐色。弹性纤维具有很强的弹性，可有分支，交织成网，但韧性较差。

（3）网状纤维 HE 染色下，纤维着色很浅，很难分辨。但用硝酸银镀染，则被染成黑色，故又称为嗜银纤维。纤维分支多并连接成网，韧性大无弹性。网状纤维主要分布在结缔组织与其他组织的交界处及神经、平滑肌和脂肪细胞的周围，另外在造血器官和内分泌腺内含有较多的网状纤维。除了成纤维细胞生成网状纤维外，血管和消化道的平滑肌细胞也能生成网状纤维和胶原纤维。

2. 基质 是一种无色透明的无定形胶状物质，包括蛋白多糖和糖蛋白及组织液等。蛋白多糖是由多糖分子和蛋白质分子结合而成的，其中主要的多糖成分是透明质酸。透明质酸是一种曲折盘绕的长链大分子，它与其他的多糖成分和蛋白质聚合形成有许多微空隙，可使基质形成有许多小孔的分子筛（图18-4），阻止大分子物质和细菌在组织内的扩散。有些细菌如溶血性链球菌，可以产生透明质酸酶，分解透明质酸，破坏分子筛，故能在组织中迅速扩散，形成丹毒和蜂窝组织炎。

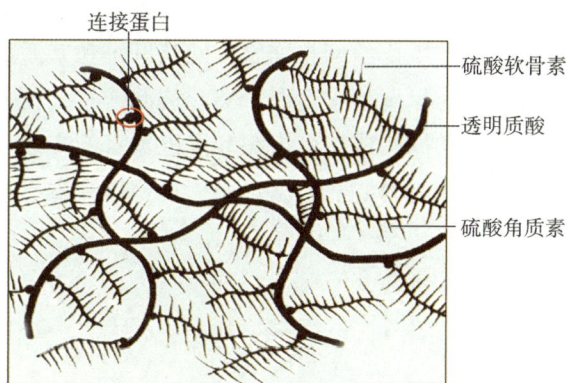

图 18-4 分子筛模式图

另外，基质中可含有由血管渗出的液体，称为组织液。正常组织液从毛细血管动脉端渗入基质内，然后经细血管静脉端或毛细淋巴管回流到血液或淋巴。组织液的不断更新，有利于血液中的氧和营养物质经结缔组织输送到各种组织的细胞，并将细胞的代谢产物和二氧化碳运走，成为细胞赖以生存的内环境。组织液的生成和回流在人体内维持动态平衡。当病变引起组织液水分过度增多或减少时，临床上称为水肿或脱水。

二、致密结缔组织

致密结缔组织由大量的纤维构成，细胞和基质甚少。绝大多数的致密结缔组织以大量胶原纤维为主，极少数以弹性纤维为主。致密结缔组织包括以下 2 种。

1. 规则致密结缔组织　主要分布在肌腱、腱膜等处，其细胞间质中含大量粗大、平行排列的胶原纤维束，纤维之间借少量基质相连（图 18 - 5）。纤维间有成纤维细胞，沿纤维的长轴排列。

2. 不规则致密结缔组织　不规则致密结缔组织主要分布在真皮、巩膜和内脏器官的被膜等处，其细胞间质含大量粗大、排列不规则的胶原纤维束，仅有少量成纤维细胞和基质（图 18 - 6）。

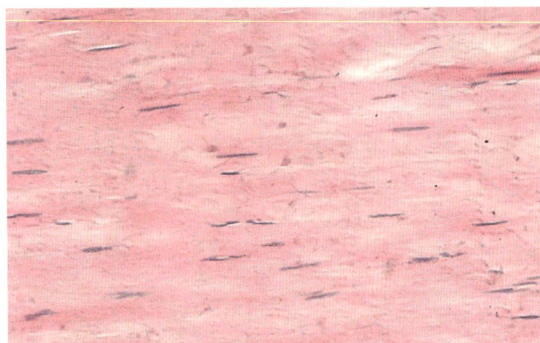

图 18 - 5　规则致密结缔组织

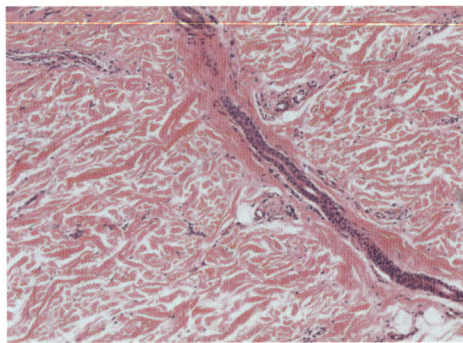

图 18 - 6　不规则致密结缔组织

三、脂肪组织

脂肪组织由大量脂肪细胞聚集而成，常被结缔组织分隔成若干小叶，大量分布在皮下组织、肠系膜、肾周围、网膜等处，并且包裹心脏、肾和肾上腺等器官。神经系统、肺、阴茎和眼睑处无脂肪组织。脂肪组织主要贮存脂肪，是机体内最大的"能量库"，同时具有支持、缓冲、保护和保持体温等作用（图 18 - 7）。

四、网状组织

网状组织主要由网状细胞、网状纤维和基质组成，是构成造血器官和淋巴器官的基本组织成分。网状细胞较大，呈星状多突形，突起彼此连接，网状纤维位于细胞体及突起间。网状纤维分支交互成网，与网状细胞共同构成造血组织和淋巴器官的支架（图 18 - 8），基质是流动的淋巴液或组织液。网状组织主要分布在红骨髓、胸腺、脾、扁桃体和淋巴结等处。

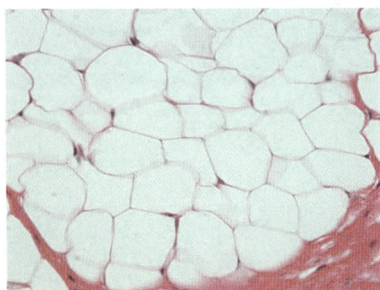

图 18 - 7　脂肪组织结构

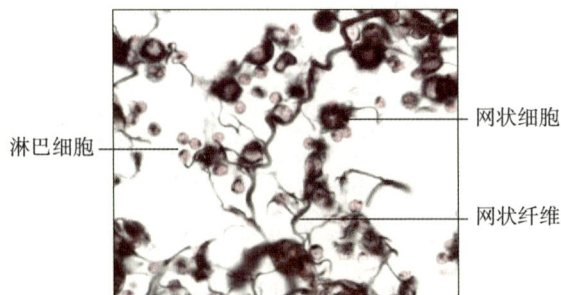

淋巴细胞

网状细胞

网状纤维

图 18 - 8　网状组织结构

第二节　软骨组织与软骨

一、软骨组织

软骨组织由软骨细胞、软骨基质和纤维构成。

（一）软骨细胞

软骨细胞的大小、形态不等，包埋在软骨基质的小腔内，该小腔称为软骨陷窝。在软骨表面的软骨细胞较小而幼稚，呈扁圆形，常单个分布；越靠近软骨中心，软骨细胞越成熟，体积越大，呈圆形或椭圆形，常成群分布，并不断在软骨陷窝内分裂、增殖，常成群分布，每群多为 2 ~ 8 个细胞，它们由同一个细胞分裂而来，故称同源细胞群。

（二）软骨基质

软骨基质呈固态，化学成分与疏松结缔组织的基质近似，由纤维和无定形基质组成。软骨基质呈凝胶状，含有 70% 的水分，有韧性，有机成分主要是蛋白多糖，多糖分子中主要是硫酸软骨素。软骨组织内无血管，但基质富含水分，渗透性好，所以软骨膜内血管中的营养物质可通过渗透进入软骨组织。

（三）纤维

纤维包埋在基质中，有 3 种，即胶原纤维、弹性纤维和胶原原纤维。在不同的软骨中，纤维的种类有差异。

二、软骨的分类和构造

软骨由软骨组织和软骨膜构成。在成人体内，仅散在分布一些软骨，其作用依所处部位而异。除关节软骨外，软骨外面包裹的一层致密结缔组织膜，即软骨膜。软骨膜内有血管、淋巴管和神经，其血管可为软骨组织提供营养。软骨膜可分为两层：内膜纤维少，血管和细胞较多，主要有营养作用；外膜纤维致密，血管少，细胞稀疏，主要具有保护作用。

根据软骨基质中纤维的不同，可将软骨分为透明软骨、纤维软骨和弹性软骨 3 种类型。

（一）透明软骨

该软骨新鲜时呈浅蓝色半透明状，内无血管和神经，分布较广，包括鼻、喉、气管、支气管、肋软骨和关节面等。基质中含大量水分，这是透明软骨呈半透明的重要原因之一。透明软骨的纤维是胶原原纤维，由于该纤维和基质折光性接近，故光镜下不能分辨（图 18 - 9）。

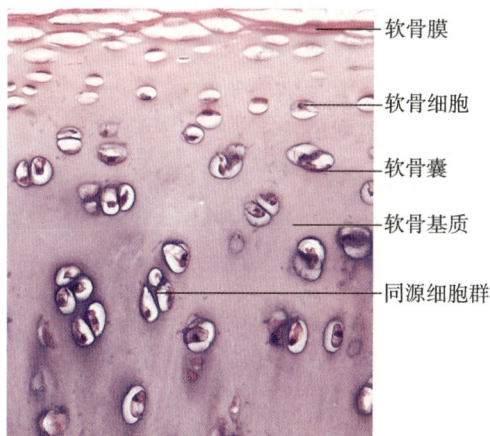

软骨膜
软骨细胞
软骨囊
软骨基质
同源细胞群

图 18 - 9　透明软骨高倍光镜图

（二）纤维软骨

纤维软骨新鲜时呈不透明的乳白色，主要分布在椎间盘、关节盘、耻骨联合等处。结构特点是有大量平行或交叉排列的胶原纤维束，因此具有很强的韧性。其软骨细胞较小，常成行分布于纤维束之间（图 18 - 10）。

（三）弹性软骨

弹性软骨新鲜时呈黄色，主要分布在耳廓、外耳道、会厌等处。该软骨细胞内弹性纤维丰富，并交织成网状，弹性较强（图18-11）。

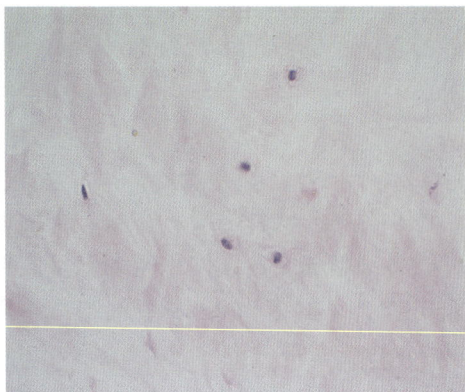

图18-10　纤维软骨高倍光镜图

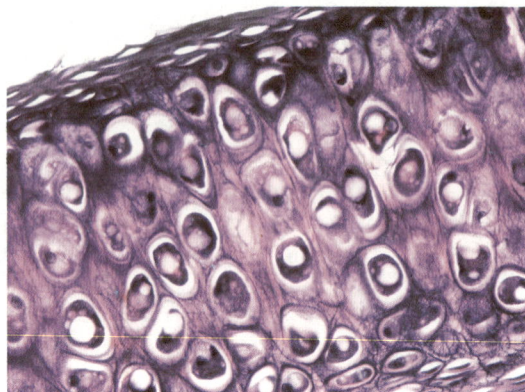

图18-11　弹性软骨高倍光镜图

第三节　骨组织与骨

骨是由骨组织、骨髓和骨膜等构成的坚硬器官，主要起支持、运动和保护作用。

一、骨组织

骨组织是骨的结构主体，由多种细胞和大量钙化的细胞间质（骨基质）组成（图18-12）。人体90%以上的钙以骨盐形式存在于骨的细胞间质中。

（一）细胞

骨组织中的细胞有4种，即骨祖细胞、成骨细胞、骨细胞和破骨细胞。其中骨细胞数量最多，包埋于骨基质内，其他细胞均位于骨组织的周边。

1. 骨祖细胞　又叫骨原细胞，是骨组织内的干细胞，存在于骨膜贴近骨质处。细胞较小，呈梭形，胞质较少，呈弱嗜碱性；核呈扁圆形或细长形。当骨生长、改建时，它能分裂、分化为成骨细胞。

2. 成骨细胞　分布在骨质的表面，幼儿的成骨细胞较多。成骨细胞常单层排列，胞体较大，呈立方形或矮柱状，表面伸出许多小突起，并与相邻成骨细胞突起或骨细胞突起形成缝隙连接。成骨细胞能合成和分泌胶原纤维和基质，形成类骨质，类骨质钙化为骨基质。当成骨细胞被类骨质包埋后，便成为骨细胞。

3. 骨细胞　胞体较小，呈扁椭圆形，向周围发出许多细长突起；胞质较少，呈嗜酸性，相邻骨细胞的细胞突起借缝隙连接相连。

4. 破骨细胞　分布在骨质的表面，由多个单核细胞融合而成，数量较少。光镜下，破骨细胞胞体大，一般含有2~50个细胞核；胞质呈嗜酸性。电镜下观察电子密度低，故称亮区，胞质内含较多的粗

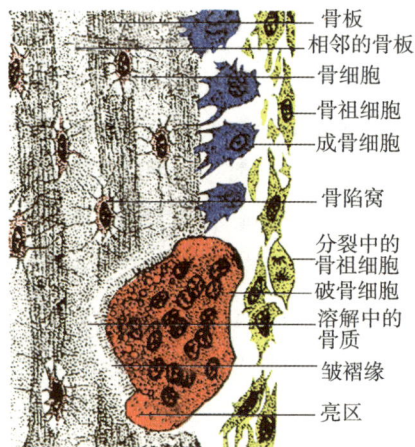

骨板
相邻的骨板
骨细胞
骨祖细胞
成骨细胞
骨陷窝
分裂中的骨祖细胞
破骨细胞
溶解中的骨质
皱褶缘
亮区

图18-12　骨细胞与骨板结构模式图

面内质网、高尔基复合体、线粒体和溶酶体等细胞器。破骨细胞有很强的溶解和吸收骨质的功能，与成骨细胞共同参与骨的形成和改建，维持血钙的平衡。

（二）细胞间质

细胞间质又称为骨基质，由有机成分和无机成分组成。有机成分由成骨细胞分泌形成，包括大量胶原纤维及少量无定形凝胶状基质，使骨质具有韧性。无机成分又称骨盐，约占骨组织重量的65%，主要为羟基磷灰石结晶，使骨质坚硬。骨组织中的胶原纤维成层排列，并与骨盐紧密结合构成板层状的骨板。同一骨板内的纤维相互平行，而相邻骨板内的纤维则相互垂直，如同多层木质胶合板，这种结构形式有效地增强了骨的支持力。在长骨骨干、短骨、扁骨和不规则骨的表面，多层骨板规则的紧密结合，构成骨密质。在长骨骺端、短骨、扁骨和不规则骨的中心区，数层不规则的骨板形成大量针状或片状的骨小梁，骨小梁交织成多孔网格样结构，网孔大小不一，肉眼可见，构成骨松质。

💡 **知识链接**

软骨和骨的修复组织工程

软骨是特化的致密结缔组织，没有血管和神经，当受到创伤后很难自发修复，软骨损伤的治疗就成了医学上的一个巨大挑战。目前，组织工程被引入到软骨缺损治疗中。方法是将种子细胞体外培养扩增后接种到一种三维生物支架上，再将该支架复合体植入软骨缺损部位，种植的细胞继续增殖，而生物材料逐渐被降解吸收，形成新的组织，从而完成软骨缺损的修复。骨组织损伤的修复能力强于软骨。但是创伤、感染、骨肿瘤等各种原因可能导致较大面积的骨缺损，这种缺损的修复仍难以靠自身骨生长来完成。近年来，国内组织工程构建的、新的人工骨正逐渐应用于临床。人工骨材料为固化的磷酸钙水泥（CPC），这为大面积骨创伤的修复提供了良好的材料。

二、长骨的结构

长骨由骨质、骨膜、关节软骨及血管、神经等构成。

（一）骨质

骨质主要有骨密质和骨松质。

1. 骨密质 多分布在长骨骨干，由不同排列方式的骨板组成，排列规则且紧密结合，肉眼看致密无空隙。骨板排列方式有以下4种（图18-13）。

（1）外环骨板 整齐地环绕于骨干表面，约有数层或十数层。外环骨板的外面与骨膜紧密相接，其中可见横向穿行的管道，称为穿通管，又称福克曼氏管，骨外膜的小血管由此进入骨内。

（2）内环骨板 位于骨干的骨髓腔面，表面衬以骨内膜。仅由几层骨板组成，其中也有穿通管穿行，不如外环骨板平整。

（3）骨单位 又称哈弗斯系统，是骨密质的主要结构单位，介于内、外环骨板之间。它以中央管（又叫哈弗斯管）为中心，周围有10~20层呈同心圆排列的骨板组成，与哈弗斯管共同组成哈弗斯系统。中央管内有血管、神经

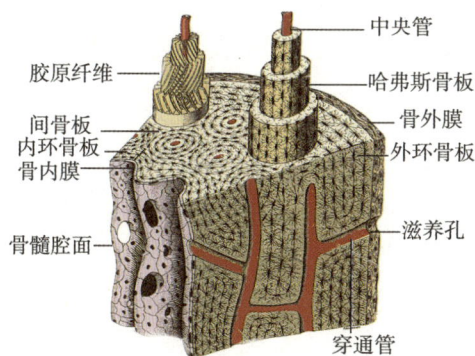

图18-13 长骨骨干立体结构模式图

及少量的结缔组织。

（4）间骨板　位于骨单位之间或骨单位与环骨板之间，呈三角形或不规则形，无血管通过。间骨板是骨生长和改建过程中原有的骨单位或环骨板未能被吸收的残留部分。

2. 骨松质　多分布在长骨的骨骺，由片状和针状的骨小梁连接而成，骨小梁之间的腔隙内含骨髓及血管。

（二）骨膜

除关节面为透明软骨被覆外，骨的内、外面均覆盖一层结缔组织膜，分别称为骨外膜和骨内膜。骨外膜分为两层，外层较厚，为致密结缔组织，主要含粗大的胶原纤维束，有的纤维横向穿入外环骨板，称穿通纤维，起固定骨膜的作用；内层较薄，为疏松结缔组织，含骨祖细胞、成骨细胞及小血管和神经，纤维少。骨内膜为衬在骨髓腔面、穿通管和中央管的内表面及骨小梁表面的薄层疏松结缔组织，纤维细而少。骨膜的主要功能是保护和营养骨组织，并为骨的生长或修复提供新的成骨细胞。

第四节　血　液

血液是一种液态的结缔组织，由血浆和血细胞组成，新鲜时呈红色，在心血管系统内循环流动。成人血液占体重的 7 ～ 8%。

一、血浆

血浆相当于结缔组织的细胞间质，约占血液容积的 55%，其中约 90% 是水，其余为血浆蛋白（包括白蛋白、球蛋白、纤维蛋白原）及其他可溶性物质（脂蛋白、激素、维生素、糖、酶、无机盐等）。血液从血管流出后，溶解状态的纤维蛋白原转变为不溶解状态的纤维蛋白，将血细胞和大分子的血浆蛋白包裹起来，形成凝固的血块，并析出的淡黄色透明的液体，称血清。

二、血细胞

血细胞约占血液容积的 45%，包括红细胞、白细胞和血小板。在正常生理情况下，血细胞有一定的形态结构，并有相对稳定的数量（图 18 – 14）。临床上将血细胞的形态、数量、比例和血红蛋白含量的测定称为血象。根据血象可以对一些疾病做出基本的判断。

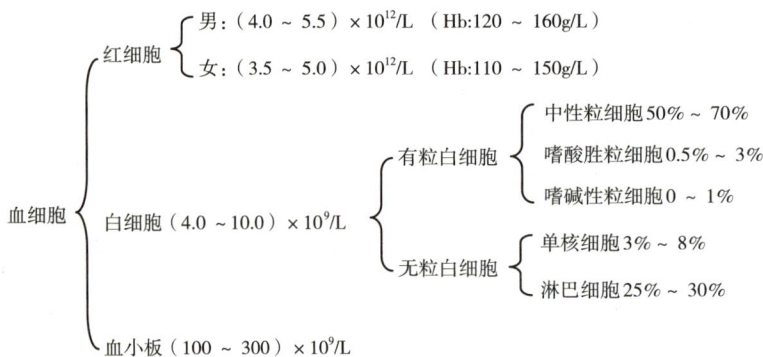

$$
\text{血细胞}
\begin{cases}
\text{红细胞}
\begin{cases}
\text{男：}(4.0 \sim 5.5) \times 10^{12}/L \ (\text{Hb:}120 \sim 160g/L)\\
\text{女：}(3.5 \sim 5.0) \times 10^{12}/L \ (\text{Hb:}110 \sim 150g/L)
\end{cases}\\
\text{白细胞}(4.0 \sim 10.0) \times 10^{9}/L
\begin{cases}
\text{有粒白细胞}
\begin{cases}
\text{中性粒细胞}50\% \sim 70\%\\
\text{嗜酸胜粒细胞}0.5\% \sim 3\%\\
\text{嗜碱性粒细胞}0 \sim 1\%
\end{cases}\\
\text{无粒白细胞}
\begin{cases}
\text{单核细胞}3\% \sim 8\%\\
\text{淋巴细胞}25\% \sim 30\%
\end{cases}
\end{cases}\\
\text{血小板}(100 \sim 300) \times 10^{9}/L
\end{cases}
$$

图 18 – 14　血细胞分类和正常值

血细胞的形态结构通常是采用外周血涂片，经 Wright 或 Giemsa 染色，在光镜下进行观察（图 18 – 15）。

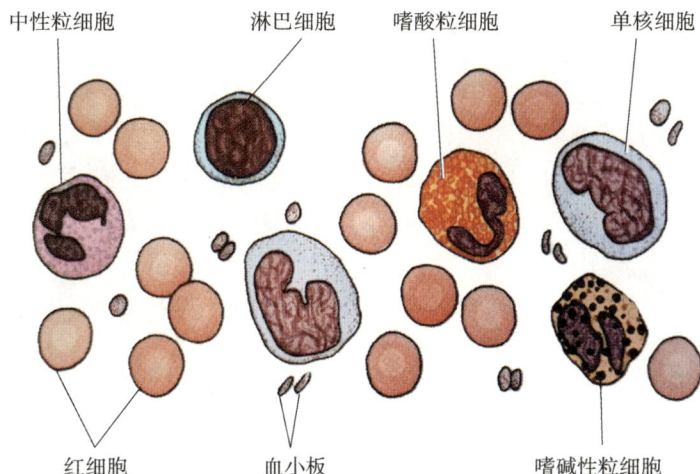

图 18 – 15　各种血细胞和血小板结构模式图

（一）红细胞

红细胞呈双凹圆盘状，中央较薄，周边较厚，直径 $7 \sim 8.5 \mu m$，是数量最多的血细胞。成熟的红细胞无细胞核和细胞器，细胞质中充满了血红蛋白（Hb）。血红蛋白具有可逆性结合 O_2 和 CO_2 的能力。成熟红细胞在体内一般可存活 120 天，衰老的红细胞被脾、骨髓和肝等处的巨噬细胞吞噬。

网织红细胞是一种未完全成熟的红细胞，用煌焦油蓝染色时，由于网织红细胞内含少量核蛋白体，故可见蓝色的细网状结构。网织红细胞数量很少，只占成人外周血红细胞总数的 $0.5\% \sim 1.5\%$，新生儿可达 $3\% \sim 6\%$。网织红细胞的计数，对血液病的诊断和预后的判定具有一定的临床意义。

（二）白细胞

白细胞（WBC）数量少，种类多，为有核有细胞器的球形细胞，一般较红细胞大。白细胞能以变形运动的方式穿过微血管壁，进入结缔组织或淋巴组织，发挥防御和免疫功能。白细胞数量远比红细胞少，正常成人的血液中含量一般为 $(4 \sim 10) \times 10^9/L$，男女无差异，但婴幼儿较多。根据有无特殊颗粒，白细胞又分为有粒和无粒白细胞两类。有粒白细胞又根据颗粒的嗜色性，分为中性粒细胞、嗜酸性粒细胞和嗜碱性粒细胞。无粒白细胞又分为淋巴细胞和单核细胞。

1. 中性粒细胞　是白细胞中数量最多的一种，占白细胞总数的 $50\% \sim 70\%$，细胞直径 $10 \sim 12 \mu m$。细胞核形态多样，有杆状核，有分叶核，细胞核一般为 $2 \sim 5$ 叶，其中以 $2 \sim 3$ 叶者居多（图 18 – 16）。中性粒细胞随着不断地成熟与衰老，核分叶数也随之增加。杆状核的细胞较幼稚，占粒细胞总数的 $5\% \sim 10\%$。当机体受到严重的细菌感染时，血涂片中杆状核或 2 叶核增多，称为核左移；当骨髓造血功能发生障碍时，$4 \sim 5$ 叶核增多，称核右移。

中性粒细胞能做变形运动，可由血液进入结缔组织中，具有活跃的吞噬和杀菌能力。在急性炎症时，其数量增多，起重要的防御功能。中性粒细胞在吞噬细菌后本身也死亡，成为脓细胞。在急性化脓性炎症时，除白细胞总数增加外，中性粒细胞的比例也常显著增高。

2. 嗜酸性粒细胞　占白细胞总数的 $0.5\% \sim 3\%$。体积较中性粒细胞略大，直径为 $10 \sim 15 \mu m$。核常分为两叶，胞质内充满粗大、均匀、橘红色的嗜酸性颗粒（图 18 – 17）。颗粒多呈椭圆形，有膜包被，内含颗粒状基质及长方形结晶体。颗粒含有组胺酶、酸性磷酸酶、过氧化物酶等。

嗜酸性粒细胞也能做变形运动，并具有趋化性。它能吞噬抗原抗体复合物，释放组胺酶，灭活组胺，从而减弱过敏反应。还可以释放阳离子蛋白参与杀灭寄生虫。因此，嗜酸性粒细胞具有抗过敏和抗寄生虫作用。在患过敏性疾病或寄生虫感染时，血液中嗜酸性粒细胞增多。嗜酸性粒细胞在血液中一般停留 6~8 小时，在组织中可以存活 8~12 天。

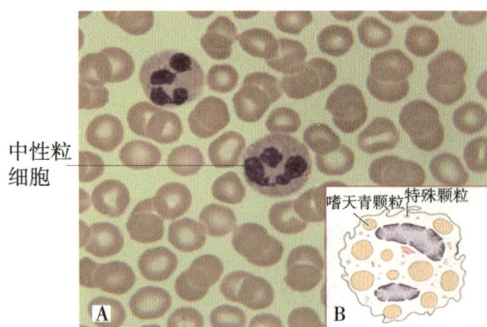

图 18-16　中性粒细胞及其结构模式图

A. 油镜图（Wright 染色）；B. 电镜模式图

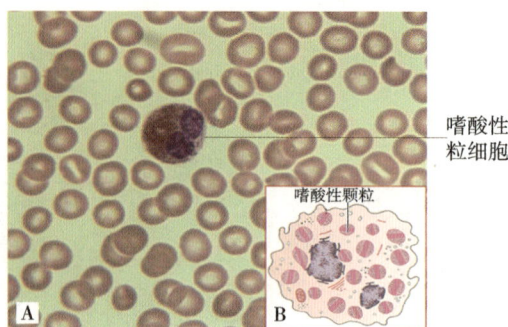

图 18-17　嗜酸性粒细胞及其结构模式图

A. 油镜图（Wright 染色）；B. 电镜模式图

3. 嗜碱性粒细胞　在正常人血液中数量极少，仅占白细胞总数的 0%~1%。细胞直径为 10~12μm，细胞核形状呈 S 形或不规则，细胞质内特殊颗粒大小不等、分布不均，染为深紫色，并具有异染性。颗粒常遮盖细胞核（图 18-18），颗粒内含有组胺、肝素、白三烯，具有抗凝血作用并可引起过敏反应。

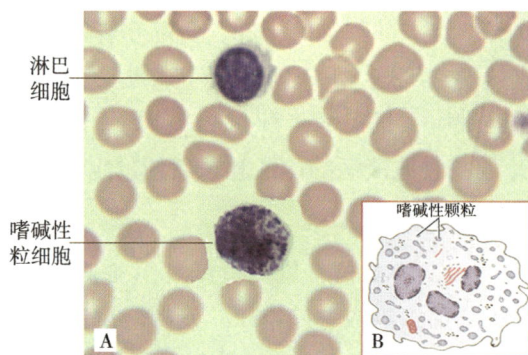

图 18-18　嗜碱性粒细胞结构模式图

A. 油镜图（Wright 染色）；B. 电镜模式图

4. 淋巴细胞　占白细胞总数的 25%~30%，呈圆形或卵圆形，大小不等，幼儿较多。血液中的淋巴细胞大部分为直径为 6~8μm 的小淋巴细胞，小部分为直径为 9~12μm 的中淋巴细胞（图 18-19）。在淋巴组织中还有直径为 13~20μm 的大淋巴细胞，大淋巴细胞不存在于血液中。大、中型淋巴细胞的核呈肾形，胞质较丰富，内含较多的嗜天青颗粒。小淋巴细胞的核呈圆形或椭圆形，一侧常有凹陷，染色质致密呈块状，染色深，胞质很少，只在细胞周边成一个窄缘，嗜碱性，染为天蓝色，常含少量嗜天青颗粒。

　　根据发生部位、寿命长短、表面特征和免疫功能的不同，淋巴细胞又分为 T 细胞、B 细胞、K 细胞和 NK 细胞等。T 细胞约占淋巴细胞总数的 75%，寿命较长，主要参与机体细胞免疫。B 细胞占淋巴细胞总数的 10%~15%，寿命长短不同，主要参与机体体液免疫。

5. 单核细胞　是血液中体积最大的细胞，直径为 14~20μm，占白细胞总数的 3%~8%。细胞核呈圆形、卵圆形、肾形、不规则形或马蹄形，胞质丰富，呈弱嗜碱性，染为浅灰蓝色，内含许多细小的浅紫色嗜天青颗粒，即溶酶体（图 18-20）。单核细胞具有活跃的变形运动、明显的趋化性及吞噬功能，属于单核-吞噬细胞系统成员之一，并参与免疫应答。

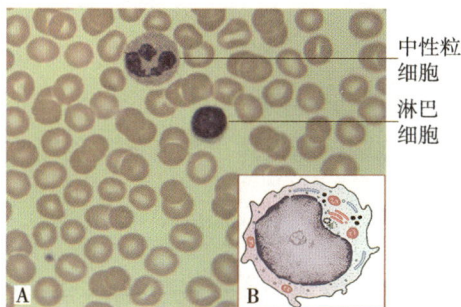

图 18 – 19　淋巴细胞结及其构模式图

A. 油镜图（Wright 染色）；B. 电镜模式图

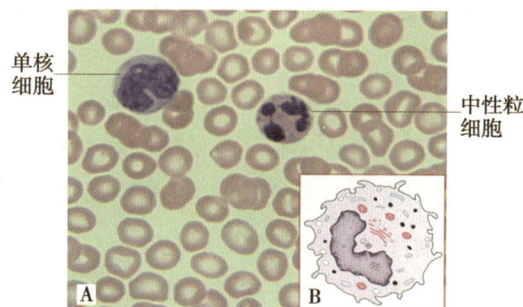

图 18 – 20　单核细胞结及其构模式图

A. 油镜图（Wright 染色）；B. 电镜模式图

（三）血小板

血小板是由骨髓内巨核细胞脱落下来的胞质小块，体积很小，直径为 2～4μm，呈双凸圆盘状，无细胞核，但有细胞器，当受到机械或化学刺激时，则伸出突起，呈不规则形。光镜下，血小板一般呈星状多突形，常聚集成群。血小板周边部分透明；中央部分含有嗜天青颗粒，染为紫红色。正常成人血小板数量为（100～300）×10^9/L。低于 100×10^9/L，为血小板减少，若低于 50×10^9/L 则机体有自发性出血倾向。血小板的寿命为 7～14 天。

血小板在止血和凝血过程中起着重要作用。当血管受损伤或被破坏时，血小板被激活，发生黏附、聚集和释放反应，形成血栓，聚集粘连在损伤处封堵破损的血管，同时，血小板释放颗粒内含物使血浆内的凝血酶原变为凝血酶，后者催化纤维蛋白原变成细丝状的纤维蛋白，将血细胞网络其间形成血块，进一步促进止血和凝血。

三、血细胞的发生

人的血细胞最早是在胚胎卵黄囊壁的血岛生成，胚胎第 6 周，从卵黄囊迁入肝的造血干细胞开始造血，第 4～5 个月脾内造血干细胞增殖分化产生各种血细胞。从胚胎后期至出生后终身，骨髓成为主要的造血器官。血细胞发生是造血干细胞经增殖、分化直至成为各种成熟血细胞的过程。造血干细胞是生成各种血细胞的原始细胞，又称多能干细胞。造血干细胞可增殖分化为定向造血干细胞，它也是一种相当原始的具有增殖能力的细胞，能向一个或几个血细胞系定向增殖分化，也称定向干细胞。造血干细胞还能通过自我复制来保持造血干细胞的特性和恒定的数量。

血细胞的发生是一个连续发展过程，各种血细胞的发育大致可分为三个阶段：原始阶段、幼稚阶段（又分早、中、晚三期）和成熟阶段。血细胞发生过程中形态变化的一般规律为：①胞体由大变小，但巨核细胞的发生则由小变大；②胞核由大变小，红细胞的核最后消失，粒细胞的核由圆形逐渐变成杆状乃至分叶，巨核细胞的核由小变大呈分叶状；③细胞质的量由少逐渐增多，胞质嗜碱性逐渐变弱，胞质内的特殊结构如红细胞中的血红蛋白、粒细胞中的特殊颗粒均由无到有，并逐渐增多；④细胞分裂能力从有到无，但淋巴细胞仍保持较强的潜在分化能力。

（一）红细胞的发生

红细胞的发生历经原红细胞、早幼红细胞、中幼红细胞、晚幼红细胞，后者脱去胞核成为网织红细胞，最终成为成熟红细胞。从原红细胞的发育至晚幼红细胞需 3～4 天。巨噬细胞可吞噬晚幼红细胞脱出的胞核和其他代谢产物，并为红细胞的发育提供营养物。

（二）粒细胞的发生

粒细胞的发生历经原粒细胞、早幼粒细胞、中幼粒细胞、晚幼粒细胞，进而分化为成熟的杆状核和分叶核粒细胞。从原粒细胞增殖分化为晚幼粒细胞需 4～6 天。骨髓内的杆状核粒细胞和分叶核粒细胞的贮存量很大，在骨髓停留 4~5 天后释放入血。

（三）单核细胞的发生

单核细胞的发生经过原单核细胞和幼单核细胞变为单核细胞。幼单核细胞增殖力很强，约 38% 的幼单核细胞处于增殖状态。单核细胞在骨髓中的贮存量不及粒细胞多，当机体出现炎症或免疫功能活跃时，幼单核细胞加速分裂增殖，以提供足量的单核细胞。

（四）血小板的发生

原巨核细胞经幼巨核细胞发育为巨核细胞。巨核细胞的胞质块脱落成为血小板。每个巨核细胞可生成约 2000 个血小板。

💡 素质提升

爱的奉献——造血干细胞移植

造血干细胞移植是指通过大剂量放疗和化疗预处理，清除体内的肿瘤或异常细胞，再将自体或异体干细胞移植，使受者重建正常的造血和免疫系统的过程。造血干细胞移植主要包括骨髓移植、外周血干细胞移植、脐血干细胞移植。由于骨髓为造血器官，早期进行的均为骨髓移植。现在异体外周血造血干细胞移植已广泛应用，并取得了一定的疗效。

我国每年有大量的血液病患者需要造血干细胞移植，仅白血病患者就 4 万多人，其中 50% 以上是青少年，这些患者本是可以通过移植造血干细胞而重获新生，捐献造血干细胞并不是人们想象的"钻骨取髓"，而是通过血细胞分离机从外周血中提取干细胞，它与献血一样科学、安全。凡年龄 18~45 周岁的健康人，均可采集 8~10ml 血液样本，将有关数据资料进入中华骨髓库，一旦配型成功，就可以捐献造血干细胞，挽救一个生命。造血干细胞捐献让生命在爱的奉献中延续。

目标检测

答案解析

一、选择题

1. 分泌基质和纤维的细胞是
   A. 浆细胞　　　　　　B. 成纤维细胞　　　　　　C. 巨噬细胞
   D. 脂肪细胞　　　　　E. 肥大细胞

2. 合成和分泌免疫球蛋白的细胞是
   A. 肥大细胞　　　　　B. 巨噬细胞　　　　　　　C. 成纤维细胞
   D. 浆细胞　　　　　　E. 淋巴细胞

3. 导致超敏反应的细胞是
   A. 肥大细胞　　　　　B. 成纤维细胞　　　　　　C. 巨噬细胞
   D. 浆细胞　　　　　　E. 脂肪细胞

4. 弹性软骨分布于
   A. 耳廓　　　　　　　B. 关节　　　　　　　　　C. 椎间盘
   D. 气管　　　　　　　E. 肋

5. 骨板的组成是
   A. 交叉排列的胶原纤维和骨盐　　　　　　　　　B. 平行排列的细胞和骨盐

C. 平行排列的细胞

D. 平行排列的胶原纤维和骨盐

E. 交叉排列的胶原纤维和骨细胞

6. 区别有粒白细胞和无粒白细胞主要根据

    A. 细胞的来源　　　　　　　　B. 细胞核形态　　　　　　　　C. 有无嗜天青颗粒

    D. 有无特殊颗粒　　　　　　　E. 细胞大小

7. 成人外周血中网织红细胞占红细胞总数的

    A. 0.5% ~ 1.5%　　　　　　　B. 0.5% ~ 3%　　　　　　　　C. 3% ~ 8%

    D. 10% ~ 20%　　　　　　　　E. 20% ~ 30%

8. 能转化为浆细胞的是

    A. 单核细胞　　　　　　　　　B. 淋巴细胞　　　　　　　　　C. 中性粒细胞

    D. 嗜碱性粒细胞　　　　　　　E. 嗜酸性粒细胞

9. 血液中数量最多的白细胞是

    A. 中性粒细胞　　　　　　　　B. 单核细胞　　　　　　　　　C. 淋巴细胞

    D. 嗜碱性粒细胞　　　　　　　E. 嗜酸性粒细胞

10. 具有吞噬功能的细胞是

    A. 肥大细胞和淋巴细胞　　　　　　　　　B. 巨噬细胞和浆细胞

    C. 成纤维细胞和巨噬细胞　　　　　　　　D. 脂肪细胞和未分化的间充质细胞

    E. 巨噬细胞和中性粒细胞

11. 巨噬细胞来源于血液中的

    A. 淋巴细胞　　　　　　　　　B. 中性粒细胞　　　　　　　　C. 巨核细胞

    D. 干细胞　　　　　　　　　　E. 单核细胞

12. 具有分化潜能的细胞是

    A. 纤维细胞　　　　　　　　　B. 未分化的间充质细胞　　　　C. 成纤维细胞

    D. 脂肪细胞　　　　　　　　　E. 肥大细胞

13. 红细胞的胞质中主要含有

    A. 血影蛋白　　　　　　　　　B. 肌动蛋白　　　　　　　　　C. 核糖体

    D. 清蛋白　　　　　　　　　　E. 血红蛋白

二、思考题

1. 简述结缔组织的一般特征和分类。

2. 简述疏松结缔组织中的细胞与纤维组成及主要功能。

3. 简述血细胞的分类及各类血细胞的光镜结构和功能。

（张海钰）

书网融合……

本章小结

题库

第十九章 肌组织

◎ **学习目标**

1. 通过本章学习，重点把握肌组织的分类及构成；骨骼肌、心肌、平滑肌的光镜结构特点；能解释骨骼肌的收缩原理。

2. 学会结合 HE 染色切片在显微镜下辨认骨骼肌、心肌、平滑肌结构的异同。

》 **情境导入**

情境描述 患者，男，23 岁，参加长跑比赛，赛后因左小腿疼痛到医院就诊。医生查体发现：小腿部肌肉僵硬、肿胀，活动受限。初步诊断为肌肉拉伤。

讨论 1. 附着于骨骼处的是哪种类型的肌组织？
2. 人体的肌组织还有哪几种？

肌组织主要由肌细胞构成，肌细胞之间有少量结缔组织、血管、淋巴管和神经。肌细胞呈细长纤维状，又称肌纤维，其细胞膜称肌膜，细胞质称肌质，细胞内的滑面内质网称肌质网。肌细胞具有舒缩功能，肌质中大量纵行的肌丝是实现肌纤维舒缩功能的主要物质基础。

根据结构和功能特点，将肌组织分为骨骼肌、心肌和平滑肌三种。光镜下骨骼肌和心肌均有明暗相间的横纹，属横纹肌。骨骼肌受躯体神经支配，属随意肌；心肌和平滑肌受自主神经支配，属不随意肌。

第一节 骨骼肌

骨骼肌通过肌腱附着于骨骼，每条骨骼肌表面包有少量的结缔组织，称肌外膜，肌外膜的结缔组织伸入肌内，分隔和包裹许多肌束，形成肌束膜，分布在每条肌纤维周围的少量结缔组织称肌内膜（图 19－1）。

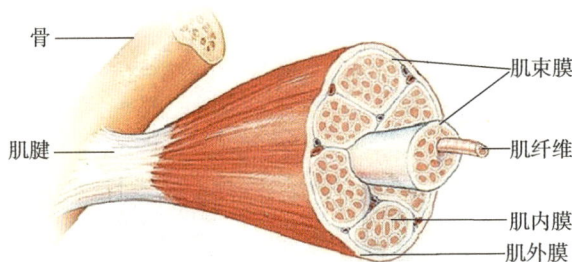

图 19－1 骨骼肌结构模式图

一、骨骼肌纤维的光镜结构

骨骼肌纤维呈长圆柱状，长短不同，一般为 1～40mm，长者可达 10cm，直径为 10～100μm，表面有明暗相间的周期性横纹。骨骼肌纤维是一种多核细胞，核的数量与肌纤维的长短有关，一条肌纤维内可含有几十个甚至几百个细胞核，核呈扁椭圆形，分布在细胞的周缘，靠近肌膜。肌质内含大量纵行排列的肌原纤维，肌原纤维呈细丝状，直径 1~2μm，在肌纤维的横切面上，肌原纤维呈点状。

光镜下肌纤维上的横纹，是由于肌质中每条肌原纤维上都有明暗相间的条带，且每条肌原纤维的明暗带都相应地排列在同一平面上而形成。明带又称 I 带，染色浅，中央有一条较深的细线，称为 Z 线；暗带又称 A 带，染色较深，中部有一较浅的窄带，称为 H 带，H 带中央有一条深色的 M 线。相邻两 Z 线之间的一段肌原纤维称为一个肌节，是肌纤维结构和功能的基本单位。每个肌节包括 1/2 I 带 + A 带 + 1/2 I 带（图 19-2），肌节长 1.5~3.5μm，随肌纤维的舒缩状态而不同。

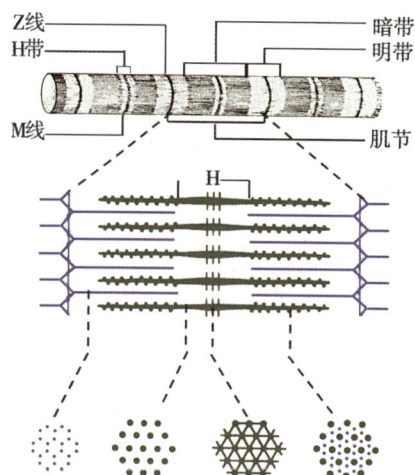

图 19-2 骨骼肌纤维的电镜结构模式图

二、骨骼肌纤维的超微结构

（一）肌原纤维

在电镜下，肌原纤维是由粗、细两种肌丝有规律地沿肌原纤维的长轴平行排列而成。粗肌丝位于肌节中部，中央固定于 M 线，两端游离，贯穿 A 带全长。细肌丝位于 Z 两侧，一端附着于 Z 线，另一端伸至粗肌丝之间，与之平行走行，末端游离，直达 H 带外侧缘。所以 I 带只有细肌丝，A 带中央的 H 带只有粗肌丝，A 带的其余部分既有粗肌丝又有细肌丝。在横切面上可以看到每条粗肌丝周围有 6 条细肌丝，而一条细肌丝周围有 3 条粗肌丝。

粗肌丝是许多肌球蛋白分子平行排列、集合成束组成（图 19-3）。肌球蛋白分子呈豆芽状，分为头和杆两部分，头和杆之间有类似关节的结构，可以屈动。分子的杆都朝向 M 线，头部朝向粗肌丝的两端并突出于表面，形成横桥。肌球蛋白的头部具有 ATP 酶活性，当头部与细肌丝肌动蛋白结合时，ATP 酶被激活，分解 ATP 释放能量，使横桥屈动。

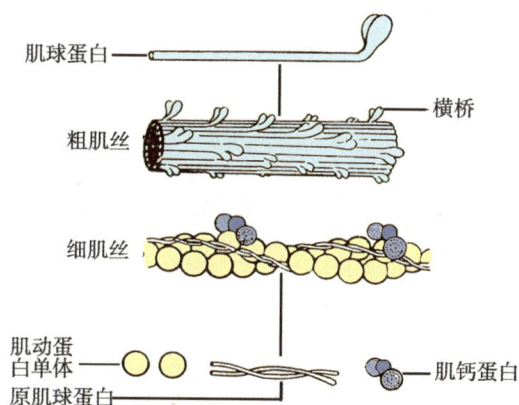

图 19-3 骨骼肌粗肌丝和细肌丝分子结构模式图

细肌丝由肌动蛋白、原肌球蛋白和肌钙蛋白组成（图 19-3）。肌动蛋白单体为球形，互相连接形成双股螺旋链，每个单体上都有一个能与粗肌丝的肌球蛋白头部相结合的位点，但在肌纤维处于舒张状态时，该位点被原肌球蛋白掩盖。原肌球蛋白由两条多肽链绞合形成双股长链，位于肌动蛋白双股螺旋链的浅沟内。肌钙蛋白由三个球形的亚单位构成，附着于原肌球蛋白分子上，可与 Ca^{2+} 相结合。

（二）横小管

横小管又称 T 小管，是肌膜向肌质内凹陷而形成的横向走行的管状结构（图 19-4），与肌纤维长轴垂直，并环绕在每条肌原纤维的表面，人与哺乳动物的横小管位于 A 带与 I 带交界处。横小管功能是将肌膜的兴奋迅速传入肌纤维内部。

（三）肌质网

肌质网又称纵小管（L 小管），是肌质内特化的滑面内质网，位于横小管之间，其中部纵行包绕在每条肌原纤维的周围。在近横小管处，纵小管末端膨大并相互通连成一个扁囊，称终池，终池与横小管平行并紧密相贴。骨骼肌每条横小管及其两侧的终池共同组成三联体（图 19 - 4）。

肌质网膜上有丰富的 ATP 酶，又称钙泵，因此肌质网有贮存 Ca^{2+}、调节肌质内 Ca^{2+} 浓度的作用。

三、骨骼肌纤维的收缩原理

骨骼肌的收缩机制，目前公认的是"肌丝滑动学说"。该学说认为，骨骼肌纤维的收缩是由于细肌丝向暗带中央滑行，使肌节缩短导致。收缩过程可概括为：①运动神经末梢将神经冲动传递给肌膜，引起肌膜兴奋。②肌膜的兴奋在三联体处经横小管传递给终池，使肌质网释放 Ca^{2+} 进入肌质。③Ca^{2+} 与肌钙蛋白结合，肌钙蛋白、原肌球蛋白的构型及位置发生变化，致使肌动蛋白与肌球蛋白头部的位点暴露而结合，激活 ATP 酶，分解 ATP 释放能量。④横桥向 M 线方向屈动，将细肌丝拉向 M 线，肌节缩短。此时，I 带变短，A 带长度不变，H 带同步缩窄甚至消失。

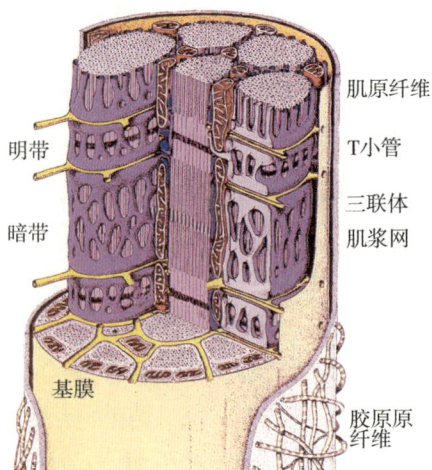

图 19 - 4　骨骼肌纤维超微结构立体模式图

第二节　心　肌

心肌分布于心脏和临近心脏的大血管根部，其收缩具有自动节律性，缓慢而持久。

一、心肌纤维的光镜结构

心肌纤维呈短圆柱状，长 80～150μm，直径为 10～20μm，有分支并相互连接成网（图 19 - 5）。相邻两条心肌纤维连接处称闰盘，在 HE 染色的切片上，闰盘呈深染的阶梯状线。心肌纤维也有明暗相间的横纹，但没有骨骼肌明显，细胞核呈卵圆形，居中，多为单核，有的含双核，肌质丰富，其中含有较多的线粒体。

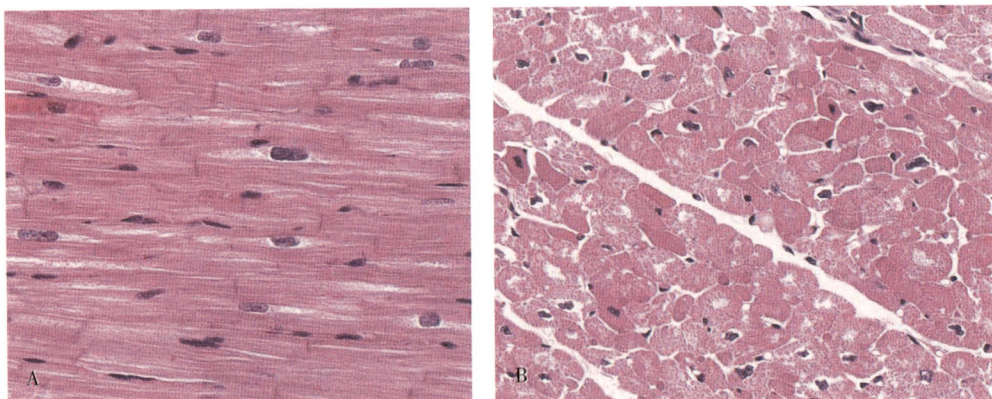

图 19 - 5　心肌纵、横切面光镜图

二、心肌纤维的超微结构

心肌纤维的超微结构与骨骼肌相似，也有排列规则的粗、细肌丝（图 19-6）。心肌纤维的超微结构有下列特点：①肌原纤维不如骨骼肌明显、规则，肌丝被线粒体、横小管、肌质网等分隔成粗细不等的肌丝束。②横小管较粗，位于 Z 线水平。③肌质网稀疏，纵小管不发达，终池较少，多见一侧的终池与横小管形成二联体。故心肌纤维储存 Ca^{2+} 的能力较弱。④闰盘是由相邻两心肌纤维的分支处伸出许多短突相互嵌合而成，呈阶梯状，在阶梯的横向部位是中间连接和桥粒，起牢固结合作用。阶梯的纵向部位是缝隙连接，对心肌纤维整体活动的同步化十分重要。⑤心房肌纤维除有舒缩功能外，还有内分泌功能，可分泌心房钠尿肽（又称心钠素），具有排钠、利尿、扩张血管和降低血压的作用。

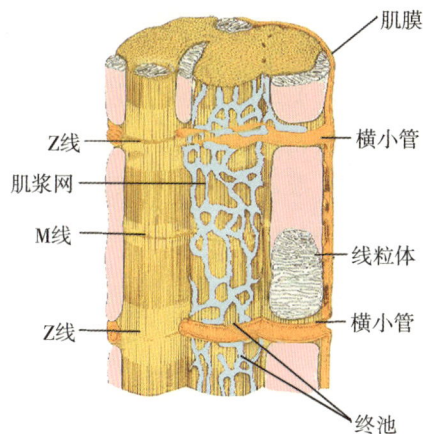

图 19-6　心肌纤维超微结构立体模式图

知识链接

心肌梗死

心肌梗死，是指在冠状动脉病变的基础上，发生冠状动脉血供急剧减少或中断，引起相应的心肌严重而持久地急性缺血性坏死。临床表现呈突发性，剧烈而持久的胸骨后疼痛，特征性心电图动态衍变及血清酶的增高，可发生心律失常、心力衰竭、休克等合并症，常可危及生命。

第三节　平滑肌

平滑肌主要由平滑肌纤维构成，分布在血管壁和许多内脏器官及一些实质器官的被膜内，通常互相成层排列，其收缩缓慢而持久。

一、平滑肌纤维的光镜结构

平滑肌纤维呈长梭形，不同部位肌纤维长短不一，一般 $20 \sim 500 \mu m$。细胞核一个，呈杆状或椭圆形，居中，可见 $1 \sim 2$ 个核仁，细胞收缩时，核扭曲呈螺旋状。胞质嗜酸性，染色较深，无横纹（图 19-7）。有的部位平滑肌细胞单个、分散存在，多数成束或成层平行排列。

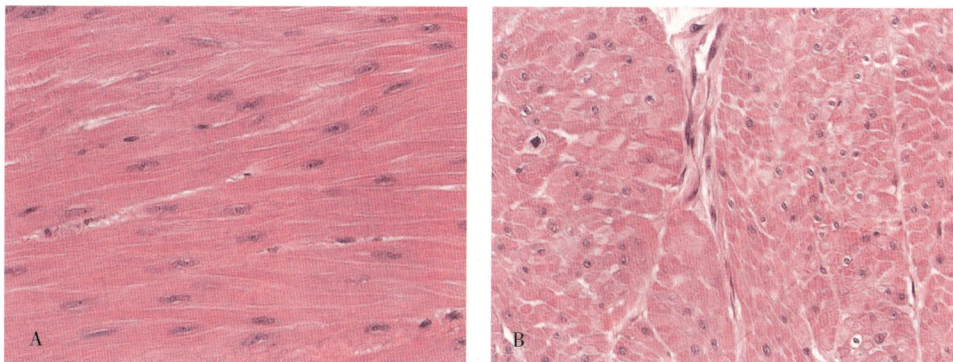

图 19-7　平滑肌纵、横切面光镜像

二、平滑肌纤维的超微结构

平滑肌纤维内也有粗肌丝和细肌丝，但不形成肌原纤维，没有横纹。肌膜内面有许多电子密度高的区域，称密斑，相当于骨骼肌纤维的Z线，上有肌丝附着。在胞质内还有不规则、电子密度高的小体，称密体。肌膜向肌质内凹陷只形成小凹，相当于骨骼肌的横小管，传递冲动。肌质网不发达，靠近小凹。细胞核两端肌质内含有线粒体、高尔基复合体、粗面内质网、游离核糖体、糖原及脂滴。

目标检测

答案解析

一、选择题

1. 肌原纤维结构与功能的基本单位是

    A. 三联体   B. 终池   C. 肌丝

    D. 横小管   E. 肌节

2. 肌节的组成正确的是

    A. A 带 +1/2 I 带   B. I 带 +1/2 A 带   C. 1/2 I 带 +1/2 A 带

    D. 1/2 A 带 +I 带 +1/2 A 带   E. 1/2 I 带 +A 带 +1/2 I 带

3. 骨骼肌纤维的肌膜向内凹陷形成

    A. 纵小管   B. 横小管   C. 终池

    D. 肌原纤维   E. 横桥

4. 关于闰盘，下列描述正确的是

    A. 是相邻两个心肌纤维之间的连接结构   B. 是心肌细胞内的高尔基复合体

    C. 为心肌细胞内的横小管和终池形成   D. 闰盘是粗肌丝排列形成

    E. 闰盘是细肌丝排列形成

5. 关于平滑肌结构的描述，错误的是

    A. 细胞呈长梭形   B. 只有一个细胞核   C. 细胞核位于肌膜下

    D. 无横纹   E. 无闰盘

二、思考题

1. 简述骨骼肌的光镜结构特点。
2. 简述心肌的光镜结构特点。

（孙冬梅）

书网融合……

本章小结   题库

第二十章　神经组织

学习目标

1. 通过本章学习，重点把握神经元的结构与功能；突触的定义及结构；神经胶质细胞的结构和功能；神经的结构；神经末梢的类型与功能。

2. 学会结合 HE 染色切片在显微镜下辨认神经元的形态结构、神经纤维的结构特点。

情境导入

情境描述　患者，男，68 岁，因注意力难以集中、记忆力进行性衰退到医院就诊。经过一系列检查，诊断为阿尔茨海默病，典型的病理学改变为脑内的淀粉样蛋白沉积和神经原纤维缠结。

讨论　1. 神经元的结构与功能。
　　　　2. 神经纤维的构成。

神经组织是构成神经系统的主要成分，主要由神经细胞和神经胶质细胞构成。神经细胞亦称神经元，是神经系统结构和功能的基本单位。神经元数量庞大，人体内约有 10^{11} 个，其有感受体内外刺激、整合信息、传导神经冲动的功能。有些神经元具有内分泌功能，称为神经内分泌细胞。神经胶质细胞存在于神经元之间，数量为神经元的 10～50 倍，主要对神经元起支持、营养、保护和绝缘等作用。

第一节　神经元

一、神经元的形态结构

神经元形态多样，有突起，可分为胞体和突起两部分，突起又分为树突和轴突（图 20 - 1，图 20 - 2）。

（一）胞体

神经元胞体的大小差异很大，直径 4～120μm，细胞核大而圆，位于细胞中央，着色浅，核仁大而明显；细胞质内除含一般的细胞器和发达的高尔基复合体外，还有丰富的尼氏体和神经原纤维。

1. 尼氏体　又称嗜染质，存在于胞体和树突内，为斑块状或颗粒状嗜碱性物质（图 20 - 3），电镜下，尼氏体为密集排列的粗面内质网和游离核糖体，这表明神经元细胞体具有旺盛合成蛋白质的功能。

2. 神经原纤维　分布于细胞体、树突和轴突内。在 HE 染色切片中无法辨认。在镀银染色切片中，为交错成网的棕黑色细丝。电镜下，神经原纤维由神经丝和微管构成。神经原纤维构成神经元的细胞骨架，并参与神经元内的物质运输。

（二）突起

1. 树突　多呈树状分支，有一条或多条，其分支表面常见树突棘，它是神经元之间形成突触的主要部位，树突的功能主要是接受刺激，树突棘和树突增加了神经元的接受面积。

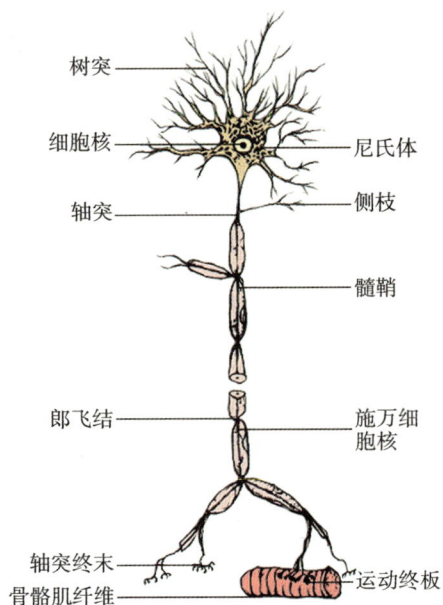

图 20-1　神经元结构模式图

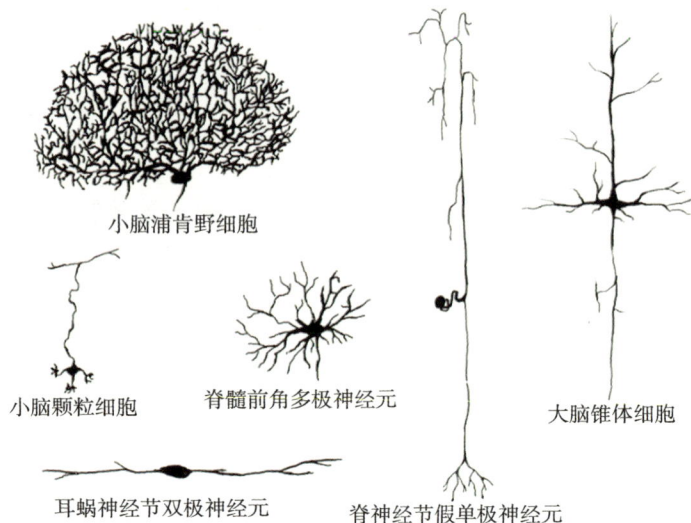

图 20-2　神经元主要形态模式图

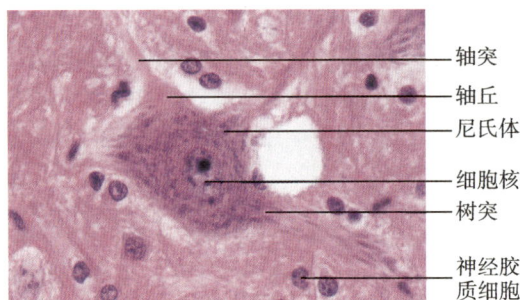

图 20-3　脊髓运动神经元光镜像

2. 轴突　一个神经元只有一个轴突。短者几微米，长者可达1m以上。轴突表面光滑，细而长，分支少，仅有少数呈直角发出的侧支，轴突终末分支呈爪样，与其他神经元或效应细胞形成突触。胞体发出轴突部位常呈圆锥形，称轴丘，光镜下无尼氏体，染色浅。轴突的功能是将神经冲动由胞体传到其他神经元或效应细胞。

二、神经元的分类

（一）根据神经元突起的数目分类

1. 多极神经元　有多个突起，其中有一个是轴突。多极神经元是人体中数量最多的一种神经元。

2. 双极神经元　有两个突起，其中一个是树突，另一个是轴突。

3. 假单极神经元　从胞体发出一个突起，此突起在离胞体不远处呈"T"字形分为两支，一支分布到其他组织或器官中，称周围突；另一支进入中枢神经系统，称中枢突。假单极神经元的这两个分支，按神经冲动的传递方向，中枢突相当于轴突，周围突相当于树突（图20-2）。

（二）根据神经元的功能分类

1. 感觉神经元　又称传入神经元，多为假单极神经元。细胞体位于脑、脊神经节内，可接受体内、外的刺激，并将信息传向中枢。

2. 运动神经元　又称传出神经元，一般为多极神经元。细胞体位于中枢神经系统的灰质及植物神经节内，其突起构成传出神经纤维，负责将神经冲动传递给肌细胞或腺细胞。

3. 中间神经元　也称联络神经元，主要为多极神经元，在人类约占神经元总数的99%，中间神经元分布在感觉神经元和运动神经元之间，起信息加工和传递作用（图20-4）。

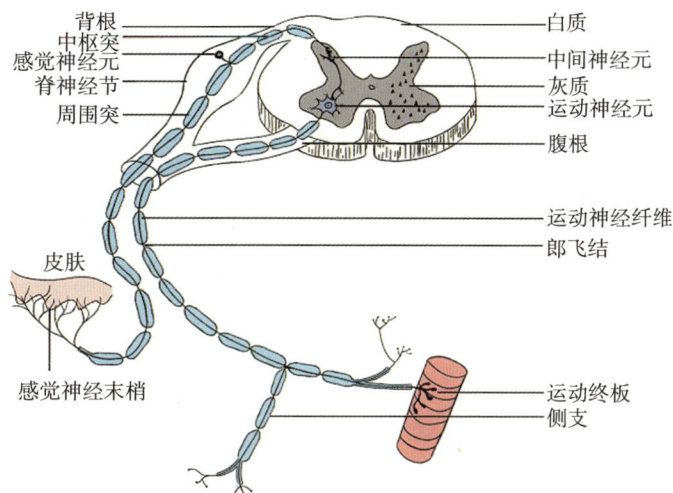

图20-4　脊髓和脊神经模式图（显示三种神经元的关系）

（三）根据神经元释放的神经递质分类

根据神经元释放的神经递质可分为胆碱能神经元、去甲肾上腺素能神经元和肽能神经元等。

三、突触

（一）突触的概念

突触是指神经元与神经元之间或神经元与效应细胞（肌细胞、腺细胞）之间一种特化的细胞连接，是传递神经冲动的部位。

（二）突触的分类

突触分为化学突触和电突触两类。化学突触是利用神经递质作为通讯的媒介，电突触即缝隙连接，是通过电讯号传递信息。通常所说突触是指化学突触。

在神经元之间的化学突触中，最常见的是一个神经元的轴突终末与另一个神经元的树突、树突棘或胞体构成突触，分别称轴-树突触、轴-棘突触和轴-体突触。此外，还有轴-轴、树-树突触等。

（三）化学突触的超微结构

电镜下，化学性突触可分三部分（图20-5）。

1. 突触前成分　通常为神经元的轴突终末，呈球状膨大。内含许多单位膜包裹的突触小泡，小泡中含有神经递质。突触小泡是突触前成分的特征性结构，其大小、形态不同，多为圆形，直径40~60nm。突触前成分与突触后成分相对的胞膜增厚，称为突触前膜。

2. 突触后成分　是与突触前成分相对应的另一神经元或效应细胞的一侧。该处细胞膜增厚，称突触后膜。后膜上有神经递质的受体。

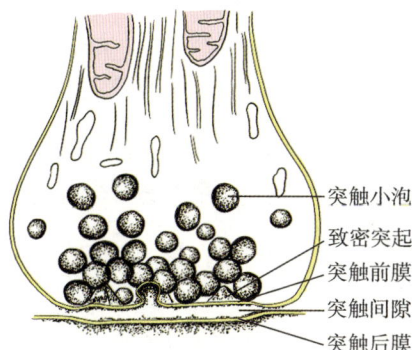

图20-5　化学突触电镜结构模式图

3. 突触间隙 是突触前膜与突触后膜之间宽 15～30nm 的狭小间隙。

突触传递信息的基本过程：当突触前神经元的信息传递至突触前膜时，突触小泡移向突触前膜并与之融合，以胞吐方式将其内含的神经递质释放入突触间隙，然后神经递质与突触后膜上相应受体结合，使突触后膜内外两侧离子分布发生改变，信息即传递给下一神经元或效应细胞，使之产生兴奋或抑制效应。神经递质随后被突触间隙中相应的酶灭活或重吸收入轴突终末，从而迅速消除该递质的作用，以保证突触传递的灵敏性。

第二节　神经胶质细胞

神经胶质细胞，简称胶质细胞，广泛分布于中枢和周围神经系统。

一、中枢神经系统的胶质细胞

（一）星形胶质细胞

星形胶质细胞是胶质细胞中体积最大、数量最多的一种。胞体呈星形，核大，从胞体发出许多突起，部分突起末端膨大形成脚板，附着在毛细血管壁上参与构成血－脑屏障（图 20－6），或伸到脑和脊髓表面形成胶质膜；中枢神经系统损伤时，星形胶质细胞可分裂、增殖，形成胶质瘢痕来修复。星形胶质细胞可分为两种类型。

1. 纤维性星形胶质细胞 位于脑和脊髓的白质。突起细长，分支少，表面光滑。

2. 原浆性星形胶质细胞 分布于中枢神经系统的灰质中。突起短而粗，分支多，表面粗糙。

（二）少突胶质细胞

少突胶质细胞较小，呈圆形或椭圆形，突起少。少突胶质细胞分布于神经元胞体附近和神经纤维周围，其突起末端扩展成扁平薄膜，反复包卷神经元的轴突并形成髓鞘，为中枢神经系统的髓鞘形成细胞。

（三）小胶质细胞

小胶质细胞是神经胶质细胞中体积最小的一种，胞体呈长椭圆形，突起细长有分支，表面形成许多小棘突。小胶质细胞在中枢神经系统损伤时，可吞噬细胞碎屑及退化变性的髓鞘。

（四）室管膜细胞

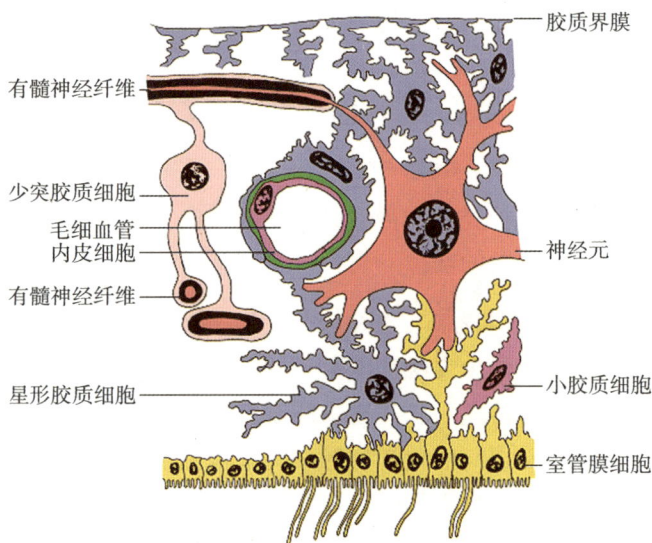

图 20－6　中枢神经系统的胶质细胞形态以及与毛细血管关系模式图

室管膜细胞呈立方形或柱状，细胞表面有微绒毛或纤毛。室管膜细胞分布在脑室及脊髓中央管腔面，形成室管膜，可防止脑脊液进入脑和脊髓组织。

二、周围神经系统的胶质细胞

（一）神经膜细胞

神经膜细胞又称施万细胞。细胞排列成串，包裹周围神经的轴突，形成髓鞘，是周围神经系统的髓鞘形成细胞。

（二）卫星细胞

卫星细胞又称被囊细胞，细胞扁平或立方形，包绕在神经节细胞的周围。

第三节　神经纤维与神经

一、神经纤维

神经纤维由神经元的轴突或长树突外包神经胶质细胞构成。根据神经纤维有无髓鞘分为两种类型。

（一）有髓神经纤维

神经元的长突起构成神经纤维的中轴，称轴索，少突胶质细胞或施万细胞呈同心圆包卷轴索形成髓鞘，电镜下，髓鞘呈明暗相间的同心圆状板层结构。施万细胞最外面的一层细胞膜与基膜共同构成神经膜。一个施万细胞包卷一段轴索，构成一个结间体。结间体之间的缩窄部称郎飞结。郎飞结处轴膜裸露，暴露于细胞外环境，该处电阻低，使神经冲动从一个郎飞结跳到下一个郎飞结，呈快速的跳跃式传导（图20-7）。

（二）无髓神经纤维

周围神经系统的无髓神经纤维由神经元的突起和包在其外的施万细胞组成，但施万细胞不形成髓鞘。一个施万细胞可包裹多个突起。中枢神经系统的无髓神经纤维，轴突外无神经胶质细胞包裹，裸露的轴突走行于有髓神经纤维或神经胶质细胞之间。无髓神经纤维无髓鞘及郎飞结，神经冲动沿轴膜连续传导，故传导速度较慢。

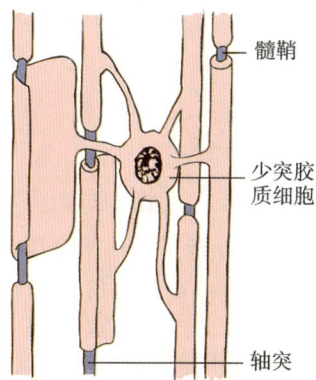

图20-7　中枢神经系统有髓神经纤维髓鞘形成示意图

二、神经

周围神经系统的许多神经纤维集合在一起，被其周围的结缔组织包裹形成神经。每条神经含若干粗细不等的神经纤维束，而每一神经纤维束又含许多神经纤维。神经、神经束和神经纤维的周围都有结缔组织包裹，这些结缔组织分别称为神经外膜、神经束膜和神经内膜（图20-8）。

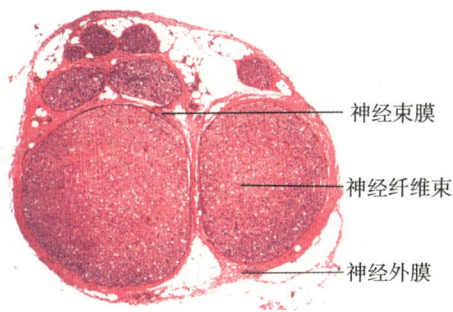

图20-8　神经横断面光镜结构模式图

第四节　神经末梢

周围神经末梢的终末部分终止于其他组织中所形成的特殊结构，称神经末梢。按其功能可分为感觉神经末梢和运动神经末梢。

一、感觉神经末梢

感觉神经末梢是由感觉神经元周围突的终末部分所形成，又称感受器。其功能是接受内外环境的刺激，并将刺激转化为神经冲动，传至中枢，产生感觉。感觉神经末梢根据形态结构分为游离神经末梢和有被囊神经末梢。

（一）游离神经末梢

是感觉神经纤维终末脱去髓鞘，裸露的树突反复分支，游离分散于上皮细胞或结缔组织中形成。游离神经末梢广泛分布在表皮、角膜和毛囊的上皮细胞间或分布在结缔组织内，能感受疼痛、冷热等刺激。

（二）有被囊神经末梢

此类神经末梢被结缔组织被囊包裹，形成特定的结构，但它们大小不一，形态多样，种类很多，常见的有三种类型。

1. 触觉小体　呈卵圆形，长轴与皮肤表面垂直，外包有结缔组织被囊，小体内有很多横列的扁平细胞。有髓神经纤维进入小体前失去髓鞘穿入被囊内，盘绕在扁平细胞之间。触觉小体位于皮肤真皮乳头内，主要分布在手指掌面皮肤，尤以触觉灵敏的指尖、口唇处最为丰富。触觉小体可感受触觉。

2. 环层小体　体积较大，呈圆形或卵圆形，小体的被囊由数十层扁平细胞呈同心圆排列组成，小体中央为一均质状的圆柱体，有髓神经纤维失去髓鞘后，裸露的轴突伸入圆柱体内。环层小体分布在皮下组织、肠系膜、韧带和关节囊等处，感受压觉和振动觉。

3. 肌梭　分布于骨骼肌纤维之间，被囊内含数条细小的骨骼肌纤维，称梭内肌纤维，裸露的轴突细支呈环状包绕梭内肌纤维的两端。肌梭主要感受肌纤维的伸缩变化，调节骨骼肌纤维的张力。

二、运动神经末梢

运动神经末梢是运动神经纤维的终末结构，它分布于肌组织及腺体内，支配肌纤维的收缩，调节腺细胞的分泌，可分为躯体运动神经末梢和内脏运动神经末梢两类。

（一）躯体运动神经末梢

躯体运动神经末梢指分布于骨骼肌的运动神经末梢，其轴突反复分支，形成纽扣状膨大与骨骼肌纤维建立突触连接，呈椭圆形板状隆起，又称运动终板或神经肌连接（图20-9）。

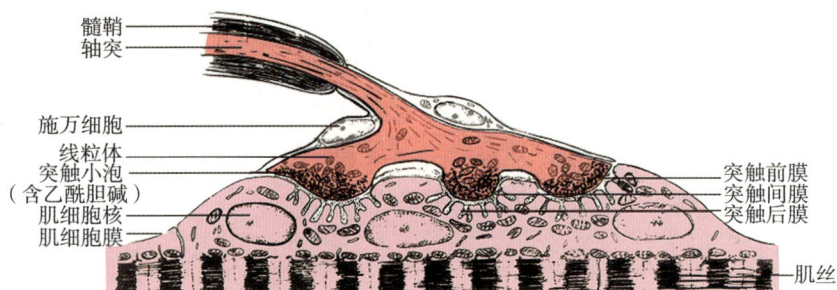

图20-9　运动终板电镜结构模式图

（二）内脏运动神经末梢

内脏运动神经末梢为内脏运动神经节后纤维的轴突终末部分，呈小结状或串珠状，分布于内脏及血管的平滑肌、心肌和腺上皮等处，并构成突触，引起效应细胞不同的生理效应。

知识拓展

糖尿病周围神经病变

糖尿病周围神经病变是糖尿病最常见的慢性并发症之一，是一种脱髓鞘病变。患者早期出现感觉过敏，晚期出现感觉丧失，还可发生小肌群的萎缩，主要表现为双侧袜套样、手套样改变。可出现夜间疼痛，发生于双上肢、双下肢对称性的麻木、疼痛，下肢比上肢严重，远端比近段严重。

目标检测

答案解析

一、选择题

1. 关于神经组织的组成描述正确的是
    A. 由神经细胞和细胞外基质构成
    B. 由神经细胞和结缔组织构成
    C. 由神经细胞和神经胶质细胞构成
    D. 由神经胶质细胞和神经纤维构成
    E. 由神经纤维和神经构成

2. 神经元的功能是
    A. 营养
    B. 接受刺激、传导冲动
    C. 支持
    D. 保护
    E. 绝缘

3. 神经元之间的连接结构是
    A. 闰盘
    B. 中间连接
    C. 连接复合体
    D. 突触
    E. 神经末梢

4. 突触是
    A. 神经元和神经元之间或神经元与效应细胞之间一种特化的细胞连接
    B. 神经元和神经胶质细胞之间一种特化的细胞连接
    C. 神经胶质细胞和神经胶质细胞之间一种特化的细胞连接
    D. 神经元和神经纤维之间一种特化的细胞连接
    E. 神经纤维和神经末梢之间一种特化的细胞连接

5. 由神经元的长轴突及包绕在其外面的神经胶质细胞构成
    A. 神经末梢
    B. 神经
    C. 神经原纤维
    D. 神经纤维
    E. 突触

二、思考题

1. 什么是突触？
2. 简述神经元的结构特点。

（孙冬梅）

书网融合……

本章小结

题库

第二十一章　循环系统

◉ 学习目标

1. 通过本章学习，重点把握血管管壁的结构组成以及各层的结构特点；心脏、动脉的各层结构特点；毛细血管的分类以及各类特征；静脉、淋巴管道的结构特点；微循环组成及各部结构特点。

2. 学会结合 HE 染色切片在显微镜下辨认动脉、静脉管壁层次及结构特点。

>> 情境导入

情境描述　患者，男，55 岁，因头晕、头痛就医。入院后测量血压 170/100mmHg，自诉有高血压家族史，诊断为原发性高血压。

讨论　1. 测量血压时听诊的是什么动脉？动脉管壁可分为哪几层？

2. 据所学知识，解释高血压患者血管的病变主要累及管壁的哪一层？

循环系统包括心血管系统和淋巴系统两部分，是连续而封闭的管道系统。心血管系统由心脏、动脉、静脉和毛细血管组成，其内流动着血液。心脏是促进血液流动的动力泵，动脉将血液输送到全身各处，在毛细血管内进行物质交换，静脉将血液导回心脏。淋巴系统由淋巴管道、淋巴器官和淋巴组织组成，其管道内流动着淋巴，淋巴最后注入血管。因淋巴器官和淋巴组织与免疫功能相关，故列入免疫系统讲述，本章重点讲述心血管系统和淋巴管道。

第一节　循环系统管壁一般结构

除毛细血管外，血管壁由内向外分为内膜、中膜和外膜。

一、内膜

内膜是管壁的最内层，最薄，主要由内皮和内皮下层构成，部分血管可见内弹性膜。

（一）内皮

内皮为衬贴于管腔的单层扁平上皮，表面光滑，便于血液流动。内皮细胞长轴多与血液流动方向一致，细胞核居中，核所在部位略隆起，细胞基底面附着于基板上。内皮细胞和基板构成通透性屏障，液体、气体和大分子物质可选择性地透过此屏障。

（二）内皮下层

内皮下层是位于内皮和内弹性膜之间的薄层结缔组织，内含少量胶原纤维、弹性纤维，部分血管的内皮下层有少许纵向平滑肌。

（三）内弹性膜

内弹性膜位于内膜的最外层，由弹性蛋白组成，常作为内膜与中膜的分界，主要见于中动脉。在血管横切面上，血管壁收缩使内弹性膜常呈波浪状。

二、中膜

中膜在内膜和外膜之间，其厚度和组成成分与血管的种类有关：大动脉以弹性纤维为主，间有少许平滑肌；中动脉主要由平滑肌组成，其间有弹性纤维和胶原纤维。中膜的弹性纤维具有使扩张的血管回缩作用，胶原纤维起维持张力作用，具有支持功能。

三、外膜

外膜主要由疏松结缔组织组成，其中含螺旋状或纵向分布的弹性纤维和胶原纤维，并有小血管和神经分布。有些动脉中膜和外膜的交界处，有密集的弹性纤维组成的外弹性膜。血管壁的结缔组织细胞以成纤维细胞为主，当血管受损伤时，成纤维细胞具有修复外膜的能力。

血管是连续的管道，由于各段血管的功能不同，其管壁的组成成分和分布形式也有所不同，有些血管还有一些附加结构，如静脉瓣。管径1mm以上的动脉和静脉管壁中，都分布有血管壁的小血管，称营养血管。这些小血管进入外膜后分支成毛细血管，分布到外膜和中膜。内膜一般无血管，其营养由腔内血液直接渗透供给。

💡 知识拓展

动脉粥样硬化

动脉粥样硬化的特点是受累动脉病变从内膜开始，一般先有脂质和复合糖类积聚、出血及血栓形成，进而纤维组织增生及钙质沉着，并有动脉中层的逐渐蜕变和钙化，导致动脉壁增厚变硬、血管腔狭窄。病变常累及大中肌性动脉，一旦发展到足以阻塞动脉腔，则该动脉所供应的组织或器官将缺血或坏死。由于在动脉内膜积聚的脂质外观呈黄色粥样，因此称为动脉粥样硬化。是冠心病、脑梗死、外周血管病的主要原因。

第二节　循环系统管道的各段结构特点

一、心脏

心壁很厚，主要由心肌构成。心脏的规律收缩，推动血液在血管中不断循环流动，使身体各部分的组织、器官得到充分的血液供应。

（一）心壁的结构

心壁从内向外依次由心内膜、心肌膜和心外膜构成（图21-1）。

1. 心内膜　是衬于心脏各腔内面的一层光滑的薄膜。心内膜由内皮、内皮下层和心内膜下层组成。内皮薄而光滑，与出入心脏的大血管的内皮相连续；内皮下层在内皮的外面，由较细密的结缔组织构成，含有较多的弹性纤维；心内膜下层在内皮下层的外面，由较疏松的结缔组织组成，其中含小血管和神经。心室的心内膜下层中还含有心脏传导系统的分支。

2. 心肌膜　主要由心肌纤维构成，是心壁的主要组成部分。心肌膜包括心房肌和心室肌两部分。心房肌较薄，心室肌肥厚，左心室肌最厚。心肌纤维可分为内纵、中环和外斜三层，呈螺旋状排列。心肌纤维集合成束状，在心肌纤维间有较多的结缔组织、血管、淋巴管、神经纤维等。

心骨骼是由致密结缔组织构成的支持性结构，位于心房肌和心室肌之间，构成心脏的支架。心骨骼包括室间隔膜部、纤维三角和纤维环三部分。纤维环由致密结缔组织构成，共有4个，分别位于肺动脉口、主动脉口和左右房室口，环上除附有心房肌和心室肌外，还附有心瓣膜。心房和心室的心肌并不连续，两部分肌纤维各自分别附着于心骨骼上，因而心房肌和心室肌收缩不同步。

3. 心外膜　是在心肌膜外面的一层光滑的浆膜，是浆膜心包的脏层。其表面为一层间皮，间皮深面是薄层结缔组织，与心肌膜相连。心外膜中常有含血管、神经以及脂肪组织。心包膜壁层衬贴于心包内面，也是浆膜，与心外膜连续。壁层与脏层之间的腔隙为心包腔，腔内有少量浆液，可减少心脏搏动时与周围器官组织之间的摩擦。心包炎时，脏壁两层心包可发生粘连，导致心包腔闭塞，限制心脏搏动。

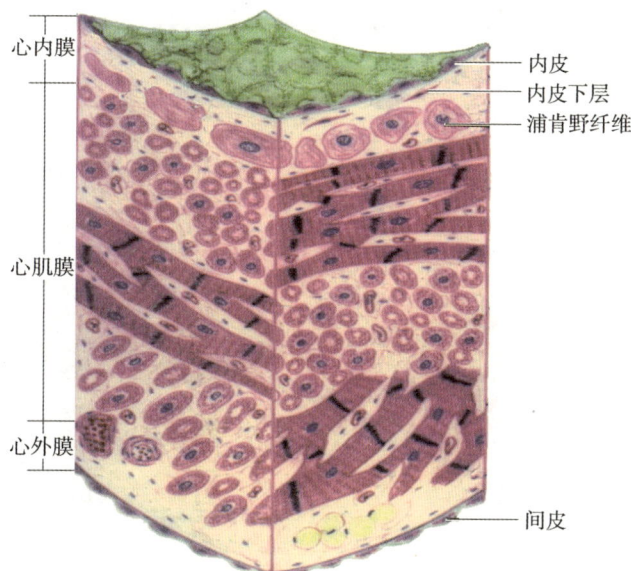

图 21-1　心壁的构造

心瓣膜是心内膜在房室口和动脉口处向心腔内凸出折叠而形成的薄片状结构，表面被覆以内皮，内部为致密结缔组织，与心骨骼的纤维环连接。其功能是防止血液在心房和心室舒缩时倒流。风湿性心脏病容易侵犯心瓣膜，使得瓣膜内胶原纤维增生，瓣膜变硬、变短或变形，甚至发生粘连，以致瓣膜不能正常地关闭和开放，引起瓣膜狭窄和关闭不全。

（二）心脏的传导系统

心的传导系统由特殊分化的心肌细胞构成。心传导系统的主要功能是产生兴奋和传导冲动，维持心的正常节律性搏动。心的传导系统包括：窦房结、房室结、房室束、左束支、右束支以及浦肯野纤维网。窦房结位于上腔静脉和右心耳之间的心外膜深部，呈长椭圆形；其余的部分均分布在心内膜下层，和心肌膜间由结缔组织分隔开。构成心脏传导系统的心肌纤维聚集成结和束，接受交感、副交感和肽能神经纤维支配，其周围有丰富的毛细血管。组成心脏传导系统的细胞包括以下3类。

1. 起搏细胞　简称P细胞，细胞较小，呈梭形或多边形，胞质内细胞器较少，有少量肌原纤维，但糖原较多。P细胞被较致密的结缔组织包埋其中，它是构成窦房结和房室结的重要组成部分。生理学研究表明，P细胞是心肌兴奋的起搏点。

2. 移行细胞　简称T细胞，细胞的结构介于起搏细胞和心肌纤维之间，细胞呈细长形，比心肌纤维细而短，胞质内含肌原纤维较P细胞略多。T细胞主要存在于窦房结和房室结的周边及房室束，它的作用是传导冲动。

3. 蒲肯野纤维 又称束细胞。细胞短而粗，形态不规则，细胞中央常有 1 ~ 2 个核，胞质中含有丰富的线粒体和糖原，肌原纤维较少，常位于细胞周边。细胞间有较发达的闰盘相连。浦肯野纤维构成位于心室的心内膜下层的房室束及其分支，并与心室肌纤维相连，它能快速将冲动传到心室肌各处，保证心室肌同步收缩。

二、动脉

动脉从心脏发出后，反复分支，管径逐渐变细，管壁亦逐渐变薄。根据管壁的结构特点和管径的大小，可将动脉分为大动脉、中动脉、小动脉和微动脉 4 级，各级之间相互移行，没有明显界限。

（一）大动脉

大动脉指接近心的动脉，比如主动脉、肺动脉、头臂干、颈总动脉、锁骨下动脉、和髂总动脉等。大动脉的管壁中有多层弹性膜和大量弹性纤维，平滑肌则较少，故又称弹性动脉（图 21 - 2，图 21 - 3）。

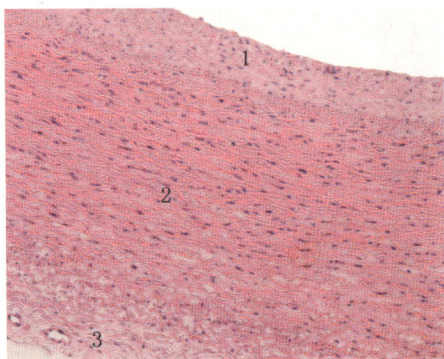

图 21 - 2　大动脉横切面（HE 染色，低倍）
1. 内膜；2. 中膜；3. 外膜

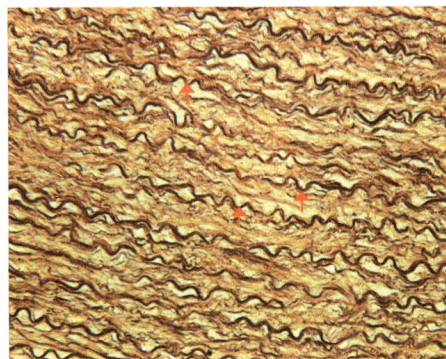

图 21 - 3　大动脉横切面（弹性染色，低倍）

1. 内膜 由内皮和内皮下层构成。内皮是单层扁平上皮，内皮下层较厚，由疏松结缔组织构成，其内含有纵行的胶原纤维和少量的平滑肌纤维。内皮下层外为内弹性膜，由于内弹性膜与中膜的弹性膜相连，故内膜与中膜的分界不清楚。

2. 中膜 很厚，有 40 ~ 70 层弹性膜，在血管横切面上，由于血管收缩使弹性膜呈波浪状。各层弹性膜由弹性纤维相连，弹性膜之间有环形平滑肌和少量胶原纤维和弹性纤维。

3. 外膜 由较薄的结缔组织构成，其内除含有对外膜和中膜提供营养的血管外，还含有淋巴管和神经纤维等。没有明显的外弹性膜。

（二）中动脉

除大动脉外，凡在解剖学上有名称的动脉大多是中动脉；因管壁中膜平滑肌相当丰富，故又称肌性动脉。

1. 内膜 有内皮、内皮下层和内弹性膜 3 层。内皮下层较薄，内弹性膜明显。

2. 中膜 较厚，由 10 ~ 40 层环形排列的平滑肌纤维组成，肌间有一些弹性纤维和胶原纤维。在病理状况下，动脉中膜的平滑肌可移入内膜增生，使内膜增厚，是动脉硬化发生的重要病理过程。

3. 外膜 厚度与中膜相近，中膜和外膜交界处有明显的外弹性膜，二者分界清楚。

（三）小动脉

管径在 0.3 ~ 1mm 的肌性动脉称为小动脉。小动脉包括粗细不等的几级分支，较大的小动脉，内膜有明显的内弹性膜，中膜有几层平滑肌，外膜厚度与中膜相近，一般没有外弹性膜（图21 - 4）。

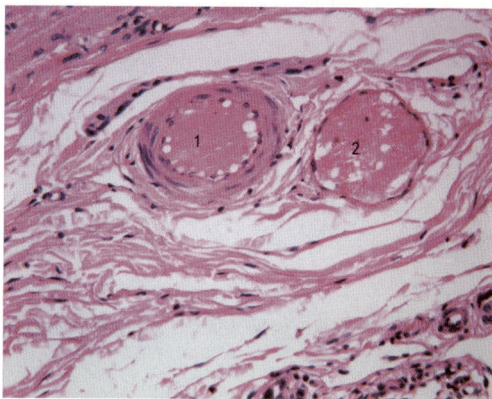

图 21 - 4　小动脉和小静脉的微细结构
1. 小动脉　2. 小静脉

（四）微动脉

管径小于 0.3mm 的动脉称微动脉，是小动脉的分支。内膜无内弹性膜，中膜由 1 ~ 2 层平滑肌纤维组成，外膜较薄。

（五）动脉管壁结构与功能的关系

心脏的节律性收缩导致大动脉内血液搏动性流动。心脏收缩时大动脉管径扩张，而心脏舒张时，大动脉借弹性回缩，推动血管内的血液持续流动。中动脉平滑肌的收缩和舒张使血管管径缩小或扩大，调节分配到机体各器官的血流量。小动脉和微动脉的舒缩，不仅能明显调节局部组织的血流量，还可改变血流的外周阻力，影响血压，故又称外周阻力血管。

💡 **知识拓展**

血　压

血压是血液在血管内流动时，作用于血管壁的压力，它是推动血液在血管内流动的动力。心室收缩，血液从心室流入动脉，此时血液对动脉的压力最高，称为收缩压。心室舒张，动脉血管弹性回缩，血液仍慢慢继续向前流动，但血压下降，此时的压力称为舒张压。正常血压的维持在相当大的程度上取决于外周阻力，而外周阻力的变化主要在于小动脉和微动脉平滑肌的收缩程度。

三、毛细血管

毛细血管分布广泛，其分支互相连通成网，是血液与组织细胞进行物质交换的部位。毛细血管的管径很细，直径 7 ~ 9μm。各组织和器官内毛细血管的分布与组织器官的新陈代谢紧密相关，代谢旺盛的组织和器官毛细血管分布较丰富，如骨骼肌、心肌、肾以及腺体等；代谢较低的组织和器官毛细血管分布较稀疏如骨、肌腱和韧带等。

毛细血管的管壁结构简单，主要由一层内皮细胞和基膜构成。毛细血管管壁正常情况下由 1 ~ 3 个内皮细胞围成。内皮细胞的基底面固定在基膜上，基膜只有基板，很薄，有利于物质交换的进行。周细胞散在分布于内皮和基膜之间，呈扁平状，多突起，其突起紧贴在内皮细胞基底面。周细胞可增殖分化为内皮细胞和成纤维细胞，在毛细血管受损时参与修复再生（图 21 - 5）。

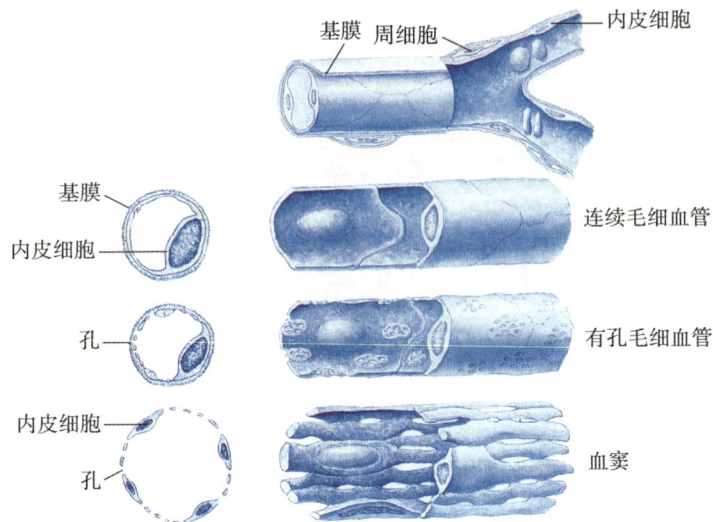

图 21 - 5 毛细血管超微结构图

根据毛细血管内皮细胞和基膜的结构特点，将毛细血管分为 3 类。

（一）连续毛细血管

其特点是内皮细胞紧密连接成一层连续的内皮，基膜完整。内皮细胞胞质中有许多吞饮小泡，连续毛细血管主要以吞饮小泡方式在血液和组织液之间进行物质交换。连续毛细血管主要分布于结缔组织、肌组织、肺和中枢神经系统等处，并参与血 - 脑屏障等屏障性结构的组成。

（二）有孔毛细血管

其特点是内皮细胞不含核的部分很薄，有许多贯穿细胞的窗孔，孔的直径一般为 60 ~ 80nm，孔上有或者无隔膜封闭。内皮细胞基底面有连续的基板。有孔毛细血管主要分布于某些内分泌腺、胃肠黏膜和肾血管球等处。

（三）血窦

血窦又称窦状毛细血管，其特点是管腔较大，形状不规则，内皮细胞之间有间隙，基膜不连续甚至缺如，通透性大，也称不连续毛细血管。血窦主要分布于物质交换旺盛的肝、脾、骨髓和一些内分泌腺中，不同器官内的血窦结构差别较大。

四、静脉

静脉由小至大逐级汇合，管径渐增粗，管壁也渐增厚。静脉根据管径粗细可分为微静脉、小静脉、中静脉和大静脉。小、中静脉常与相应的动脉伴行。与伴行的动脉相比，静脉管壁较薄，管腔较大，弹性小。

静脉管壁也可分内膜、中膜和外膜 3 层，但 3 层膜常无明显的界限。静脉内膜薄，由一层内皮和结缔组织构成；中膜稍厚，主要由一些环形平滑肌构成；外膜最厚，由疏松结缔组织构成。大静脉的外膜内还含有较多的纵行平滑肌。

静脉壁的平滑肌和弹性组织不发达，其中有较多的结缔组织，故切片标本中的静脉管壁常呈塌陷状，管腔变扁或呈不规则形。

（一）微静脉

微静脉指管径在 $50\sim200\mu m$ 的静脉，管腔不规则，内皮外的平滑肌可有可无，外膜薄。和毛细血管紧接的微静脉称毛细血管后微静脉，其管壁结构与毛细血管类似，但管径比毛细血管略粗，有较大的内皮细胞间隙，故通透性高，有物质交换的功能。

（二）小静脉

小静脉指管径大于 $200\mu m$ 的静脉，中膜内有一层或数层较完整的平滑肌。外膜也逐渐变厚。

（三）中静脉

除大静脉以外，凡解剖学上有名称的静脉大多都属于中静脉。其管径 $2\sim9mm$，管壁内膜薄，内弹性膜不明显。中膜比其伴行的动脉薄得多，环形平滑肌层数少排列稀疏。外膜由结缔组织组成，比中膜厚，缺乏外弹性膜，部分中静脉外膜中可见纵行平滑肌束。

（四）大静脉

大静脉指管径大于 $10mm$ 的静脉，如上腔静脉、下腔静脉、头臂静脉和颈内静脉等。内膜较薄，中膜为几层排列疏松的环形平滑肌，甚至无平滑肌。较厚的结缔组织构成外膜，其内有大量的纵行平滑肌束。

（五）静脉瓣

静脉瓣多存在于管径大于 $2mm$ 的静脉，由内膜凸入管腔折叠形成，为两片半月形薄膜。静脉瓣表面有内皮覆盖，内部为结缔组织，其中含有弹性纤维。瓣膜的游离缘朝向血流的方向，有防止血液逆流的作用。

五、微循环

微循环是指血液由微动脉到微静脉之间的循环，是血液循环功能的基本单位。微循环一般包括微动脉、中间微动脉、真毛细血管、直捷通路、动静脉吻合和微静脉6部分（图21-6）。

六、淋巴管道

淋巴管起始于组织间隙内的毛细淋巴管，互联成网，最后汇成两条淋巴导管注入静脉角。淋巴管内流动的液体称为淋巴，由组织液渗透入毛细淋巴管内形成。

（一）毛细淋巴管

毛细淋巴管是淋巴管道的起始部分，以膨大的

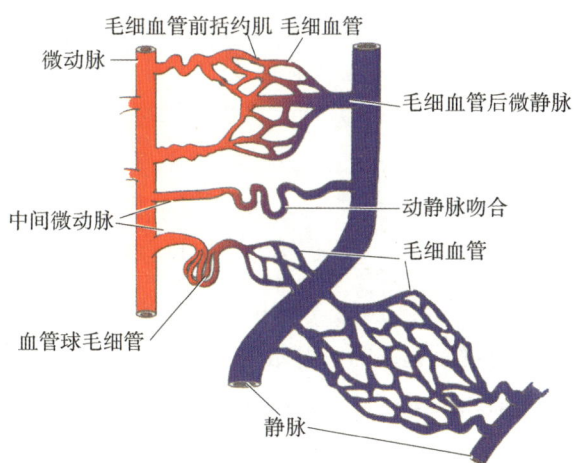

图21-6　微循环模式图

盲端起始于组织间隙。毛细淋巴管由单层内皮细胞构成，管壁的通透性大于毛细血管。大分子物质，如蛋白质、细菌、异物和癌细胞等较易进入毛细淋巴管。脑、脊髓、上皮、软骨、牙釉质、角膜、晶状体等处无毛细淋巴管分布。

（二）淋巴管

淋巴管由毛细淋巴管汇合而成。管壁结构与小静脉相似，由内皮、少量平滑肌和结缔组织构成。但

管径较细，管壁较薄，也有丰富的瓣膜。

（三）淋巴导管

所有淋巴管最终汇合成两条淋巴导管，包括胸导管和右淋巴导管。结构与大静脉相似，但管壁比大静脉薄，3 层膜分界不明显，中膜平滑肌较发达，在内膜与中膜交界处，有类似内弹性膜的结构。外膜中含有纵行的平滑肌束和胶原纤维，也有营养血管。

目标检测

答案解析

一、选择题

1. 血管壁的一般结构可分为
   A. 内皮、内皮下层、内弹性膜　　　　B. 内皮、内膜下层、外膜
   C. 内膜、中膜、外膜　　　　　　　　D. 内膜、中膜、外弹性膜
   E. 内膜、内弹性膜、外弹性膜

2. 大动脉壁上最发达的结构是
   A. 内弹性膜　　　　B. 平滑肌　　　　C. 中膜的弹性膜
   D. 胶原纤维　　　　E. 内皮

3. 中动脉的结构特点是
   A. 内膜较厚　　　　　　　　　　　　B. 内外弹性膜不明显
   C. 中膜弹性膜发达　　　　　　　　　D. 中膜的环形平滑肌发达
   E. 外膜发达的纵形平滑肌

4. 毛细血管的描述，错误的是
   A. 管径最细　　　　　　　　　　　　B. 分支多，彼此相互连通成网
   C. 内皮不完整故称间皮　　　　　　　D. 只允许血细胞单向通行
   E. 通透性大

5. 血窦不存在于
   A. 肝脏　　　　　　B. 脾脏　　　　　C. 骨髓
   D. 脑　　　　　　　E. 内分泌腺

二、思考题

1. 简述血管壁的一般结构特点。
2. 描述各级动脉管壁的结构特点。

（贺　旭）

书网融合……

本章小结　　　题库

第二十二章　免疫系统

学习目标

1. 通过本章学习，重点把握淋巴细胞分类及其主要功能；淋巴组织的分类；淋巴小结的结构特点；弥散淋巴组织的结构特点；胸腺的结构和功能；淋巴索和扁桃体的结构特点。
2. 学会结合 HE 染色切片在显微镜下辨认淋巴小结的结构特点。

情境导入

情境描述　患者，男，42 岁。因咽痛咳嗽 5 个月，乏力 2 个月，加重伴下肢水肿 1 周入院，入院后完善相关检查诊断为获得性免疫缺陷综合征。

讨论　1. 免疫系统的组成包括哪些结构？
　　　　2. 获得性免疫缺陷综合征是由于 HIV 侵犯了哪种免疫细胞？

免疫系统由淋巴器官、淋巴组织、免疫细胞组成。免疫器官由中枢淋巴器官（胸腺和骨髓）和外周淋巴器官（淋巴结、脾和扁桃体等）组成。淋巴组织既是构成淋巴器官的主要成分，也广泛分布非淋巴器官，如消化管和呼吸道内。免疫细胞聚集于淋巴组织中或分散在血液、淋巴及其他组织器官内；另外，免疫细胞还可以产生免疫球蛋白、补体和多种细胞因子等免疫活性分子。

免疫系统对抗原产生免疫应答反应。通过识别和清除进入机体的抗原，如病原微生物、异体细胞和异体大分子等完成免疫防御功能；通过识别和清除体内表面抗原发生变异的细胞，包括肿瘤细胞和病毒感染细胞等完成免疫监视功能；通过识别和清除体内衰老死亡的细胞维持机体免疫稳定。

第一节　免疫细胞

免疫细胞是指与免疫应答有关或参与免疫应答的细胞，包括淋巴细胞、巨噬细胞、抗原提呈细胞、浆细胞、粒细胞和肥大细胞等。

一、淋巴细胞

淋巴细胞是构成免疫系统的主要细胞，执行免疫功能。根据其发生来源、表面标记、结构特点和功能不同，分为 T 淋巴细胞、B 淋巴细胞和 NK 细胞三类。

（一）T 淋巴细胞

T 淋巴细胞又称胸腺依赖性淋巴细胞，简称 T 细胞，由胸腺内的淋巴干细胞分化而成。T 细胞产生后进入外周淋巴器官或淋巴组织并保持静息状态。一旦受到抗原刺激便转化为代谢活跃的大淋巴细胞，然后增殖分化，形成大量效应 T 细胞和少量记忆性 T 细胞。效应 T 细胞具有免疫功能，寿命约 1 周，能迅速清除抗原。记忆性 T 细胞恢复静息状态，其寿命可长达数年甚至终身。

当再次遇到相同抗原时，记忆性 T 细胞能迅速转化增殖，形成大量效应 T 细胞，启动更强的免疫应答。并使机体对该抗原有持久的免疫力。

根据功能的不同，T 细胞可分为以下三个亚群。

1. 细胞毒性 T 细胞　简称 Tc 细胞，表面有 CD_8 抗原。T_C 细胞释放穿孔素和颗粒酶，并直接攻击带异抗原的靶细胞，如肿瘤细胞、病毒感染细胞和异体细胞，是细胞免疫应答的主要部分。

2. 辅助性 T 细胞　简称 Th 细胞，表面有 CD_4 抗原。Th 细胞分泌多种淋巴因子，它既能辅助 B 细胞产生体液免疫应答，又能辅助 Tc 细胞产生细胞免疫应答。此外，Th 细胞还具有某些免疫效应功能。艾滋病病毒能特异性破坏 Th 细胞，导致患者免疫系统瘫痪。

3. 抑制性 T 细胞　简称 Ts 细胞，表面有 CD_8 抗原。Ts 细胞分泌的细胞因子能抑制 Th 细胞活性，间接降低其他 B 细胞和 T 细胞的活性，从而抑制体液免疫和细胞免疫。

由于效应 T 细胞可直接杀灭靶细胞，故 T 细胞参与的免疫称细胞免疫。

（二）B 淋巴细胞

B 淋巴细胞又称骨髓依赖淋巴细胞，简称 B 细胞，由骨髓中的淋巴干细胞分化而成。B 细胞产生后进入外周淋巴器官或淋巴组织，遇到抗原刺激后转化为大淋巴细胞，然后增殖分化，形成大量效应 B 细胞和少量记忆性 B 细胞。效应 B 细胞，即浆细胞，能分泌抗体。抗体和抗原特异性结合不仅可以消除该抗原的致病作用，还能加速巨噬细胞对该抗原的吞噬和清除。由于浆细胞分泌的抗体，即可溶性蛋白分子发挥免疫功能是在体液内进行的，故 B 细胞介导的免疫称体液免疫。记忆性 B 细胞，其作用和记忆性 T 细胞相同。

（三）NK 细胞

NK 细胞即自然杀伤性淋巴细胞，不需借助抗体，也不需抗原提呈细胞的呈递，能直接杀伤病毒感染细胞和肿瘤细胞。

外周淋巴器官和淋巴组织内的淋巴细胞可经淋巴管进入血流，循环于全身，还可通过弥散组织内的毛细血管后微静脉，再返回淋巴器官或淋巴组织，如此周而复始，使淋巴细胞从一个淋巴器官到另一个淋巴器官，从一处淋巴组织到另一处淋巴组织，这种现象称为淋巴细胞再循环。淋巴细胞再循环有利于识别抗原，促进免疫细胞间的协作，使全身散在分布的淋巴细胞成为相互关联的统一体。

二、巨噬细胞及单核 – 吞噬细胞系统

巨噬细胞广泛分布于全身，是由血液中单核细胞穿出血管后分化形成。单核细胞及其分化而来的具有吞噬功能的细胞称为单核 – 吞噬细胞系统，包括单核细胞、结缔组织和淋巴组织中的巨噬细胞、骨组织中的破骨细胞、神经组织中的小胶质细胞、皮肤中的朗格汉斯细胞、肝巨噬细胞、肺尘细胞等。

三、抗原提呈细胞

抗原提呈细胞是指能捕获和处理抗原，将抗原提呈给 T 细胞，并激发 T 细胞活化、增殖的一类免疫细胞，主要有树突状细胞、巨噬细胞等。

💡 **知识拓展**

疫苗接种

疫苗接种，是将疫苗制剂接种到人或动物体内的技术，使接受方获得抵抗某一特定或与疫苗相似病原的免疫力，借由免疫系统对外来物的辨认，进行抗体的筛选和制造，以产生对抗该病原或相似病原的抗体，进而使受注射者对该疾病具有较强的抵抗能力。

第二节　淋巴组织

淋巴组织以网状组织为支架，网眼中充满大量淋巴细胞和其他免疫细胞，是免疫应答的场所。淋巴组织可分为弥散淋巴组织、淋巴小结两种。

一、弥散淋巴组织

弥散淋巴组织与周围组织无明确界限，弥散分布，其内的淋巴细胞主要为 T 淋巴细胞。组织中除含有毛细血管和毛细淋巴管外，还常有内皮细胞呈柱状的毛细血管后微静脉，也称高内皮微静脉，它是淋巴细胞从血液进入淋巴组织的重要通道。抗原刺激可使弥散淋巴组织扩大，并出现淋巴小结。

二、淋巴小结

淋巴小结，又称淋巴滤泡，呈圆形或椭圆形的小体，与周围组织边界清楚，主要由 B 细胞密集而成。淋巴小结受到抗原刺激后增大，并产生生发中心。无生发中心的淋巴小结较小，称初级淋巴小结；有生发中心的淋巴小结称次级淋巴小结。

生发中心又称反应中心，分为深部的暗区和浅部的明区。生发中心的周边有一层密集的小型 B 细胞，尤以顶部最厚，称为小结帽。暗区因细胞强嗜碱性，故着色深，主要由大而幼稚的 B 细胞和 Th 细胞紧密聚集形成。明区主要由中等大的 B 细胞和部分 Th 细胞组成，此外还含有滤泡树突状细胞和巨噬细胞。滤泡树突状细胞表面有丰富的抗体受体，能与抗原–抗体复合物结合，并可保留较长时间，在激活 B 细胞和调节 B 细胞的分化中起重要作用。

第三节　淋巴器官

淋巴器官是以淋巴组织为主构成的器官，依据结构和功能的不同分为中枢淋巴器官和外周淋巴器官两类。中枢淋巴器官包括胸腺和骨髓，它们是淋巴造血干细胞形成初始 T 细胞和 B 细胞的场所，然后输送到外周淋巴器官和淋巴组织。外周淋巴器官包括淋巴结、脾和扁桃体等，免疫应答的主要在此处进行。无抗原刺激时外周淋巴器官较小，受抗原刺激后则迅速增大，结构也发生变化，免疫应答结束后恢复原状。

一、胸腺

胸腺位于胸腔前纵隔，其形状、大小和结构随年龄而发生改变。胸腺在胚胎期开始发育，幼儿期较大，青春期以后开始萎缩，老年期逐渐被脂肪组织代替。

（一）胸腺的结构

胸腺表面有薄层结缔组织被膜，被膜结缔组织伸入胸腺实质形成小叶间隔，把胸腺实质分成许多分隔不全的胸腺小叶。每个小叶分为浅层的皮质和深层的髓质两部分，相邻小叶髓质相互连续（图 22 – 1）。

1. 皮质　以少量胸腺上皮细胞为支架，间隙内含有大量胸腺细胞和少量巨噬细胞。

（1）胸腺上皮细胞　又称上皮性网状细胞。多呈星形，有突起，相邻上皮细胞的突起以桥粒连接成网。位于被膜下的胸腺上皮细胞能分泌胸腺细胞发育所必需的激素胸腺素和胸腺生成素，可刺激胸腺细胞的发育和增殖分化。

（2）胸腺细胞　即胸腺内分化发育的 T 细胞，它们密集于皮质内，占胸腺皮质细胞总数的 85% ~ 90%，故皮质着色较深。约 95% 的胸腺细胞在发育中被淘汰而凋亡，仅 5% 的胸腺细胞能分化成为具有正常的免疫应答潜能的初始 T 细胞。

（3）巨噬细胞　量少，可吞噬发育过程中退化凋亡的胸腺细胞。

2. 髓质　内含大量胸腺上皮细胞、少量成熟胸腺细胞和巨噬细胞，故染色较皮质浅。髓质上皮细胞呈多边形，胞体较大，细胞间以桥粒相连，也能分泌

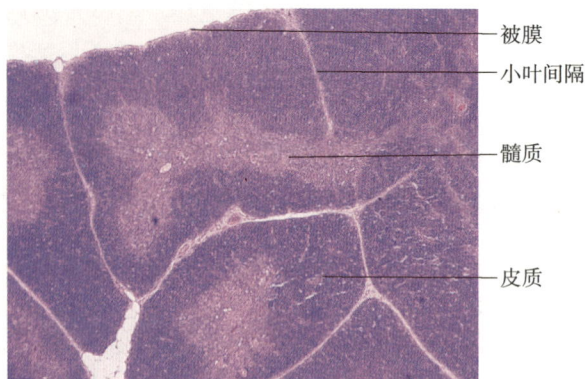

图 22 - 1　胸腺的微细结构

胸腺激素。部分胸腺上皮细胞呈同心圆排列，形成圆形或卵圆形的呈散在分布的胸腺小体，为胸腺髓质的特征性结构，其内还常见巨噬细胞、嗜酸性粒细胞和淋巴细胞。胸腺小体不能分泌激素，其功能尚不清楚，但缺乏胸腺小体的胸腺不能培育出 T 细胞。

3. 血 – 胸腺屏障　胸腺皮质的毛细血管及其周围结构具有屏障作用，称为血 – 胸腺屏障，其构成包括：连续性毛细血管内皮及基膜；血管周隙，其中含有巨噬细胞；胸腺上皮细胞基膜及连续的胸腺上皮细胞。血液内大分子物质，如一般抗原物质和药物不易透过此屏障，可使胸腺内环境保持相对稳定，对胸腺细胞的正常发育发挥着重要的作用。

（二）胸腺的功能

胸腺是形成初始 T 细胞的场所，对淋巴组织及外周淋巴器官的正常发育起着非常重要的作用。

二、淋巴结

淋巴结是滤过淋巴液和产生免疫应答的重要器官，其大小和结构与机体的免疫功能状态密切相关。

（一）淋巴结的结构

淋巴结表面有致密的结缔组织被膜，数条输入淋巴管穿过被膜通入被膜下淋巴窦。淋巴结的一侧凹陷称为门部，血管、神经和输出淋巴管由此进出淋巴结。被膜和门部的结缔组织伸入实质形成小梁，小梁连接成网构成淋巴结实质的支架，血管行于其内。小梁之间为淋巴组织和淋巴窦。淋巴结实质分为皮质和髓质两部分（图 22 – 2）。

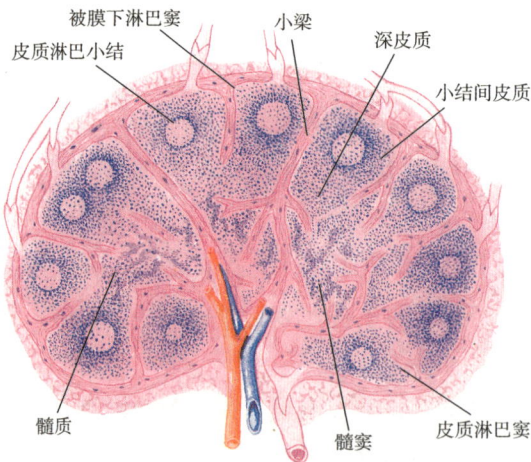

图 22 - 2　淋巴结的微细结构

1. **皮质**   位于被膜下方，由浅层皮质、副皮质区及皮质淋巴窦构成。

（1）浅层皮质   主要结构为紧贴被膜下窦的弥散淋巴组织及淋巴小结，为 B 细胞区。

（2）副皮质区   位于皮质的深层，为较大片的弥散淋巴组织，主要由 T 细胞聚集而成；此外，还含有交错突细胞、巨噬细胞和少量 B 细胞等，新生动物切除胸腺后，此区即不发育，故又称胸腺依赖区。副皮质区还含有许多毛细血管后微静脉，它是血液内淋巴细胞进入淋巴组织的重要通道。

（3）皮质淋巴窦   包括被膜下淋巴窦和与其连通的小梁周窦。窦壁有薄的内皮细胞构成，内皮外有薄层基质、少量网状纤维及一层扁平的网状细胞。窦腔内常有一些星形的内皮细胞，还有许多巨噬细胞附着于内皮细胞表面。窦内淋巴的缓慢流动，有利于巨噬细胞吞噬和滤过异物。

2. **髓质**   位于淋巴结深部，由髓索及其间的髓窦组成。

（1）髓索   是相互连接的索状淋巴组织，其内主要含有 B 细胞、浆细胞和巨噬细胞等。

（2）髓窦   与皮质淋巴窦的结构相似，但较宽大，腔内的巨噬细胞较多，故有较强的过滤功能。

（二）淋巴结内的淋巴通路

淋巴从输入淋巴管进入被膜下淋巴窦和小梁周窦，部分渗入皮质淋巴组织再流入髓窦，部分经小梁周窦直接流入髓窦，最后均经输出淋巴管流出淋巴结。

（三）淋巴结的功能

1. **滤过淋巴**   淋巴液中常含有抗原，如细菌、病毒、毒素等，当淋巴液缓慢流经淋巴结时，巨噬细胞可清除其中的抗原。正常情况下，淋巴结对细菌的清除率可达 99%，但对病毒及癌细胞的清除率较低。

2. **参与免疫应答**   抗原进入淋巴结后，巨噬细胞和交错突细胞可捕获与处理抗原，然后将抗原呈递给 T 细胞和 B 细胞，后两种细胞在抗原的刺激下，大量分裂增殖，最后分化成具有免疫功能的效应 T 细胞和浆细胞，分别参与细胞免疫和体液免疫。

三、脾

脾在胚胎时期是主要的造血器官，自骨髓开始造血后，脾演变为人体最大的淋巴器官。

（一）脾的结构

脾被膜较厚，被膜和脾门的结缔组织深入实质内形成小梁，构成脾的支架。脾小梁和血管、神经构成脾的间质。在新鲜的脾切面，可见大部分呈深红色的组织，称红髓；其间有散在分布的灰白色点状区域，称白髓，二者构成脾实质。脾动脉从脾门进入后，分支随小梁走行，称小梁动脉。小梁动脉继续分支，进入白髓，称中央动脉（图 22 - 3）。

1. **白髓**   为密集的淋巴组织，由动脉周围淋巴鞘、淋巴小结和边缘区构成，相当于淋巴结的皮质。

（1）动脉周围淋巴鞘   围绕在中央动脉周围，为厚层弥散淋巴组织，由大量 T 细胞、少量巨噬细胞与交错突细胞等构成。相当于淋巴结的副皮质区，但无毛细管后微静脉。

（2）淋巴小结   又称脾小体，位于动脉周围淋巴鞘和边缘区之间，主要由大量 B 细胞构成。当抗原侵入脾内引起体液免疫应答时，淋巴小结大量增多。

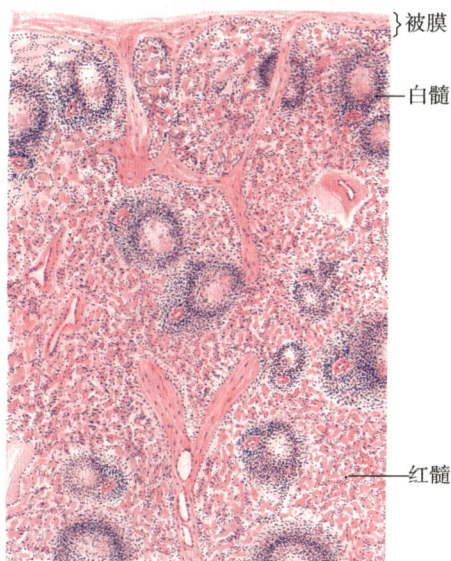

图 22 - 3 脾的微细结构

（3）边缘区　位于白髓和红髓交界的狭窄区域。此区含有 T 细胞、B 细胞和较多的巨噬细胞。中央动脉的侧支末端在此区膨大，形成的小血窦，称为边缘窦，是血液内抗原以及淋巴细胞进入白髓的重要通道，同时白髓内淋巴细胞也可经此区再迁入边缘窦，参与淋巴细胞再循环。

2. 红髓　约占脾实质的 2/3，位于被膜下、小梁周围及白髓边缘区外侧的广大区域，由脾索及脾血窦组成。

（1）脾索　由富含血细胞的淋巴组织构成，呈不规则的条索状，并相互连接成网，脾索之间为脾血窦。脾索内含有较多 B 细胞、浆细胞、巨噬细胞和树突状细胞。中央动脉主干穿出白髓进入脾索后，分支形似毛笔，称笔毛微动脉，少数直接注入脾血窦，多数的末端开口于脾索，使大量血液进入脾索。

（2）脾血窦　简称脾窦，位于脾索之间，相互连接成网，形态不规则。窦壁由长杆状内皮细胞围成，沿血窦长轴呈纵向排列，细胞间隙较大，基膜不完整。血窦外侧有较多的巨噬细胞，其突起可通过内皮间隙伸向窦腔。脾血窦汇入小梁静脉，再于脾门汇合为脾静脉出脾。

（二）脾的功能

1. 滤血　脾内滤血的主要部位是含大量巨噬细胞的脾索和边缘区，可清除血液中的病菌、异物和衰老、死亡的血细胞。当脾大或脾功能亢进时，红细胞破坏过多，可引起贫血。脾切除后，血内的异形衰老红细胞大量增多。

2. 免疫应答　脾内含有各类免疫细胞，是对血源性抗原物产生免疫应答的部位。侵入血内的病原体，如细菌、疟原虫和血吸虫等，可引起脾内发生免疫应答。脾是体内产生抗体最多的淋巴器官。

3. 造血　胚胎早期脾有造血功能，自骨髓开始造血后，脾渐变为淋巴器官，但脾内仍含有少量造血干细胞，当机体严重贫血或某些病理状态下，脾可恢复造血功能。

4. 储血　脾储血约 40ml，主要储于血窦内，可供机体急需。

四、扁桃体

扁桃体属于外周淋巴器官，包括腭扁桃体、咽扁桃体和舌扁桃体，和咽黏膜内多处分散的淋巴组织共同组成咽淋巴环，构成机体的重要防线。

腭扁桃体位于腭舌弓和腭咽弓之间的扁桃体窝内，呈扁卵圆形，黏膜表面覆有复层扁平上皮，上皮向下内陷入形成 10 ～ 30 个分支的隐窝。隐窝周围的固有层内有大量弥散淋巴组织及淋巴小结。隐窝深部的复层扁平上皮内含有许多淋巴细胞、浆细胞、少量巨噬细胞和郎格汉斯细胞等。在上皮细胞之间，有许多间隙和通道，它们相互连通并开口于隐窝上皮表面的小凹陷，这种上皮组织称淋巴上皮组织。上皮内还有毛细血管后微静脉，是淋巴细胞进出上皮的主要通道。小儿的腭扁桃体较发达，其固有层内含有大量弥散淋巴组织及淋巴小结，它们的数量及发育程度与抗原刺激密切相关。

咽扁桃体和舌扁桃体体积较小，结构与腭扁桃体相似，咽扁桃体无隐窝，舌扁桃体仅有一个浅隐窝，故较少引起炎症。成人的舌扁桃体和咽扁桃体多萎缩退化。

目标检测

答案解析

一、选择题

1. 下列对 B 细胞的描述，哪一项是正确的
　　A. 在胸腺内分化发育而成　　　　　　　　B. 在骨髓内分化发育而成

C. 分布于淋巴结的副皮质区

D. 参与机体的细胞免疫

E. 有吞噬作用

2. 下列对 T 细胞的描述，哪一项是正确的

A. 在胸腺内分化发育而成

B. 能分泌抗体

C. 在骨髓内分化发育而成

D. 参与机体的体液免疫

E. 有吞噬作用

3. 淋巴小结生发中心的出现

A. 无抗原刺激

B. T 淋巴细胞增殖的结果

C. 由浆细胞聚集而成

D. 是免疫反应的表现

E. B 淋巴细胞增殖的结果

4. 中枢淋巴器官包括

A. 胸腺、淋巴结和脾

B. 胸腺及淋巴结

C. 胸腺及脾

D. 胸腺及骨髓

E. 阑尾及淋巴结

5. 淋巴结内 T 细胞的聚合区是

A. 淋巴小结发生中心

B. 淋巴小结帽

C. 副皮质区

D. 髓质淋巴窦

E. 皮质浅层及淋巴窦内

6. 抗原刺激后，淋巴结的哪一部分结构明显增大形成淋巴小结

A. 浅层皮质　　　　　B. 副皮质区　　　　　C. 浅层皮质和副皮质区

D. 髓索　　　　　　　E. 红髓

7. 关于脾血窦的结构哪项错误

A. 腔大而不规则

B. 窦壁由扁平的内皮的细胞围成

C. 基膜不完整

D. 内皮之间有明显的细胞间隙

E. 通透性小

8. 脾脏白髓的组成为

A. 脾小体及边缘区

B. 脾小体

C. 脾小体、脾索

D. 动脉周围淋巴鞘和脾小体及边缘区

E. 淋巴小结

二、思考题

1. 试述淋巴结皮质的结构。

2. 试述脾的微细结构。

（贺　旭）

书网融合……

本章小结　　　　　题库

第二十三章 消化系统

学习目标

1. 通过本章学习，重点把握消化管壁的一般结构；胃壁、小肠壁、肝、胰的微细结构。
2. 学会结合 HE 染色切片利用显微镜辨认胃、小肠、肝、胰腺的微细结构。

情境导入

情境描述 患者，男，38 岁，间歇性上腹痛两年半，有嗳气、反酸、食欲不振，冬春季节较常发作。近 2 天来腹痛加剧，并突然呕血 300ml。入院诊断为：消化性溃疡。

讨论 1. 胃壁的结构可分为哪几层？
2. 胃溃疡的发生是由于胃壁的哪些结构受损？

消化系统由消化管和消化腺组成。消化管是从口腔到肛门的粗细不等，迂曲的管道，包括口腔、咽、食管、胃、小肠（十二指肠、空肠和回肠）和大肠（盲肠、阑尾、结肠、直肠和肛管）。消化腺包括大消化腺和小消化腺两种。消化系统的主要功能是消化食物，吸收营养物质。

第一节 消化管

一、消化管的一般结构

除口腔与咽外，消化管壁皆可分为 4 层，由内至外依次是黏膜、黏膜下层、肌层和外膜（图 23-1）。

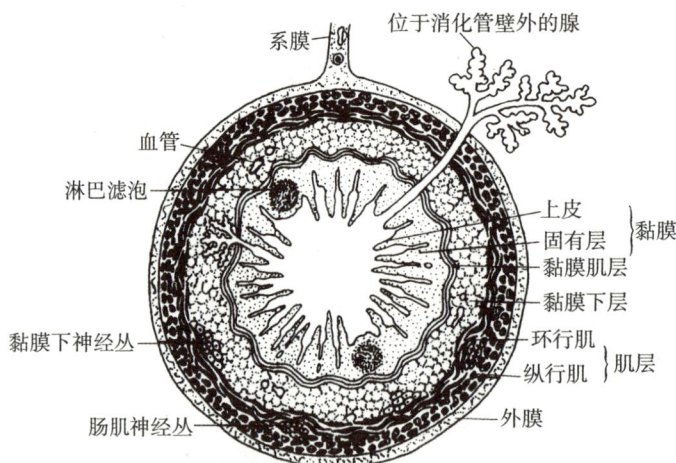

图 23-1 消化管壁一般结构模式图

（一）黏膜

黏膜是消化管壁的最内层。黏膜表面润滑，有利于食物的运输、消化和吸收。黏膜自内向外由上皮、固有层和黏膜肌层组成。

1. 上皮　构成黏膜的表层。口腔、咽、食管和肛管下部的上皮为复层扁平上皮，耐摩擦，具有保护功能；胃、小肠和大肠的上皮为单层柱状上皮，主要功能为消化、吸收。

2. 固有层　由疏松结缔组织构成，含丰富的血管和淋巴管。胃和肠的固有层内含有小腺体和淋巴组织。

3. 黏膜肌层　为薄层平滑肌，平滑肌的收缩和舒张可改变黏膜形态，促进腺体分泌物的排出，促进血液、淋巴的循环，有助于物质的吸收。

（二）黏膜下层

黏膜下层由疏松结缔组织构成，内含丰富的血管、淋巴管和神经丛。食管、胃和小肠等部位的黏膜和黏膜下层共同向管腔内突出，形成纵行或环形皱襞，扩大了黏膜的表面积。

（三）肌层

肌层在口腔、咽、食管上段和肛门外括约肌为骨骼肌，其余各段为平滑肌。平滑肌一般可分为内环行、外纵行两层。某些部位环形肌增厚，形成括约肌。肌层的收缩和舒张运动，可使消化液与食物充分混合，并将食物不断推进。

（四）外膜

外膜是消化管的最外层，有纤维膜和浆膜之分。咽、食管、直肠下部和肛管的外膜由疏松结缔组织构成，称纤维膜；胃、小肠和大肠大部分的外膜由疏松结缔组织及其表面的间皮共同构成，称浆膜。浆膜表面光滑，可减少器官之间的摩擦，有利于器官的活动。

二、食管

食管壁具有消化管典型的4层结构，由黏膜、黏膜下层、肌层和外膜构成（图23-2）。

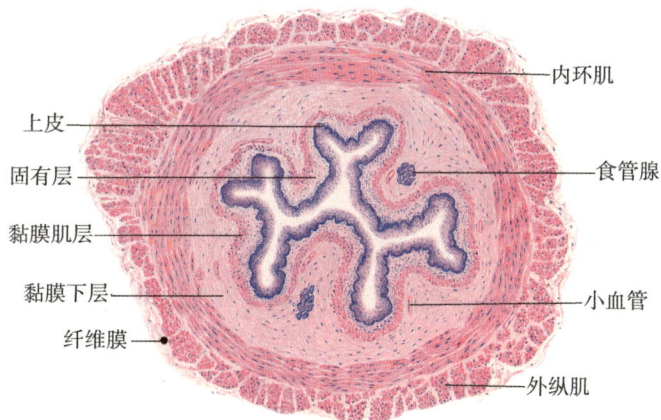

图 23-2　食管壁的微细结构

（一）黏膜

黏膜上皮为复层扁平上皮，具有保护作用。固有层为疏松结缔组织，含有血管和淋巴管。黏膜肌层由纵行的平滑肌构成。

（二）黏膜下层

黏膜下层为疏松结缔组织，含有血管、淋巴管和大量的食管腺。食管腺分泌黏液，经导管开口于食管腔，润滑食管内表面，使食团易于下行。

（三）肌层

食管壁的肌层分内环行、外纵行两层。食管壁的肌层上 1/3 段为骨骼肌；中 1/3 段由骨骼肌与平滑肌混合组成；下 1/3 段为平滑肌。

（四）外膜

外膜为纤维膜，由疏松结缔组织构成。

三、胃

胃壁从内向外由黏膜、黏膜下层、肌层和外膜构成（图 23 – 3）。

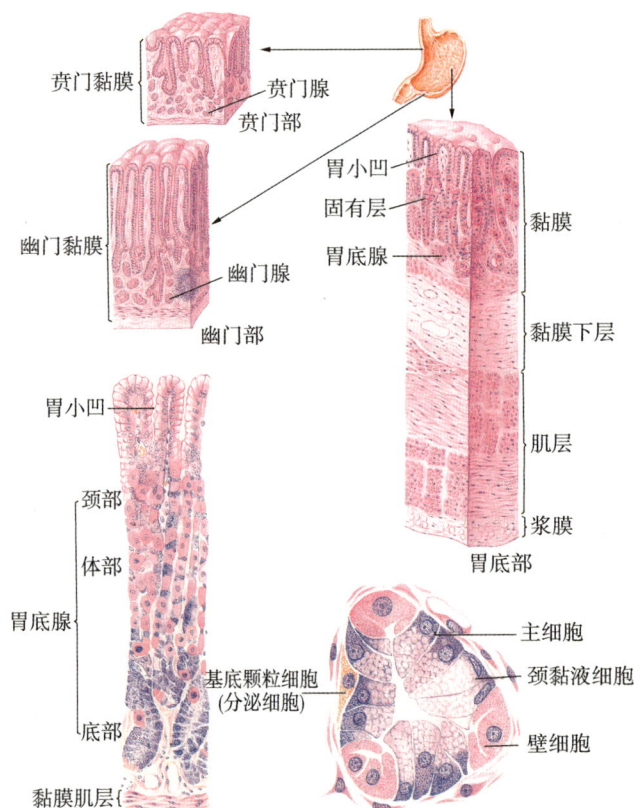

胃底腺（纵切）（HE染色，低倍） 胃底腺（横切）（HE染色，高倍）

图 23 – 3 胃的微细结构

（一）黏膜

胃黏膜较厚，肉眼观察为橘红色，有光泽。黏膜表面有许多针孔样小窝，称胃小凹，凹底有胃腺开口。胃空虚时，黏膜与黏膜下层隆起形成皱襞，充盈时皱襞变低或展平，但胃小弯处有 4 ~ 5 条纵行皱襞较恒定。幽门处的黏膜皱襞成环形，称幽门瓣，此瓣可调节胃内容物进入十二指肠的速度。

1. 上皮　为单层柱状上皮。柱状细胞的核椭圆形，位于细胞基底部，顶部胞质内含大量黏原颗粒，可分泌黏蛋白，故胃的柱状上皮细胞又称表面黏液细胞。HE 染色时，黏原颗粒溶解，呈空泡状。

2. 固有层　由疏松结缔组织构成，内有许多管状的胃腺。胃腺根据其所在部位不同，可分为贲门腺、幽门腺和胃底腺。

贲门腺、幽门腺分别位于贲门部和幽门部，可分泌黏液和溶菌酶等，幽门腺还可以分泌胃泌素，促进壁细胞分泌盐酸。

胃底腺位于胃底和胃体部，是分泌胃液的主要腺体。胃底腺主要有三种细胞组成。

（1）颈黏液细胞　数量少，主要分布于腺的颈部。细胞呈柱状，细胞核扁圆形，位于基底部。颈黏液细胞分泌黏液。

（2）主细胞　又称胃酶细胞，数量最多，分布于腺的中、下部。细胞呈柱状，核圆形，位于细胞基底部，细胞质呈嗜碱性。主细胞分泌胃蛋白酶原，胃蛋白酶原经盐酸作用后成为有活性的胃蛋白酶，分解蛋白质。

（3）壁细胞　又称泌酸细胞，分布于腺的上、中部。细胞较大，呈圆形或锥体形，细胞核呈圆形，位于细胞的中央，细胞质呈嗜酸性。壁细胞有合成和分泌盐酸的功能，盐酸是胃液的重要组成部分，有杀菌作用，还能激活胃蛋白酶原。壁细胞还能分泌一种糖蛋白，称内因子，内因子能够促进维生素 B_{12} 的吸收。患萎缩性胃炎时，内因子缺乏，维生素 B_{12} 吸收障碍，影响骨髓内红细胞的生成，可导致巨幼红细胞性贫血。

3. 黏膜肌层　由内环行和外纵行两层平滑肌组成。黏膜肌的收缩有助于固有层腺体的分泌。

💡 知识拓展

胃黏膜的自我保护的机制

胃液含高浓度盐酸，腐蚀性极强，正常时，胃液不会自我消化，主要因为其表面有黏膜－碳酸氢盐屏障，胃黏膜表面覆盖的黏液是一层含大量 HCO_3^- 的不可溶性的黏液凝胶，而高浓度 HCO_3^- 使局部 pH 为 7，既抑制了酶的活性，又可中和渗入的 H^+。此外，胃上皮细胞的快速更新也可修复损伤。正常时，胃酸的分泌量与黏液－碳酸氢盐屏障保持平衡。一旦胃酸分泌过多或黏液产生减少，屏障受到破坏，就会导致胃组织的自我消化，形成溃疡。

（二）黏膜下层

黏膜下层由疏松结缔组织构成，含有较多的血管、淋巴管和神经丛。

（三）肌层

肌层较厚，由内斜行、中环行、外纵行 3 层平滑肌构成。环行肌在幽门处增厚形成幽门括约肌。幽门括约肌能调节胃内容物进入小肠的速度，同时防止小肠内容物逆流至胃。在婴儿，如果幽门括约肌增厚，可形成先天性幽门梗阻。

（四）外膜

外膜为浆膜，由疏松结缔组织与间皮组成。

四、小肠

小肠分十二指肠、空肠和回肠，各段没有明显的界限，它们具有共同的结构又各有其特点。小肠壁的结构分黏膜、黏膜下层、肌层和外膜 4 层，黏膜和部分黏膜下层共同突入肠腔，形成环形皱襞（图 23 - 4，图 23 - 5）。

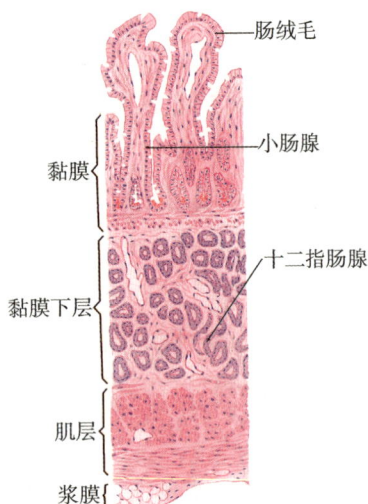

图 23 - 4　十二指肠的微细结构

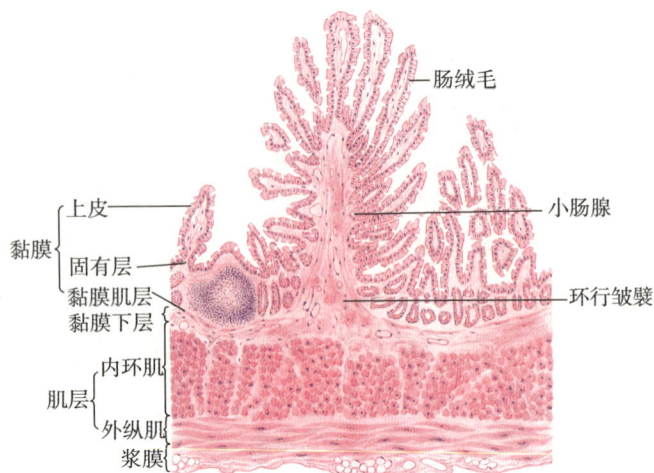

图 23 - 5　空肠的微细结构

（一）黏膜

黏膜的上皮为单层柱状上皮；固有层由富含血管和淋巴管的疏松结缔组织构成；黏膜肌层由内环行和外纵行两层平滑肌组成。

小肠黏膜的主要特点是腔面有许多环形皱襞和肠绒毛，固有层中有大量小肠腺和淋巴组织。

1. 环形皱襞　除十二指肠球和回肠末端外，其余各部均有环形皱襞。

2. 肠绒毛　小肠黏膜的游离面有许多细小的指状突起，称肠绒毛。肠绒毛由黏膜上皮和固有层向肠腔内突出而成（图 23 - 6）。

绒毛的上皮主要由柱状细胞和杯形细胞构成，柱状细胞表面有密集而整齐排列的微绒毛。固有层形成绒毛的中轴，内含毛细血管网、毛细淋巴管（中央乳糜管）和散在的平滑肌纤维等。

小肠的皱襞、绒毛和微绒毛等结构，扩大了小肠的吸收面积，有利于小肠吸收营养物质。

3. 小肠腺　是黏膜上皮下陷至固有层而形成的管状腺，腺管开口于相邻肠绒毛根部之间（图 23 - 7）。

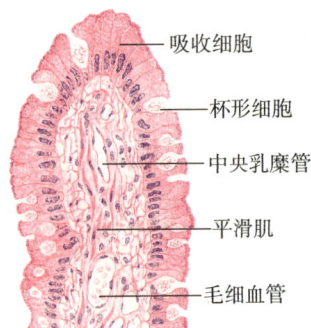

图 23 - 6　小肠绒毛

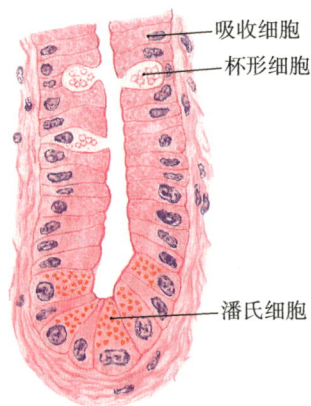

图 23 - 7　小肠腺

小肠腺主要由杯状细胞、柱状细胞和潘氏细胞构成。其中柱状细胞最多，分泌多种消化酶；杯形细胞分泌黏液，对小肠黏膜起润滑和保护作用；潘氏细胞呈锥体形，常三五成群分布在小肠腺的基部，细胞质内含有粗大的嗜酸性颗粒，内含溶菌酶等，颗粒内容物释放入小肠腺腔，可杀灭肠道微生物，故潘氏细胞是一种具有免疫功能的细胞。

4. 淋巴组织 小肠黏膜固有层内散布有许多淋巴组织，是小肠壁重要的防御结构。在十二指肠和空肠中含有散在的淋巴组织，称孤立淋巴滤泡。回肠中的淋巴组织常聚集成群，称集合淋巴滤泡（图23-8）。患肠伤寒时，细菌常侵犯集合淋巴滤泡，引起局部坏死，并发肠出血或肠穿孔。

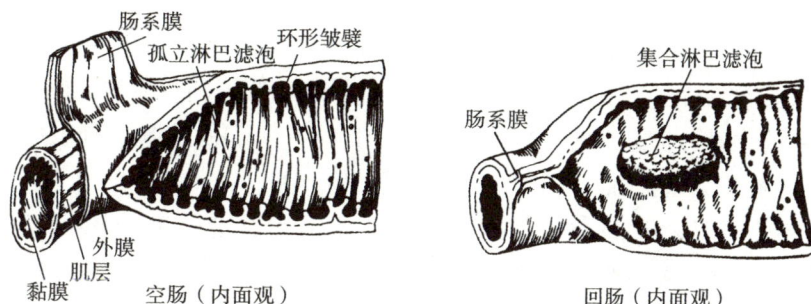

图 23-8　小肠黏膜的淋巴滤泡

（二）黏膜下层

黏膜下层由疏松结缔组织构成，内含较多的血管、淋巴管和神经丛。

（三）肌层

肌层由内环行和外纵行两层平滑肌构成。

（四）外膜

十二指肠后壁的外膜为纤维膜，其余部分均覆以浆膜。

五、大肠

盲肠、结肠和直肠的微细结构基本相同，无绒毛，肠腺多，杯形细胞多。

（一）黏膜

黏膜的上皮为单层柱状上皮，由柱状细胞和杯状细胞组成。固有层内有大量密集排列的肠腺。黏膜上皮和腺上皮杯状细状胞数量多，分泌大量黏液，润滑、保护肠黏膜。黏膜肌层为内环行和外纵行两层平滑肌。

（二）黏膜下层

黏膜下层由疏松结缔组织构成，有小动脉、小静脉、淋巴管和脂肪细胞。

（三）肌层

肌层为内环行和外纵行两层平滑肌。内环行肌节段性局部增厚，形成结肠袋，外纵行肌局部增厚形成3条结肠带。

（四）外膜

外膜在盲肠、横结肠、乙状结肠、升结肠、降结肠的前壁，直肠上1/3段的大部、中1/3段的前壁为浆膜；其余各部为纤维膜。

第二节　消化腺

消化腺包括大消化腺和小消化腺。大消化腺包括大唾液腺、肝和胰。小消化腺则广泛分布于消化管壁内，如食管腺、胃腺、肠腺等。消化腺的主要功能是分泌消化液，对食物进行化学性消化。

一、大唾液腺

大唾液腺包括腮腺、下颌下腺和舌下腺，分泌的唾液经导管进入口腔。

（一）唾液腺的一般结构

唾液腺属于复管泡状腺，被膜由薄层结缔组织构成，结缔组织深入腺实质将其分隔为许多小叶。腺实质由腺泡和导管组成。腺的间质是结缔组织及分布在导管和腺泡间的血管、淋巴管、神经。

1. 腺泡　由单层锥形腺细胞围成，在腺细胞与基膜间有肌上皮细胞。肌上皮细胞的收缩有助于腺腔内分泌物的排出。腺泡分浆液性、黏液性和混合型三种类型。

（1）浆液性腺泡　由浆液性腺细胞组成，其分泌物较稀薄，富含唾液淀粉酶和溶菌酶。

（2）黏液性腺泡　由黏液性细胞组成，分泌物较黏稠，含黏蛋白。

（3）混合性腺泡　由浆液性腺细胞和黏液性腺细胞共同组成。常常是几个浆液性腺细胞分布在腺泡的末端。切片中，几个浆液性腺细胞排列呈半月形，称半月。半月的分泌物经黏液性腺细胞的间隙（细胞间小管）排入腺泡腔中。

2. 导管　是腺体的排泄部，反复分支。导管一端与腺泡相连，另一端开口于口腔，可分为闰管、分泌管、小叶间导管和总导管。

（二）三种唾液腺结构特点

1. 腮腺　为浆液性腺，闰管长，分泌管短，分泌物含有大量的淀粉酶。

2. 下颌下腺　为混合性腺，以浆液性腺泡为主，黏液腺泡和混合腺泡较少，闰管短，分泌管发达，分泌物含较多黏液及少量唾液淀粉酶。

3. 舌下腺　为混合性腺，以黏液性腺泡和混合性腺泡为主，闰管短而不易见，分泌管短，分泌物主要是黏液。

二、肝

肝的表面大部分有浆膜覆盖，浆膜下面为一层富含弹性纤维的致密结缔组织。在肝门处，结缔组织随出入肝门的结构伸入肝的实质，将肝实质分隔成50万~100万个肝小叶。相邻的几个肝小叶之间有门管区（图23-9）。

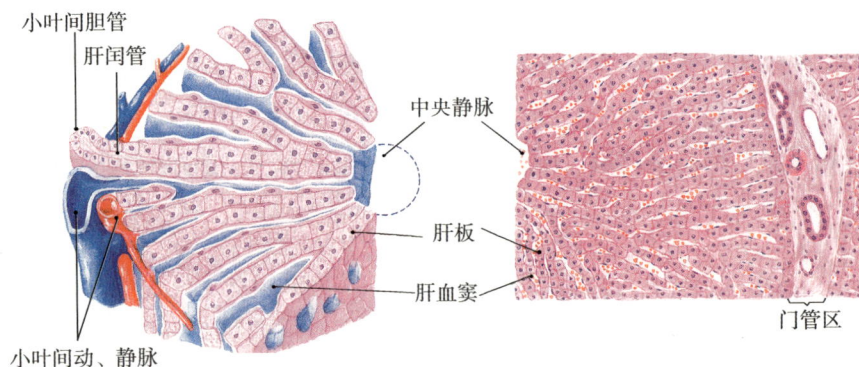

图 23-9　肝的微细结构

（一）肝小叶

肝小叶是肝结构和功能的基本单位，呈多面棱柱状，高约2mm，宽约1mm，主要由肝细胞构成。

肝小叶的中央有一条纵行的中央静脉。肝细胞以中央静脉为中心向周围呈放射状排列成板状结构，称为肝板，切片中肝板的断面呈索状，又叫肝索。肝板之间的不规则腔隙为肝血窦。肝板内相邻肝细胞之间有胆小管（图 23－10）。

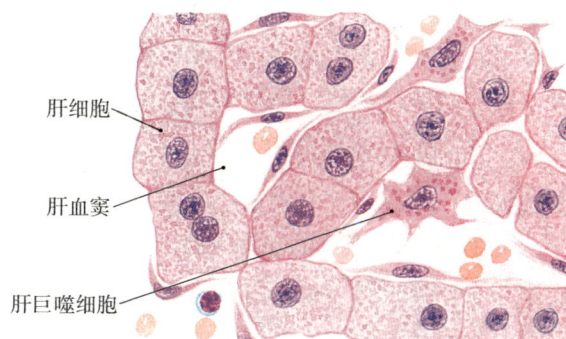

图 23－10　肝索和肝血窦

1. 肝细胞　呈多面形，体积较大，细胞核圆形，位于细胞的中央，核仁明显。肝细胞细胞质丰富，多呈嗜酸性，细胞质内富含多种细胞器和内含物，如线粒体、内质网、高尔基复合体、溶酶体、糖原颗粒、少量脂滴及色素等。

2. 肝血窦　位于肝板之间，为形状不规则的毛细血管，是肝小叶血液流通的管道。窦壁由一层内皮细胞围成，内皮细胞有孔，无隔膜，胞质内有大量吞饮小泡。细胞连接疏松，细胞外面无基膜，因此，肝血窦壁的通透性较大，有利于肝细胞和血液之间的物质交换。肝巨噬细胞又称库普弗细胞，散在分布于肝血窦中，胞体大，形态不规则，可吞噬和清除血液中的细菌、异物以及衰老的红细胞，监视和抑制肿瘤细胞等，对肝内防御发挥重要的作用。

3. 窦周隙　位于肝血窦内皮细胞与肝细胞之间狭窄的间隙（图 23－11）。窦周隙充满血浆，肝细胞的血窦面有大量微绒毛，浸入血浆中，有利于和血浆之间进行物质交换。在窦周隙内还含有贮脂细胞，它有贮存维生素 A 和合成胶原纤维的功能。

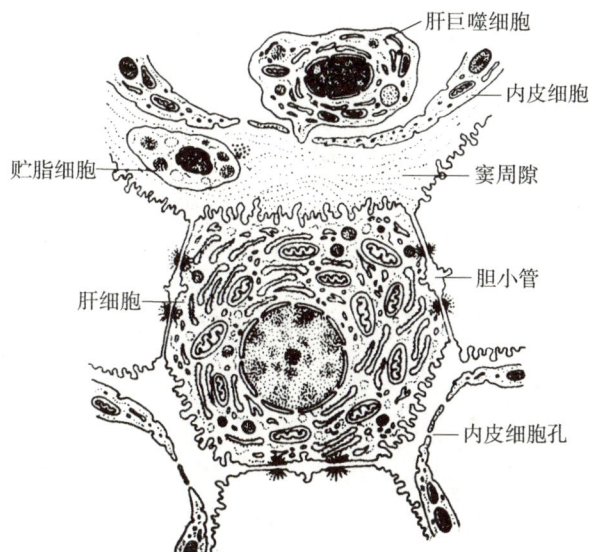

图 23－11　肝细胞、肝血窦、窦周隙、胆小管的超微结构

4. 胆小管　是相邻肝细胞之间的细胞膜在某些部位凹陷形成的微细管道，在肝板内穿行并吻合成网（图 23－11）。肝细胞分泌的胆汁直接进入胆小管。胆小管以盲端起于中央静脉附近，向肝小叶周边延伸，出肝小叶后汇成小叶间胆管。

在病理情况下，如肝细胞变性、坏死或胆道堵塞时，胆小管的正常结构被破坏，胆汁可通过窦周隙至肝血窦，进入血液循环，出现黄疸。

（二）门管区

相邻的肝小叶之间有结缔组织区域，呈三角形或椭圆形，内有小叶间动脉、小叶间静脉和小叶间胆管相伴行，称门管区。小叶间动脉是肝固有动脉的分支，管径细，管壁厚；小叶间静脉是肝门静脉在肝内的分支，管腔大而不规则，管壁薄；小叶间胆管由胆小管汇集而成，管径较小，管壁由单层立方上皮构成，它们向肝门汇集，最后形成肝左管、肝右管出肝。

（三）肝的血液循环

肝脏的血液供应非常丰富，有两个来源，即肝门静脉和肝固有动脉。

1. 肝门静脉　是肝的功能性血管，主要收集来自胃肠静脉和脾静脉的血液，将从胃肠道吸收的营养物质和某些有毒物质输入肝内进行代谢和加工。肝门静脉入肝后分支形成小叶间静脉，小叶间静脉再分支成为终末肝门静脉，开口于肝血窦。

2. 肝固有动脉　是肝的营养性血管，入肝以后，分支为小叶间动脉，小叶间动脉分支形成终末肝微动脉，最后与血窦相连。

肝血窦的血液与肝细胞进行充分的物质交换后，汇入中央静脉，后者再汇合成小叶下静脉。小叶下静脉经多次汇合，最后合成三条肝静脉，汇入下腔静脉。

（四）肝内胆汁排泄途径

肝细胞分泌的胆汁进入胆小管后，从小叶中央向周边部输送。在肝小叶边缘处，胆小管汇合成若干短小的管道，称肝闰管。肝闰管与小叶间胆管相连，最后汇集为左、右肝管出肝。

三、胰

胰是人体第二大消化腺。胰表面有薄层结缔组织被膜，其实质由外分泌部和内分泌部构成（图23－12）。外分泌部是重要的消化腺，可分泌胰液，在食物消化中发挥着重要作用。内分泌部分泌激素，主要参与调节糖代谢。

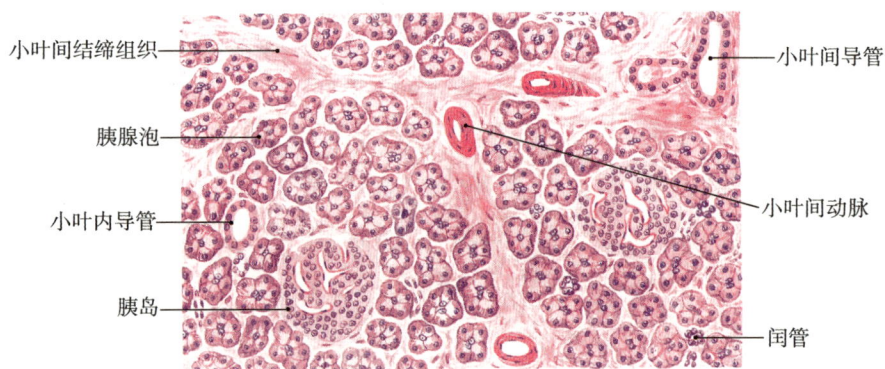

图23－12　胰的微细结构

（一）外分泌部

外分泌部占胰的大部分，包括腺泡和导管。腺泡由腺细胞组成，腺细胞呈锥体形，细胞核圆形，位于细胞的基底部；导管起始于腺泡腔，逐级汇合成小叶内导管、小叶间导管。

1. 腺泡　为浆液性细胞，可分泌多种消化酶。此外，腺细胞能分泌胰蛋白酶抑制因子，防止胰蛋白酶原在胰腺内被激活。在某些病理情况下，如胰腺损伤或导管堵塞时，胰蛋白酶抑制因子的作用受到抑制，胰蛋白酶原在胰腺内被激活，胰腺组织被迅速分解破坏，导致急性胰腺炎。

2. 导管　由闰管、小叶内导管、小叶间导管和主导管组成。闰管细长，管壁为单层扁平上皮或立方上皮，其伸入腺泡的一段称泡心细胞。闰管远端逐渐汇合形成小叶内导管。小叶内导管在小叶间结缔组织内汇合成小叶间导管，后者再汇合成一条主导管，贯穿胰腺全长，在胰头部与胆总管汇合，开口于十二指肠大乳头。从小叶内导管至主导管，管腔逐渐增大，上皮由单层立方上皮渐变为单层柱状上皮，主导管为单层高柱状上皮，上皮内可见杯状细胞。

（二）内分泌部

内分泌部又称胰岛，是散在于腺泡之间大小不等的内分泌细胞团，主要有 A、B、D 三种内分泌细胞。

1. A 细胞　约占胰岛细胞总数的 20%，细胞体积较大，呈多边形，多分布在胰岛的外周部。A 细胞分泌高血糖素，可促进糖原分解为葡萄糖，抑制糖原的合成，升高血糖浓度。

2. B 细胞　数量最多，约占胰岛细胞总数的 75%，细胞体积略小，多位于胰岛的中央部。B 细胞能分泌胰岛素，胰岛素可促进组织、细胞对葡萄糖的吸收，合成糖原或转化为脂肪，是人体内唯一能够降低血糖浓度的激素。

3. D 细胞　数量较少，约占胰岛细胞总数的 5%，细胞呈卵圆形或梭形，散布在 A 细胞和 B 细胞之间。D 细胞分泌生长抑素，抑制 A、B 细胞的分泌活动。

素质提升

人工胰岛素的合成

半个世纪前，中国的一项发明震惊了世界。

1958 年，胰岛素化学结构的解析工作获得诺贝尔化学奖。《自然》杂志发表评论文章说，合成胰岛素将是遥远的事情。就在那时，遥远的中国却正式开启了这个"遥远"的事情——人工合成胰岛素。

从 1958 年开始，中国科学院上海生物化学研究所、中国科学院上海有机化学研究所和北京大学化学系三个单位联合，在前人对胰岛素结构和肽链合成方法研究的基础上，开始探索用化学方法合成胰岛素。

1965 年 9 月 17 日，世界上第一个人工合成的蛋白质——牛胰岛素在中国诞生。这是世界上第一次人工合成与天然胰岛素分子相同化学结构并具有完整生物活性的蛋白质，标志着人类在揭示生命本质的征途上实现了里程碑式的飞跃，被誉为我国"前沿研究的典范"，成为中国攀登世界科技高峰征程上的一座里程碑。

目标检测

答案解析

一、选择题

1. 胃底腺主细胞

 A. 主要分布于腺的颈部   B. 胞质嗜酸性

 C. 分泌胃蛋白酶原   D. 分泌内因子

 E. 分泌盐酸

2. 关于小肠绒毛，描述正确的是

 A. 上皮细胞无微绒毛   B. 无毛细淋巴管

C. 无毛细血管

E. 是黏膜和黏膜下层向腔内的突起

D. 有散在的平滑肌

3. 关于胰岛，下列描述正确的是

   A. 为外分泌腺

   C. B 细胞分泌胰岛素

   E. 分泌物进入胰管

B. A 细胞分泌生长抑素

D. D 细胞分泌胰多肽

4. 肝小叶的结构不包括

   A. 肝板   B. 中央静脉   C. 小叶间静脉

   D. 肝窦   E. 窦周隙

5. 库普弗细胞位于

   A. 肝血窦内   B. 窦周隙内   C. 肝板内

   D. 门管区内   E. 胆小管内

二、思考题

1. 简述消化管的一般结构。

2. 简述肝小叶的组成、结构以及功能特点。

（贺　旭）

书网融合……

本章小结　　题库

第二十四章　呼吸系统

◎ 学习目标

1. 通过本章学习，重点把握气管管壁的结构特点；肺内各级支气管管壁的结构特点。
2. 学会结合 HE 染色切片利用显微镜辨认气管、各级支气管的结构异同，能说出肺泡的结构与功能。

≫ 情境导入

情境描述　患者，男，28 岁，打球后淋雨，晚上突然寒战、高热，右胸疼痛，咳少量铁锈色痰，查体心率 140 次/分，体温 38.9℃，叩诊浊音，可闻及支气管呼吸音。诊断：大叶性肺炎。

讨论　1. 肺的实质包括哪些结构？
　　　　2. 气体交换通过哪些结构？

呼吸系统由呼吸道和肺组成。呼吸道包括鼻、咽、喉、气管和主支气管等，是输送气体的管道。肺由肺内支气管树、肺泡以及肺间质组成。从鼻腔到肺内的肺泡是连续而分支的管道系统。呼吸系统的主要功能是进行气体交换，此外，鼻有嗅觉，喉有发音功能。

第一节　呼吸道

一、鼻

鼻腔分为鼻前庭和固有鼻腔，鼻前庭内衬皮肤，长有粗硬的鼻毛，具有过滤灰尘和净化空气的作用。固有鼻腔内衬黏膜。鼻腔黏膜按功能分为呼吸部和嗅部。

（一）呼吸部

呼吸部是上鼻甲以下的部位，占鼻黏膜的大部分，在活体因血管丰富而呈粉红色。黏膜上皮为假复层纤毛柱状上皮，杯状细胞较多。上皮细胞纤毛的快速摆动，可把黏着的细菌或异物向咽部推进而被咳出。固有层为疏松结缔组织，有混合腺及丰富的静脉丛，对吸入的空气有加温、湿润等作用。鼻炎患者因黏膜水肿、分泌物增多，静脉丛异常充血，鼻道变窄导致通气困难。

鼻旁窦黏膜与呼吸部黏膜相延续，结构相同，只是上皮细胞稍矮，杯状细胞稍少，固有层较薄，腺体少。

（二）嗅部

嗅部位于上鼻甲及其相对应的鼻中隔以上的鼻黏膜，面积较小，在活体呈浅黄色或略呈苍白色。嗅黏膜上皮为假复层柱状上皮，无杯状细胞，由嗅细胞、支持细胞和基细胞组成。

1. 嗅细胞　为双极神经元，树突伸向上皮的表面，末端膨大形成嗅泡，从嗅泡发出嗅毛。嗅毛是嗅觉感受器，能感受不同化学物质的刺激。嗅细胞的基部伸出轴突，与施万细胞形成无髓神经纤维束即为嗅神经。嗅神经进入中枢神经系统的嗅球，产生嗅觉。

2. 支持细胞　数目较多，呈高柱状，顶部宽大，基部较细，游离面有微绒毛；支持细胞的胞核呈卵圆形，位于细胞上部，胞质内有较多线粒体，常见紫褐色颗粒；支持细胞有保护和分隔嗅细胞的作用。

3. 基细胞　呈锥体形或者圆形，位于上皮基底部，具有干细胞的功能，可分裂分化为嗅细胞和支持细胞。

二、喉

在会厌舌面及喉面上部和声带处喉黏膜上皮为复层扁平上皮，其余大部分均为假复层纤毛柱状上皮。喉黏膜固有层弹性纤维丰富，并有一些混合腺和淋巴组织。喉侧壁黏膜形成两对皱襞，上对为室襞，下对为声襞，两者之间为喉室。声襞表面覆有复层扁平上皮，固有层结缔组织较致密，有大量弹性纤维束构成声韧带。固有层下方的骨骼肌为声带肌。

三、气管与主支气管

气管和主支气管为肺外气体通道，管壁结构相似，从内向外均可依次分为黏膜、黏膜下层和外膜3层（图24-1）。

（一）黏膜

黏膜由上皮和固有层构成。上皮为假复层纤毛柱状上皮，由纤毛细胞、杯状细胞、刷细胞、基细胞和小颗粒细胞组成，上皮下方基膜明显。

1. 纤毛细胞　数量最多，胞体呈柱状，游离面有密集的纤毛，纤毛向咽部定向、快速摆动，可将黏液及其上黏附的尘埃、细菌等异物推向咽部而被咳出，因而纤毛细胞有清除异物和净化吸入空气的作用。患慢性支气管炎及吸入有害气体时，纤毛可减少、变形、膨胀或消失，使纤毛失去其功能。

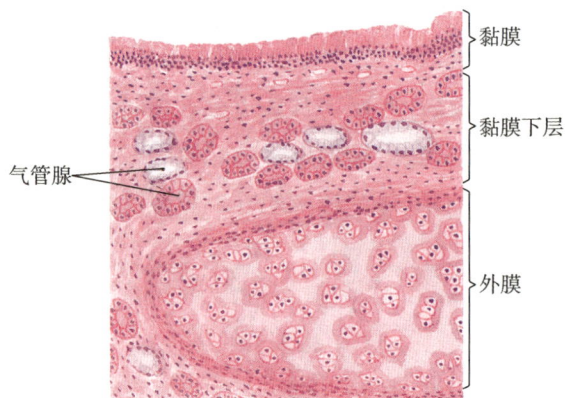

气管腺

图24-1　气管的微细结构

2. 杯状细胞　可分泌黏液，与气管腺的分泌物共同作用，可黏附吸入气体中的尘埃颗粒、细菌等。

3. 刷细胞　呈柱状，游离面有许多排列整齐的微绒毛。刷细胞的功能尚无定论。

4. 基细胞　位于上皮深部，细胞矮小呈锥体形。基细胞是一种干细胞，可增殖分化为纤毛细胞和杯状细胞。

5. 小颗粒细胞　位于上皮深部，数量少。细胞呈锥体形，胞质内含许多分泌颗粒。该细胞颗粒中含有5-羟色胺等，可调节呼吸道平滑肌的收缩和腺体的分泌。

固有层位于上皮深部，由富含弹性纤维的结缔组织构成，内有小血管、腺导管和淋巴细胞等。其中的浆细胞与上皮细胞联合分泌sIgA到管腔，可抑制细菌的繁殖和病毒的复制。

（二）黏膜下层

黏膜下层由疏松结缔组织构成，与固有层和外膜无明显界限，内含混合性腺泡，是气管腺的分泌部。气管腺的浆液性细胞分泌较稀薄液体，有利于纤毛正常摆动。

（三）外膜

外膜较厚，主要含"C"形透明软骨环，软骨环之间及缺口处有富含弹性纤维的致密结缔组织相连接，软骨缺口处还有环形的平滑肌束。

第二节 肺

肺组织分实质和间质两部分。肺内结缔组织及其中的血管、淋巴管和神经等为肺的间质，肺内支气管的各级分支及其终末的大量肺泡为肺的实质（图24-2）。

肺实质分为导气部和呼吸部。从叶支气管、段支气管、小支气管、细支气管至终末细支气管是肺的导气部，为气体出入肺的通道；终末细支气管以下为肺的呼吸部，包括呼吸性细支气管、肺泡管、肺泡囊和肺泡，具有气体交换的功能。

每一细支气管连同其各级分支和末端的肺泡构成一个肺小叶（图24-3），每叶肺有50~80个肺小叶。肺小叶呈锥体形，尖端朝向肺门，底部朝向肺表面，在肺表面可见肺小叶底部的轮廓，直径约1.0cm。临床上常见的小叶性肺炎即指仅累及肺小叶的炎症病变。

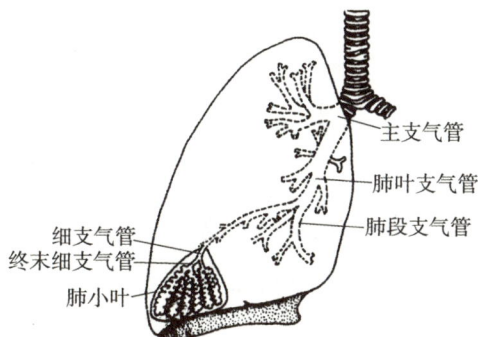

图 24-2 肺内结构模式图

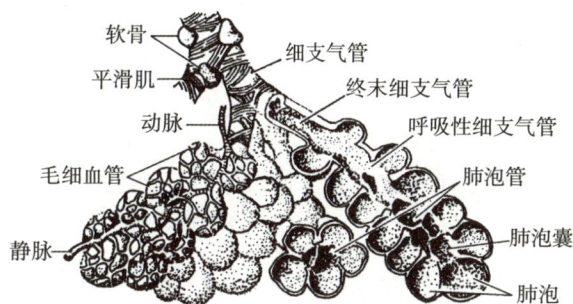

图 24-3 肺小叶示意图

一、肺的导气部

肺导气部的各段管道随支气管分支，管径逐渐变小，管壁逐渐变薄，结构渐趋简单。

（一）叶支气管至小支气管

管壁结构与主支气管相似，但随管径渐细，管壁渐薄，管壁三层结构分界渐不明显。腔面的假复层纤毛柱状上皮逐渐变薄，杯状细胞、腺体逐渐减少，外膜中"C"字形的软骨环变为不规则的软骨片，并逐渐变小，管壁中平滑肌纤维则相对增多。

（二）细支气管

黏膜上皮由起始段的假复层纤毛柱状上皮逐渐变为单层柱状纤毛上皮，杯状细胞很少或消失，管壁内腺体和软骨片也逐渐减少或消失，环行平滑肌逐渐增加。

（三）终末细支气管

内衬单层柱状上皮，无杯状细胞，管壁内腺体及软骨片完全消失，而平滑肌形成完整的环行肌层。

二、肺的呼吸部

呼吸部各段的管壁上都连有肺泡，是呼吸系统完成换气功能的部位，由呼吸性细支气管、肺泡管、肺泡囊和肺泡组成（图24-4）。

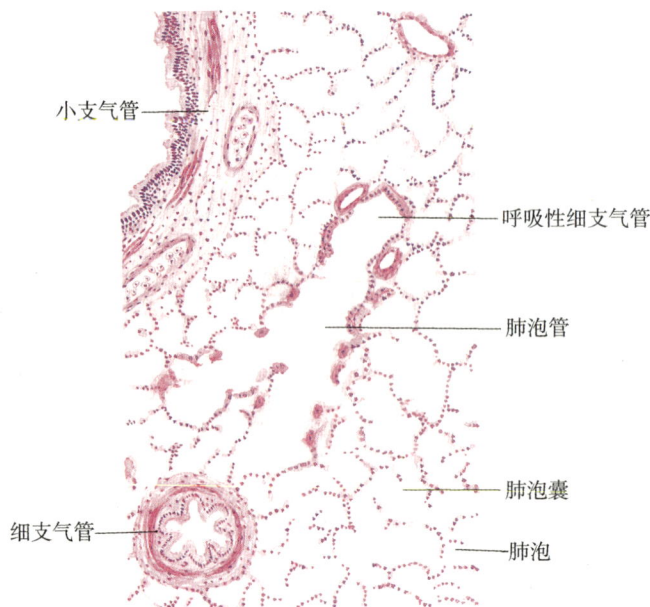

图 24 - 4　肺的微细结构

（一）呼吸性细支气管

呼吸性细支气管是终末细支气管的分支。呼吸性细支气管管壁结构与终末细支气管相似，但其上连有少量肺泡并开口于管腔，故自身管壁结构不完整。呼吸性细支气管上皮为单层立方上皮，上皮下面有少量环行平滑肌和弹性纤维，在肺泡开口处单层立方上皮移行为单层扁平上皮。

（二）肺泡管

肺泡管为呼吸性细支气管的分支，每个肺泡管上连有大量肺泡。故其自身的管壁结构很少，仅存在于相邻肺泡开口之间。此处常膨大并突向管腔，表面覆以单层立方上皮或扁平上皮。下方可见少量平滑肌束和弹性纤维，因肌纤维环形围绕于肺泡开口处，故镜下可见相邻肺泡开口之间呈结节状膨大。

（三）肺泡囊

肺泡囊是由几个肺泡共同围成的囊腔，相邻肺泡开口之间没有环形平滑肌束，仅有少量结缔组织，故切片中肺泡囊内无结节状膨大。

（四）肺泡

肺泡是支气管树的终末部分，成人两肺有 3 亿～4 亿个肺泡，吸气时总表面积可达 140m^2，是肺进行气体交换的场所。肺泡开口于肺泡囊、肺泡管和呼吸性细支气管，为半球形薄壁囊泡，直径约 200μm，壁很薄，由单层肺泡上皮和基膜组成。相邻肺泡之间有少量结缔组织，称肺泡隔（图 24 - 5）。

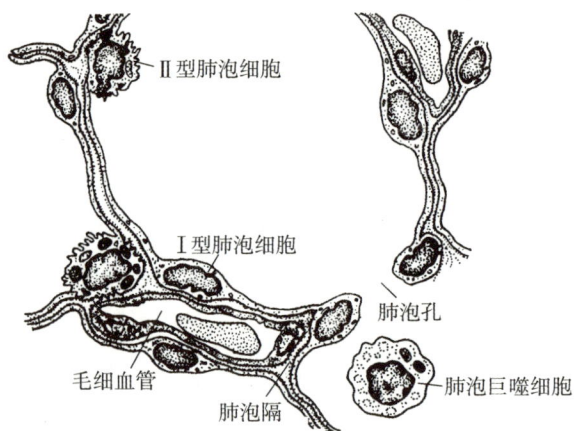

图 24 - 5　肺泡与肺泡隔

1. 肺泡上皮　由Ⅰ型和Ⅱ型两种肺泡细胞组成。

（1）Ⅰ型肺泡细胞　细胞扁平，覆盖肺泡的大部分表面积，细胞含核部分较厚，无核部分细胞质菲薄，厚约 0.2μm，参与构成气 - 血屏障。Ⅰ型肺泡细胞无分裂增殖能力，损伤后由Ⅱ型肺泡细胞增殖分化补充。

（2）Ⅱ型肺泡细胞　散在于Ⅰ型肺泡细胞之间，覆盖的肺泡面积小。细胞呈立方形或圆形，核圆形，胞质着色浅，呈泡沫状。电镜下，可见核上方有较多电子密度高的分泌颗粒，大小不等，颗粒内含有同心圆状或平行排列的板层状结构，称嗜锇性板层小体，其内容物主要成分为磷脂（主要是二棕榈酰卵磷脂）。细胞以胞吐方式释放颗粒内容物，在肺泡上皮表面铺展形成一层薄膜，称表面活性物质，有降低肺泡表面张力，稳定肺泡直径的作用。

2. 肺泡隔　相邻肺泡之间的薄层结缔组织为肺泡隔，属于肺的间质。肺泡隔内有丰富的毛细血管网、弹性纤维和巨噬细胞等。肺泡隔中丰富的毛细血管有利于血液与肺泡进行气体交换。弹性纤维借弹性回缩作用可促进扩张的肺泡回缩。巨噬细胞具有重要的防御作用，进入肺泡腔内的巨噬细胞称肺泡巨噬细胞，可吞噬进入肺泡腔和肺间质内的细菌、尘粒等。吞噬了大量尘粒后的肺巨噬细胞称尘细胞。在心力衰竭导致肺淤血时，吞噬了红细胞的肺巨噬细胞称为心力衰竭细胞。

3. 肺泡孔　为相邻肺泡之间的小孔，直径 $10\sim15\mu m$。肺泡孔是相邻肺泡间的气体通路，可均衡肺泡间气体含量。当某个终末细支气管或呼吸性细支气管阻塞时可通过肺泡孔建立侧支通道，防止肺泡萎缩。但肺部感染时，肺泡孔也是炎症蔓延的渠道。

4. 气－血屏障　是肺泡与血液进行气体交换所通过的结构，包括肺泡表面液体层、Ⅰ型肺泡细胞与基膜、薄层结缔组织、毛细血管基膜与内皮。气－血屏障很薄，总厚度为 $0.2\sim0.5\mu m$。

知识拓展

新生儿呼吸窘迫综合征

新生儿呼吸窘迫综合征，因为病理所见肺泡壁有透明膜，所以又称为肺透明膜病，主要见于早产儿，胎龄越小，发病率越高；主要是由于缺乏肺表面活性物质导致的。肺表面活性物质由Ⅱ型肺泡上皮细胞分泌，功能是降低肺泡表面的张力、防止呼气末肺泡萎缩、保持肺的功能残气量、稳定肺泡内压和减少液体从毛细血管向肺泡内渗出。由于早产儿Ⅱ型肺泡上皮细胞发育不良，肺泡表面活性物质分泌不足，导致出生后不久出现进行性加重的呼吸困难和呼吸衰竭。

目标检测

答案解析

一、选择题

1. 气管管壁的 3 层结构是
   A. 内膜、中膜和外膜
   B. 黏膜、肌层和浆膜
   C. 黏膜、黏膜下层和肌层
   D. 黏膜、固有层和肌层
   E. 黏膜、黏膜下层和外膜

2. 肺小叶是指
   A. 一个小支气管及其所属各级分支和相连的肺泡
   B. 一个细支气管及其所属各级分支和相连的肺泡
   C. 一个终末细支气管及其所属各级分支和相连的肺泡
   D. 一个呼吸性细支气管及其所属各级分支和相连的肺泡
   E. 肺叶支气管及其所属各级分支和肺泡

3. 肺导气部中，管壁内软骨片及腺体完全消失的部位是

A. 细支气管 　　　　B. 呼吸性细支气管 　　　C. 终末细支气管

D. 小支气管 　　　　E. 肺泡管

4. 下列不属于肺呼吸部的是

A. 细支气管 　　　　B. 呼吸性细支气管 　　　C. 肺泡管

D. 肺泡囊 　　　　　E. 肺泡

5. Ⅰ型肺泡细胞的功能是

A. 构成气 – 血屏障，参与气体交换 　　　　B. 分泌肺泡表面活性物质

C. 稳定肺泡直径 　　　　　　　　　　　　D. 可增殖分化

E. 降低肺泡表面张力

二、思考题

1. 简述气管管壁的结构特点。

2. 简述肺的导气部和呼吸部的组成。

（孙冬梅）

书网融合……

本章小结　　　　　题库

第二十五章 泌尿系统

PPT

学习目标

1. 通过本章学习，重点把握肾单位的组成及结构特点；滤过膜的组成；泌尿小管的组成；球旁复合体的结构；肾血液循环的特点；肾间质的结构特点；膀胱的一般结构。

2. 学会运用所学知识，在光学显微镜下找出肾单位的微细结构，具有初步分析临床问题的能力。

情境导入

情境描述 患者，女，35 岁，因反复出现蛋白尿（＋～＋＋）、镜下血尿和轻度水肿入院。查体：血压 180/100mmHg，肾功能检查血肌酐持续升高。诊断为慢性肾小球肾炎。

讨论 1. 尿液产生的组织学结构基础是什么？

2. 根据本章所学知识，分析患者出现蛋白尿的原因？

泌尿系统由肾、输尿管、膀胱和尿道组成。肾是泌尿器官，输尿管、膀胱和尿道分别是输送、贮存和排出尿液的器官。

第一节 肾

肾表面有由致密结缔组织构成的被膜，又称肾纤维膜。在冠状剖面上，肾实质分为皮质和髓质两部分。肾皮质位于浅表，新鲜标本呈红褐色，颗粒状；肾髓质位于肾实质的深面，色淡红，内有 10～18 个肾锥体。肾锥体突入肾小盏内，称肾乳头。肾乳头表面有许多小孔，肾内产生的尿液经此小孔排入肾小盏。从肾锥体底呈辐射状伸入皮质内的条纹称髓放线，髓放线之间的皮质称皮质迷路，一条髓放线及其周围的皮质迷路组成一个肾小叶。

肾实质由大量的肾单位和集合管构成，其间有少量结缔组织、血管、神经和淋巴管等，构成肾间质。

一、肾单位

肾单位是肾结构和功能的基本单位，由肾小体和肾小管组成。每个肾有 100 万～150 万个肾单位。

（一）肾小体

肾小体呈球形，故又称肾小球，位于肾皮质内。肾小体由血管球和肾小囊两部分组成，肾小体有两个极，微动脉出入的一端称血管极，对侧一端和近曲小管相连，称尿极（图 25－1）。

1. 血管球 是包在肾小囊内的一团盘曲成球状的毛

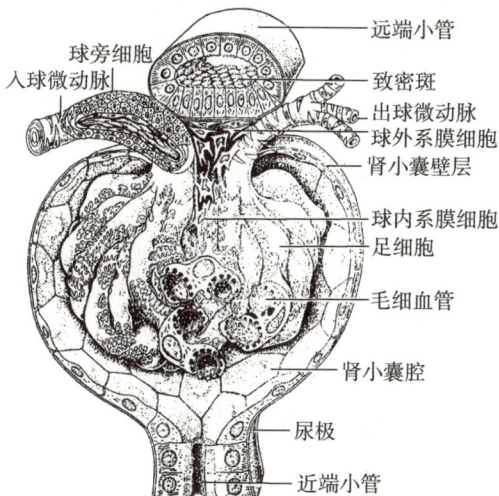

图 25－1　肾小体的结构模式图

（图中标注：远端小管、球旁细胞、致密斑、入球微动脉、出球微动脉、球外系膜细胞、肾小囊壁层、球内系膜细胞、足细胞、毛细血管、肾小囊腔、尿极、近端小管）

291

细血管。血管球的一侧连有入球微动脉与出球微动脉，入球微动脉进入肾小囊内反复分支，形成网状毛细血管袢，构成血管球，最后毛细血管汇成一条出球微动脉离开肾小囊。入球微动脉的管径较出球微动脉粗，所以血管球内的压力较高。当血液流经血管球时，大量水和小分子物质滤出血管壁而进入肾小囊。在电镜下观察，血管球的毛细血管壁由一层有孔的内皮细胞及其外面的基膜组成。

2. 肾小囊　是肾小管的起始部膨大并凹陷形成的杯状双层囊，分为脏、壁两层，脏壁两层之间的狭窄腔隙称肾小囊腔。肾小囊的壁层（或称外层）是单层扁平上皮，与近端小管相续；脏层（或称内层）紧贴血管球毛细血管基膜的外面，由单层有突起的足细胞构成。电镜观察：足细胞的胞体较大，从胞体上伸出几个较大的初级突起，每个初级突起又发出许多次级突起。相邻足细胞的次级突起互相交错，突起之间有约25nm的裂痕，称裂孔。裂孔上覆盖薄膜，称裂孔膜（图25-1，图25-2）。

毛细血管球内皮、基膜及足细胞裂孔膜这三层结构合称滤过膜，或称滤过屏障（图25-3）。

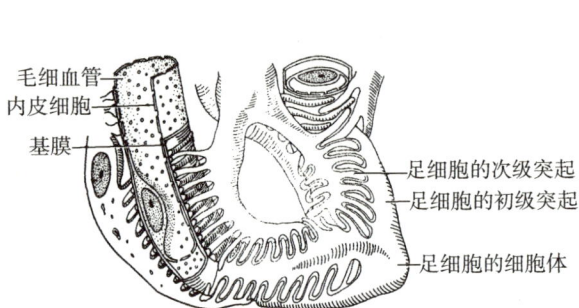

图25-2　足细胞与毛细血管超微结构模式图

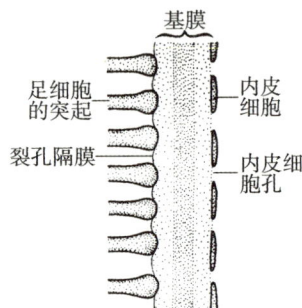

图25-3　滤过膜模式图

经滤过膜进入肾小囊腔的液体称原尿。滤过膜对水、电解质、葡萄糖及尿素等小分子物质有高度通透性，而对血浆蛋白及一些大分子物质通透性极低。在病理情况下，若滤过膜受损，则血液中蛋白质，甚至血细胞都可滤出到肾小囊腔内，形成蛋白尿或血尿。

（二）肾小管

肾小管与肾小囊外层相连续，并与肾小囊腔相连通。肾小管具有重吸收、分泌和排泄功能。肾小管分为近端小管、细段和远端小管3部分。近端小管与肾小囊相连；远端小管连接集合小管。

1. 近端小管　近端小管起始部盘曲在肾小体附近，称近端小管曲部（近曲小管），然后直行入髓质，为近端小管直部（近直小管）。近端小管管壁的上皮细胞呈立方形或锥体形，细胞界限不清，细胞质嗜酸性，细胞核圆形，位于细胞基底部，细胞游离面有微绒毛。

2. 细段　为肾小管中最细的一段，一端与近端小管直部相连，另一端与远端小管直部相连，三者共同形成肾单位袢（髓袢）。细段管壁薄，为单层扁平上皮，细胞质弱嗜酸性，细胞核椭圆形。

3. 远端小管　由细段返折上行变粗形成。远端小管直行向皮质的部分，称远端小管直部（远直小管），至肾小体附近呈盘曲状的部分称远端小管曲部（远曲小管）。远端小管的管壁上皮为单层立方上皮。

二、集合小管

集合小管分弓形集合小管、直形集合小管、乳头管3段。弓形集合小管与远曲小管相连，呈弓状行走于皮质；直形集合小管与弓形集合小管相连，从髓放线直行向下经髓质下行至肾锥体乳头，改称为乳头管。集合小管管径由细逐渐增粗，管壁上皮由单层立方增高为单层柱状，至乳头处成为高柱状，细胞分界清楚（图25-4）。

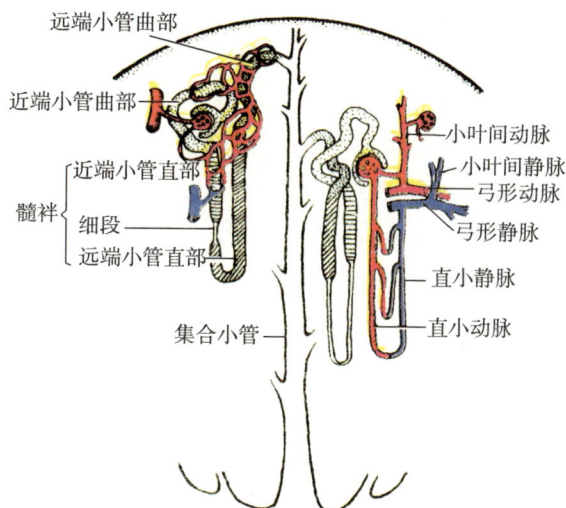

图 25 - 4　肾单位和集合管模式图

三、球旁复合体

球旁复合体又称肾小球旁器，主要由球旁细胞、致密斑和球外系膜细胞组成（图 25 - 5）。

（一）球旁细胞

球旁细胞是入球微动脉近肾小体处管壁中的平滑肌细胞特化而成的上皮样细胞。球旁细胞呈立方形或多边形，细胞核呈圆形，细胞质呈弱嗜碱性，含有分泌颗粒，颗粒内含有肾素。

球旁细胞的主要功能是合成和分泌肾素。肾素能引起小动脉收缩，使血压升高，还可促使肾上腺皮质分泌醛固酮。某些肾脏疾病伴有高血压，与肾素分泌有关。

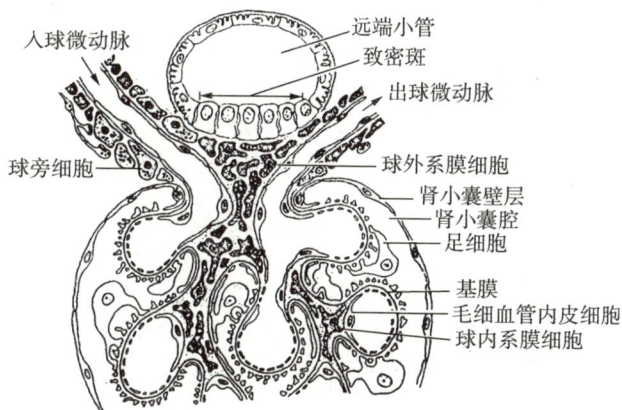

图 25 - 5　球旁复合体模式图

（二）致密斑

致密斑是远端小管曲部近肾小体一侧的管壁上皮细胞变形所形成的椭圆形结构。致密斑的细胞增高、变窄，呈柱状，排列紧密，细胞核为椭圆形，多位于细胞的顶部。致密斑是化学感受器，可感受远端小管内小管液中钠离子浓度的变化，将信息传递给球旁细胞，调节球旁细胞分泌肾素，从而调节肾小管钠离子、钾离子交换，维持电解质的平衡。

（三）球外系膜细胞

球外系膜细胞，又称极垫细胞，位于入球微动脉、出球微动脉和致密斑围成的三角形区域内。球外系膜细胞在球旁复合体的功能活动中，起信息传递作用。

四、肾间质

泌尿小管之间的结缔组织称肾间质。肾间质包括肾内的结缔组织、血管、神经等。髓质中的间质细胞有多种，主要为成纤维细胞。该细胞可合成间质内的纤维和基质，还可产生前列腺素。另外，肾小管周围的血管内皮细胞能产生促红细胞生成素，刺激骨髓中红细胞的生成。肾病晚期往往伴有贫血。

五、肾的血管和血液循环特点

(一) 肾的血管

肾动脉经肾门入肾后分为数支叶间动脉，叶间动脉在肾柱内上行至肾皮质和肾髓质交界处，分支为弓形动脉，弓形动脉分出若干小叶间动脉，行向肾皮质，小叶间动脉沿途分出许多入球微动脉进入肾小体，形成血管球，血管球汇合成出球微动脉出肾小体，出球微动脉离开肾小体后在肾小管周围又分支形成球后毛细血管网，球后毛细血管网依次汇合成小叶间静脉、弓形静脉、叶间静脉，最后形成肾静脉出肾（图 25-6，图 25-7）。

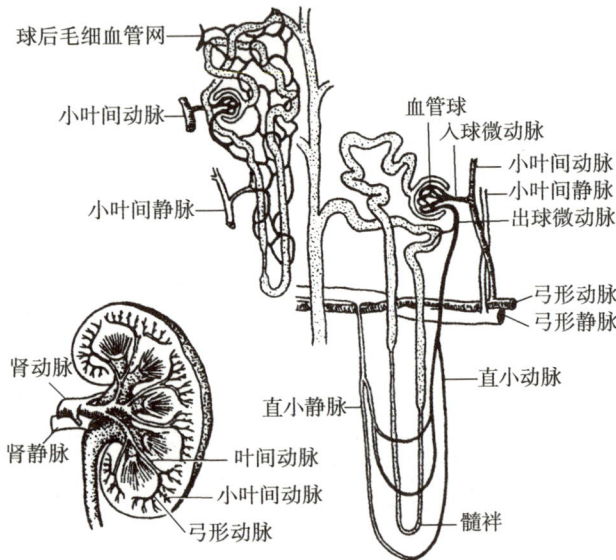

图 25-6　肾的血液循环通路

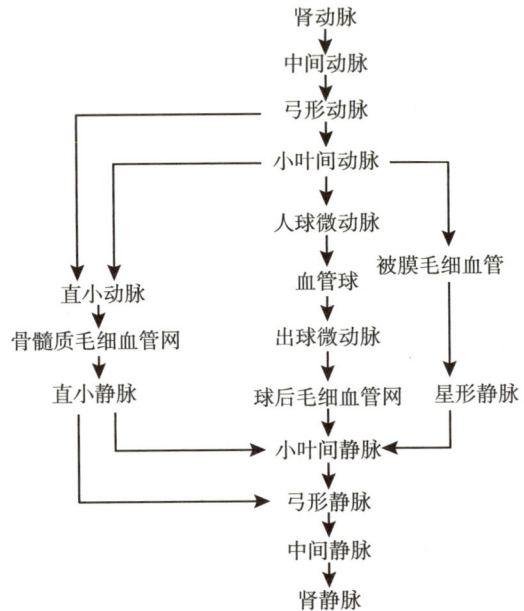

图 25-7　肾的血液循环通路

(二) 肾的血液循环特点

肾的血液循环有两种作用，一是营养肾组织，二是参与尿的生成。肾的血液循环有如下特点：①肾动脉直接发自腹主动脉，血管粗短，故血压高，流速快，血流量大，每 4~5 分钟人体内血液全部流经肾内而被滤过一遍。②血管球的入球微动脉较出球微动脉粗，使血管球内形成较高的压力，这有利于血管球的滤过，可以及时清除血液中的废物和有害物质。③肾的血液循环中两次形成毛细血管网，第一次是入球微动脉形成血管球，第二次是出球微动脉在肾小管周围形成球后毛细血管网。前者起滤过作用，有利于原尿的形成，后者有利于肾小管上皮细胞重吸收的物质进入血液。

💡 **知识拓展**

肾移植

　　肾移植是将健康者的肾脏移植给有肾脏病变并丧失肾脏功能的患者，是治疗慢性肾功能衰竭的一项有效手段。肾移植因其供肾来源不同分为自体肾移植、同种肾移植和异种肾移植，习惯把同种肾移植简称为肾移植。患者通常将供体肾移植在髂窝，肾动脉与髂内动脉对接，肾静脉与髂内静脉对接，输尿管与膀胱直接对接。

　　移植后的排异反应是最主要的并发症，随着肾移植术后抗排异治疗的新的高效的免疫抑制剂不断出现，而抗排异治疗中的辅助用药，也引起了越来越多的关注。合理应用辅助药物，有助于患者减轻经济负担，减轻免疫抑制剂的毒副作用，保护和改善肾功能。

第二节 排尿管道

一、输尿管

输尿管管壁分为 3 层，由内向外依次为黏膜、肌层和外膜。黏膜由变移上皮和固有层结缔组织构成。肌层主要由内纵、外环的两层平滑肌组成。在输尿管下 1/3 段肌层增厚，为内纵行、中环行和外纵行 3 层。外膜为疏松结缔组织，与周围结缔组织互相移行。

二、膀胱

膀胱壁分 3 层，由内向外依次是黏膜、肌层和外膜（图 25 - 8）。

（一）黏膜

黏膜由上皮和固有层构成。黏膜的上皮是变移上皮，当膀胱空虚时，上皮有 8 ~ 10 层细胞；膀胱充盈时，上皮变薄，仅 3 ~ 4 层细胞。固有层内含较多胶原纤维和弹性纤维。

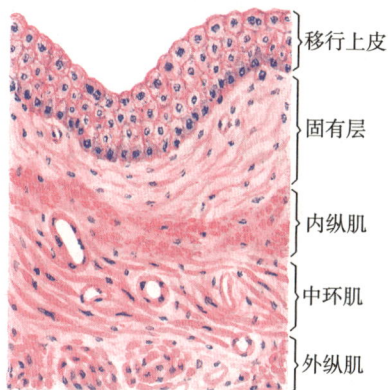

移行上皮
固有层
内纵肌
中环肌
外纵肌

图 25 - 8 膀胱的微细结构

（二）肌层

膀胱的肌层由平滑肌构成，大致分为内纵、中环、外纵 3 层，这 3 层肌束相互交错，共同构成逼尿肌。在尿道内口处，环形肌层增厚形成膀胱括约肌。

（三）外膜

膀胱上面的外膜为浆膜（腹膜），其他部分为纤维膜。

目标检测

答案解析

一、选择题

1. 肾单位包括

A. 肾小体、近端小管、远端小管

B. 近端小管、细段、远端小管

C. 肾小管与肾小体

D. 肾小体、血管球、肾小管、集合小管

E. 血管球和肾小囊

2. 关于肾小体, 下列描述正确的是

    A. 由肾小囊和血管球组成

    B. 由肾小管和血管球组成

    C. 由肾小囊和肾小管组成

    D. 由肾小囊、肾小管和集合管组成

    E. 由球旁细胞、致密斑和球外系膜细胞组成

3. 对原尿进行重吸收的部位是

    A. 肾小囊和肾小管   B. 肾小体和肾小管

    C. 肾小管和集合管   D. 肾小体和肾小囊

    E. 肾小囊和集合管

4. 关于肾小囊的结构, 错误的是

    A. 具有双层壁, 呈杯状包绕血管球

    B. 壁层由单层扁平上皮构成

    C. 脏层上皮称足细胞, 与近曲小管上皮相连

    D. 足细胞有突起

    E. 肾小囊腔通向肾小管

5. 滤过膜的三层结构是

    A. 毛细血管内皮、基膜和足细胞

    B. 有孔毛细血管内皮、基膜和血管系膜

    C. 有孔毛细血管内皮、基膜和足细胞裂孔膜

    D. 有孔毛细血管内皮、基膜和扁平细胞裂孔膜

    E. 有孔毛细血管内皮、肾小囊脏层和壁层

二、思考题

1. 肾单位由哪些结构组成?

2. 近端小管与远端小管在结构和功能上有何异同?

（蒋　洁）

书网融合……

本章小结　　　题库

第二十六章　生殖系统

学习目标

1. 通过本章学习，重点把握生精小管的结构及精子的发生过程；睾丸间质细胞的微细结构与功能；前列腺的结构；附睾与输精管的结构；卵泡的发育；黄体的结构与功能；子宫的结构；子宫内膜的周期性变化及与卵巢的关系；输卵管、阴道和乳腺的结构；卵巢与垂体的关系。

2. 学会运用所学知识，在光学显微镜下观察睾丸、卵巢及子宫的微细结构，具有生殖健康指导能力及生殖卫生宣教和保护患者隐私的意识。

情境导入

情境描述　患者，男，33岁。结婚3年，婚后夫妻未采用避孕措施，女方一直未受孕，因婚后不孕前来就诊。男方性功能及性生活正常，无尿频、尿急、尿痛等症状，也无腰部酸痛等不适。医生建议做精液检查，3次检查结果显示：精子数量不足500万/ml，活动率35%，畸形精子率76%。女方经系列检查未发现不孕因素。临床诊断：男性不育症。

讨论　1. 该男子精子的数量和质量是否正常？

2. 你能用组织学知识分析导致不孕的原因吗？

第一节　男性生殖系统

男性生殖系统由睾丸、生殖管道、附属腺及外生殖器组成。睾丸是生殖腺，是产生精子和分泌雄性激素的器官。生殖管道具有促进精子成熟、营养、储存和输送精子的作用。附属腺和生殖管道的分泌物参与形成精液。

一、睾丸

睾丸表面覆盖浆膜，也就是鞘膜脏层，深层是致密结缔组织构成的白膜，白膜在睾丸的后缘增厚形成睾丸纵隔。纵隔的结缔组织呈放射状伸入睾丸实质，将睾丸实质分成约250个锥形小叶，每个小叶内有1~4条弯曲细长的生精小管。生精小管在接近睾丸纵隔处，变为短而直的直精小管，它们进入睾丸纵隔，相互吻合成睾丸网。生精小管之间的疏松结缔组织称为睾丸间质。

（一）生精小管

1. 生精小管管壁的结构　生精小管管壁主要由生精上皮构成，上皮深面有基膜、胶原纤维和梭形的肌样细胞，肌样细胞的收缩有助于精子的排出。生精上皮包括两种类型的细胞，即支持细胞和生精细胞。支持细胞位于生精细胞之间，生精细胞又可分为精原细胞、初级精母细胞、次级精母细胞、精子细胞和精子。青春期前，生精小管管壁中只有支持细胞和精原细胞，自青春期开始，在垂体分泌的促性腺激素作用下，生精细胞不断分化形成精子。因此，生精小管管壁中可见处于不同发育阶段的生精细胞。

2. 支持细胞的结构和功能　支持细胞呈不规则的高锥体形，胞核呈椭圆形、三角形或不规则形，细胞顶部和侧面有多个凹陷，其中镶嵌着各级生精细胞，故光镜下细胞轮廓不清。支持细胞可对生精细胞起支持、营养作用，能促使各类生精细胞向管腔移动并促使精子向管腔中释放；能吞噬、处理精子形成过程中脱落的细胞质，还能合成雄激素结合蛋白（ABP），以提高生精小管内雄激素含量，促进精子的发生。另外，支持细胞还参与构成血－睾屏障（图 26－1）。

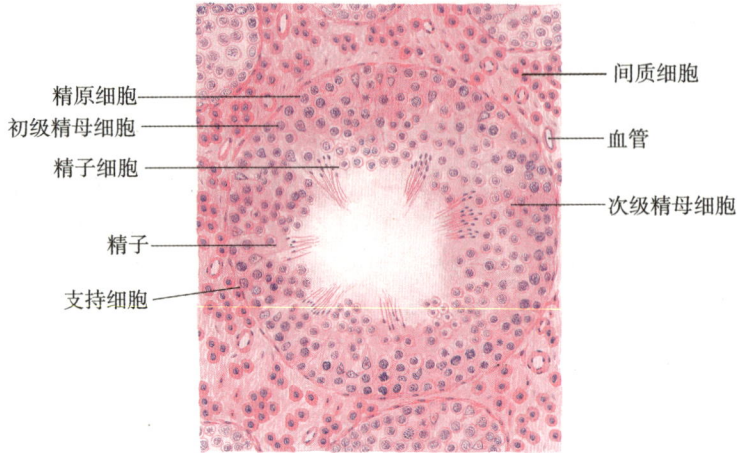

图 26－1　睾丸的微细结构

3. 血－睾屏障　该屏障包括下列几层：毛细血管内皮及基膜、结缔组织、生精上皮基膜及支持细胞之间的紧密连接，其中紧密连接是血－睾屏障的主要结构。血－睾屏障的存在将生精小管的近腔室与外界环境分隔开，一方面保证精子的发生在相当稳定的微环境中进行，另一方面，还可阻止精子抗原逸出，防止发生自体免疫反应。

4. 精子的发生过程　精原细胞分 A、B 两型，A 型精原细胞不断分裂，其中一部分留作干细胞，另一部分分化为 B 型精原细胞。B 型精原细胞经过几次分裂后，体积变大，分化成初级精母细胞。初级精母细胞位于精原细胞内面，常排列成几层，细胞体积较大，直径约 18μm，核也较大。这种细胞染色体核型为 46，XY。细胞经 DNA 复制后，进行第一次成熟分裂。初级精母细胞分裂后形成两个次级精母细胞。由于在第一次成熟分裂过程中，同源染色体相互分离并分别进入两个子细胞，故次级精母细胞染色体核型为 23，X 或 23，Y。次级精母细胞不进行 DNA 复制即进行第二次成熟分裂，分裂后形成两个精子细胞。由于在分裂过程中，染色体的着丝粒分开，两条染色单体分离并分别进入两个子细胞，故精子细胞的染色体核型仍为 23，X 或 23，Y。精子细胞位于管腔面，体积更小，直径约 8μm，核圆，染色深，细胞质少。这种细胞不再进行分裂，经过一系列的形态改变后，发育成精子。精子细胞形成精子的过程，称为精子形成。精子形成后即脱离管壁游离于管腔内，然后通过直精小管、睾丸网到附睾中暂时储存。从精原细胞发育成精子的过程，称为精子发生，此过程在人体内约需 64 天。

5. 精子的形态结构　精子形似蝌蚪，全长约 60μm，其结构包括头、尾两部分。头部主要由染色质高度浓缩的细胞核构成，核的前端覆有一帽状结构，为顶体。顶体内含多种水解酶，如顶体蛋白酶、透明质酸酶、酸性磷酸酶等。这些酶能溶解卵子外围的结构，对受精起重要作用。精子尾细长，形似鞭毛，是精子的运动装置（图 26－2）。

图 26－2　精子的形态

（二）睾丸间质

睾丸间质为生精小管之间的结缔组织，内含丰富的血管、淋巴管及睾丸间质细胞。睾丸间质细胞体积较大，形状为圆形或多边形，核圆位于中央，染色浅，胞质嗜酸性。电镜观察，细胞具有分泌类固醇激素的结构特点。其主要功能是合成和分泌雄激素（睾酮），促进男性生殖器官的发育，促进精子的发生并维持男性第二性征和性功能。

二、附睾

附睾的实质主要由输出小管和附睾管组成，前者构成附睾的头部，后者构成附睾的体部和尾部。输出小管管壁上皮包括两种细胞，即高柱状纤毛细胞和低柱状细胞，二者成组相间排列，故管腔面不规则。精子在离开生精小管时，只在结构上发育成熟，功能上还不成熟，无受精能力。只有经过附睾，在附睾管上皮分泌物的作用下，其膜表面性质发生一系列改变，才能达到功能上的成熟，获得主动运动的能力。附睾的功能异常，也会影响精子的成熟，导致不育。

三、前列腺

前列腺外形呈栗子状，环绕尿道起始段，腺体表面包有被膜，被膜的结缔组织和平滑肌深入腺实质构成支架，平滑肌的收缩可助分泌物排出。腺实质为复管泡状腺，由 30 ～ 50 条分泌管泡组成。管泡汇集成 15 ～ 30 条导管，开口于尿道精阜的两侧。

第二节　女性生殖系统

女性生殖系统包括卵巢、输卵管、子宫、阴道和外生殖器。卵巢产生卵细胞并且分泌性激素；输卵管输送生殖细胞，是受精的部位；子宫是产生月经和孕育胎儿的器官。此外，乳腺分泌乳汁，哺育婴儿。

一、卵巢

卵巢表面为单层立方上皮或扁平上皮，其深层为薄层致密结缔组织，称白膜。白膜深层为实质，分周围的皮质和中央的髓质。皮质含有各级卵泡、黄体、闭锁卵泡、白体等。髓质为富含弹性纤维、血管、淋巴管的疏松结缔组织。近卵巢门处有类似睾丸间质细胞的门细胞，分泌雄激素。

（一）卵泡的发育与成熟

卵泡发育从胚胎时期已经开始。在育龄期内，卵巢在垂体分泌的卵泡刺激素（FSH）和黄体生成素（LH）的刺激下，每个月经周期均有一批卵泡生长发育，但通常只有一个发育成熟并排卵。卵泡的发育一般分为原始卵泡、初级卵泡、次级卵泡和成熟卵泡。初级卵泡和次级卵泡合称为生长卵泡。

1. 原始卵泡　位于皮质浅层，数量多，体积小，由中央的一个初级卵母细胞和周围一层扁平的卵泡细胞构成。初级卵母细胞为球形，核大而圆，染色浅，核仁明显，胞质嗜酸性。

2. 初级卵泡　从青春期开始，在 FSH 的作用下，每个月经周期都有一批原始卵泡发育为初级卵泡。卵母细胞增大，卵泡细胞增生，由扁平变为立方或柱状，由单层变为多层；最内层为柱状放射状排列的放射冠。在卵泡细胞与卵母细胞之间出现一层均质状、嗜酸性的透明带，其蛋白中有精子受体。

3. 次级卵泡　在 FSH 的作用下，卵泡继续增大发育为次级卵泡。卵泡细胞间出现卵泡腔，腔内充满卵泡液。卵母细胞、透明带、放射冠及部分卵泡细胞突入卵泡腔内形成卵丘。卵丘与卵泡腔周围的卵泡细胞，称颗粒层，构成卵泡壁。卵泡膜分化为内、外两层：卵泡膜内层细胞多，具有分泌类固醇激素细胞的特征，毛细血管丰富；卵泡膜外层细胞血管少，富含环形排列的胶原纤维和平滑肌纤维。卵泡有内分泌功能，能产生多种物质，其中主要为雌激素。

4. 成熟卵泡 在 FSH 作用的基础上，LH 的分泌迅速增多，次级卵泡继续发育为成熟卵泡。每个月经周期的一批生长卵泡中，一般只有一个发育成熟并排卵。卵泡液急剧增多，卵泡体积显著增大，但卵泡细胞的数目不再增加，卵泡壁越来越薄并向卵巢表面突出。在排卵前 36～48 小时，初级卵母细胞恢复并完成第一次成熟分裂，形成次级卵母细胞和第一极体，后者位于透明带内的卵周隙中。次级卵母细胞迅速进入第二次成熟分裂，停滞在分裂中期（图 26-3）。

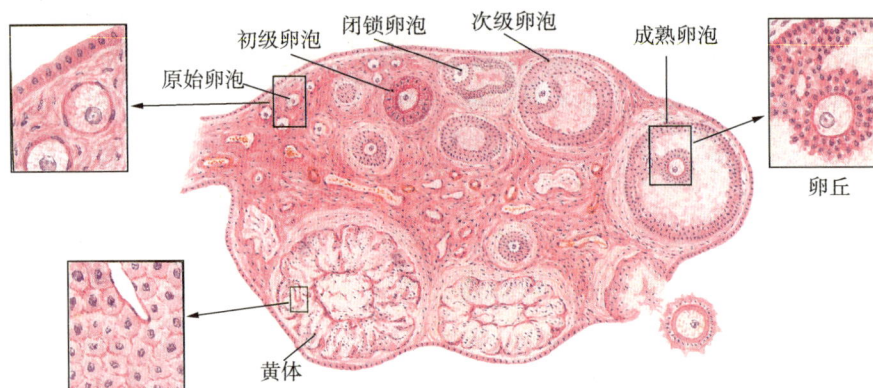

图 26-3 卵巢的微细结构

（二）排卵

卵泡破裂，次级卵母细胞从卵巢排出的过程，称排卵。每个月经周期排一个卵，偶尔排两个或两个以上。排卵一般发生在月经周期的第 14 天。排卵前，在 LH 的刺激下，卵泡液急剧增多，卵泡迅速增大并突向卵巢表面，局部形成卵泡小斑；卵丘细胞松动，与卵泡壁分离，漂浮在卵泡液中；小斑处因水解酶激活、解聚作用而破裂，次级卵母细胞、第一极体、透明带、放射冠和一部分卵泡液由此排出，经腹膜腔进入输卵管。

（三）黄体

排卵后，残留在卵巢内的卵泡塌陷。在 LH 的作用下，结缔组织和其中的毛细血管，将塌陷的颗粒层和卵泡膜内层的细胞，分隔成具有内分泌功能的细胞团，外包结缔组织膜，新鲜时显黄色，称黄体。黄体细胞为分泌类固醇激素细胞，呈圆形或多边形。颗粒细胞分化为颗粒黄体细胞，数量多，体积大，染色浅，位于黄体中央，颗粒黄体细胞分泌孕激素；膜内层细胞转化为膜黄体细胞，数量少，体积小，胞质和核均染色深，位于黄体周边或随结缔组织进入颗粒黄体细胞团之间，膜黄体细胞在颗粒黄体细胞的协同下产生雌激素。如果受精，在人绒毛膜促性腺激素（hCG）的刺激下，黄体继续发育，直径可达4～5cm，维持 4～6 个月，称为妊娠黄体。如果没有受精，黄体仅维持 12～14 天后退化，称月经黄体。黄体退化后被结缔组织取代，残留一瘢痕样组织，称白体。

（四）闭锁卵泡

绝大多数卵泡在发育的各个阶段不能发育成熟排卵而逐渐退化，称闭锁卵泡。

二、输送管道

（一）输卵管

输卵管壁由内向外依次分为黏膜、肌层和浆膜。黏膜由单层柱状上皮和固有层构成。上皮由纤毛细胞和分泌细胞构成。固有层为薄层结缔组织，含有丰富的毛细血管和散在的平滑肌纤维。肌层为平滑肌。

（二）子宫

子宫壁由外向内分为外膜、肌层和黏膜。子宫外膜为浆膜。子宫肌层很厚，一般分为黏膜下层、血管层和浆膜下层。平滑肌纤维长约 $50\mu m$，妊娠末期可达 $500\mu m$，肌纤维分裂增生，肌层增厚。子宫肌纤维增生肥大主要受雌激素调节。

黏膜又称子宫内膜，由上皮和固有层构成。上皮为单层柱状上皮，由分泌细胞和散在的纤毛细胞组成。固有层较厚，为富含血管的结缔组织。基质丰富，主要成分是黏多糖，其中含有大量的基质细胞、子宫腺和网状纤维。基质细胞呈梭形或星形，有高度分化能力。子宫腺为单管状腺，由上皮下陷而成，近肌层时可有分支。子宫内膜可分为表浅的功能层和深部的基底层。功能层较厚，自青春期（13～18 岁）至绝经期，在卵巢激素的作用下，发生周期性剥脱，即月经。基底层较薄，不参与月经的形成，月经后，增生修补功能层。子宫动脉的分支进入血管层后呈弓状走行，称弓形动脉，向子宫内膜发出放射状分支。肌层与内膜交界处的小动脉发出一小分支进入基底层，不受卵巢激素的影响，其主干进入功能层后呈螺旋走行，称螺旋动脉，直至内膜浅层形成毛细血管，经小静脉穿过肌层后汇入子宫静脉（图 26 -4）。

自青春期至绝经期，子宫体与子宫底的功能层，在卵巢分泌的雌激素和孕激素的作用下，发生周期性变化，即每 28 天左右发生一次内膜剥脱、出血、修复和增生，称月经周期。从月经的第一天起至下次月经的前一天为一个月经周期。在典型的 28 天周期中，第 1～4 天为月经期，第 5～14 天为增生期，第 15～28 天为分泌期。

1. 增生期　此期卵巢内有一批卵泡在生长，故又称卵泡期。在卵泡分泌的雌激素作用下，上皮细胞与基质细胞不断分裂增生，使子宫内膜逐渐增厚至 2～4mm；基质细胞分裂增殖，产生大量的纤维和基质。增生早期，子宫腺少、细而短；间质致密，基质细胞梭形，核大。增生晚期，子宫腺增长，腺腔增大，腺上皮细胞呈柱状，胞质内出现糖原；螺旋动脉增长、弯曲，此时，卵巢内的成熟卵泡排卵，子宫内膜进入分泌期。

2. 分泌期　排卵后，卵巢内出现黄体，故分泌期又称黄体期。在黄体分泌的雌激素、孕激素的作用下，子宫内膜继续增厚至 5～7mm。子宫腺极度弯曲，腺腔扩大呈锯齿状，腔内充满腺细胞的分

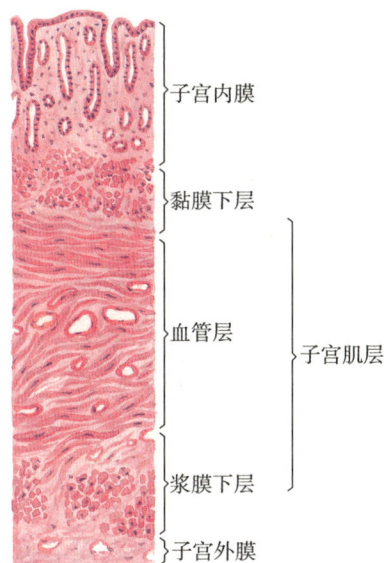

子宫内膜

黏膜下层

血管层　｝子宫肌层

浆膜下层

子宫外膜

图 26 -4　子宫壁的微细结构

泌物，内有大量糖原。固有层基质中含有大量组织液而呈现水肿。基质细胞肥大，胞质内充满糖原、脂滴。螺旋动脉增长，更加弯曲。卵若受精，内膜继续增厚，发育为蜕膜，否则，进入月经期。

3. 月经期　若排卵后未受精，卵巢内的月经黄体退化，血中雌激素和孕激素的水平下降，螺旋动脉收缩，内膜缺血坏死，血管内皮被溶酶体水解酶消化破裂使血液溢入基质。继之，螺旋动脉短暂扩张，使基质中血量增多，冲破内膜表层流入宫腔，阴道出血，即月经开始。血流伴随蜕变及坏死内膜的小片状剥脱逐渐增多，持续 3～5 天，直至功能层全部脱落流出。基底层子宫腺上皮迅速分裂增生，向表面铺展，修复内膜上皮，进入增生期（图 26 -5，图 26 -6）。

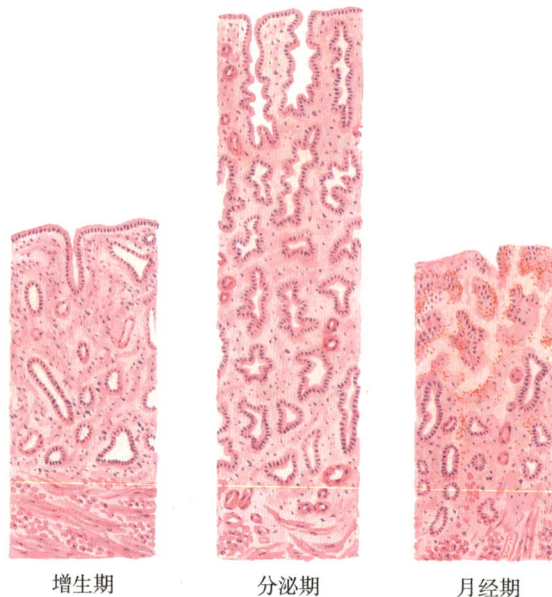

| 增生期 | 分泌期 | 月经期 |

图 26 – 5　子宫内膜周期性变化

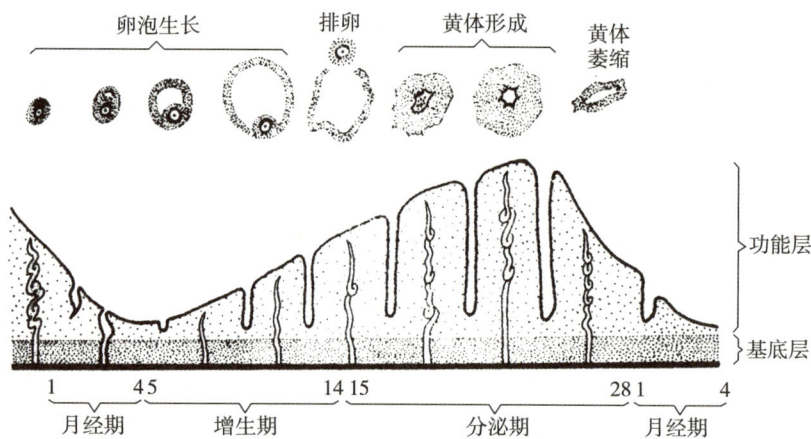

图 26 – 6　子宫内膜的周期性变化及其与卵巢周期性变化的关系

知识拓展

不孕症

　　不孕症是指女性无避孕性生活至少1年而未孕，主要分为原发性不孕和继发性不孕。原发性不孕指从未受孕，近1年无避孕而无法自然生育；继发性不孕指既往有妊娠史，而后无避孕连续1年未孕者。据统计不孕症，女性因素约占40%，男性因素占30%～40%，男女双方因素占10%～20%。不孕症发病率还在逐年上升，已成为严重影响社会发展及家庭和谐的重大医疗卫生问题。引起不孕的发病原因分为女性不孕和男性不育。女性不孕主要以排卵障碍、输卵管异常、子宫因素等为主；男性不育主要是生精异常及排精障碍等。不孕症的治疗原则是针对病因治疗，如生殖器官器质性病变的治疗，促排卵治疗等。通过积极治疗而仍然无法受孕者，可考虑辅助生殖技术帮助妊娠。

三、乳腺

乳腺于青春期开始发育，其结构随年龄和生理状况而异。不处于分泌状态的乳腺称静止期乳腺；妊娠期与哺乳期的乳腺称活动期乳腺。

乳腺被结缔组织分隔成多个小叶，每个小叶为一复管泡状腺，围以结缔组织和脂肪组织。腺泡上皮为单层立方上皮或柱状上皮，外包肌上皮细胞。导管包括小叶内导管、小叶间导管和总导管，它们分别由单层柱状上皮、复层柱状上皮和复层扁平上皮构成。总导管又称输乳管，开口于乳头。

1. 静止期乳腺　即未孕女性的乳腺。腺体不发达，仅有少量的腺泡和导管，脂肪组织和结缔组织丰富。在月经周期的分泌期，腺泡和导管略有增生。

2. 活动期乳腺　即妊娠期和哺乳期乳腺。在雌激素和孕激素的作用下，乳腺腺体迅速增生，腺泡增大。结缔组织和脂肪组织相对减少，但出现较多的巨噬细胞和浆细胞。妊娠后期，在催乳激素的刺激下，腺泡开始分泌。哺乳期乳腺中的腺体更加发达。合成与分泌活动在不同的小叶内交替进行，分泌前的腺泡上皮细胞为高柱状，分泌后呈扁平状，腺腔内充满乳汁。

目标检测

答案解析

一、选择题

1. 生长卵泡包括
   A. 原始卵泡和初级卵泡
   B. 原始卵泡和次级卵泡
   C. 初级卵泡和次级卵泡
   D. 初级卵泡和成熟卵泡
   E. 次级卵泡和成熟卵泡

2. 放射冠是指
   A. 紧靠透明带的一层柱状卵泡细胞
   B. 紧靠卵泡腔的一层卵泡细胞
   C. 卵泡壁最外层的卵泡细胞
   D. 卵泡膜内层的结缔组织细胞
   E. 卵泡膜外层的结缔组织细胞

3. 膜黄体细胞主要分泌
   A. 孕激素
   B. 雌激素
   C. 雌激素和孕激素
   D. 卵泡刺激素
   E. 松弛素

4. 排卵时，从卵巢中排出的物质有
   A. 初级卵母细胞、透明带、放射冠
   B. 次级卵母细胞、透明带、放射冠
   C. 颗粒黄体细胞、透明带、放射冠
   D. 膜黄体细胞、透明带、放射冠
   E. 次级卵母细胞、颗粒细胞、卵泡膜细胞

5. 某妇女的月经周期为30天，5月9日来月经，其排卵时间大约在
   A. 5月9日
   B. 5月15日
   C. 5月21日
   D. 5月26日
   E. 6月3日

6. 月经的产生是由于
   A. 雌激素急剧减少
   B. 孕激素急剧减少

C. 雌激素和孕激素急剧减少　　　　　　　　D. 雌激素急剧增加

E. 雌激素和孕激素急剧增加

7. 生精小管的生精上皮由以下细胞构成

　　A. 支持细胞和间质细胞　　　　　　　　　B. 支持细胞和生精细胞

　　C. 间质细胞和生精细胞　　　　　　　　　D. 支持细胞和精原细胞

　　E. 支持细胞和精子细胞

8. 关于睾丸间质细胞的描述，哪项错误

　　A. 位于生精小管内　　　　　　　　　　　B. 常成群分布

　　C. 具有分泌类固醇激素细胞的结构特点　　D. 细胞体积大，圆形或多边形

　　E. 能分泌雄激素

二、思考题

1. 生精小管从基底面到管腔面，依次可见到哪些生精细胞？

2. 卵泡分为哪几种类型？简述各级卵泡的结构特点。

（蒋　洁）

书网融合……

本章小结　　　　　　题库

第二十七章 皮 肤

PPT

≫ 情境导入

情境描述 患者，男，36 岁，2 年前头部、后背、下肢可见大量红色丘疹，继而散布全身，伴大量鳞屑，瘙痒明显，病情反复，春冬季节加重，夏秋有所缓解，体格检查：患者全身遍布红色丘疹，上覆银白色鳞屑，鳞屑刮除其下有一发亮的薄膜，轻刮薄膜即可出现散在的小出血点，呈露珠状，尤以双下肢为多。临床诊断：银屑病（牛皮癣）。

讨论 该病的组织学基础是什么？

皮肤覆于体表，是人体面积最大的器官，由表皮和真皮两部分构成（图 27-1）。以皮下组织与深部组织相连。皮肤有表皮衍生的皮肤附属器，包括毛发、指（趾）甲、皮脂腺和汗腺。皮肤是人体与外界环境直接接触的界面，不但感受外环境的冷、热、痛、压感觉，而且具有重要的屏障作用。

第一节 皮肤的基本结构

一、表皮

表皮位于皮肤的浅层，由角化的复层扁平上皮组成。身体各部位表皮厚度不等，肘窝处最薄，手掌及足底处最厚。表皮细胞可分为两大类：一类为角质形成细胞；一类为非角质形成细胞。前者占表皮细胞的绝大多数，后者散在分布于表皮深层的角质形成细胞之间，包括黑色素细胞、朗格汉斯细胞和梅克尔细胞。

（一）角质形成细胞

角质形成细胞构成表皮的主体。手掌和足底等角质层较厚的皮肤，由深层至浅层，可清楚地看到基底层、棘层、颗粒层、透明层和角质层 5 层结构。由基底层至角质层反映了角质形成细胞增殖、分化、迁移和脱落的过程，同时也是细胞逐渐生成角蛋白和角化的过程。正常生理情况下，表皮角质层细胞不断脱落和基底层细胞不断分裂增殖保持着动态平衡，维持表皮一定的厚度和结构。正常表皮更新周期为 3~4 周。

1. 基底层 为位于波浪状基膜上的一层矮柱状细胞，排列整齐，胞质嗜碱性，着色较深。

2. 棘层 由 4~10 层较大的多角形细胞组成，胞核位于中央。由于细胞具有很多细小突起呈棘状，故名棘层。相邻细胞的突起镶嵌，借桥粒紧密相连。胞质呈弱碱性，游离核糖体较多，具有旺盛的合成能力。

3. 颗粒层 由 3～5 层梭形细胞组成，胞质内充满嗜碱性颗粒，故名颗粒层。此层细胞的胞核渐趋退化。

4. 透明层 约由 2～3 层扁平细胞组成，细胞轮廓不清，细胞核与细胞器都退化消失。在薄的表皮中，见不到透明层（图 27－1）。

5. 角质层 由含角蛋白的多层扁平无核的角质细胞组成。

（二）非角质形成细胞

1. 黑色素细胞 为一种具有许多细长突起的细胞，多位于基底层细胞之间，其细长突起伸入基底细胞及棘细胞之间，但在 HE 标本上仅见到含核的着色浅的圆形胞体。

2. 朗格汉斯细胞 位于表皮深层，在 HE 标本中，此种细胞与黑色素细胞形态相近。在镀金标本中，此种细胞呈星状，细长突起伸入棘细胞间。

3. 梅克尔细胞 位于表皮基层，细胞基部附有盘状神经纤维末梢，可能与感受触觉有关

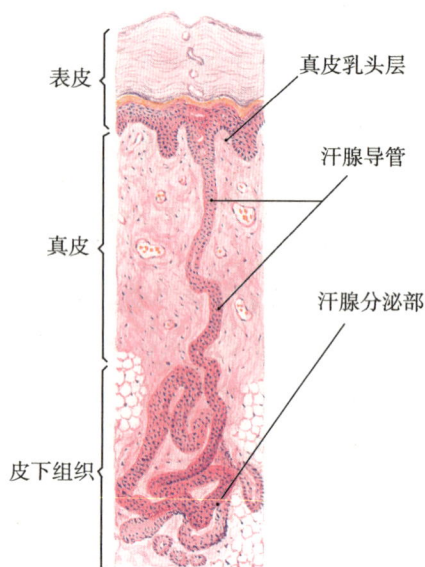

图 27－1　皮肤的微细结构

二、真皮

真皮位于表皮下方，分为浅部的乳头层和深部的网织层，由结缔组织构成。其厚度亦随身体部位而异，一般为 1～2mm，足跟处可达 3mm。

1. 乳头层 位于真皮与表皮交界处，凹凸不平，真皮突起的乳头与表皮相嵌合，这种相嵌可增强真皮与表皮连接的牢固性和表皮从真皮中获得营养。乳头层由疏松结缔组织构成，含成纤维细胞、肥大细胞、巨噬细胞及许多毛细血管、触觉小体和游离神经末梢。

2. 网织层 为乳头层深面较厚的致密结缔组织，细胞较少，密集的胶原纤维束及弹性纤维排列不规则，纵横交织，赋予皮肤较强的弹性和韧性，此层内除含较大血管、环层小体及神经纤维以外，尚可见汗腺、毛囊及皮脂腺。

真皮内富有毛细血管网及淋巴管网。在某些部位，皮肤深层可见动静脉吻合，这种吻合及毛细血管网与体温及血流量调节作用有关。

第二节　皮下组织

真皮下方的皮下组织，又名浅筋膜，位于真皮的深部。皮下组织由疏松结缔组织和脂肪细胞构成，它的主要功能是将皮肤与深层组织器官相连，并使二者之间有一定的可移动性。皮下组织具有缓冲、保温、储存能量等功能。

💡 **知识链接**

皮内注射和皮下注射

皮内注射是将少量药液注入表皮与真皮之间的方法。主要用于各种药物过敏试验和预防接种。药液在连接紧密的表皮和真皮之间，皮肤表面会因此而隆起一个皮丘。皮下注射是将少量药液注入皮下组织的方法，液体在组织间隙弥散，迅速达到药效。

第三节　皮肤的附属器

一、汗腺

汗腺是盘曲的单管状腺，根据结构及分布等不同可分为外汗泌腺和顶泌汗腺两种（图 27 – 1）。

1. 外泌汗腺　简称汗腺。除唇边、阴部等个别区域外，遍布全身。汗腺由分泌部和导管部组成。分泌部位于真皮深层和皮下组织中，由单层柱状细胞或单层锥体形细胞组成。上皮与基膜间有肌上皮细胞环绕，该细胞收缩有利于分泌物的排出。汗腺导管细长，并开口于皮肤表面的汗孔。汗腺分泌受胆碱能神经支配，在掌跖等部位也受肾上腺素能神经支配。汗液主要含水、氯化钠、尿素及乳酸等。汗腺分泌在调节体温上起重要作用。

2. 顶泌汗腺　也称大汗腺。此腺分布于腋窝、乳晕、肛门及会阴等区域。顶泌汗腺比外泌汗腺大许多。分泌部盘曲成团，腺腔大，导管短，在皮脂腺上方开口于毛囊。顶泌汗腺的分泌受肾上腺素能神经支配，并受性激素影响，分泌活动可呈周期性。顶泌汗腺分泌物含蛋白质，较黏稠，呈乳白色，被细菌分解后有臭味，俗称狐臭。

二、毛发

毛发的颜色、粗细，随种族、年龄、性别以及身体部位而有差异，但基本结构相同。毛发分为毛干、毛根和毛球 3 部分。露出皮肤外面的为毛干，埋于皮肤内部的是毛根。包在毛根外面的上皮和结缔组织形成的鞘，称毛囊。毛囊分为两层，内层为上皮鞘，也称内根鞘，与表皮各层细胞相连续，结构也近似，外层为结缔组织鞘，亦称外根鞘，由结缔组织构成。毛囊的末端膨大呈球状，称为毛球。毛球的基部凹窝内为富含血管、神经的疏松结缔组织，称毛乳头，它供给毛球营养。围绕毛乳头的上皮细胞称毛母质，是毛发的生长点。此处细胞不断增殖，向上移动分化形成毛发及上皮根鞘的细胞成分。毛母质内有散在黑色素细胞，黑色素颗粒由黑色素细胞的突起转递到毛发的角质细胞。黑色素颗粒的多少，决定毛发呈黑色、棕色、灰色或白色（图 27 –2）。

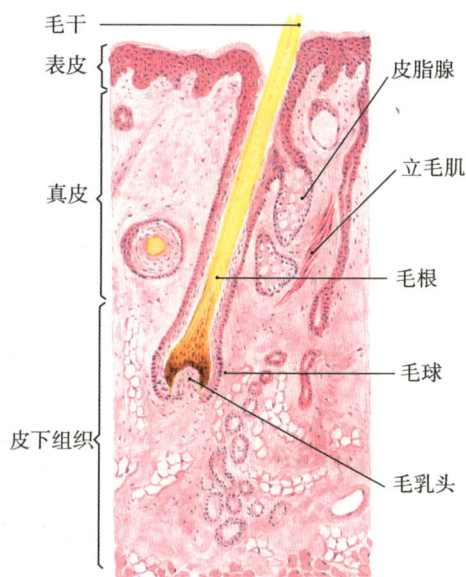

图 27 –2　皮肤的附属器

毛发与皮肤表面存在一定角度，在二者钝角的一侧，皮脂腺的下方有一束平滑肌，称竖毛肌。它一端附于毛囊，另一端附于真皮乳头层。竖毛肌受交感神经支配，当寒冷或惊恐时，竖毛肌收缩，使毛发竖立。

三、皮脂腺

皮脂腺为分支泡状腺，常位于毛囊与竖毛肌之间，以短导管开口于毛囊。皮脂腺最外层的低立方细胞为干细胞，不断分裂增殖，新生细胞不断长大向腺泡中央移动。胞质内合成的脂类颗粒增多，至腺泡中心胞核退化，整个细胞解体，与脂类产物一起排出，这种脂性分泌物称为皮脂。皮脂腺的分泌活动受性激素调控，在青春期，皮脂分泌旺盛，如皮脂排出障碍，可形成粉刺。

四、指（趾）甲

指（趾）甲为指（趾）端背面的硬角质板，露在外面的部分为甲体，埋于皮内的部分为甲根，甲体下面的皮肤为甲床；甲根附着处的上皮为甲母质，为甲的生长点。新生细胞向指（趾）远端推移，逐步角化为甲体；如伤及甲母质，则甲不能再生。

目标检测

答案解析

一、选择题

1. 构成皮肤表皮的上皮为
    A. 变移上皮   B. 未角化复层扁平上皮
    C. 复层柱状上皮   D. 单层扁平上皮
    E. 角化复层扁平上皮

2. 皮下注射是将药物注射在
    A. 肌组织内   B. 皮下组织内   C. 真皮乳头层内
    D. 真皮网织层内   E. 表皮和真皮之间

二、问答题

1. 皮肤由哪两部分构成？各是什么组织？皮肤附属器由什么组织形成？
2. 表皮由哪两类细胞组成？

（秦 迎）

书网融合……

本章小结   题库

第二十八章 感觉器官

PPT

学习目标

1. 通过本章学习，重点把握角膜和视网膜的结构；壶腹嵴、位觉斑、螺旋器的结构和功能；眼球壁的基本结构；内耳迷路的组织结构。

2. 学会利用本章所学组织学知识解释相关临床疾病的发生原因。

情境导入

情境描述 患者，女，53 岁。患者做家务时，突然感到眼前有一层乌云般的黑影伴视物变形，3 天后出现右眼视力急剧下降。眼科情况：右眼视力 0.03，左眼视力 0.7，行眼 B 超检查提示右眼视网膜脱离。患者经激光治疗，右眼视力恢复到 0.6。临床诊断：视网膜脱离。

讨论 该病的组织学基础是什么？

第一节 眼

眼包括眼球及眼副器。眼球是视觉器官，能感受光的刺激，并将它们转换为神经冲动。眼副器包括眼睑、眼外肌、泪腺和泪道。

一、眼球

眼球近似球形，位于眼眶内，由眼球壁和内容物两部分组成。

（一）眼球壁

眼球壁自外向内分为纤维膜、血管膜、视网膜 3 层。

1. 纤维膜 为眼球壁的最外层，主要是致密结缔组织。

（1）角膜 位于眼球前部 1/6，由外向内分为角膜上皮、前界层、角膜基质、后界层和角膜内皮 5 层结构。

1）角膜上皮 是未角化的复层扁平上皮，由 5~6 层细胞组成。内有丰富的游离神经末梢。

2）前界层 是一层透明均质的薄膜，厚 10~16μm，由胶原原纤维和基质组成。此层是角膜基质的延续，损伤后不能再生。

3）角膜基质 约占角膜全厚的 90%，由多层与表面平行的胶原板层组成。角膜基质受损后不易修复，形成不透明的瘢痕。

4）后界层 是一层透明均质薄膜，厚 8~10μm，它是角膜内皮的基膜，损伤后可以再生。

5）角膜内皮 为单层扁平上皮。上皮细胞有合成和分泌蛋白质的功能，与后界层的形成和更新有关，角膜内皮邻近房水，能调节水的摄取，保持角膜含水量的恒定。

💡 **知识拓展**

准分子激光角膜屈光治疗技术（LASIK 技术）

近视眼是由于眼球的前后径过长或者眼球前表面太凸，外界光线不能准确会聚在眼底所致。准分子激光是一种人眼看不见的波长仅 193nm 的紫外线光束，其特性为光子能量大，波长极短，对组织的穿透力极弱，不会穿入眼内，仅被组织表面吸收，对周围组织无损伤或损伤极微。准分子激光角膜屈光治疗技术，是用一种特殊的极其精密的微型角膜板层切割系统（简称角膜刀），将角膜表层组织制作成一个带蒂的角膜瓣，翻转角膜瓣后，在计算机控制下，用准分子激光对瓣下的角膜基质层拟去除的部分组织予以精确气化，然后于瓣下冲洗并将角膜瓣复位，以此改变角膜前表面的形态，调整角膜的屈光力，使外界光线能够准确地在眼底会聚成像，达到矫正近视的目的。

（2）巩膜　位于眼球后部 5/6，呈乳白色，不透明，由致密结缔组织组成。

2. 血管膜　由富含血管和色素细胞的疏松结缔组织构成。自前向后分为虹膜、睫状体和脉络膜 3 部分。

（1）虹膜　环状，中央为瞳孔。虹膜位于角膜的后方，其周缘与睫状体相接，自前向后分前缘层、虹膜基质和上皮层 3 层。

1）前缘层　是一层不连续的成纤维细胞和色素细胞。

2）虹膜基质　为富含血管和色素细胞的疏松结缔组织。由于种族和个体的差异，其中所含的色素量不同，使虹膜呈现不同的颜色。在瞳孔周围的虹膜基质中，有一薄层环行平滑肌，称瞳孔括约肌，受副交感神经支配。

3）上皮层　又称视网膜虹膜部，由两层色素上皮细胞组成。前层细胞分化为肌上皮细胞，呈梭形，称瞳孔开大肌，受交感神经支配。后层细胞大，圆柱形，胞质内充满色素。

（2）睫状体　由外向内分为睫状肌、基质与上皮三层。睫状肌是平滑肌，受副交感神经支配，它的舒缩可通过睫状小带改变晶状体曲度。睫状体上皮层有分泌房水的作用。

（3）脉络膜　位于巩膜内侧，是含大量血管和色素细胞的疏松结缔组织。

3. 视网膜　视网膜为眼球壁的内层，主要由 4 层细胞组成，其中一层为色素上皮，另外 3 层为神经元。

（1）色素上皮层　细胞呈立方形，基部借基膜紧附于脉络膜，顶部伸出许多细长的突起，插在感光细胞的树突之间。胞质内有很多黑素颗粒，它们有吸收光线、保护感光细胞免受强光刺激的作用。色素上皮细胞还能吞噬视杆细胞脱落的膜盘，与初级溶酶体结合而形成板层小体（次级溶酶体），并将其消化。此外，色素上皮细胞还能储存维生素 A，并构成视网膜的保护性屏障。

（2）感光细胞层　包括视杆细胞和视锥细胞，能接受光的刺激并转换为神经冲动。

1）视杆细胞　胞体细长，胞核椭圆形，染色较深。从胞体向外侧伸出细长杆状的突起。视杆细胞主要感受弱光的刺激。维生素 A 缺乏时，可影响视杆细胞的功能，导致夜盲症。

2）视锥细胞　结构与视杆细胞相似，所不同的是，细胞核大而染色较浅，突起粗短，呈圆锥形，视锥细胞主要感受强光和分辨颜色。视锥细胞异常可导致色觉障碍，引起色盲或色弱。

（3）双极细胞层　为连接感光细胞和节细胞的中间神经元。

（4）节细胞层　位于视网膜内层，为多极神经元。节细胞分两种，较大的一种借树突与多个双极细胞形成突触联系；较小的一种通过一个小型双极细胞与视锥细胞形成一对一的视觉通路，这种通路与精确敏锐的视觉传导有关。节细胞的轴突向眼球后极集中，组成视神经。

节细胞轴突穿出处形成的盘状结构，称视神经盘，无感光细胞分布，又称生理性盲点。视神经盘颞侧有一个黄色区域称黄斑，中央有一小凹，称中央凹。此处外界的光线可直接落在视锥细胞上，再通过一对一的神经通路传到中枢，所以黄斑是视觉最精确、敏锐的部位（图 28 – 1）。

（二）眼内容物

眼内容物包括房水、晶状体、玻璃体。

1. 房水　无色透明含少量蛋白质的液体。房水的产生和排出保持动态平衡，若排出通路受阻，眼球内压增高，造成青光眼。

2. 晶状体　位于虹膜与玻璃体之间，为具有弹性的无色透明体。晶状体由于胚胎发育障碍、外伤、代谢障碍等原因发生浑浊，临床称为白内障。

3. 玻璃体　充填于晶状体和视网膜之间，为无色透明的胶状体，含水量达 99%。

二、眼睑

眼睑覆于眼的前方，有保护眼球的作用。眼睑从外向内可分为皮肤、皮下组织、肌层、纤维层、睑结膜 5 层。

1. 皮肤　薄而柔软，睑缘处有睫毛。睫毛处有皮脂腺，开口于毛囊。

2. 皮下组织　为薄层疏松缔组织，易发生水肿。

3. 肌层　主要为眼轮匝肌和提上睑肌。

4. 睑板　为致密结缔组织，内有睑板腺，其导管开口于睑缘。睑板腺是皮脂腺，分泌皮脂，滑润睑缘和保护角膜。

5. 睑结膜　为一层薄的黏膜，表面为复层柱状上皮，夹有少量杯形细胞。其下为薄层的固有层。睑结膜反折覆盖于巩膜表面，称球结膜。

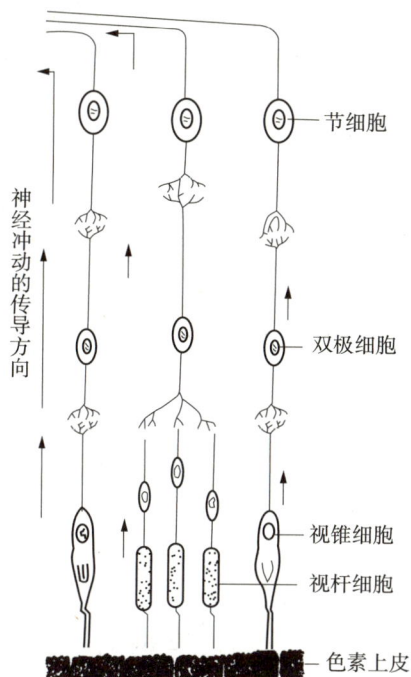

图 28 – 1　视网膜结构模式图

第二节　耳

耳是听觉与位觉器官，由外耳、中耳和内耳三部分组成。外耳和中耳传导声波，内耳位于颞骨岩部，由于结构复杂，故称迷路。内耳由骨迷路和膜迷路组成，膜迷路内有位觉和听觉感受器。

一、壶腹嵴

壶腹嵴是位觉感受器，感受旋转变速运动。位于膜半规管的壶腹内，它是由壶腹一侧的黏膜增厚突向管腔内形成，其黏膜上皮由支持细胞和毛细胞组成。支持细胞呈高柱状，游离面有微绒毛，细胞核位于基部，支持细胞对毛细胞起支持作用。毛细胞有烧瓶状和柱状两型，每个毛细胞游离面均有 1 根动纤毛和 50~110 根静纤毛，纤毛较长，插入壶腹嵴顶部的壶腹帽中。毛细胞的基部与前庭神经末梢构成突触。壶腹嵴能感受头部的旋转变速运动，这是由于内淋巴与半规管之间在旋转开始和终止时，出现相对位移的结果。当头部旋转时，内淋巴流动，使壶腹帽发生倾斜，从而刺激毛细胞产生神经冲动，经前庭神经传向中枢。

二、椭圆囊斑和球囊斑

椭圆囊斑和球囊斑分别位于椭圆囊和球囊内，是该处局部黏膜增厚凸向管腔而成。两斑位置互相垂直，结构与壶腹嵴相似。斑的上皮亦由支持细胞和毛细胞组成。支持细胞高柱状，位于基膜上，游离面有微绒毛。支持细胞具有支持和营养作用，其分泌物形成位砂膜，内含有碳酸钙结晶体，即位砂。毛细胞亦分烧瓶状和柱状两型，顶部有 30 ~ 60 根静纤毛和 1 根动纤毛，伸入位砂膜中。前庭神经末梢与毛细胞基部形成突触。

位觉斑能感受直线变速运动，以及静止状态下的位置觉。由于重力关系及两斑位置互相垂直，故无论头在任何位置，位砂膜都将不同程度地刺激毛细胞，引起前庭神经兴奋，将位觉信息传向中枢。

三、螺旋器

螺旋器位于蜗管的基底膜上，是听觉感受器，由支持细胞和毛细胞组成。支持细胞按形态可分为柱细胞和指细胞。柱细胞排列为内外两行，内侧的为内柱细胞，外侧为外柱细胞。柱细胞基部较宽，位于基底膜上，胞体中部细而长，彼此分离围成一个三角形的内隧道。指细胞长柱形，位于基底膜上，每个指细胞的顶部都承托一个毛细胞。毛细胞呈柱状，其基底部与耳蜗神经节双极神经元的树突末端形成突触。声波经外耳道传至鼓膜，使鼓膜振动，经中耳听小骨传至卵圆窗，引起前庭阶的外淋巴振动，使前庭膜和蜗管的内淋巴振动，从而振动基底膜，刺激毛细胞产生神经冲动，由蜗神经将听觉信息传入中枢，产生听觉（图 28 - 2）。

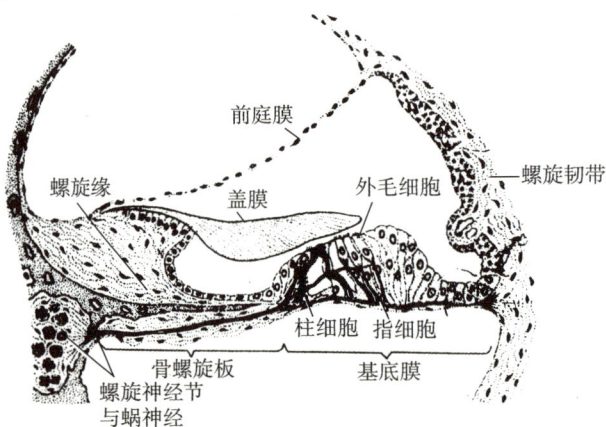

图 28 - 2　蜗管与螺旋器

💡 知识链接

助听器

助听器简单地说就是一个超小型的扩音器，把原本听力障碍患者听不到的声音，依照其需求加以扩大，再利用患者的残余听力，将声音送到大脑的听觉中枢而听到声音。助听器是如何助听的呢？首先，助听器可以将声音信号放大，最大限度地保证使用者感受到声音；其次，助听器可以按照使用者的听力损失情况有选择地放大不同频率的声音，努力保证使用者既能听到又尽量听清；第三，绝大多数助听器都重点放大语言频率，重点保证语言沟通；第四，加上一些特殊电路后，一些助听器在放大弱小声音的同时，还可以按需要限制较大的声音输出。由于具备了上述功能，助听器能使绝大多数使用者受益。

目标检测

一、选择题

1. 关于角膜的描述，下列哪项是错误的
   A. 角膜上皮为未角化复层扁平上皮
   B. 角膜基质含有胶原原纤维、成纤维细胞和基质
   C. 角膜上皮基底细胞具有增殖能力
   D. 角膜基质富含毛细血管
   E. 角膜上皮富含游离神经末梢

2. 视网膜能感受弱光的细胞是
   A. 视杆细胞　　　　B. 视锥细胞　　　　C. 节细胞
   D. 双极细胞　　　　E. 色素上皮细胞

3. 听觉感受器是
   A. 壶腹嵴　　　　　B. 椭圆囊斑　　　　C. 球囊斑
   D. 螺旋器　　　　　E. 位觉斑

二、问答题

1. 试述视网膜的主要层次结构。
2. 简述螺旋器的位置、结构和功能。

（秦　迎）

书网融合……

本章小结　　　　题库

第二十九章 内分泌系统

◎· 学习目标

> 1. 通过本章学习，重点把握甲状腺、肾上腺、垂体、甲状旁腺的组织学结构；甲状腺、肾上腺、垂体和甲状旁腺分泌的激素及其功能。
> 2. 学会利用本章所学组织所学知识解释相关临床疾病。

≫ 情境导入

情境描述　患者，男，10 岁，身体生长迅速，身高达 172cm，肌肉发达，食量很大，性成熟早。血液激素测定：生长激素 $> 10\mu g/L$。血清 T_4、T_3 及甲状腺 ^{131}I 摄取率正常；促性腺激素正常。临床诊断为巨人症。

讨论　该病的组织学基础是什么？

内分泌系统是机体的重要调节系统，它与神经系统相辅相成，共同调节机体的生长发育和各种代谢，维持内环境的稳定，并影响行为和控制生殖等。内分泌系统由内分泌腺和分布于其他器官的内分泌组织组成。

内分泌细胞分泌的生物活性物质称为激素。激素通过毛细血管和毛细淋巴管进入血液和淋巴液，循环至全身各处。激素的作用具有特异性，每种激素作用于一定器官或器官内的某类细胞，某种激素所作用的器官或细胞，称为该激素的靶器官或靶细胞。靶细胞具有与相应激素相结合的受体，受体与相应激素结合后产生效应。

本章仅介绍甲状腺、甲状旁腺、肾上腺、垂体等内分泌腺的组织结构。

第一节　甲状腺

甲状腺表面包有薄层结缔组织被膜。从被膜发出小梁伸入腺实质，将其分成大小不一的小叶，每个小叶内含有许多甲状腺滤泡，滤泡间有少量的结缔组织、丰富的毛细血管和许多滤泡旁细胞。

一、甲状腺滤泡

滤泡为大小不等的囊状结构，呈圆形、椭圆形或不规则形。滤泡由单层排列的滤泡上皮细胞围成，细胞界限清楚，细胞核圆形，位于中央。滤泡腔内充满胶质。滤泡上皮细胞因功能状态不同而有形态变化。一般情况下呈立方形，在甲状腺功能活跃时，细胞增高呈低柱状，腔内胶质减少；反之，细胞变矮呈扁平状，腔内胶质增多。胶质是滤泡上皮细

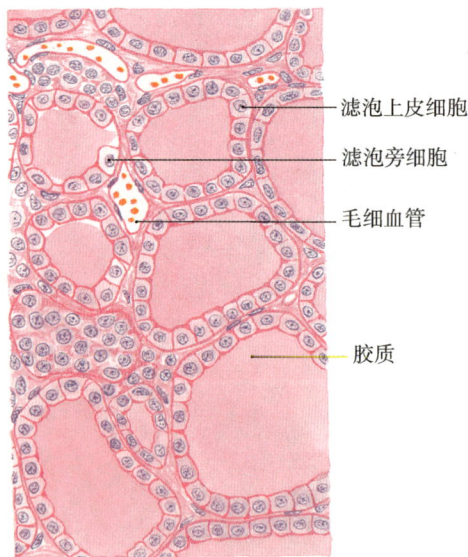

——滤泡上皮细胞

——滤泡旁细胞

——毛细血管

——胶质

图 29-1　甲状腺的微细结构

胞的分泌物，在 HE 切片上呈均质状，嗜酸性，为碘化的甲状腺球蛋白。胶质的边缘常存在不着色的空泡，是滤泡上皮细胞吞饮胶质滴所致（图 29–1）。

甲状腺激素作用于机体的多种细胞，主要功能是促进机体的新陈代谢，提高神经兴奋性，促进生长发育，尤其对婴幼儿的骨骼发育和中枢神经系统发育影响很大。婴幼儿甲状腺功能低下，不仅身材矮小，而且脑发育障碍，导致克汀病（呆小症）；在成人则发生黏液性水肿。甲状腺功能增强时，分泌的甲状腺激素过多，出现甲状腺功能亢进症。长期缺碘则可出现单纯性甲状腺肿。

知识链接

碘　盐

　　碘盐是指含有碘酸钾的氯化钠。人体内 2/3 的碘存在于甲状腺中，甲状腺可以控制代谢，而甲状腺又受碘的影响。所以缺碘就会引起碘缺乏病。我国学者早就报道了甲状腺肿病，而且我国是世界上最早用海草治疗这种疾病的国家之一。为解决广泛存在的碘缺乏问题，世界卫生组织呼吁全民食盐加碘。由于我国大部分地区都缺碘，所以国家强制给食盐中加入少量的含碘盐。从 1995 年起，我国开始实施全民食盐加碘。10 年后，我国 7~14 岁学生的甲状腺肿大率由平均 20.4% 降低到 5% 以下，在占人口 90% 以上的合格加碘食盐覆盖地区，完全消灭了克汀病的发生。

二、滤泡旁细胞

滤泡旁细胞又称 C 细胞，位于滤泡之间或滤泡上皮细胞之间（图 29–1），细胞体积较大，在 HE 染色切片中，胞质着色略淡，银染法可见胞质内有嗜银颗粒。滤泡旁细胞分泌降钙素。降钙素能促进成骨细胞的活动，使骨盐沉着于类骨质，抑制骨质内钙盐的溶解，并抑制胃肠道和肾小管吸收钙盐，使血钙下降。

第二节　甲状旁腺

甲状旁腺一般有上下两对，位于甲状腺两侧叶的后面。成人甲状旁腺呈棕黄色的扁椭圆形。腺体表面包有薄层结组织被膜，结缔组织伸入腺体内形成小梁。腺细胞排列成团索状，其间富含有孔毛细血管及少量结缔组织，还可见散在脂肪细胞。腺实质由主细胞和嗜酸性细胞组成（图 29–2）。

一、主细胞

主细胞是构成甲状旁腺的主要细胞，胞体较小，呈圆形或多边形，核圆，位于细胞中央，胞质着色浅。主细胞分泌甲状旁腺激素，主要功能是作用于骨细胞和破骨细胞，使骨盐溶解，并能促进肠及肾小管吸收钙盐，从而使血钙升高。在甲状旁腺激素和降钙素的共同调节下，维持着血钙的稳定。

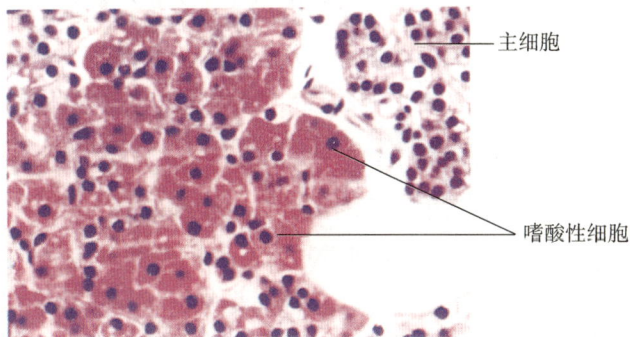

图 29–2　甲状旁腺的微细结构

二、嗜酸性细胞

嗜酸性细胞常单个或成群存在于主细胞之间。比主细胞大，核较小，染色较深，胞质内含密集的嗜酸性颗粒。此细胞的功能尚不清楚。

第三节　肾上腺

肾上腺位于肾的上方，右侧呈三角形，左侧呈半月形。肾上腺表面包以结缔组织被膜，少量结缔组织伴随血管和神经伸入腺实质内构成间质。肾上腺实质由周围的皮质和中央的髓质两部分构成。皮质来自中胚层，腺细胞有类固醇激素细胞的结构特点；髓质来自外胚层，腺细胞有含氮类激素细胞的结构特点。

一、皮质

皮质占肾上腺体积的80% ~ 90%。根据皮质细胞的形态和排列方式不同，可将皮质由外向内分为3层：球状带、束状带和网状带（图29 – 3）。

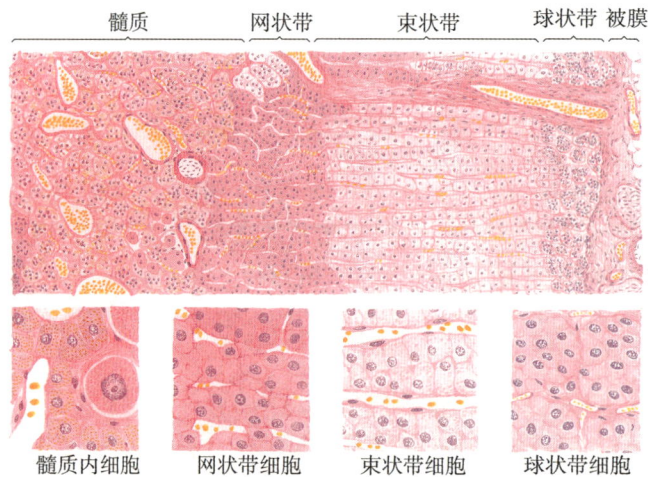

图 29 – 3　肾上腺的微细结构

（一）球状带

球状带位于被膜下方，较薄，占皮质总体积的15%。细胞排列呈团状，胞体较小，呈矮柱状或多边形，核小染色深，胞质弱嗜酸性，内含少量脂滴。细胞团之间有血窦和少量结缔组织。球状带细胞分泌盐皮质激素，如醛固酮等，能促进肾远曲小管和集合管重吸收 Na^+ 及排出 K^+，同时刺激胃黏膜等吸收 Na^+，使血 Na^+ 浓度升高、K^+ 浓度降低，维持体内电解质和体液的动态平衡。

（二）束状带

束状带是皮质中最厚的部分，占皮质总体积的78%。细胞较大，界限清楚，呈多边形。细胞常排列成1 ~ 2行细胞索，细胞索间为丰富的血窦和少量结缔组织。胞质内含有大量的脂滴，在 HE 染色切片中，因脂滴被溶解，故染色浅而呈空泡状。束状带细胞分泌糖皮质激素，主要为皮质醇和皮质酮，可促使蛋白质及脂肪分解并转变成糖，还有降低免疫应答及抗炎等作用。

（三）网状带

网状带位于皮质的最内层，占皮质总体积的7%。细胞排列成索状，并相互吻合成网，网间为血窦和少量结缔组织。网状带细胞较束状带细胞小，核也小，着色较深，胞质弱嗜酸性，胞质内含较多脂褐素和少量脂滴，因而染色较束状带深。网状带细胞主要分泌雄激素，也分泌少量雌激素。

二、髓质

髓质位于肾上腺的中央，占肾上腺体积的10%~20%，由髓质细胞组成，其间为血窦和少量结缔组织。髓质细胞体积较大，呈多边形，胞质染色淡，核大、呈圆形。髓质细胞排列成条索状，条索相互吻合成网状。如用铬盐处理标本，胞质内呈现出黄褐色的嗜铬颗粒，因而髓质细胞又称为嗜铬细胞（图29-3）。

髓质细胞根据颗粒内含激素的差别，分为两种：一种为肾上腺素细胞，颗粒内含肾上腺素，此种细胞数量多，占肾上腺髓质细胞的80%以上；另一种为去甲肾上腺素细胞，颗粒内含去甲肾上腺素。

第四节　垂　体

垂体位于蝶鞍垂体窝内，垂体由腺垂体和神经垂体两部分组成，表面包以结缔组织被膜。

一、腺垂体

腺垂体是垂体的主要组成部分，约占垂体的75%，由3部分组成。

（一）远侧部

其腺细胞排列成团索状，少数围成小滤泡，细胞间具有丰富的血窦和少量结缔组织。在HE染色切片中，依据腺细胞着色的差异，可将其分为嗜色细胞和嫌色细胞两大类。嗜色细胞又分为嗜酸性细胞和嗜碱性细胞两种（图29-4）。

1. 嗜酸性细胞　数量较多，约占远侧部细胞总数的40%。体积较大，呈圆形或椭圆形，核圆，位于细胞中央，胞质内充满粗大的嗜酸性颗粒。根据嗜酸性细胞所分泌激素不同又分为两种。

（1）生长激素细胞　数量较多，分泌生长激素，能促进机体的生长和代谢，尤其能刺激骺软骨生长，使骨增长。在幼年时期，生长激素分泌不足可致垂体侏儒症，分泌过多引起巨人症，成人则发生肢端肥大症。

（2）催乳激素细胞　分泌催乳激素，能促进乳腺发育和乳汁分泌。

2. 嗜碱性细胞　数量较嗜酸性细胞少，约占远侧部细胞总数的10%。细胞呈椭圆形或多边形，大小不一，界限清楚。胞质内含嗜碱性颗粒。嗜碱性细胞分以下3种。

（1）促甲状腺激素细胞　数量少，细胞分泌的促甲状腺激素能促进甲状腺滤泡上皮细胞合成和释放甲状腺激素。

（2）促肾上腺皮质激素细胞　呈多角形，分泌促肾上腺皮质激素，促进肾上腺皮质束状带分泌糖皮质激素。

（3）促性腺激素细胞　胞体较大，多呈圆形，分泌卵泡刺激素和黄体生成素。卵泡刺激素在女性促进卵泡的发育，在男性则刺激生精小管的支持细胞合成雄激素结合蛋白，以促进精子的发生。黄体生成素在女性促进排卵和黄体形成，在男性则刺激睾丸间质细胞分泌雄激素，因此又称间质细胞刺激素。

3. 嫌色细胞　数量多，约占远侧部细胞总数的50%。细胞体积小，呈圆形或多角形，胞质少，着色浅，细胞界限不清楚。电镜下有些嫌色细胞含有少量分泌颗粒，因此认为这些细胞可能是脱颗粒的嗜色细胞，或是处于形成嗜色细胞的初期阶段。

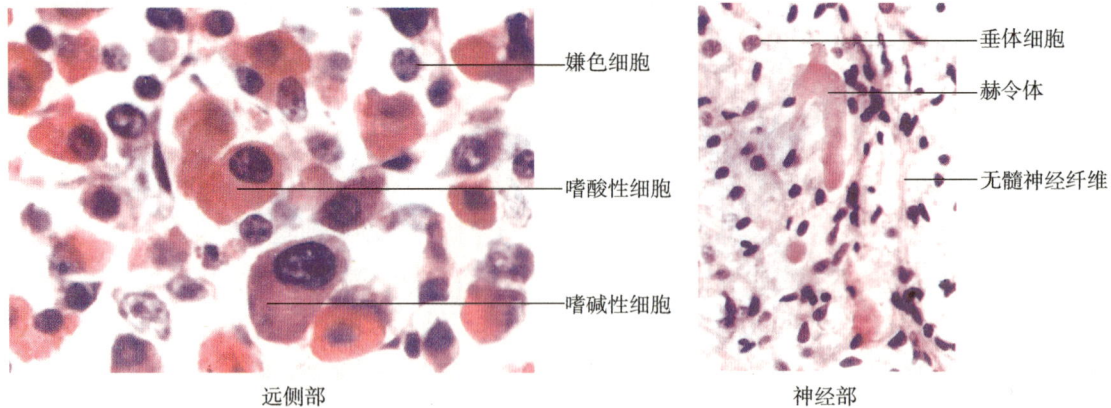

图 29 – 4　垂体的微细结构

远侧部　　　　　　　　　　　　　　　　神经部

（二）中间部

人类的中间部不发达，位于远侧部和神经部之间的狭长区，由嗜碱性细胞、嫌色细胞和大小不等的滤泡组成，泡腔内含有胶质。

（三）结节部

结节部包围着神经垂体的漏斗，在漏斗的前方较厚，后方较薄或缺如。有丰富的毛细血管，腺细胞主要是嫌色细胞，呈索状纵向排列于血管之间，其间有少数嗜酸性和嗜碱性细胞。

（四）下丘脑与腺垂体的联系

腺垂体的血液主要由大脑基底动脉发出的垂体上动脉供应。垂体上动脉从结节部上端进入神经垂体的漏斗处形成第一级毛细血管网。这些毛细血管网下行至结节部汇集形成数条垂体门微静脉，沿漏斗柄下行进入远侧部，再度形成第二级毛细血管网。垂体门微静脉及其两端的毛细血管网共同构成垂体门脉系统。远侧部的毛细血管最后汇集成小静脉注入垂体周围的静脉窦。

下丘脑有许多神经元（弓状核等）具有内分泌功能，对腺细胞分泌起促进作用的激素，称释放激素；对腺细胞起抑制作用的激素，则称为释放抑制激素。这些神经元的轴突伸至垂体漏斗处。细胞合成的多种激素经轴突终末释放入漏斗处的第一级毛细血管网内，继而经垂体门脉系统进入腺垂体。下丘脑与腺垂体在结构上虽没有直接联系，但下丘脑的各种神经内分泌细胞分泌的释放激素或释放抑制激素，可调节腺垂体相应腺细胞的分泌活动，腺垂体分泌的各种激素又调节相应靶细胞的分泌和其他功能活动。另一方面，靶细胞的分泌物和其他物质，反过来又可影响腺垂体和下丘脑的分泌活动，这种调节称为反馈。通过正、负反馈调节以维持机体内环境的相对稳定和正常生理活动。

二、神经垂体

神经垂体由神经部和漏斗组成。神经垂体与下丘脑在结构和功能上有直接联系。神经垂体主要由无髓神经纤维、神经胶质细胞组成，并含有较丰富的毛细血管。

垂体神经部无髓神经纤维主要来源于下丘脑的视上核和室旁核，其轴突经漏斗进入神经部。视上核和室旁核的神经元有分泌激素的功能，分泌颗粒沿细胞的轴突运输到神经部，轴突沿途或终末的分泌颗粒常聚集成团，在光镜下呈大小不等的嗜酸性团块，称赫令体（图 29 – 4）。分泌颗粒沿轴突运送到神经部储存，进而释放入神经部的毛细血管，经血液运输至靶器官。

视上核和室旁核的神经元合成血管升压素和缩宫素。血管升压素的主要作用是促进肾远曲小管和集合小管对水的重吸收，使尿量减少；当血管升压素超过一定含量时，可导致小动脉平滑肌收缩，血压升高，故又称血管加压素。缩宫素可引起妊娠子宫平滑肌收缩，加速分娩过程，并促进乳腺分泌。

第五节　弥散神经内分泌系统

　　机体内除上述内分泌腺外，许多其他器官内还存在有大量散在的内分泌细胞，这些细胞分泌的多种激素和激素样物质在调节机体生理活动中起十分重要的作用。这些内分泌细胞具有摄取胺前体经脱羧后产生胺的特点，所以将这些细胞统称为摄取胺前体脱羧细胞（APUD 细胞）。

　　APUD 细胞不仅产生胺，而且还产生肽。随着 APUD 细胞类型和分布的不断扩展，发现神经系统内的许多神经元也合成和分泌与 APUD 细胞相同的胺和（或）肽类物质。因此这些具有分泌功能的神经元和 APUD 细胞统称为弥散神经内分泌系统（DNES）。因此可以说 DNES 是在 APUD 基础上的进一步发展和扩充，DNES 把神经和内分泌两大调节系统统一起来构成为一个整体，共同完成调节和控制机体生理活动的动态平衡。

目标检测

答案解析

一、选择题

1. 分泌降钙素的细胞是
   A. 甲状腺滤泡上皮细胞
   B. 滤泡旁细胞
   C. 间质细胞
   D. 甲状旁腺主细胞
   E. 嗜酸性细胞

2. 有关肾上腺皮质的描述，错误的是
   A. 分为球状带、束状带、网状带
   B. 球状带分泌盐皮质激素和少量糖皮质激素
   C. 束状带分泌糖皮质激素
   D. 网状带分泌性激素
   E. 束状带最厚

二、简答题

1. 甲状腺实质由哪两种细胞组成？各分泌什么激素？
2. 腺垂体分泌的激素有哪些？

（秦　迎）

书网融合……

本章小结　　　　题库

第三十章　人体胚胎发育总论

◎· 学习目标

　　1. 通过本章学习重点把握受精的概念、意义及条件；胚泡的形成；植入的概念、过程、部位和意义；蜕膜的概念和分部；胎盘的形态、结构和功能；生殖细胞的成熟过程；卵裂的概念、过程和胚泡的形成。

　　2. 学会结合所学知识指导优生优育。

≫ 情境导入

　　情境描述　患者，女，31岁，下腹剧痛，伴头晕、恶心2小时急诊入院。平素月经规律，4~5/35天，量多，无痛经，末次月经2021年9月17日，于10月20日开始阴道出血，量较少，色暗且淋漓不净，四天来常感头晕、乏力及下腹痛，2天前曾到某中医门诊诊治，服中药调经后阴道出血量增多，但仍少于平时月经量。今晨上班和下午2时有2次突感到下腹剧痛，下坠，头晕，并昏倒，遂来急诊。月经14岁初潮，量中等，无痛经。25岁结婚，孕2产1，末次生产4年前，带环3年。既往体健，否认心、肝、肾等疾患。查体：T 36℃，P 102次/分，BP 80/50mmHg，急性病容，面色苍白，出冷汗，可平卧。心肺无异常。外阴有血迹，阴道畅，宫颈光滑，有举痛，子宫前位，正常大小，稍软，可活动，轻压痛，子宫左后方可及8cm×6cm×6cm不规则包块，压痛明显，右侧（-），后陷凹不饱满。化验：尿妊娠（±），Hb 90g/L，WBC 10.8×10⁹/L。B超：可见宫内避孕环，子宫左后7.8×6.6cm囊性包块，形状欠规则，无包膜反射，后陷凹有液性暗区。诊断：异位妊娠破裂出血，急性失血性休克。

　　讨论　从胚胎学的角度分析该疾病的发生原因。

　　人体由（5~7）×10¹²个细胞构成，这些细胞根据结构和功能不同，可分为230多种。这样一个复杂的人体竟然起源于一个细胞，这就是受精卵。胚胎从一个直径约200μm的受精卵发育为足月胎儿的过程，每一部分都在发生复杂的变化。人体的这一胚胎发生过程，称为个体发生。研究人体的胚胎发生及其机制的科学，称人体胚胎学。

　　人胚胎在母体子宫内发育38周（约266天），可分两个时期：胚期和胎期。胚期自形成受精卵至第8周末的早期发生阶段。胚期质变剧烈，至第8周末胚已初具人形，长约3cm；胎期第9周至出生，胚胎体内各组织器官进一步发生、发育，功能逐步建立，直到成熟分娩，新生命诞生。胎期量变剧烈。

　　人胚的早期发生是指受精卵形成至第8周末，是整个胚胎发育的关键时期。

第一节　受　精

一、生殖细胞

生殖细胞即配子，包括精子和卵子，均为单倍体，包括22条常染色体和1条性染色体。

（一）精子的发生、成熟和获能

1. 精子的发生 精子是在睾丸生精小管中发生的，从精原细胞开始，经过细胞增殖、减数分裂和形态变化，历时 64 天左右，最终形成了蝌蚪形的精子，染色体数目减半，由二倍体变成单倍体（图 30 – 1）。

2. 精子的成熟和获能 由生精小管发生并释放入管腔的精子，虽然形态结构已经成熟，但无定向运动和使卵子受精的能力。当精子转运至附睾管，继续发育并成熟，精子具备了定向运动的能力和使卵子受精的潜力，但无释放顶体酶，穿越卵子周围的放射冠和透明带的能力，这是由于精子头的外表面被一层来自精液的糖蛋白覆盖，阻止顶体酶的释放。精子只有在进入女性生殖管道后，经子宫和输卵管分泌物的作用，该糖蛋白被去除，才获得了使卵子受精的能力，这个过程称精子获能。

（二）卵子发生和排卵

卵子发生于卵巢，在受精过程中成熟。卵子的发生过程也要经历两次成熟分裂。排卵后，排出的卵细胞处于第二次成熟分裂中期，当与精子相遇，受到精子穿入的激发后完成第二次成熟分裂变成成熟的卵子（图 30 – 1）。如果未与精子相遇，12 ~ 24 小时内退化。

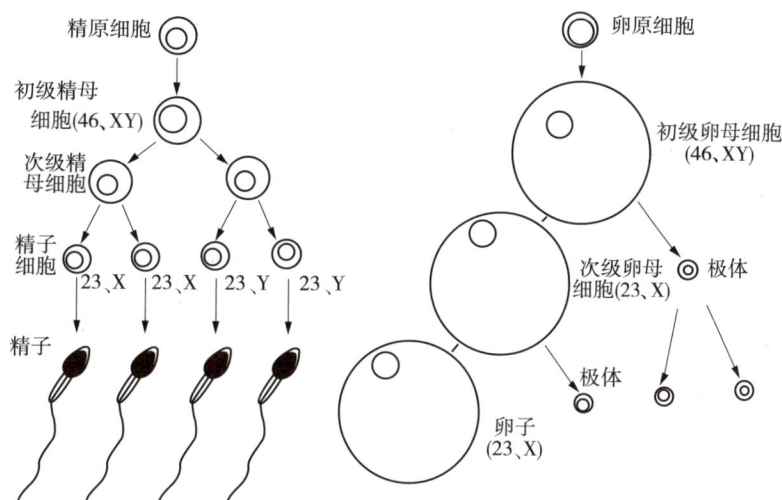

图 30 – 1 精子与卵子发生过程示意图

二、受精

精子与卵结合形成受精卵的过程，称受精。

（一）受精的条件和部位

机体能够正常受精，需满足以下条件：

1. 生殖管道必须通畅。

2. 必须有足够数量、发育成熟并已获能的精子。如果每毫升精液所含的精子少于 500 万个，受精的可能几乎为零。如果畸形精子的数量超过 20% 或者活动力太弱，受精的可能性亦很小，并且容易出现胚胎畸形。

3. 卵细胞处于第二次成熟分裂的中期是受精的基本条件。

4. 两性生殖细胞在一定时间内相遇；排卵后 12 ~ 24 小时，卵细胞便失去受精能力，精子进入女性生殖管道 24 小时内未与卵细胞相遇，也会丧失受精能力。

5. 生殖管道具有适宜的内环境，女性的性激素水平正常。受精的部位在输卵管壶腹部。

（二）受精的过程

当精子接触到卵细胞周围的放射冠时，其顶体发生一系列变化并释放顶体酶，这一过程被称为顶体反应。在顶体酶作用下，精子穿过放射冠而接触到透明带，并与透明带上的糖蛋白分子相作用，精子进一步释放顶体酶，穿过透明带进入卵周隙，并以头部外侧与卵细胞膜相贴。两膜相互融合，精子核及胞质进入卵细胞的胞质，精子的细胞膜与卵膜融为一体。此时，卵膜下方外层胞质中的皮质颗粒释放其内容物进入卵周隙，引起透明带结构发生变化，阻止其他精子的穿越，这一过程称透明带反应。这一反应保证了人类单精子受精的生物学特性。在精子穿入的激发下，卵细胞很快完成第二次成熟分裂，生成了成熟的卵子，此时精子和卵子的核分别为雄原核和雌原核。两性原核向细胞中部靠拢并相互融会，核膜消失，染色体混合，各提供 23 条染色体，恢复二倍体的受精卵，又称合子（图 30-2）。至此受精过程完成。

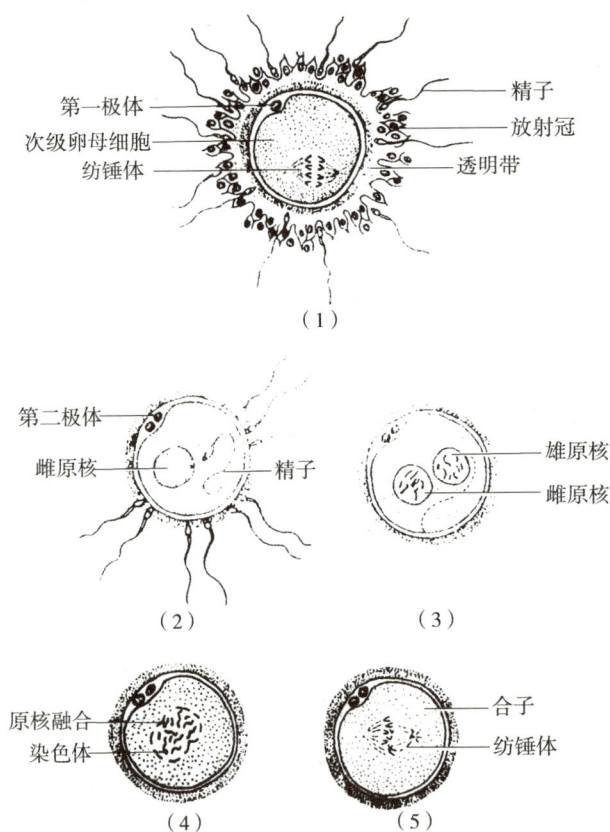

图 30-2　受精过程示意图

（三）受精的意义

1. 受精决定性别　如果含 X 染色体的精子与卵子结合，受精卵的核型为 46,XX，新个体为女性；如果含 Y 染色体的精子与卵子结合，受精卵的核型为 46,XY，新个体为男性。

2. 受精标志着新生命的开始　双亲遗传基因随即组合，雄原核和雌原核各提供 23 条染色体，因此新个体既保持双亲的遗传特征，又有着比双亲更丰富多样的遗传特征和更强的生命力。

3. 受精启动胚胎发育　精子进入卵子，使原本相对静止的卵子转入旺盛的能量代谢与生化合成，受精卵开始细胞分裂，启动了胚胎发育的进程。

第二节 植入前的发育

一、卵裂

受精卵进行的细胞分裂，称卵裂（图 30 - 3）。卵裂形成的细胞，称卵裂球。受精卵进行卵裂的同时，逐渐向子宫方向移动。在受精后 72 小时，受精卵分裂成 12 ~ 16 个细胞时，成为一实心的细胞团，形似桑椹，称桑椹胚。第 4 天，桑椹胚进入子宫腔。

二、胚泡形成

桑椹胚进入子宫腔，继续进行细胞分裂，当卵裂球的数目增至 100 个左右时，细胞之间出现一些小腔隙，然后互相融合成大腔，腔内充满液体，此时透明带溶解，胚呈囊泡状，称胚泡（图 30 - 4）。胚泡中间的腔，称胚泡腔；胚泡的壁由单层细胞构成，可吸收营养，称滋养层；在胚泡腔的一端有一团大而不规则形的细胞，称内细胞群，将来发育为胚体和部分胎膜。覆盖在内细胞群外面的滋养层，称为极端滋养层。随着胚泡的增大，胚泡与子宫内膜相贴，开始植入。

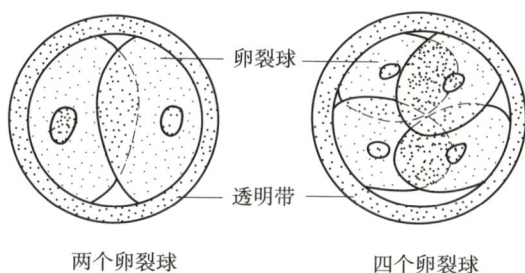

图 30 - 3 卵裂

两个卵裂球　　四个卵裂球　　桑椹胚

图 30 - 4 胚泡模式图

极端滋养层
内细胞群
滋养层
胚泡腔

第三节 植入与蜕膜

一、植入

（一）植入的时间

胚泡侵入子宫内膜的过程，称植入，又称着床。植入始于受精后第 5 ~ 6 天，完成于第 11 天左右。

（二）植入的过程

植入时，极端滋养层最先与子宫内膜接触，并分泌溶组织酶，溶解子宫内膜形成一个缺口，胚泡由缺口处侵入子宫内膜中。当胚泡完全埋入子宫内膜后，缺口由附近上皮细胞增殖修复（图 30 - 5）。

胚泡植入过程中，滋养层细胞增生分化成两层细胞，外层细胞较厚，细胞互相融合，称合体滋养层；内层细胞的细胞膜完整，细胞界限清楚，呈立方形，单层排列，称细胞滋养层。细胞滋养层细胞分裂增殖，不断补充、融入合体滋养层（图 30 - 6）。

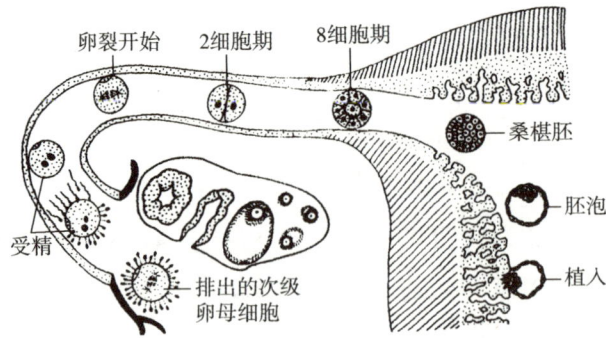

图 30－5　排卵、受精、卵裂和植入的过程

胚泡全部埋入子宫内膜后，合体滋养层和细胞滋养层迅速增厚。在合体滋养层内出现一些小的腔隙，称滋养层陷窝，因与子宫内膜的小血管相通，其内充满母体血液。

（三）植入的部位

胚泡植入的部位，通常发生在子宫底或子宫体。如果植入部位在邻近子宫颈处，将形成前置胎盘，可致胎儿娩出时阻塞产道或出现胎盘早期剥离引起大出血。若植入在子宫腔以外的部分，称异位妊娠。异位妊娠常发生在输卵管，偶见于肠系膜、卵巢、子宫阔韧带等处。异位妊娠的胚胎因营养供应不足，多在早期死亡并被吸收，少数胚胎发育到较大引起植入处血管破裂而发生大出血。

（四）植入条件

胚泡和母体是遗传构成截然不同的个体，植入是胚泡和母体的子宫内膜相互识别、相互黏附、相互容纳的过程，受多种因素的调控和影响，植入的复杂机制至今未能完全阐明。受精卵必须发育到胚泡期，透明带及时消失；植入时子宫内膜必须处于分泌期；子宫腔内环境正常。具备以上条件，才能保证植入成功。若人为地干扰植入条件，如口服避孕药使母体激素分泌紊乱，导致胚的发育与月经周期变化不同步；或在子宫腔内放入宫内节育器，干扰植入过程，都可以达到避孕目的。

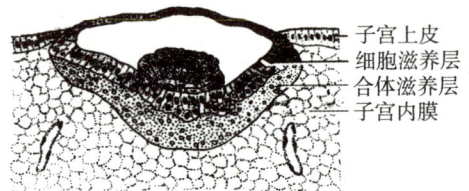

（1）

子宫上皮
细胞滋养层
合体滋养层
子宫内膜

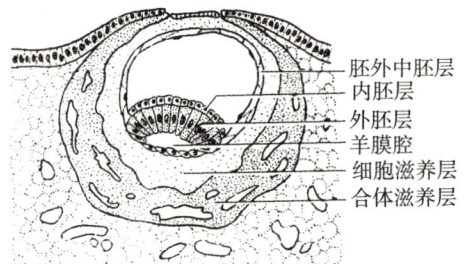

（2）

胚外中胚层
内胚层
外胚层
羊膜腔
细胞滋养层
合体滋养层

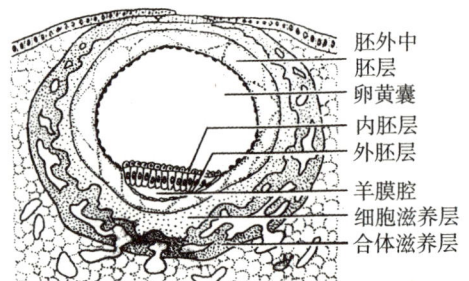

（3）

胚外中胚层
卵黄囊
内胚层
外胚层
羊膜腔
细胞滋养层
合体滋养层

图 30－6　胚泡植入过程

二、蜕膜

胚泡植入时子宫内膜处于分泌期，植入后子宫内膜进一步增厚，血液供应丰富，腺体分泌旺盛，结缔组织的基质细胞变肥大，胞质中富含糖原颗粒和脂滴，子宫内膜这一系列变化称蜕膜反应。胚泡植入后的子宫内膜称蜕膜。

据蜕膜与胚泡的位置关系，通常将蜕膜分为三部分：位于胚泡深层的称底蜕膜；覆于胚胎子宫腔面的称包蜕膜；其余部分的蜕膜称壁蜕膜。包蜕膜与壁蜕膜之间为子宫腔，随胚胎的发育，包蜕膜逐渐向子宫腔凸起，子宫腔逐渐变窄，至第三个月末，包蜕膜和壁蜕膜相贴，子宫腔消失。底蜕膜参与胎盘的形成（图30－7）。

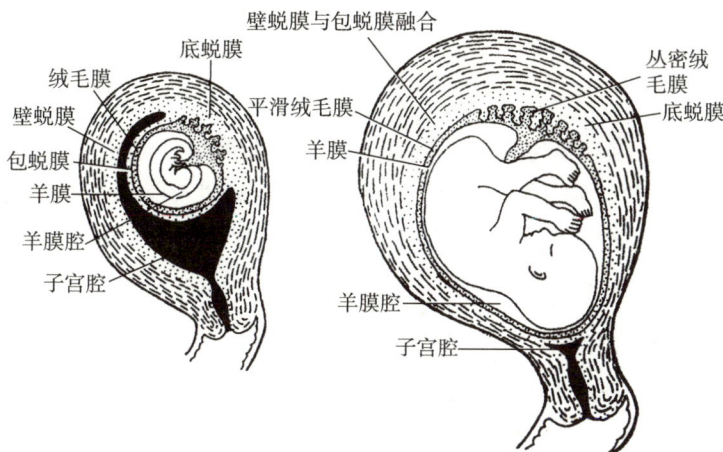

图 30-7　胎膜和蜕膜

第四节　三胚层的发生和分化

受精后第 2~8 周，内细胞群逐渐分化成由内、中、外 3 个胚层构成的胚盘，并卷曲形成胚体。滋养层也分化形成胚体以外的结构。

一、二胚层胚盘及相关结构的发生

（一）二胚层胚盘的发生

大约在受精后的第 7 天，胚泡未进入子宫内膜之前，内细胞群就已分化为两层细胞，下方的一层立方细胞称下胚层，又称初级内胚层；上方的一层柱状细胞称上胚层，又称初级外胚层；中间有基膜相隔。上胚层和下胚层构成的椭圆形细胞盘，称二胚层胚盘，它是人体发生的原基。

（二）相关结构的发生

1. 羊膜腔和卵黄囊的形成　受精后第 8 天，上胚层细胞之间出现了一个充满液体的小腔，称羊膜腔，腔内的液体，称羊水。随着小腔的扩大，一层上胚层细胞被推向胚端的细胞滋养层，贴在细胞滋养层内面上，这就是最早的羊膜。形成羊膜的细胞，即羊膜细胞。羊膜和外胚层其余部分共同包裹羊膜腔，形成羊膜囊。上胚层构成羊膜囊的底。下胚层周缘的细胞增生并向腹侧延伸，形成一个由单层扁平细胞围成的，位于下胚层下方的囊，称卵黄囊。下胚层构成卵黄囊的顶。

2. 胚外中胚层的形成　受精后第 10~11 天，细胞滋养层细胞分裂增生，充填于细胞滋养层、卵黄囊和羊膜囊之间，形成胚外中胚层。受精后第 12~13 天，胚外中胚层内出现一些小腔隙，又逐渐融合为一个大腔隙，称胚外体腔。随着胚外体腔的出现，胚外中胚层被分隔为内外两层，分别衬贴在细胞滋养层的内表面，羊膜腔和卵黄囊的外表面。受精后第 14 天左右，随着胚外体腔的扩大，仅有少部分胚外中胚层连接于胚盘尾端与滋养层之间，这一束胚外中胚层组织称体蒂，将来发育为脐带的主要部分（图 30-8）。

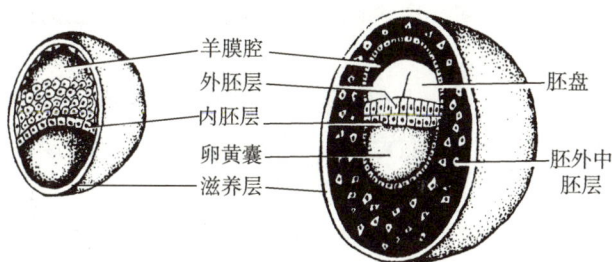

图 30-8　内、外胚层的形成

二、中胚层的形成

(一)原条的形成

胚胎发育至第 3 周,二胚层胚盘尾端中线处的上胚层细胞增生,形成一条纵行的细胞索,称原条。出现原条的一端为胚体的尾端,相对的一端为胚体的头端。原条头端膨大呈结节状,称原结。原结的背面凹陷,称原凹 。原条背面中线也出现一纵行的浅沟,称原沟(图 30-9)。

(二)中胚层和脊索的形成

原条是胚盘进一步分化的组织中心。上胚层细胞增殖并通过原条在上、下胚层之间向周边迁移。从上胚层迁出的部分细胞进入下胚层并逐渐全部置换了下胚层细胞,称内胚层;从上胚层迁出的另一部分细胞则形成上、下胚层之间的夹层,称胚内中胚层,即中胚层;此时,上胚层便改称外胚层。此时胚盘由内、中、外 3 个胚层组成,3 个胚层均起源于上胚层。在胚盘的头尾两端各有一区域没有中胚层,内外胚层直接相贴,头端的称口咽膜,尾端的称泄殖腔膜(图 30-10,图 30-11)。与此同时,原结细胞增生内陷于内、外胚层之间,并向前延伸形成一条细胞索,称脊索。原条和脊索为胚胎早期的中轴结构。原条随着中胚层的形成而逐渐消失,至受精后 26 天,原条全部消失。若原条细胞残留,可形成畸胎瘤。畸胎瘤内可见三个胚层的组织同时出现。脊索生长快,向头端生长最后退化为椎间盘中央的髓核。

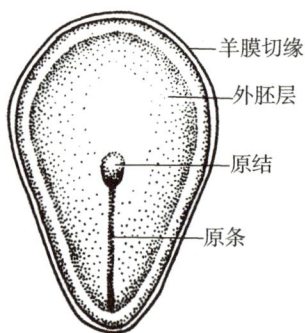

图 30-9 胚盘(背面)

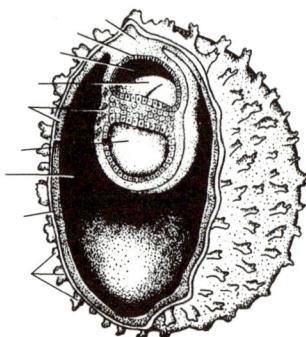

图 30-10 胚外体腔

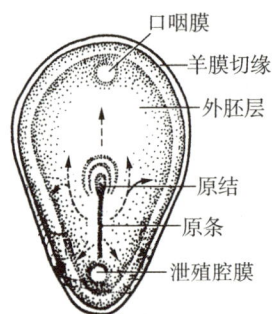

图 30-11 胚盘外胚层细胞的迁移示意图

三、三胚层的分化和胚体形成

在胚胎发育过程中,结构和功能相同的细胞,分裂增殖,形成结构和功能不同的细胞,称分化。胚胎发育至第 3 周,内、中、外三胚层已先后发生。从第 4~8 周,三个胚层分化并形成各种组织和器官原基。

(一)外胚层的分化

胚胎发育至 18~19 天,在脊索的诱导下,两侧的外胚层增厚呈板状,称神经板。神经板的两侧缘高起形成神经褶,中央凹陷,形成神经沟。神经沟闭合形成神经管。神经管是中枢神经系统的原基,分化为脑和脊髓。

在神经沟闭合为神经管时,神经板外侧缘的神经上皮细胞,形成一条位于神经管背侧的细胞索,该细胞索很快分为左右两条,称神经嵴,是周围神经系统的原基。

其余外胚层将分化为皮肤的表皮及其衍生物,内耳原基,晶状体原基等结构。

1. 轴旁中胚层 受精后第 17 天左右,脊索两侧的中胚层细胞增厚称轴旁中胚层。胚胎发育至第 20 天左右,轴旁中胚层呈节段性增生,形成体节,将来分化成骨、骨骼肌、真皮和皮下结缔组织。

2. 间介中胚层 位于体节外侧,为一条狭长的细胞索,称间介中胚层。间介中胚层分化成泌尿系统和生殖系统的大部分器官。

3. 侧中胚层 侧中胚层位于间介中胚层外侧。侧中胚层内先出现一些小腔隙，后融合为一个大腔隙，称胚内体腔。胚内体腔将来形成心包腔、胸膜腔和腹膜腔。胚内体腔将侧中胚层分成两层：与内胚层相贴的称脏壁中胚层，它与内胚层共同形成消化器官、呼吸器官的壁；与外胚层相贴的称体壁中胚层，它们共同参与胸腹部前外侧壁的形成。

4. 间充质 3 个胚层之间散在的中胚层细胞，称间充质细胞，可进一步分化为心、血管、平滑肌、结缔组织，软骨与骨等。

（二）内胚层的分化

在三胚层胚盘期，内胚层为卵黄囊的顶。随着胚盘的周缘部向腹侧卷折，使平盘状的胚盘变成圆桶状的胚体，内胚层包入胚体内，形成原始消化管；原始消化管主要形成消化管、消化腺、气管和主支气管、肺、膀胱及尿道等处的上皮。

（三）胚体形成

胚胎发育至第 4 周初，胚盘中央部生长速度快，周缘慢，使扁平的胚盘向羊膜腔内隆起。胚盘周缘出现卷折，头、尾端分别出现头褶和尾褶，两侧出现侧褶。随着胚的生长，头褶、尾褶和侧褶逐渐加深，胚盘变为圆柱状的胚体（图 30 – 12，图 30 – 13）。第 5 ~ 8 周胚体外形变化显著，至第 8 周初具人形，胚体的眼、耳、鼻及四肢都已可见（图 30 – 14，图 30 – 15）。

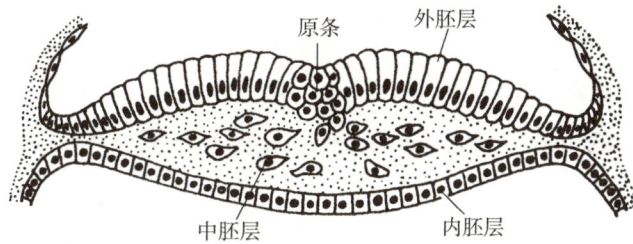

图 30 – 12 胚盘横切（示中胚层形成）

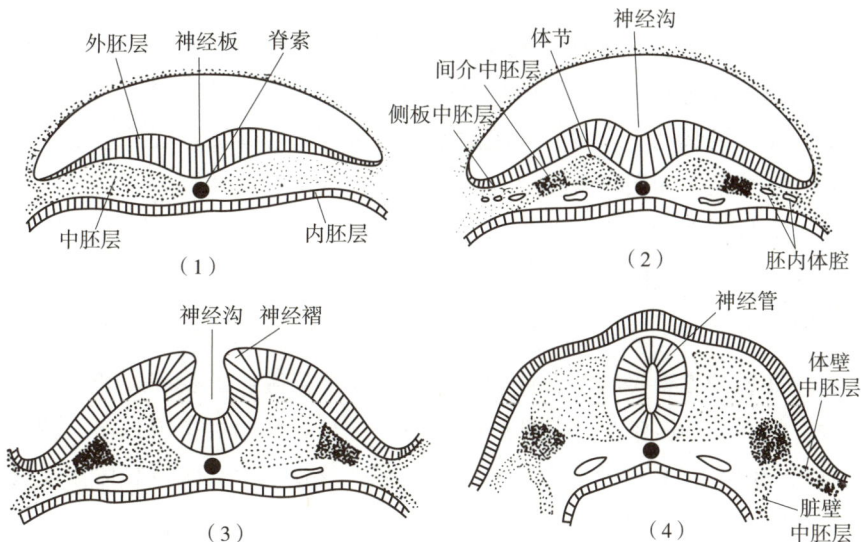

图 30 – 13 胚盘横切（示神经管形成）

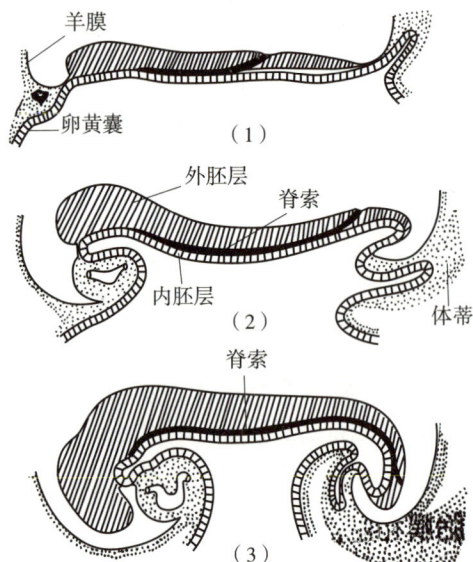

图 30 – 14　人胚矢状面（示胚体头、尾两端的反褶和肠管的发生）

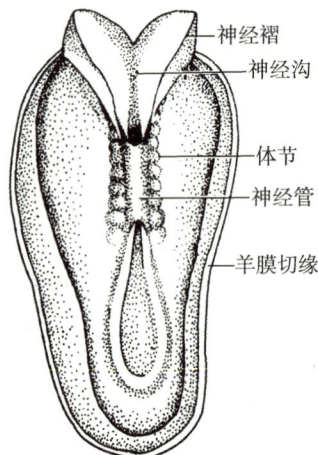

图 30 – 15　人胚背面观（示体节和神经管的形成）

第五节　胎膜与胎盘

胎膜和胎盘是胚胎的附属结构，起保护、营养、呼吸、排泄等作用，不参与胚胎的形成。

一、胎膜

胎膜是受精卵分裂分化所形成的胚体以外的附属结构，包括绒毛膜、羊膜、卵黄囊、尿囊和脐带（图 30 – 16）。

（一）绒毛膜

绒毛膜是由滋养层和胚外中胚层发育而成。胚胎发育至第 2 周，滋养层的细胞迅速增生为两层：内面的细胞滋养层和外面的合体滋养层。两层滋养层细胞在胚泡表面形成一些绒毛状突起，突起的表面为合体滋养层，中央为细胞滋养层，称初级绒毛干。胚胎发育至第 3 周时，胚外中胚层长入初级绒毛干内，称次级绒毛干。当滋养层内面形成胚外中胚层后，滋养层改名为绒毛膜。以后，次级绒毛干中形成血管，称三级绒毛干。在三级绒毛干末端，细胞滋养层增生穿出合体滋养层伸达蜕膜，并在蜕膜表面形成一层细胞滋养层壳，将绒毛干固定于蜕膜上，从周围的蜕膜中吸取营养。

胚胎早期，整个绒毛膜表面的绒毛分布均匀。以后，由于包蜕膜侧的绒毛血供不足，且绒毛受挤而退化，形成平滑绒毛膜。基蜕膜侧的绒毛因血供丰富，反复分支，生长繁茂，称丛密绒毛膜。

（二）羊膜

羊膜薄而透明，在胚胎的发育过程中，伴随着胚体凸向羊膜腔，羊膜腔逐渐扩大，羊膜和平滑绒毛膜逐渐接近，最后融合，胚外体腔消失。胚体陷入羊膜腔，整个胚胎被羊膜包挠，游离于羊水之中。

羊膜腔内充满羊水，胎儿在羊水中生长发育。羊水是由羊膜上皮分泌及胚体排泄物所组成。胎儿能吞饮羊水，羊水经消化管吸收后，部分废物通过胎儿的血液循环运输至胎盘，由母体排泄。

羊水具有保护胎儿免受外界冲击和损害、防止与周围组织粘连的功能。分娩时，羊水可促进宫颈扩张并冲洗软产道。

（三）卵黄囊

胚胎第 2 周，随着内外胚层的形成，在内胚层腹侧出现卵黄囊，人胚第 3 周，卵黄囊壁的胚外中胚层是胚胎最早造血场所，称血岛，也是造血干细胞发生的地点。第 6 周末，卵黄囊被包入脐带，并逐渐退化。人的卵黄囊内无卵黄，是人类进化中的一个遗迹器官。

（四）尿囊

原始消化管尾段向体蒂内伸出一个盲管，称尿囊。人的尿囊仅为遗迹性器官，没有功能。但其壁上的血管演变成脐血管，尿囊根部参与膀胱的形成。

（五）脐带

羊膜包绕体蒂、尿囊、卵黄囊等结构所形成的一条圆索状结构，称脐带。其内有两条脐动脉、一条脐静脉。脐带是连接胎儿与胎盘之间的血管通道。脐动脉、脐静脉是供给胎儿营养和排出代谢产物的血管。

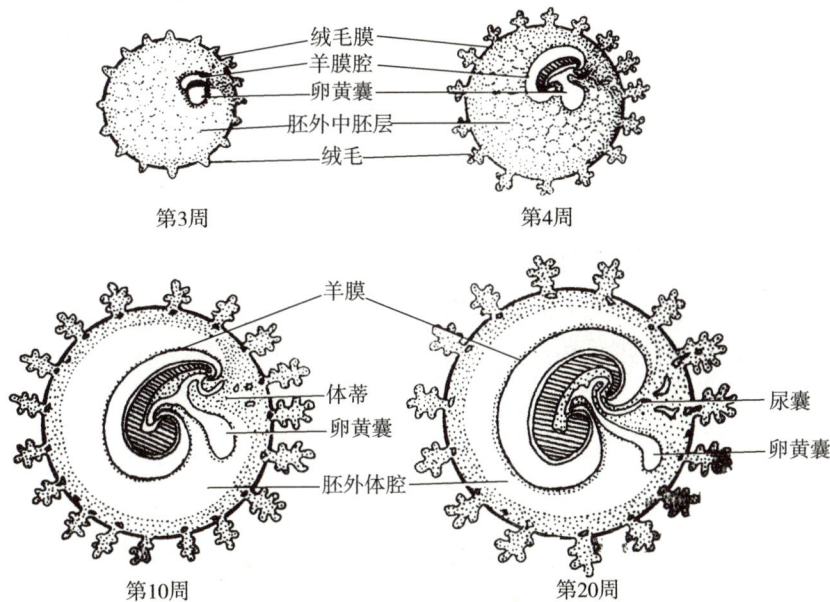

图 30 - 16　胎膜的形成与演变

二、胎盘

（一）胎盘的形态结构

胎盘是由胎儿的丛密绒毛膜和母体子宫的底蜕膜紧密结合而构成的一个圆盘状结构，胎儿娩出后，胎盘和胎膜、蜕膜一起从子宫排出。

足月胎儿的胎盘直径为 15 ~ 20cm，厚约 2.3cm，重量为 500g 左右。胎盘的胎儿面，有羊膜覆盖，表面光滑，其中央有脐带相连。胎盘的母体面粗糙，凹凸不平，是剥离后的底蜕膜。胎盘的母体面可见浅沟将胎盘分割为 15 ~ 30 个胎盘小叶（图 30 - 17）。

丛密绒毛膜上发出 40 ~ 60 个绒毛干，绒毛干又发出许多游离的绒毛。绒毛干之间的空隙是合体滋养层细胞溶解邻近蜕膜组织形成的间隙，称绒毛间隙。子宫底蜕膜内螺旋动脉血液流入间隙内，绒毛浸浴在绒毛间隙的母体血液之中。绒毛内有丰富的毛细血管，它们与脐动脉、脐静脉相连。各小叶之间有未被溶解的蜕膜组织形成不完全的间隔，称胎盘隔。

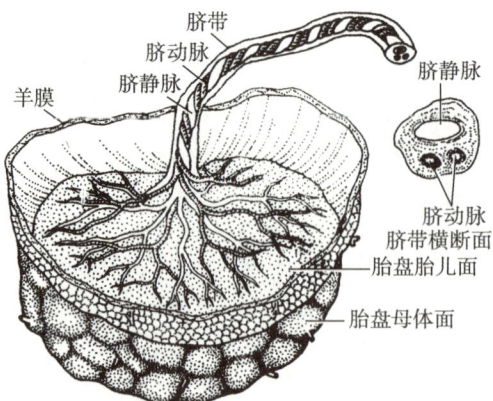

图 30－17　胎盘的形态

（二）胎盘的血液循环和胎盘屏障

在胎盘内，母体与胎儿的血液循环是两个独立的系统。母体血循环起自子宫动脉的分支，经子宫螺旋动脉、绒毛间隙的血池回流至母体的子宫静脉。胎儿血循环起自脐动脉，经绒毛内毛细血管，胎儿的血液借绒毛与绒毛间隙内的母体血液进行物质交换后，经胎盘的小静脉汇入脐静脉，流回胎儿体内（图30－17，图30－18）。

胎儿和母体的血液不混合，其间隔着数层结构，称胎盘屏障，包括：①合体滋养层；②细胞滋养层及其基膜；③绒毛内薄层结缔组织；④绒毛内毛细血管的内皮细胞及其基膜。胎盘屏障可以阻挡母体内大分子物质进入胎儿血液循环，对胎儿有一定的保护作用。母体的抗体可借助于合体滋养层的吞饮作用经胎盘屏障进入胎儿体内，发挥免疫作用。有些病毒如风疹病毒、艾滋病病毒也能通过胎盘屏障感染胎儿，导致先天性畸形等。

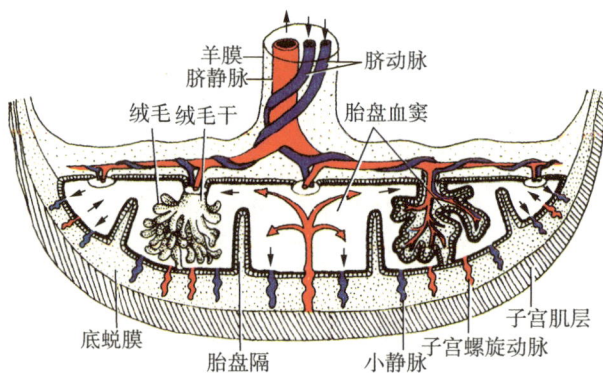

图 30－18　胎盘的结构模式图

（三）胎盘的功能

1. 物质交换　物质交换是胎盘的主要功能。胎儿的血液流经胎盘时，通过渗透、扩散等各种方式，使胎儿从母体的血液中获得营养物质和氧，并以同样的方式使胎儿血液中的二氧化碳及其代谢产物排入母体血液内，再由母体排到体外。

2. 内分泌功能　胎盘分泌多种激素，对维持妊娠起重要作用。胎盘分泌的激素有：①人绒毛膜促性腺激素，受精后2周末开始出现于母体血液中，9～11周达到高峰，近20周降至最低，直到分娩。妊娠初期，能促进母体卵巢内的黄体继续存在以维持妊娠。临床常检查孕妇尿中有无此激素作为早期妊娠的辅助诊断；②人胎盘雌激素和人胎盘孕激素，妊娠第 4 个月开始分泌，有维持妊娠的作用；③人胎盘催乳素，妊娠初期出现于母体血液中，36～37 周达到高峰。能促进母体的乳腺生长发育，并能促进胎儿的代谢和生长发育。

第六节　双胎、多胎和联胎

一、双胎

双胎，又称孪生，发生率占新生儿百分之一，双胎分为两类。

1. 双卵双胎　卵巢一次排出两个卵细胞，各自受精后发育成两个胎儿，称双卵双胎。双卵双胎是两个受精卵同时发育的结果，有各自独立的胎膜和胎盘，两个胎儿的性别相同或不同，出生后的相貌、体态等遗传特征如同一般兄弟姐妹。

2. 单卵双胎　由一个受精卵发育成两个胚胎，称单卵双胎。单卵双胎的两个胎儿由于来自一个受精卵，因而其遗传基因完全一致，性别一致，且出生后的相貌和生理特征也极为相似，血型和组织相容性抗原均相同，其组织器官可相互移植而不被排异。

单卵双胎发生的原因可能有：①形成两个卵裂球。卵裂期分离，两个卵裂球各自发育成一个胎儿，两个孪生儿有各自独立的绒毛膜、羊膜和胎盘，与双卵双胎者相同。②形成两个内细胞群。如果在胚泡期的内细胞群分离，各自发育成一个胎儿，两个孪生儿就会共用一个绒毛膜和一个胎盘，但各自有自己的羊膜腔。③形成两个原条。如果在胚胎期原条分离，两个孪生儿就会共有一个羊膜腔、绒毛膜和胎盘。

二、多胎

一次娩出两个以上的新生儿，称多胎。发生原因可为单卵性、多卵性和混合性。多胎发生率很低，三胎约占新生儿的万分之一，四胎约百万分之一。四胎以上者，新生儿死亡率高。

三、联胎

联胎即联体双胎，来自两个未完全分离的单卵双胎。当一个胚泡出现两个内细胞群或一个胚盘出现两个原条，分别发育为两个胚胎时，若胚胎分离不完全，发生局部连接，称联体双胎。

第七节　先天性畸形

先天性畸形是由于胚胎发育紊乱而出现的形态结构异常。胎儿畸形是死胎、流产和早产的主要原因。随着现代工业的发展和环境污染的加重，先天性畸形发生率逐渐上升。

一、引起先天性畸形的主要因素

（一）遗传因素

常由染色体畸变和基因突变引起各种先天性畸形。例如先天愚型、多指（趾）、多囊肾等。

（二）环境因素

1. 生物因素　如风疹病毒、巨细胞病毒、单纯疱疹病毒、梅毒螺旋体等，可破坏胎盘屏障，影响胚胎发育。

2. 化学因素 工业三废、农药、食品添加剂、防腐剂中均含有致畸因子。

3. 物理因素 大剂量射线可引起染色体畸形或基因突变而导致畸形。

4. 致畸性药物 如药物反应停（沙利度胺）可引起残肢畸形。

5. 其他 如酗酒、吸毒、吸烟、严重营养不良等。

二、致畸敏感期

各种致畸因素的作用与细胞的分裂速度和分化程度有密切关系。

受精后 2 周内，即胚前期，细胞分化程度低，受到致畸因素的作用时，若致畸作用强，则导致胚死亡，若致畸作用弱，可由邻近的未分化细胞补偿，故不出现畸形。胚期，即受精后第 3~8 周，细胞增殖分化活跃，多数器官原基在此期内形成，对致畸因素高度敏感，称致畸敏感期或临界期。若受到致畸因子的作用后，最易发生先天性畸形。因此，这一时期的孕期保健最为重要。在胎期，胎儿生长发育快，各器官进行组织分化和功能分化，受致畸因子作用后也会发生畸形，但多属于组织结构和功能缺陷，一般不出现器官畸形。

💡 知识链接

人类医学史的奇迹——试管婴儿

试管婴儿是"体外受精－胚胎移植技术"的俗称，是分别把卵子和精子取出后，置于培养液内使其受精，经人工培养发育到早胚一定阶段，再移植到母体子宫内发育直到分娩，是一种辅助生殖技术（assisted reproductive technology，ART）。1978 年，第一例试管婴儿 Louise Brown 在英国诞生了，是英国产科医生 Steptoe 和生理学家 Edwards 共同研究的成果，被称为人类医学史上的奇迹，是生殖医学领域的重要里程碑，Edwards 教授也因此获得了 2010 年的诺贝尔医学奖。

40 年来，随着生殖医学及相关学科研究的不断深入，ART 的应用日渐广泛，并从经典的体外受精－胚胎移植技术衍生出单精子卵细胞浆内注射、辅助孵育、囊胚培养、胚胎冷冻（玻璃化冷冻）、卵细胞冷冻、未成熟卵体外成熟、植入前遗传学诊断和胚胎干细胞技术等。许多不可能为人父母的患者，如今借助 ART 而梦想成真，ART 的理念体现了医生对不孕不育患者及其家人的人文关怀。

答案解析

目标检测

一、选择题

1. 受精的部位是在
   - A. 输卵管壶腹部
   - B. 输卵管峡部
   - C. 输卵管漏斗部
   - D. 子宫底部
   - E. 卵巢

2. 一般情况下，植入开始的时间是
   - A. 受精后的 3~4 天
   - B. 受精后的 4~5 天
   - C. 受精后的 5~6 天
   - D. 受精后的 10~11 天
   - E. 排卵时

3. 参与形成胎盘的结构是
　　A. 基蜕膜　　　　　　　B. 包蜕膜　　　　　　　C. 壁蜕膜
　　D. 平滑绒毛膜　　　　　E. 羊膜

4. 下列哪种结构诱导神经板的形成
　　A. 原条　　　　　　　　B. 脊索　　　　　　　　C. 原结
　　D. 原肠　　　　　　　　E. 神经管

5. 正常植入的部位是
　　A. 子宫颈部　　　　　　B. 子宫体或底部　　　　C. 输卵管壶腹部
　　D. 卵巢　　　　　　　　E. 肠系膜

6. 致畸敏感期是在胚胎发育的
　　A. 第 3~8 周　　　　　　B. 第 3~8 月　　　　　　C. 第 10~14 周
　　D. 第 1~3 周　　　　　　E. 前 8 周

二、问答题

1. 植入后子宫内膜发生了哪些变化？
2. 何为胎膜？包括哪些结构？

（秦　迎）

书网融合……

本章小结　　　　　题库

参考文献

1. 徐旭东，邹智荣. 人体解剖学 [M]. 北京. 中国医药科技出版社. 2016.
2. 谭毅，张义伟. 人体形态与结构 [M]. 北京. 中国医药科技出版社. 2018.
3. 柏树令，应大君. 系统解剖学 [M]. 8 版. 北京. 人民卫生出版社. 2013.
4. 邹仲之，李继承. 组织学与胚胎学 [M]. 8 版. 北京. 人民卫生出版社. 2013.
5. 王效杰，徐国成. 人体解剖学 [M]. 北京. 中国医药科技出版社. 2011.
6. 吴先国. 人体解剖学 [M]. 8 版. 北京. 人民卫生出版社. 2004.